Foclóir Gàidhlig-Gaeilge

CAOIMHÍN Ó SCANAILL

CADHAN AONAIR

SAINT LOUIS

© 2016 Kevin Scannell

An Chéad Chló 2016

ISBN 978-0-9975665-0-5

Tá lánchead ag aon duine an leabhar seo a chóipeáil, a athrú, nó a athfhoilsiú de réir théarmaí an Creative Commons Attribution-ShareAlike 4.0 International License; tuilleadh eolais ó https://creativecommons.org/licenses/by-sa/4.0/.

Arna fhoilsiú ag Cadhan Aonair, Saint Louis, Missouri, Stáit Aontaithe Mheiriceá.

GIORRÚCHÁIN

aid	aidiacht
af	ainmfhocal
bain	ainmfhocal baininscneach
br	briathar
cop	copail
db	dobhriathar
fir	ainmfhocal firinscneach
for	forainm
réamh	réamhfhocal
sealbh	aidiacht shealbhach
uaill	uaillbhreas
★	sa míle focal is coitianta ach gan a bheith soiléir
†	neamhchoitianta: sampla ar bith i gcorpas mór Gàidhlig
⚠	cara bréagach: cosúil le focal Gaeilge ach le brí dhifriúil

A

a, *sealbh*: a.
a, *réamh*: do, de.
a a.
a', *alt*: an.
a', *réamh*: ag.
à, *réamh*: as.
ab, *fir* → aba, *fir*.
aba, *fir*: ab.
†abacas, *fir*: abacas.
abachadh, *fir*: aibiú.
abaich, *aid*: aibí.
abaich, *br*: aibigh.
abaid, *bain*: mainistir.
†abaideachd, *bain*: abacht.
abair, *br*: abair.
abairt, *bain*: abairt, nath, frása.
†abalta, *aid*: ábalta.
†abaltachd, *bain*: ábaltacht.
abar, *fir*: cumar, abar.
†abartach, *aid*: cabanta.
†abartachd, *bain*: cabantacht.
†Abchas, *fir*: Abcáis.
†Abchasach, *aid*: Abcásach.
†Abchasach, *fir*: Abcásach.
†Abchasais, *bain*: Abcáisis.
àbhachd, *bain*: ábhacht.
àbhachdach, *aid*: ábhachtach.
àbhachdas, *fir* → àbhachd, *bain*.
abhag, *bain*: brocaire.
abhainn, *bain*: abhainn.
Abhainn, *bain*: Abhainn.
★àbhaist, *bain*: gnáth.
àbhaisteach, *aid*: gnách.
àbhaisteachadh, *fir*: normalú.
àbhaisteachd, *bain*: nósmhaireacht.

a-bhàn, *db*: síos, aníos.
a bharrachd, *db*: sa bhreis.
†abharsair, *fir*: áibhirseoir.
†Abharsair, *fir*: Áibhirseoir.
a' bhèan-uiridh, *db* → a' bhòn-uiridh, *db*.
abhlan, *fir*: abhlann.
a-bhòn-dè, *db* → a' bhòn-dè, *db*.
a' bhòn-dè, *db*: arú inné.
a' bhòn-raoir, *db*: arú aréir.
a' bhòn-uiridh, *db*: arú anuraidh.
a-bhos, *db*: abhus.
†abhras, *fir*: abhras.
abhsadh, *fir*: laghdú.
abhuinn, *bain* → abhainn, *bain*.
abhuist, *bain* → àbhaist, *bain*.
ablach, *fir*: ablach.
†ablatach, *aid*: ochslaíoch.
†ablatach, *fir*: ochslaíoch.
Abrach, *aid*: Abrach.
Abrach, *fir*: Abrach.
abstol, *fir*: aspal.
Abstol, *fir*: Aspal.
†abù, *uaill*: abú.
ac', *réamh* → aca, *réamh*.
aca, *réamh*: acu.
acadaimeagach, *aid* → acadaimigeach, *aid*.
acadaimigeach, *aid*: acadúil.
acadamaidh, *bain*: acadamh.
Acadamaidh, *bain*: Acadamh.
acadamaigeach, *aid* → acadaimigeach, *aid*.
acadamh, *bain* → acadamaidh, *bain*.
acaid, *bain*: arraing.
acaidèamach, *aid* → acadaimigeach, *aid*.
acain, *bain*: meacan.
†acaineach, *aid*: acaointeach.
acainn, *bain* → acfhainn, *bain*.
acainn-chiùil, *bain* → acfhainn-chiùil, *bain*.
acair, *bain* → acair, *fir*.
acair, *fir*: ancaire, acra.
acaire, *bain* → acair, *fir*.
acaire, *fir* → acair, *fir*.
†acaireachd, *bain*: ancaireacht, acraíocht.
acarachd, *bain*: cineáltas.
†acarra, *aid*: acrach.
acarsaid, *bain*: acarsóid, cuan, calafort.
acfhainn, *bain*: acmhainn, uirlis, ola.
†acfhainn-chiùil, *bain*: trealamh ceoil.
acfhainneach, *aid*: acmhainneach.
†acfhainneachd, *bain*: acmhainneacht.
ach, *cónasc*: ach.
ach', *fir* → achadh, *fir*.

achadh — aghaidh

achadh, *fir*: achadh, gort, fearann.
†**Achaitheach**, *aid*: Acaech.
†**Achaitheach**, *fir*: Acaech.
achanaich, *bain*: achaíní.
a-chaoidh, *db*: go deo, choíche.
achd, *bain*: acht.
Achd, *bain*: Acht.
†**achdachadh**, *fir*: achtú.
achdaich, *br*: achtaigh.
†**achdarra**, *aid*: slachtmhar.
a-cheana, *db*: cheana.
a-chianaibh, *db*: ó chianaibh.
a chionn is, *cónasc*: de bhrí, cionn is.
†**achladh**, *fir*: achladh.
achlais, *bain*: ascaill.
achmhasan, *fir*: achasán.
†**achran**, *fir*: achrann.
achrannach, *aid*: achrannach.
acht, *cónasc* → ach, *cónasc*.
a chum, *réamh*: chun.
acrach, *aid*: ocrach.
acrach, *fir*: ocrach.
acraich, *br*: feistigh.
†**acrainmeach**, *aid*: acrainmneach.
acras, *fir*: ocras.
actadh, *fir*: aisteoireacht.
actair, *fir*: aisteoir.
†**actaireachd**, *bain*: aisteoireacht.
actar, *fir* → actair, *fir*.
acus, *cónasc* → agus, *cónasc*.
ad, *bain*: hata.
'ad, *réamh* → agad, *réamh*.
a'd, *réamh* → agad, *réamh*.
adag, *bain*: adag, stuca, cadóg.
adair, *fir*: haitéir.
Adair, *fir*: Haitéir.
†**adaptar**, *fir*: cuibheoir.
adbhar, *fir* → adhbhar, *fir*.
adha, *fir*: ae.
a dh'aindeoin, *réamh*: in ainneoin.
a dh'aithghearr, *db*: go luath.
adhaltranach, *aid*: adhaltrach.
adhaltranach, *fir*: adhaltrach.
adhaltranas, *fir*: adhaltranas.
adhaltras, *fir* → adhaltranas, *fir*.
adhannadh, *fir* → adhnadh, *fir*.
adhar, *fir*: aer, spéir.
†**adharagram**, *fir*: aeragram.
adharc, *bain*: adharc.
adharcach, *aid*: adharcach.
adhart, *fir*: adhairt.
adhartach, *aid*: uaillmhianach, forásach, casta.
adhartach, *fir*: forásach.
adhartachadh, *fir*: cur chun cinn.

adhartaich, *br*: cothaigh.
adhartan, *fir*: adhartán.
adhartas, *fir*: dul chun cinn.
adhbhar, *fir*: fáth, cúis, ábhar.
adhbharach, *aid*: cúisíoch, ochslaíoch.
adhbharach, *fir*: ochslaíoch.
adhbharachadh, *fir*: déanamh, cothú.
adhbharachd, *bain*: cúisíocht.
adhbharaich, *br*: déan.
†**adhbharrach**, *fir*: ábhar.
adhbhrachadh, *fir* → adhbharachadh, *fir*.
adhbhraich, *br* → adhbharaich, *br*.
adhbrann, *bain*: rúitín.
a dh'ionnsaigh, *réamh*: chun.
a dhìth, *db*: de dhíth.
adhlacadh, *fir*: adhlacadh.
adhlacair, *fir*: adhlacóir.
adhlaic, *br*: adhlaic.
†**adhnadh**, *fir*: adhaint.
adhradh, *fir*: adhradh.
†**adhradh-maidne**, *fir*: iarmhéirí.
a-diugh, *db* → an-diugh, *db*.
Afganach, *aid*: Afganastánach.
Afganach, *fir*: Afganastánach.
Afganastan, *fir*: an Afganastáin.
Afghanistan, *fir* → Afganastan, *fir*.
Afraca, *fir* → Afraga, *fir*.
Afraca-a-Deas, *fir* → Afraga-a-Deas, *fir*.
Afracanach, *aid* → Afraganach, *aid*.
Afracanach, *fir* → Afraganach, *fir*.
Afraga, *fir*: an Afraic.
Afraga-a-Deas, *fir*: an Afraic Theas.
Afraganach, *aid*: Afracach.
Afraganach, *fir*: Afracach.
Africa, *fir* → Afraga, *fir*.
ag, *réamh*: ag.
agad, *réamh*: agat.
agaib', *réamh* → agaibh, *réamh*.
agaibh, *réamh*: agaibh, agat.
againn, *réamh*: againn.
agair, *br*: agair.
agairt, *fir*: agairt.
†**agait**, *bain*: agáit.
agallaich, *br*: agaill.
agallaiche, *fir*: agallóir.
agallamh, *fir*: agallamh.
agam, *réamh*: agam.
†**agartach**, *aid*: dlíthíoch.
†**agartach**, *fir*: dlíthí.
†**agartachd**, *bain*: dlíthíochas, dlíthíocht.
agat, *réamh* → agad, *réamh*.
agh, *bain*: agh, bearach.
agh, *fir* → agh, *bain*.
àgh, *fir*: lúcháir, áthas, ádh.
aghaidh, *bain*: aghaidh.

aghaidh-choimheach, *bain*: masc, aghaidh fidil.
aghaidh-ri-aghaidh, *db*: aghaidh ar aghaidh.
aghaigh, *bain* → aghaidh, *bain*.
aghastar, *fir*: adhastar.
àghmhor, *aid*: ámharach, ádhúil, aoibhinn.
a-ghnàth, *db*: de réir a chéile.
agud, *réamh* → agad, *réamh*.
agus, *cónasc*: agus.
agusan, *fir*: aguisín, amparsan.
a h-uile, *aid*: gach uile.
aibèalach, *aid*: aibéalach.
àibheis, *bain*: aibhéis.
àibheiseach, *aid*: aibhéiseach, aibhseach, iontach.
àibheiseachadh, *fir*: áibhéil.
aibheiseachd, *bain* → àibheiseachadh, *fir*.
†**aibhneach**, *aid*: aibhneach.
aibhseach, *aid*: aibhseach.
aibhseachadh, *fir* → àibheiseachadh, *fir*.
aibhsich, *br*: áibhligh.
aibideil, *bain* → aibidil, *bain*.
aibidil, *bain*: aibítir.
†**Aibisinia**, *fir*: an Aibisín.
†**Aibisinianach**, *aid*: Aibisíneach.
†**Aibisinianach**, *fir*: Aibisíneach.
aibleatach, *fir* → ablatach, *fir*.
aic', *réamh* → aice, *réamh*.
aice, *réamh*: aici.
àicheadh, *fir*: séanadh.
àicheidh, *br*: séan.
àicheil, *aid*: diúltach.
aicill, *bain*: aicill.
aicseam, *fir*: aicsím.
†**aictinimeadar**, *fir*: achtanaiméadar.
aid, *for* → iad, *for*.
aideachadh, *fir*: admháil.
aidhear, *fir* → adhar, *fir*.
aidhne, *bain*: abhcóide, aighne.
aidich, *br*: admhaigh.
†**aidiutanach**, *fir*: aidiúnach.
†**aidiutanachd**, *bain*: aidiúnacht.
aidmheil, *bain*: admháil.
Aidmheint, *bain*: Aidbhint.
†**aifinideachd**, *bain*: aifinideacht.
aifreann, *bain*: Aifreann.
Aifreann, *bain*: Aifreann.
aifrionn, *bain* → aifreann, *bain*.
aig, *réamh*: ag.
aig', *réamh* → aige, *réamh*.
aige, *réamh*: aige.
àigeach, *fir*: stail.

aigeallan, *fir*: cluasán.
aigeann, *fir*: aigéan.
†**Aigeann**, *fir*: Aigéan.
aigeannach, *aid*: aigeanta.
aigeannach, *fir*: grúntálaí.
aigeanntach, *aid* → aigeannach, *aid*.
aighear, *fir*: áthas, aeracht.
aighearach, *aid*: gealgháireach, meidhreach, aerach.
aigne, *bain*: aigne.
ailbean, *fir*: miléarach.
†**ailbhealach**, *aid*: ailbheolach.
ailbhean, *fir*: eilifint.
†**ailbineachd**, *bain*: ailbíneachas.
Aildiria, *bain*: an Ailgéir.
àile, *fir*: aer.
àileadh, *fir* → àile, *fir*.
†**àileadhach**, *aid*: aeroibrithe, neomatach.
aileag, *bain*: faileog, snag.
†**ailearan**, *fir*: ailearán.
†**àileòlas**, *fir*: neomataic.
Ailgear, *fir* → Aildiria, *bain*.
àilgheas, *bain*: áilíos.
àilgheasach, *aid*: beadaí.
ailigeutair, *fir*: ailigéadar.
ailis, *bain*: aithis.
†**ailisich**, *br*: aithisigh.
aill, *bain*: aill.
àill, *bain*: mian.
àilleachd, *bain*: áilleacht.
àilleag, *bain*: seoid.
àilleagan, *fir*: áilleagán.
àillidh, *aid*: álainn.
aillse, *bain*: ailse.
aillseach, *aid*: ailseach.
†**àillte**, *bain*: áille.
ailm, *bain*: stiúir, ailm.
ailpeach, *aid*: Alpach.
ailse, *bain* → aillse, *bain*.
ailseabra, *bain*: ailgéabar.
†**ailseach**, *aid*: ailseach.
ailtearachd, *bain* → ailtireachd, *bain*.
ailtire, *fir*: ailtire.
ailtireachd, *bain*: ailtireacht.
Aimearaga, *fir* → Ameireagaidh, *bain*.
Aimearaga-a-Deas, *bain* → Ameireagaidh-a-Deas, *bain*.
Aimearaga-a-Tuath, *bain* → Ameireagaidh-a-Tuath, *bain*.
Aimearagaidh, *bain* → Ameireagaidh, *bain*.
Aimearaga-Laideannach, *fir* → Ameireagaidh-Laideannach, *bain*.

Aimearaganach, *aid* → Ameireaganach, *aid*.
Aimearaganach, *fir* → Ameireaganach, *fir*.
Aimeireaga, *bain* → Ameireagaidh, *bain*.
Aimeireaganach, *aid* → Ameireaganach, *aid*.
Aimeireaganach, *fir* → Ameireaganach, *fir*.
aimhfheoil, *bain* → ainfheoil, *bain*.
aimhleas, *fir*: aimhleas.
aimhleasach, *aid*: aimhleasach.
aimhreit, *bain*: aimhréidh, achrann, callán, imreas.
aimhreiteach, *aid*: achrannach.
†**aimhriaghailteachd**, *bain*: aimhrialtacht.
†**Aimirealachd**, *bain*: Aimiréalacht.
aimlisg, *bain*: imreas.
aimlisgeach, *aid*: clamprach.
aimrid, *aid*: aimrid.
aimsir, *bain*: aimsir.
aimsireil, *aid*: saolta.
ainbhfheoil, *bain* → ainfheoil, *bain*.
aincheas, *fir* → aincheist, *fir*.
†**aincheist**, *fir*: aincheist, aincheas.
†**ain-deòin**, *bain*: ainneoin.
ain-deònach, *aid*: doicheallach.
aindheoin, *bain* → ain-deòin, *bain*.
ain-diadhach, *aid* → ain-diadhaidh, *aid*.
ain-diadhach, *fir*: aindiachaí.
ain-diadhachd, *bain*: aindiachas.
ain-diadhaidh, *aid*: aindiaga.
ain-diadhail, *aid* → ain-diadhaidh, *aid*.
aineamh, *fir*: ainimh.
aineol, *fir*: coimhthíoch.
aineolach, *aid*: aineolach.
aineolas, *fir*: aineolas.
†**ainfheoil**, *bain*: ainfheoil.
†**ainfhios**, *fir*: ainbhios.
†**ainfhiosach**, *aid*: ainbhiosach.
aingeal, *fir*: aingeal.
aingidh, *aid*: olc, urchóideach, gráiniúil.
aingidh, *fir*: ciontach, peacach, urchóideach.
aingidheachd, *bain*: olcas.
aingle, *fir* → aingeal, *fir*.
†**ainglidh**, *aid*: ainglí.
†**ainglis**, *bain*: ainglis.
ainis, *bain*: ainís.
†**ainleag**, *bain*: fáinleog.
ainm, *fir*: ainm.
ainm-àite, *fir*: logainm.
Ainm-Àite, *fir*: Logainm.
ainm-baistidh, *fir*: ainm baiste.

ainm-brèige, *fir*: ailias.
ainm-cleachdaiche, *fir* → ainm-cleachdaidh, *fir*.
ainm-cleachdaidh, *fir*: ainm úsáideora.
ainm-cunntais, *fir*: ainm úsáideora.
ainmeachadh, *fir*: ainmniú.
ainmeachas, *fir*: ainmníochas.
ainmeal, *aid* → ainmeil, *aid*.
ainmear, *fir*: ainmfhocal.
†**ainmear-trusaidh**, *fir*: cnuasainm.
ainmeil, *aid*: aithnidiúil, clúiteach, cáiliúil.
ainmein, *bain*: cuthach.
†**ainmh-eòlaiche**, *fir*: míoleolaí.
ainmhidh, *fir*: ainmhí.
ainmich, *br*: ainmnigh.
ainmig, *db*: annamh.
ainmneach, *aid*: ainmneach.
ainmnich, *br* → ainmich, *br*.
ainm-sgrìobhte, *fir*: síniú.
ainneamh, *aid*: annamh.
†**ainneamhachd**, *bain*: annamhacht.
ainneart, *fir*: forneart, foréigean.
ainneartach, *aid*: forneartach, foréigneach.
ainnir, *bain*: ainnir.
ainnis, *aid* → ainniseach, *aid*.
ainnis, *bain*: anás, ainnise.
ainniseach, *aid*: ainnis.
ainn-riaghailteach, *aid* → ain-riaghailteach, *aid*.
ain-riaghailteach, *aid*: ainrialta.
†**ain-riaghailtiche**, *fir*: ainrialaí.
†**ainsgeanta**, *aid*: ainscianta.
†**ain-srianta**, *aid*: ainrianta.
†**ainteasach**, *aid*: ainteasach.
aintighearna, *fir*: aintiarna.
aintighearnas, *fir*: aintiarnas.
†**Aiòlach**, *aid*: Aeólach.
†**Aiòlach**, *fir*: Aeólach.
air, *db*: air.
air, *réamh*: ar.
air, *réamh*: air.
air aghaidh, *réamh*: ar aghaidh.
air ais, *db*: ar ais.
air ball, *db*: ar an toirt, láithreach.
air beulaibh, *réamh*: os comhair, ar bhéal.
air bhog, *db*: ar snámh, ar siúl.
air bhonn, *db*: ar bun.
air bith, *db*: ar bith.
airc, *bain*: anás, gátar.
àirc, *bain*: áirc.
air chall, *db*: amú, ar iarraidh, caillte.

**air chluainidh, **db → air cluanaidh, db.
**air choireigin, **aid: éigin.
**air chois, **db: ar bun, ar cois, ar siúl.
**air choreigin, **aid → air choireigin, aid.
**air chumha, **réamh: ar chuntar.
†**Aircimeadach, **aid: Airciméidéis.
**air cluanaidh, **db: ar pinsean.
**air cùl, **réamh: ar chúl.
**àird, **bain: ard, aird.
**Àird-Bhaile, **fir → Àrd-Bhaile, fir.
**àirde, **bain: airde.
**àirdeachd, **bain: airde.
**Àirdeachd, **bain: Mórgacht.
**air deireadh, **db: ar deireadh.
**air dheireadh, **db: ar deireadh.
**aire, **bain: aire.
**aireach, **aid: aireach.
²**àireamh, **bain: uimhir.
**àireamhach, **aid → àireamhail, aid.
**àireamhachd, **bain: áireamh, uimhríocht.
**àireamhaiche, **fir: uimhreoir.
**àireamhail, **aid: uimhriúil.
**àireamhair, **fir: áireamhán.
**àireamh-fòn, **bain: uimhir ghutháin.
**àireamh-shluaigh, **bain: daonáireamh.
**àireamh-sluaigh, **bain → àireamh-shluaigh, bain.
**airean, **fir: aireamh.
**àireimheachd, **bain → àireamhachd, bain.
†**aireòbach, **aid: aeróbach.
**air fad, **db: ar fad.
**air feadh, **réamh: ar feadh.
**airgead, **fir: airgead.
**airgeadach, **aid: airgeadúil.
†**airgeadair, **fir: airgeadóir.
**airgeadas, **fir: airgeadas.
**airgead-beò, **fir: airgead beo.
**airgead-làimhe, **fir: airgead láimhe.
**airgead-pòcaid, **fir: airgead póca.
**airgiod, **fir → airgead, fir.
†**àiria, **bain: áiria.
**airidh, **aid: tuillteanach.
**àiridh, **bain → àirigh, bain.
**airidheachd, **bain: fiúntas, incháilitheacht.
**àirigh, **bain: buaile.
**àirleas, **fir: éarlais.
**air leth, **db: ar leith.
**air-letheachas, **fir: leithlí.
**air-loidhne, **aid: ar líne.
**airm, **fir → arm, fir.
**Airmeineach, **aid → Airmeinianach, aid.

**Airmeineach, **fir → Airmeinianach, fir.
**Airmeinia, **bain: an Airméin.
†**Airmeinianach, **aid: Airméanach.
†**Airmeinianach, **fir: Airméanach.
**airmseach, **aid → eirmseach, aid.
**air muin, **réamh: ar muin, ar mhullach.
**àirne, **bain: airne.
**àirne, **bain → àra, bain.
**àirneag, **bain: airne.
†**airnean, **fir: airneán.
²**àirneis, **bain: troscán.
**air neo, **cónasc: nó.
†**airse, **bain: áirse.
**air seacharan, **db → air seachran, db.
**air seachran, **db: ar seachrán, amú, ar strae.
**air sgàth, **réamh: de bharr.
**air sgàths, **réamh → air sgàth, réamh.
**airshon, **réamh → airson, réamh.
**airson, **réamh: chun, ar feadh.
**air tàillibh, **réamh: de bharr.
**air tìr, **aid: i dtír.
**airtneal, **fir: dobrón.
**airtnealach, **aid: gruama.
**ais, **réamh: ais.
**aisde, **réamh → aiste, réamh.
**aiseag, **fir: farantóireacht, athshocrú, athshlánú, athchóiriú.
**aiseag-charbad, **fir: carrchaladh.
**aiseal, **fir: aiseal, acastóir, ais.
**aisean, **bain: easna.
**aiseirigh, **bain: aiséirí.
**ais-eòlas, **fir: aiseolas.
†**ais-ghoir, **br: aisghair.
†**ais-ghoirsinn, **bain: aisghairm.
**Àisia, **bain: Áise.
**Àisianach, **aid: Áiseach.
**Àisianach, **fir: Áiseach.
**aisig, **br: athshocraigh, athshlánaigh, athchóirigh.
**aisig air ais, **br: aisíoc.
**aisil, **bain: ais.
†**aisimeadrachd, **bain: neamhshiméadracht.
**aisinn, **bain → aisean, bain.
†**ais-ìoc, **br: aisíoc.
†**ais-ìocadh, **fir: aisíoc, lacáiste.
†**ais-iompachadh, **fir: aisiompú.
†**ais-iompaichte, **aid: aisiompaithe.
**aisling, **bain: aisling, brionglóid.
†**aisling-chonnain, **bain: aisling chollaí.
**aislingeach, **aid: aislingeach.
**aislingiche, **fir: aislingeach.
**aisneis, **bain: faisnéis.

†**aisneiseach**, *aid*: faisnéiseach.
aiste, *bain*: aiste.
aiste, *réamh*: aisti.
†**ais-tharraing**, *bain*: aistarraingt.
ait, *aid*: ait, áthasach.
ait', *fir* → àite, *fir*.
áit, *fir* → àite, *fir*.
àit-adhlaic, *fir* → àite-adhlaic, *fir*.
àite, *fir*: áit.
àiteach, *fir*: curadóireacht, feirmeoireacht.
àiteachadh, *fir*: curadóireacht, áitiú.
àiteachas, *fir*: talmhaíocht.
†**àiteachd**, *bain*: curadóireacht.
àite-adhlaic, *fir*: áit adhlactha.
aiteal, *fir*: aiteal, splanc, spléachadh.
aiteam, *fir*: dream, pobal.
aiteamh, *bain*: coscairt.
aiteann, *fir*: aiteal.
aiteas, *fir*: aiteas.
àite-breith, *fir*: áit bhreithe.
àite-còmhnaidh, *fir*: áit chónaithe.
àite-còmhnuidh, *fir* → àite-còmhnaidh, *fir*.
àite-falaich, *fir*: áit fholaigh.
àite-fuirich, *fir*: áit chónaithe.
àiteigin, *db*: áit éigin.
àite-obrach, *fir*: áit oibre.
àite-teine, *fir*: áit tine.
àite-tuineachaidh, *fir*: áit lonnaithe.
aitheamh, *fir*: feá.
àitheanta, *aid*: aitheanta.
aithghearr, *aid*: tobann.
aithghearrachd, *bain*: aicearracht, aicearra.
aithinne, *fir*: aithinne.
aithis, *bain*: aithis.
⒉**aithisg**, *bain*: tuairisc.
àithn, *br*: ordaigh.
aithne, *bain*: aithne.
àithne, *bain*: aithne.
àithneach, *aid*: ordaitheach.
aithneachadh, *fir*: aithint.
†**aithne-chùiseachd**, *bain*: cásaisteacht.
àithneil, *aid*: sainordaitheach.
aithnich, *br*: aithin.
àithnteil, *aid* → àithneil, *aid*.
aithreach, *aid*: aithríoch.
aithreachail, *aid* → aithreach, *aid*.
aithreachas, *fir*: aithreachas.
†**aithridh**, *bain*: aithrí.
aithris, *bain*: tuairisc, ráiteas, aithris.
aithris, *br*: aithris.

aithriseach, *aid*: aithriseach, faisnéiseach.
aithriseach, *fir* → aithrisear, *fir*.
aithriseachd, *bain*: clár faisnéise.
aithrisear, *fir*: aithriseoir.
aithrisiche, *fir* → aithrisear, *fir*.
àitich, *br*: áitigh.
aitim, *bain* → aiteam, *fir*.
⒉**aitreabh**, *fir*: foirgneamh.
àl, *fir*: ál.
alabastar, *fir* → oillbhastair, *fir*.
àlach, *fir*: tacar.
àlainn, *aid*: álainn.
†**alamorfachd**, *bain*: allamorfacht.
Alasca, *fir*: Alasca.
Alascanach, *aid*: Alascach.
Alascanach, *fir*: Alascach.
Alasga, *fir* → Alasca, *fir*.
Alaska, *fir* → Alasca, *fir*.
Alba, *bain*: Albain.
Albàinia, *fir*: Albáin.
Albàinianach, *aid*: Albánach.
Albàinianach, *fir*: Albánach.
Albais, *bain*: Albainis.
Albanach, *aid* → Albannach, *aid*.
Albanach, *fir* → Albannach, *fir*.
Albannach, *aid*: Albanach.
Albannach, *fir*: Albanach.
†**albatras**, *fir*: albatras.
†**alcalaidheachd**, *bain*: alcaileacht.
alcol, *fir*: alcól.
alcolach, *aid*: alcólach.
alcolach, *fir*: alcólach.
†**alcolachd**, *bain*: alcólacht.
algach, *aid*: algach.
algach, *fir*: alga.
Algeria, *bain* → Aildiria, *bain*.
allaban, *fir*: seachrán, fánaíocht, fulaingt, pianpháis.
alladh, *fir*: alladh, cáil.
allaidh, *aid*: allta.
allail, *aid*: cáiliúil.
allas, *fir* → fallas, *fir*.
allmharach, *aid*: allúrach.
allmharach, *fir*: allúrach.
⒉**allt**, *fir*: sruthán.
alltan, *fir*: sruthán.
Alltan, *fir*: Sruthán.
†**almadh**, *fir*: alúm.
almain, *bain* → alùmanum, *fir*.
alman, *fir* → alùmanum, *fir*.
almanac, *bain*: almanag.
almorfachd, *bain* → alamorfachd, *bain*.

alt   **ana-caith**

alt, *fir*: alt.
Alt, *fir*: Alt.
altach, *aid*: altach.
altachadh, *fir*: altú.
altaich, *br*: altaigh.
altair, *bain*: altóir.
altraiche, *fir*: altramaí.
altraim, *br*: altramaigh.
altram, *fir*: altram, muirniú.
altramas, *fir*: altramas.
altrum, *fir* → altram, *fir*.
aluinn, *aid* → àlainn, *aid*.
alùmanum, *fir*: alúmanam.
am, *alt*: an.
am, *aid*: an.
am, *sealbh*: a.
am, *réamh*: i.
'am, *réamh* → agam, *réamh*.
a'm, *réamh* → agam, *réamh*.
àm, *fir*: am.
a-mach, *db*: amach.
amadan, *fir*: amadán.
†**amadan-Bealltainn**, *fir*: bobóilinc.
amadan-mòintich, *fir*: amadán móinteach.
amaideach, *aid*: amaideach.
amaideachd, *bain*: amaidí.
amaideas, *fir*: seafóid, amaidí.
amail, *br*: bac, coisc.
†**àmail**, *aid*: tráthúil, in am.
a-màireach, *db*: amárach.
a-màireach, *aid*: amárach.
Amaireaga, *bain* → Ameireagaidh, *bain*.
Amaireaganach, *aid* → Ameireaganach, *aid*.
Amaireaganach, *fir* → Ameireaganach, *fir*.
amais, *br*: aimsigh.
amaitearach, *fir*: amaitéarach.
†**amaitearachd**, *bain*: amaitéarachas.
amaladh, *fir*: bacadh, cosc.
amalaich, *br*: comhtháthaigh.
amar, *fir*: umar.
amar-snàimh, *fir*: linn snámha.
amar-snàmh, *fir* → amar-snàimh, *fir*.
amas, *fir*: aidhm, sprioc.
ambaileans, *bain*: otharcharr.
ambasaid, *bain*: ambasáid.
am-bliadhna, *db*: i mbliana.
am broinn, *réamh*: i lár.
àm-clàraidh, *fir*: am cláraithe.
a-measg, *réamh* → am measg, *réamh*.
à measg, *réamh*: as measc.
àm eigin, *db*: am éigin.

Ameireaga, *fir* → Ameireagaidh, *bain*.
Ameireagaidh, *bain*: Meiriceá.
†**Ameireagaidh-a-Deas**, *bain*: Meiriceá Theas.
†**Ameireagaidh-a-Tuath**, *bain*: Meiriceá Thuaidh.
†**Ameireagaidh-Laideannach**, *bain*: Meiriceá Laidineach.
Ameireaganach, *aid*: Meiriceánach.
Ameireaganach, *fir*: Meiriceánach.
Americanach, *aid* → Ameireaganach, *aid*.
Americanach, *fir* → Ameireaganach, *fir*.
am-feasd, *db* → am-feast, *db*.
†**am-feast**, *db*: feasta.
amh, *aid*: amh.
amhach, *bain*: scornach, muineál.
amhail, *aid*: amhail.
a-mhàin, *db*: amháin.
amhainn, *bain* → abhainn, *bain*.
àmhainn, *bain*: oigheann.
amhairc, *br*: féach, amharc.
amharas, *fir*: amhras.
amharasach, *aid*: amhrasach.
amharc, *fir*: amharc.
amharclann, *bain*: amharclann.
†**amharc-tire**, *fir*: amharc tíre.
amharus, *fir* → amharas, *fir*.
†**amhasg**, *fir*: amhas.
àmhghar, *bain* → àmhghar, *fir*.
àmhghar, *fir*: cráiteacht, buairt, angar.
†**àmhgharach**, *aid*: angarach.
amhlaidh, *db*: amhlaidh.
amhlair, *fir*: abhlóir.
†**amhlaireachd**, *bain*: abhlóireacht.
amhluadh, *fir*: díomá, ceann faoi.
amhluidh, *db* → amhlaidh, *db*.
amhran, *fir* → òran, *fir*.
†**amhsan**, *fir*: gainéad, amhsán.
amhuil, *aid* → amhail, *aid*.
àmhuinn, *bain* → àmhainn, *bain*.
am measg, *réamh*: i measc.
a-muigh, *db*: amuigh.
an, *alt*: an.
an, *aid*: an.
an, *sealbh*: a.
an, *réamh*: in.
an, *cop*: an.
'an, *réamh* → ann an, *réamh*.
an-abaich, *aid*: anabaí.
†**an-abaichead**, *bain*: anabaíocht.
anabarr, *fir*: iomarcaíocht.
anabarrach, *aid*: iontach.
ana-cainnt, *bain*: íde béil.
ana-caith, *br*: caith.

ana-caitheamh / **annlan**

ana-caitheamh, *bain*: anchaitheamh.
†**ana-caitheanaich**, *bain*: cur amú.
†**ana-caithteach**, *aid*: caifeach.
ana-ceartas, *fir*: éagóir.
†**anacladh**, *fir*: anacal.
†**ana-cleachdadh**, *fir*: ainchleachtadh.
anacothrom, *fir*: míbhuntáiste.
†**ana-creideas**, *fir*: díchreideamh.
†**ana-Crìosd**, *fir*: Ainchríost.
†**ana-cuibheasach**, *aid*: míchuibheasach.
†**anaemachd**, *bain*: anaemacht.
†**anaforachd**, *bain*: anafara.
an aghaidh, *réamh*: in aghaidh.
anagram, *fir*: anagram.
anail, *bain*: anáil.
anailis, *bain*: anailís.
an-àird, *db*: in airde.
an-àirde, *db* → an-àird, *db*.
an àiteigin, *db*: in áit éigin.
analachadh, *fir*: análú.
analaich, *br*: análaigh.
a-nall, *db*: anall.
anam, *fir*: anam.
ana-mhòr, *aid*: an-mhór.
ana-miann, *fir*: ainmhian.
†**ana-miannach**, *aid*: ainmhianach.
anann, *fir*: anann.
†**an-aoibhinn**, *aid*: mairg.
anarag, *bain*: anarac.
anart, *fir*: braillín, líneadach, anairt.
an-asgaidh, *db*: saor in aisce.
an-ath-bhliadhn', *db* → an-ath-bhliadhna, *db*.
an-ath-bhliadhna, *db*: an bhliain seo chugainn.
†**an-ath-là**, *db*: amárach.
an-ath-latha, *db* → an-ath-là, *db*.
an-ath-mhadainn, *db*: maidin amárach.
an-ath-mhìos, *db*: an mhí seo chugainn.
an-ath-oidhch', *db* → an-ath-oidhche, *db*.
†**an-ath-oidhche**, *db*: oíche amárach.
an-ath-sheachdain, *db*: an tseachtain seo chugainn.
†**anatomachd**, *bain*: anatamaíocht.
an ceann, *réamh*: i gceann.
an-ceartuair, *db*: ar ball, faoi láthair, anois beag.
an co-bhoinn ri, *réamh*: le tacaíocht ó.
an cois, *réamh*: cois.
an comhair, *réamh*: i dtreo.
an-còmhnaidh, *db*: i gcónaí.
an-dà, *uaill*: muise.
an-dè, *db*: inné.
an dèidh, *réamh*: i ndiaidh.

an déigh, *réamh* → an dèidh, *réamh*.
an-diu, *db* → an-diugh, *db*.
an-diugh, *db*: inniu.
an do, *aid*: ar.
†**Andorrach**, *aid*: Andórach.
†**Andorrach**, *fir*: Andórach.
an-dràsd', *db* → an-dràsta, *db*.
an-drasda, *db* → an-dràsta, *db*.
an-drast, *db* → an-dràsta, *db*.
an-drast', *db* → an-dràsta, *db*.
★**an-dràsta**, *db*: anois.
an-duigh, *db* → an-diugh, *db*.
an ear, *db*: thoir, anoir.
an-earar, *db*: amanathar, anóirthear, arú amárach.
anemonaidh, *fir*: anamóine.
anemone, *fir* → anemonaidh, *fir*.
anfhainne, *bain*: anbhainne.
anfhann, *aid*: anbhann.
an-fhoiseil, *aid*: míchompordach, corrach.
†**an-fhulangach**, *aid*: mífhoighneach.
Anglach, *aid*: Anglacánach.
Anglach, *fir*: Anglacánach, Anglach.
Angòla, *bain*: Angóla.
†**Angòlach**, *aid*: Angólach.
†**Angòlach**, *fir*: Angólach.
an-iar, *db*: thiar, aniar, siar.
an-iochdmhor, *aid*: éadrócaireach.
a-nìos, *db*: aníos.
a-nis, *db*: anois.
a-nisd, *db* → a-nis, *db*.
a-nise, *db* → a-nis, *db*.
anist, *db* → a-nis, *db*.
a-niste, *db* → a-nis, *db*.
an làthair, *db*: i láthair.
an làthair, *réamh*: i láthair.
†**an-luchdachadh**, *fir*: anluchtú.
†**an-luchdaich**, *br*: anluchtaigh.
an-lùib, *réamh*: ceangailte le.
an-mhòr, *aid* → ana-mhòr, *aid*.
anmoch, *aid*: déanach.
ann, *db*: ann.
ann, *réamh*: ann.
anna, *réamh* → ann an, *réamh*.
annad, *réamh*: ionat.
annaibh, *réamh*: ionaibh, ionat.
annainn, *réamh*: ionainn.
annam, *réamh*: ionam.
ann an, *réamh*: i, in.
annas, *fir*: rud annamh.
annasach, *aid*: annamh, neamhchoitianta, aisteach.
annas-làimhe, *fir*: sársaothar.
annlan, *fir*: anlann.

an-nochd, *db* → a-nochd, *db*.
anns, *réamh*: i.
annsachd, *bain*: ansacht, ceanán.
anns an, *réamh*: sa, san.
anns na, *réamh*: sna.
ann-stealladh, *fir*: instealladh.
annt', *réamh* → annta, *réamh*.
annta, *réamh*: iontu.
a-nochd, *db*: anocht.
†**anod**, *fir*: anóid.
anois, *db* → a-nis, *db*.
ànradh, *fir*: anró.
an-raoir, *db* → a-raoir, *db*.
an sac, *fir*: asma.
an-sàs, *db*: in achrann, i bponc, i bhfeidhm.
an-seo, *db*: anseo.
an-sheo, *db* → an-seo, *db*.
an-shin, *db* → an-sin, *db*.
an-shiud, *db* → an-siud, *db*.
anshocair, *bain*: anacair.
anshocrach, *aid*: anacrach.
an-sin, *db*: ansin.
an-siud, *db*: ansiúd.
antaidh, *bain*: aintín.
†**antamon**, *fir*: antamón.
†**an-tlachdmhoireachd**, *bain*: anaiteas.
an-toiseach, *db*: ar dtús.
†**antraipeòlas**, *fir*: antraipeolaíocht.
antrap-eòlas, *fir* → antraipeòlas, *fir*.
†**an-tròcaireach**, *aid*: éadrócaireach.
antroipeòlas, *fir* → antraipeòlas, *fir*.
an-tromaich, *br*: tromaigh.
a-nuas, *db*: anuas.
†**an-uasal**, *aid*: anuasal.
an-uiridh, *db*: anuraidh.
a-null, *db*: anonn.
a-nunn, *db* → a-null, *db*.
an-uraidh, *db* → an-uiridh, *db*.
aobhar, *fir* → adhbhar, *fir*.
aobharachadh, *fir* → adhbharachadh, *fir*.
aobrann, *fir* → adhbrann, *bain*.
aocoltach, *aid*: difriúil.
aodach, *fir*: éide, éadach.
aodach-uachdair, *fir*: foréadach, brat.
aodann, *bain* → aodann, *fir*.
★**aodann**, *fir*: aghaidh.
aodannan, *fir*: tulmhaisiú.
†**aodomhainn**, *aid*: éadomhain.
aog, *fir*: éag, bás.
aogas, *fir*: dealramh, éadan, aghaidh.
aoghair, *fir*: aoire.
aognaidh, *aid*: fuarga, sceirdiúil.
†**aog-neulach**, *aid*: i néalta báis.

aoibhinn, *aid*: aoibhinn.
aoibhneach, *aid*: aoibhinn, áthasach.
aoibhneas, *fir*: aoibhneas, gliondar, áthas.
aoidh, *bain*: cuing.
aoidh, *bain* → aoigh, *fir*.
aoidheachd, *bain* → aoigheachd, *bain*.
aoidion, *fir*: ligean.
†**aoidionach**, *aid*: ligeach.
aoigh, *fir*: aoi.
aoigheachd, *bain*: aíocht.
aoigheil, *aid*: aíochtach, fial, fáilteach.
aoine, *bain*: aoine.
aoir, *bain*: aoir.
aois, *bain*: aois.
Aois, *bain*: Aois.
†**aoiseachas**, *fir*: aoiseachas.
aol, *fir*: aol.
aolach, *fir*: aoileach.
aolaisdeach, *aid* → aolaisteach, *aid*.
†**aolaisteach**, *aid*: leisciúil.
aol-chlach, *bain*: aolchloch.
aom, *br*: claon, crom.
aomadh, *fir*: claonadh, cromadh.
aon, *aid*: aon.
aon, *fir*: aon.
aona, *aid* → aon, *aid*.
aona, *fir* → aon, *fir*.
aonach, *fir*: gearranáil, sliabh.
aonachd, *bain*: aontacht.
aonad, *fir*: aonad.
Aonad, *fir*: Aonad.
aonadach, *aid*: aonadach.
aonadh, *fir*: aontas.
Aonadh, *fir*: Aontas.
aona-ghnè, *aid*: comhghnéis.
aona-ghnèitheach, *aid* → aon-ghnèitheach, *aid*.
aonaich, *br*: aontaigh.
aonaichte, *aid*: aontaithe.
aonais, *bain*: éagmais, íonais.
aonamh, *fir*: aonú.
aonan, *fir*: ceann amháin.
aonar, *fir*: aonar.
aonarach, *aid*: aonarach.
aonarachd, *bain*: aonaracht.
†**aonaraiche**, *fir*: leithlisí.
aonaran, *fir*: aonarán.
aonaranach, *aid*: uaigneach.
aonaranachd, *bain*: uaigneas.
aonaranachd, *fir* → aonaranachd, *bain*.
aon-deug, *uimhir*: aon déag.
aon-fhuaimneach, *aid*: comhchordach.
aon-ghin, *fir*: aonghin.
aon-ghnèitheach, *aid*: aonchineálach.

aon-ghuthach, *aid*: d'aon ghuth.
†**aon-inntinneachd**, *bain*: aontoilíocht.
aon-làir, *aid*: aon urláir.
aonranach, *aid* → aonaranach, *aid*.
aonranachd, *bain*: aonaracht.
†**aon-rathadach**, *aid*: aontreo.
†**aonreadaiche**, *fir*: aonréadaí.
aon-shligheach, *aid* → aon-slighe, *aid*.
†**aon-slighe**, *aid*: aontreo.
aonta, *fir*: cead, toiliú, comhaontú.
aontach, *aid*: ar aon aigne, ar aon dul, ar aon intinn, ar aon tuairim.
aontachadh, *fir*: aontú.
aontachd, *bain*: aontú.
aontadh, *fir* → aonta, *fir*.
aontaich, *br*: aontaigh.
aontaichte, *aid*: aontaithe.
aoradh, *fir* → adhradh, *fir*.
aosd, *aid* → aosta, *aid*.
aosd', *aid* → aosta, *aid*.
aosda, *aid* → aosta, *aid*.
aosmhor, *aid*: ársa.
aost, *aid* → aosta, *aid*.
aost', *aid* → aosta, *aid*.
aosta, *aid*: aosta, ársa.
aotram, *aid* → aotrom, *aid*.
aotramachd, *bain* → aotromachd, *bain*.
aotraman, *fir*: máilín, lamhnán.
aotrom, *aid*: éadrom.
aotromachd, *bain*: éadroime.
aotromaich, *br*: éadromaigh.
aotruim, *aid* → aotrom, *aid*.
apa, *fir*: ápa.
aparan, *fir*: naprún.
aplacaid, *bain*: feidhmchlár, aip.
†**apragod**, *fir*: aibreog.
ar, *sealbh*: ár.
àr, *fir*: ár.
àra, *bain*: ára, duán.
Arabach, *aid*: Arabach.
Arabach, *fir*: Arabach.
Arabais, *bain*: Araibis.
àrach, *fir*: tógáil, neart, árach.
†**àrachair**, *fir*: árachóir.
àrachas, *fir*: árachas.
†**aradair**, *fir*: talmhaí.
àradh, *fir*: dréimire, áradh.
àraich, *br*: tóg.
àraid, *aid*: áirithe, aisteach.
àraidh, *aid*: áirithe.
àrainn, *bain*: réigiún, limistéar, fearann, gnáthóg, campas.
Àrainn, *bain*: Árainn.
†**Àrainneach**, *aid*: Árannach.
†**Àrainneach**, *fir*: Árannach.

àrainneachail, *aid*: timpeallachta.
★**àrainneachd**, *bain*: timpeallacht.
àrainneachdail, *aid* → àrainneachail, *aid*.
àrainn-lìn, *bain*: fearann.
ar-a-mach, *fir*: éirí amach.
ar-a-machach, *aid*: réabhlóideach.
aran, *fir*: arán.
aran-coirce, *fir*: arán coirce.
aran-cridhe, *fir*: arán sinséir.
a-raoir, *db*: aréir.
araon, *db*: araon, idir.
arbhar, *fir*: arbhar.
arbhartachadh, *fir*: coigistiú.
arbhartaich, *br*: coigistigh.
arc, *fir*: arc.
àrc, *bain*: corc.
Arcach, *aid*: Arcach.
Arcach, *fir*: Arcach.
arc-eòlach, *aid*: seandálaíoch.
arc-eòlaiche, *fir*: seandálaí.
arc-eòlas, *fir*: seandálaíocht.
àrd, *aid*: ard.
Àrd, *fir*: Ard.
àrdachadh, *fir*: ardú.
àrdaich, *br*: ardaigh.
àrdaichear, *fir*: ardaitheoir.
àrdaichte, *aid*: ardaithe.
àrdan, *fir*: bród, mórtas, uabhar.
àrdanach, *aid*: sotalach, uaibhreach.
àrd-bhaile, *fir*: ardbhaile.
Àrd-Bhaile, *fir*: Ard-Bhaile.
àrd-bheinn, *bain*: sliabh.
àrd-bhuidealair, *fir*: príomhchornaire.
àrd-chathair, *bain*: ardchathair.
àrd-cheannard, *fir*: ardcheannaire, taoiseach.
àrd-cheannas, *fir*: ardcheannas.
àrd-chlachair, *fir*: máistirshaor.
àrd-choinneamh, *bain*: cruinniú mullaigh.
†**àrd-chomataidh**, *bain*: coiste comhairleach.
àrd-chomhairle, *bain*: ardchomhairle.
àrd-chùirt, *bain*: ardchúirt.
àrd-chùiseach, *aid*: mórchúiseach.
†**àrd-chumhachdach**, *aid*: ardchumhachtach.
†**àrd-doras**, *fir*: fardoras.
àrd-eaglais, *bain*: ardeaglais.
àrd-easbaig, *fir*: ardeaspag.
Àrd-Easbaig, *fir*: Ard-Easpag.
àrd-fhoghlam, *fir*: ardoideachas.
àrd-ghuthach, *aid*: ardghlórach.
àrd-inbhe, *bain*: ardchéim.

àrd-ìre   **a-staigh**

àrd-ìre, *fir*: ardleibhéal.
àrd-mhanaidsear, *fir*: bainisteoir ginearálta.
Àrd-Mhanaidsear, *fir*: Bainisteoir Ginearálta.
àrd-mholadh, *fir*: ardmholadh.
àrd-neach-sgrùdaidh, *fir*: ard-iniúchóir.
àrd-oifigear, *fir*: ardoifigeach.
àrd-ollamh, *fir*: ardollamh.
Àrd-Ollamh, *fir*: Ard-Ollamh.
àrd-rìgh, *fir*: ardrí.
Àrd-Rìgh, *fir*: ardrí.
àrd-sgoil, *bain*: ardscoil.
àrd-shagart, *fir*: ardsagart.
àrd-sheanadh, *fir*: comhthionól ginearálta.
†**àrd-sheanalair**, *fir*: ardcheannasaí.
àrd-thìr, *bain* → àrd-tìr, *bain*.
†**àrd-tìr**, *bain*: ardchríoch.
àrd-ùrlar, *fir*: ardán.
àrd-urram, *fir*: urraim.
a-rèir, *réamh*: de réir.
a-rèisd, *db* → a-rèist, *db*.
a-rèisde, *db* → a-rèist, *db*.
a-rèist, *db*: mar sin.
argamaid, *bain*: argóint.
†**argamaideach**, *aid*: argóinteach.
argamaidich, *br*: argóin.
Argantain, *bain*: Airgintín.
Argentina, *bain* → Argantain, *bain*.
Argtach, *aid* → Artaigeach, *aid*.
argumaid, *bain* → argamaid, *bain*.
a riabh, *db* → a-riamh, *db*.
a-riamh, *db*: riamh.
a-rìs, *db* → a-rithist, *db*.
a-rithis, *db* → a-rithist, *db*.
a-rithist, *db*: arís.
a-rithst, *db* → a-rithist, *db*.
arm, *fir*: arm.
Arm, *fir*: Arm.
armach, *aid*: armach, armúrtha.
armachd, *bain*: arm.
armaich, *br*: armáil.
armaichte, *aid*: armáilte.
armailt, *bain*: arm.
armailteach, *aid*: míleata.
àrmann, *fir*: laoch.
Armenia, *bain* → Airmeinia, *bain*.
armlann, *bain*: armlann.
àros, *fir*: áras.
†**arraideach**, *aid*: earráideach.
arraing, *fir*: arraing.
àrsaideach, *aid*: bunúsach.
àrsaidh, *aid*: ársa.
àrsaidheachd, *bain*: ársaíocht, seandálaíocht.
àrsair, *fir*: ársaitheoir.
arson, *réamh* → airson, *réamh*.
†**arspag**, *bain*: droimneach mór.
art, *fir*: art.
Artach, *aid* → Artaigeach, *aid*.
artagail, *bain* → artaigeal, *fir*.
artagal, *fir* → artaigeal, *fir*.
Artaigeach, *aid*: Artach.
artaigeal, *fir*: airteagal, alt.
artaigil, *fir* → artaigeal, *fir*.
as, *réamh*: sa, san.
a's, *cónasc* → agus, *cónasc*.
às, *db*: as.
às, *réamh*: as.
às, *réamh*: as.
asad, *réamh*: asat.
asaibh, *réamh*: asaibh, asat.
†**às-aimsireachd**, *bain*: mí-aimsearthacht.
asainn, *réamh*: asainn.
asal, *bain*: asal.
asal, *fir* → asal, *bain*.
†**asal-stiallach**, *bain*: séabra.
asam, *réamh*: asam.
asann, *bain* → aisean, *bain*.
às aonais, *réamh*: gan.
Asarbaidean, *bain*: an Asarbaiseáin.
†**asarlachd**, *bain*: asarlaíocht.
asbhuain, *bain*: coinleach.
ascair, *fir* → asgair, *fir*.
ascaoin, *br*: coinnealbháigh.
†**ascaoineadh**, *fir*: coinnealbhá.
asda, *réamh* → asta, *réamh*.
às deaghaidh, *réamh*: i ndiaidh.
às dèidh, *réamh*: i ndiaidh.
às-earrann, *fir*: athfhriotal, sliocht.
a-seo, *db* → an-seo, *db*.
a'seo, *db* → an-seo, *db*.
asgaidh, *bain*: aisce.
asgair, *fir*: uaschamóg.
asgall, *fir*: ascaill.
†**asgnadh**, *fir*: buaic.
a-sin, *db* → an-sin, *db*.
Asiria, *bain*: an Aisiria.
aslaich, *br*: impigh.
às-mhalairt, *bain*: easpórtáil.
às-mhalairt, *br*: easpórtáil.
asna, *bain* → aisean, *bain*.
asp, *fir*: asp.
†**aspairin**, *fir*: aspairín.
asparag, *bain*: asparagas.
asta, *réamh*: astu.
a-staigh, *db*: istigh.

11

astar, *fir*: aistear, achar.
†**astatin**, *fir*: astaitín.
a-steach, *db*: isteach.
a-steachd, *db* → a-steach, *db*.
astigh, *db* → a-staigh, *db*.
Astràilia, *bain*: an Astráil.
Astràilianach, *aid*: Astrálach.
Astràilianach, *fir*: Astrálach.
Astralàisia, *bain*: an Astraláise.
Àstralia, *bain* → Astràilia, *bain*.
at, *fir*: at.
at, *br*: at.
ataireachd, *bain*: borradh.
atamach, *aid*: adamhach.
at-cuisle, *fir*: aineoras.
ath, *aid*: ath.
àth, *bain*: áith.
àth, *fir*: áth.
athach, *fir*: fathach.
ath-ainmeachadh, *fir*: athainmniú.
athair, *fir*: athair.
Athair, *fir*: Athair.
athair-cèile, *fir*: athair céile.
athaireachd, *bain*: atharthacht.
†**athair-thalmhainn**, *bain*: athair thalún.
athais, *bain*: suaimhneas.
athaiseach, *aid*: fadálach.
ath-aithris, *bain*: athinsint, athrá.
ath-aithris, *br*: aithris.
a thaobh, *réamh*: i dtaobh.
atharrach, *fir*: athrú.
atharrachadh, *fir*: athrach, athrú.
atharrachail, *aid*: athraitheach.
atharradh, *fir* → atharrachadh, *fir*.
atharraich, *br*: athraigh.
atharrais, *bain*: aithris.
atharrais, *br*: aithris.
ath-bheachdachadh, *fir*: athmheasúnú.
ath-bheachdaich, *br*: athmheasúnaigh.
ath-bheothachadh, *fir*: athbheochan.
Ath-bheothachadh, *fir*: Athbheochan.
ath-bheothaich, *br*: athbheoigh.
†**ath-bhlas**, *fir*: iarbhlas, athbhlas.
ath-bhliadhn', *bain* → ath-bhliadhna, *bain*.
ath-bhliadhna, *bain*: athbhliain.
ath-bhreithneachadh, *fir*: athbhreithniú.
ath-bhualadh, *fir*: athbhualadh.
ath-bhuannachadh, *fir*: athghabháil.
ath-bhuannaich, *br*: athghabh.
†**ath-chagainn**, *br*: athchogain.
ath-chagnach, *aid*: athchogantach.
†**ath-chagnadh**, *fir*: athchogaint.
†**ath-cheumnachadh**, *fir*: achoimriú.

ath-chleachdadh, *fir*: athúsáid.
ath-chluich, *bain*: athchluiche.
†**ath-chòireachadh**, *fir*: athchóiriú.
ath-chraoladh, *fir*: athchraoladh.
ath-chruthaich, *br*: athchruthaigh.
ath-chuairteachadh, *fir*: athchúrsáil.
ath-chuartachadh, *fir* → athchuairteachadh, *fir*.
athchuinge, *bain*: achainí.
athchuingich, *br*: achainigh, impigh.
ath-chuir, *br*: athchuir.
ath-chur, *fir*: athchur.
ath-dhèanamh, *fir*: athdhéanamh.
ath-dheasachadh, *fir*: leasú.
ath-dhìol, *br*: aisíoc.
ath-eagrachadh, *fir*: atheagrú.
†**ath-fhillteach**, *aid*: athfhillteach.
ath-fhoillseachadh, *fir*: athfhoilsiú.
ath-fhosgladh, *fir*: athoscailt.
ath-fhuaimneach, *aid*: athshondach.
†**ath-ghabh**, *br*: athghabh.
†**ath-ghabhail**, *bain*: athghabháil.
ath-ghairm, *bain*: athghairm.
ath-ghin, *br*: athghin.
†**ath-ghintinn**, *bain*: athghiniúint.
ath-innse, *bain*: athinsint.
†**ath-inntrigeadh**, *fir*: athiontráil.
ath-leasachadh, *fir*: leasú.
ath-leasaich, *br*: leasaigh.
ath-neartachadh, *fir*: athneartú.
ath-neartaich, *br*: athneartaigh.
ath-nochdadh, *fir*: athdhéanamh.
ath-nuadhachadh, *fir*: athnuachan.
ath-nuadhachail, *aid*: in-athnuaite.
ath-nuadhaich, *br*: athnuaigh.
ath-obrachadh, *fir*: athoibriú.
ath-oidhch, *bain* → ath-oidhche, *bain*.
ath-oidhch', *bain* → ath-oidhche, *bain*.
ath-oidhche, *bain*: oíche amárach.
†**ath-raonadh**, *fir*: athraonadh.
ath-riochdachadh, *fir*: athchóiriú.
ath-sgrìobh, *br*: athscríobh.
ath-sgrìobhadh, *fir*: athscríobh.
ath-sgrùdadh, *fir*: athscrúdú, athbhreithniú.
ath-sheachdain, *bain*: seachtain seo chugainn.
ath-sheachdainn, *bain* → ath-sheachdain, *bain*.
ath-shlànachadh, *fir*: athshlánú.
†**ath-shoineas**, *fir*: athshondas.
ath-shuidheachadh, *fir*: athshocrú.
†**ath-smaoinich**, *br*: athsmaoinigh.
ath-stèidheachadh, *fir*: athbhunú.
ath-thagh, *br*: atogh.

ath-thaghadh, *fir*: atoghchán, atoghadh.
ath-thagradh, *fir*: achomharc.
ath-thilleadh, *fir*: athiompú.
ath-thogail, *bain*: atógáil.
ath-thòiseachadh, *fir*: atosú.
ath-ùrachadh, *fir*: athnuachan.
Atlantaig, *fir*: Atlantach.
atlas, *fir*: atlas.
atmhorachd, *bain*: boilsciú.
a-tuath, *db*: thuaidh.
Australia, *bain* → Astràilia, *bain*.

B

†**b'**, *cop*: ba.
†**bàban**, *fir*: cocán, eiteán.
bàbhan, *fir*: bábhún.
babhstair, *fir*: babhstar.
Babilon, *bain*: an Bhablóin.
bac, *fir*: bac.
bac, *br*: bac.
bacach, *aid*: bacach.
bacach, *fir*: bacach.
bacadh, *fir*: bac, srian.
†**bacadh-adhair**, *fir*: aerbhac.
bacadh-sràide, *fir*: bacainn bhóthair.
†**bacaiche**, *fir*: bacaí.
bacaideach, *aid*: bocóideach.
bacan, *fir*: bacán, staic.
†**bachair**, *fir*: bachaire.
bachall, *fir*: bachall.
bachlach, *aid*: bachallach.
bachlag, *bain*: bachlóg, bachall.
bachlagach, *aid*: bachallach.
bachlaich, *br*: caisnigh.
†**bacteriach**, *aid*: baictéarach.
bad, *fir*: dos.
badan, *fir*: clúidín, tom, dornán.
badanach, *aid*: badánach.
badeigin, *db*: áit éigin.
badhbh, *bain*: badhbh.
Badhlach, *aid*: Badhlach.
Badhlach, *fir*: Badhlach.
badmantan, *fir*: badmantan.
badminton, *fir* → badmantan, *fir*.
baga, *fir*: mála.
bagaid, *bain*: mogall.
bagair, *br*: bagair.

bagairt, *bain*: bagairt.
bagarrach, *aid*: bagrach.
†**bagarrachd**, *bain*: bagairt.
bàgh, *fir*: bá.
Bàgh, *fir*: Bá.
†**baghcat**, *fir*: baghcat.
bagradh, *fir*: bagairt.
baibheil, *aid*: iontach.
baic, *fir* → baidhc, *fir*.
baideal, *fir*: daingean, bábhún.
Bàideanach, *aid*: Báideanach.
Bàideanach, *fir*: Báideanach.
bàidh, *bain*: bá.
baidhc, *fir*: rothar.
bàidhealachd, *bain*: cineáltas.
bàidheil, *aid*: ceanúil, báúil, cairdiúil.
baidhsagal, *fir*: rothar.
baidhsagalachd, *bain*: rothaíocht.
baidhsagalair, *fir*: rothaí.
baidhseagal, *fir* → baidhsagal, *fir*.
baidse, *bain*: baisc, suaitheantas.
†**bàidse**, *bain*: ualach.
baigeir, *fir*: bochtán, beigéir.
†**baigeireachd**, *bain*: beigéireacht.
bàigheil, *aid* → bàidheil, *aid*.
bail', *fir* → baile, *fir*.
bailc, *bain*: balc, bailc.
baile, *fir*: baile, cathair.
Baile, *fir*: Baile.
bailead, *fir*: bailéad.
baileat, *fir*: ballóid.
baile-beag, *fir*: baile beag.
baile-fearainn, *fir*: baile fearainn.
baile-iasgaich, *fir*: baile iascaireachta.
baile-mhòr, *fir* → baile-mòr, *fir*.
baile-mòr, *fir*: baile mór.
baile-puirt, *fir*: baile poirt.
bailiùn, *fir*: balún.
bàillidh, *fir*: báille.
bailteach, *aid*: cathrach.
bailteil, *aid*: uirbeach.
bàine, *bain*: báine.
†**bàinead**, *bain*: báine.
bàinidh, *bain*: báiní.
bainne, *fir*: bainne.
bainsio, *fir*: bainseó.
baintighearna, *bain*: bantiarna.
bàir, *bain*: báire.
bàirdse, *bain*: báirse.
†**bairium**, *fir*: bairiam.
bàirligeadh, *fir*: fógra díshealbhaithe.
bàirneach, *bain*: bairneach.
†**bàirseag**, *bain*: báirseach.
baist, *br*: baist.

Baisteach

Baisteach, *aid*: Baisteach.
Baisteach, *fir*: Baisteach.
baisteadh, *fir*: baisteadh.
baistidh, *aid*: baistí.
bàite, *aid* → bàthte, *aid*.
baithis, *bain* → bathais, *bain*.
bàl, *fir*: bál, liathróid.
bàla, *fir* → bàlla, *fir*.
☙ **balach**, *fir*: gasúr, buachaill.
balachan, *fir*: gasúr, ógánach.
balaiste, *bain*: ballasta.
balbh, *aid*: balbh.
balbhachd, *bain*: bailbhe.
balbhan, *fir*: balbhán.
Balèarach, *aid*: Bailéarach.
balg, *fir*: bolg.
balgach, *aid*: bolgach.
balgach, *bain*: bolgach.
†**balgaich**, *br*: bolg.
balgain-bhuacharaich, *fir* → balgan-buachair, *fir*.
balgair, *fir*: bastún, smolaire, caimiléir, bithiúnach.
balgam, *fir*: bolgam.
balgan, *fir*: bolgán.
balgan-bhuacharach, *fir* → balgan-buachair, *fir*.
balgan-buachair, *fir*: beacán.
balgan-buachrach, *fir* → balgan-buachair, *fir*.
balg-buachair, *fir* → balgan-buachair, *fir*.
balg-buachrach, *fir* → balgan-buachair, *fir*.
ball, *fir*: ball.
ball, *fir* → bàlla, *fir*.
balla, *fir*: balla.
bàlla, *fir*: liathróid.
ball-acfhainn, *fir*: uirlis, ball acra.
ballach, *aid*: ballach.
ball-airm, *fir*: arm.
ballan, *fir*: tobán, ballán.
ball-basgaid, *fir*: cispheil.
†**ball-bhòilidh**, *fir*: eitpheil.
ball-bholaidh, *fir* → ball-bhòilidh, *fir*.
ball-choise, *fir* → ball-coise, *fir*.
ball-coise, *fir*: sacar.
ball-dòbhrain, *fir*: ball dobhráin.
ball-lìn, *fir*: líonpheil.
ball-maise, *fir*: ornáid.
†**ball-nasg**, *fir*: ballnasc.
ball-pàrlamaid, *fir*: teachta parlaiminte.
ballrachd, *bain*: ballraíocht.
†**ball-seirce**, *fir*: ball seirce.
ball-stàit, *bain*: ballstát.

ban-iompaire

ball-stèidhe, *fir*: daorchluiche.
†**balmaich**, *br*: balsamaigh.
balt, *fir*: fearb.
Baltach, *aid*: Baltach.
balùn, *fir* → bailiùn, *fir*.
bàn, *aid*: bán.
bàn, *fir*: bán.
bana-actair, *bain* → ban-actair, *bain*.
ban-aba, *bain*: ban-ab.
bana-bharan, *bain*: banbharún.
bana-bhàrd, *fir*: banfhile.
bana-bhuidseach, *bain*: bandraoi.
banacharaid, *bain*: banchara.
banachdach, *bain*: vacsaíniú.
†**banacheàrd**, *fir*: bantincéir.
bana-chliamhainn, *bain*: banchliamhain.
bana-chliamhuin, *bain* → bana-chliamhainn, *bain*.
†**banachrach**, *bain*: bolgach.
bana-chruitear, *bain*: cruitire mná.
ban-actair, *bain*: ban-aisteoir.
bànag, *bain*: bláthán, griolsa.
bana-ghaisgeach, *bain*: banghaiscíoch.
banail, *aid*: banúil.
banais, *bain*: bainis.
†**banaltrachd**, *bain*: banaltracht.
banaltram, *bain*: banaltra.
banaltramachd, *bain* → banaltrachd, *bain*.
bana-mhaighistir, *bain* → bana-mhaighstir, *bain*.
bana-mhaighstir, *bain*: máistreás.
banana, *fir*: banana.
bana-phrionnsa, *bain*: banphrionsa.
bana-sheinneadair, *fir*: amhránaí mná.
†**banas-taighe**, *bain*: bainistí.
banbh, *fir*: banbh.
banca, *fir*: banc.
Banca, *fir*: Banc.
bancair, *fir*: baincéir.
bancaireachd, *bain*: baincéireacht.
ban-Cheilteach, *bain*: Ceilteach mná.
ban-chruitear, *bain* → bana-chruitear, *bain*.
bàn-dhearg, *aid*: bándearg.
bàn-dhearg, *fir*: bándearg.
ban-dia, *bain*: bandia.
ban-diùc, *bain*: bandiúc.
ban-draoidh, *bain*: bandraoi.
†**ban-Eadailteach**, *fir*: bean Iodálach.
ban-fhàidh, *bain*: banfháidh.
bangaid, *bain*: féasta.
ban-iarla, *bain*: cuntaois.
ban-iompaire, *bain*: banimpire.

15

bann, *fir*: ceangal, banda, crios.
†**bannach**, *fir*: bonnóg.
bannag, *bain* → bannach, *fir*.
bannal, *fir*: banna, buíon.
bann farsaing, *fir*: leathanbhanda.
†**bann-làmh**, *fir*: banlámh.
bann-leathann, *aid*: leathanbhanda.
banntrach, *bain*: baintreach.
†**banntrachas**, *fir*: baintreachas.
ban-ogha, *bain*: gariníon.
ban-òglach, *bain*: banóglach, ionailt.
ban-oighre, *bain*: banoidhre.
ban-phoileas, *fir*: bangharda.
banrigh, *bain*: banríon.
banrighinn, *bain* → banrigh, *bain*.
†**ban-rùnaire**, *fir*: rúnaí.
ban-sgoilear, *fir*: bean léinn.
ban-shearbhant, *bain* → ban-shearbhanta, *bain*.
ban-shearbhanta, *bain*: banseirbhíseach.
ban-sheinneadair, *fir* → bana-sheinneadair, *fir*.
bantrach, *bain* → banntrach, *bain*.
baoghalta, *aid*: amaideach, baoth.
†**baois**, *bain*: drúis.
baoit, *bain*: baoite.
baoiteag, *bain* → boiteag, *bain*.
baoth, *aid*: baoth.
†**baothan**, *fir*: baothán.
baoth-chreideamh, *fir*: baothchreideamh.
bàr, *fir*: beár, barra.
bara, *fir*: bara.
barail, *bain*: barúil.
baraill, *fir* → baraille, *fir*.
baraille, *fir*: bairille.
baraisd, *fir* → barraist, *fir*.
baraist, *fir* → barraist, *fir*.
baralach, *aid*: barúlach.
baran, *fir*: barún.
baranachd, *bain*: barúntacht.
barantachd, *bain*: barántúlacht.
barantaich, *br*: barántaigh.
barantas, *fir*: barántas, ráthaíocht.
†**baraton**, *fir*: baratón.
†**Barbadach**, *aid*: Barbadach.
†**Barbadach**, *fir*: Barbadach.
Barbados, *bain*: Barbadós.
barbair, *fir* → borbair, *fir*.
†**bàrbrag**, *bain*: barbróg.
bàrc, *bain*: bárc.
bàrc, *br*: brúcht, maidhm.
bàrcadh, *fir*: bárcadh, brúchtadh.
★**bàrd**, *fir*: file.

★**bàrdachd**, *bain*: filíocht.
bàrdail, *aid*: fileata.
bàrd-baile, *fir*: file an bhaile.
bargan, *bain*: sladmhargadh.
barganachadh, *fir*: idirbheartú, margáil.
barganaich, *br*: idirbheartaigh.
†**barganaiche**, *fir*: margálaí, idirbheartaí.
bàr-inneil, *fir*: barra uirlisí.
bàrr, *fir*: barr.
barrach, *fir*: barrach, barr crainn.
Barrach, *aid*: Barrach.
Barrach, *fir*: Barrach.
barrachas, *fir*: barrachas.
★**barrachd**, *bain*: tuilleadh.
barrag, *bain*: barr, screamh.
barraichte, *aid*: thar barr, den scoth, iontach.
barraid, *bain*: ardán.
barraisd, *fir* → barraist, *fir*.
†**bàrraisg**, *fir*: bladhmaire.
†**barraist**, *fir*: borráiste.
barrall, *fir*: barriall.
barran, *fir*: coirnis.
barrantaich, *br*: creidiúnaigh.
barrantas, *fir*: barántas.
†**bàrr-cheum**, *fir*: barrchéim.
†**barrfhad**, *fir*: barrfhód.
bas, *bain*: bos.
bàs, *fir*: bás.
Bàs, *fir*: Bás.
bàsachadh, *fir*: bású.
bàsaich, *br*: básaigh.
basan, *fir*: doingean.
Bascach, *aid* → Basgach, *aid*.
Bascach, *fir* → Basgach, *fir*.
bascaid, *bain* → basgaid, *bain*.
Basgach, *aid*: Bascach.
Basgach, *fir*: Bascach.
basgaid, *bain*: bascaed, ciseán.
Basgais, *bain*: Bascais.
bàsich, *br* → bàsaich, *br*.
†**baslach**, *fir*: boslach.
bàsmhor, *aid*: básmhar.
bàsmhorachd, *bain*: básmhaireacht.
bastard, *fir*: bastard.
†**basun**, *fir*: basún.
bat, *fir* → bata, *fir*.
bat', *fir* → bàta, *fir*.
bata, *fir*: bata, maide.
bàta, *fir*: bád.
bàta-aiseig, *fir*: bád farantóireachta.
†**bàta-bathair**, *fir*: lastlong.
bàta-foluaimein, *fir*: sciorrárthach.
bàta-iasgaich, *fir*: bád iascaigh.
batail, *fir*: cath.

bàt-aiseig, *fir* → bàta-aiseig, *fir*.
bàt'-aiseig, *fir* → bàta-aiseig, *fir*.
batal, *fir* → batail, *fir*.
batan, *fir*: baitín.
bataraidh, *bain*: bataire, cadhnra.
bàta-siùil, *fir*: bád seoil.
bàta-slaodaidh, *fir*: tuga.
bàta-smùide, *fir*: galbhád.
bàta-teasairginn, *fir*: bád tarrthála.
bàth, *br*: báigh.
bàthach, *bain*: bóitheach.
bàthadh, *fir*: bá.
bàthaich, *fir* → bàthach, *bain*.
bathais, *bain*: éadan.
†**Bathamach**, *aid*: Bahámaíoch.
†**Bathamach**, *fir*: Bahámaíoch.
★**bathar**, *fir*: earra, táirge.
bathar-bhog, *fir* → bathar-bog, *fir*.
bathar-bog, *fir*: bogearra.
bathar cruaidh, *fir*: crua-earra.
batharnach, *fir*: stóras.
bàthte, *aid*: báite.
bàt-iasgaich, *fir* → bàta-iasgaich, *fir*.
bàt'-iasgaich, *fir* → bàta-iasgaich, *fir*.
b' e ba é.
beach, *fir*: beach.
†**beachair**, *fir*: beachaire.
beachd, *fir*: tuairim, barúil.
★**beachdachadh**, *fir*: smaoineamh.
★**beachdaich**, *br*: smaoinigh.
beachdail, *aid*: smaointeach, machnamhach, airdeallach.
beachdaireachd, *bain*: airdeall.
beachd-bharail, *bain*: hipitéis.
beachd-smaoin, *bain*: smaoineamh.
beachd-smaoinich, *br*: smaoinigh.
beachd-smuain, *bain* → beachd-smaoin, *bain*.
beachlann, *bain*: beachlann.
beadaidh, *aid*: sotalach.
beadradh, *fir*: peataireacht.
beag, *aid*: beag.
beagaich, *br*: laghdaigh.
beagan, *db*: beagán.
beagan, *fir*: beagán.
beag-charboin, *aid*: ísealcharbóin.
beag-chuid, *bain*: mionlach.
beag-feum, *bain*: beag úsáid.
beag-fhaclair, *fir*: foclóirín, gluais.
beag-nàrach, *aid*: mínáireach.
beag-seagh, *aid*: neamhthábhachtach.
†**beag-tùr**, *aid*: gan chiall, ar bheagán céille.

beairt, *bain*: inneall, beart, éacht.
beairteach, *aid*: saibhir.
beairteachadh, *fir*: úmadh.
beairteas, *fir*: saibhreas.
beairtich, *br*: úim.
bealach, *fir*: bealach, bearnas.
Bealach, *fir*: Bealach.
bealadh, *fir*: bealadh.
bealaidh, *fir*: giolcach shléibhe.
†**bealbhach**, *fir*: béalbhach.
Bealltainn, *bain*: Bealtaine.
Bealtainn, *bain* → Bealltainn, *bain*.
bean, *bain*: bean.
bean, *br*: bain.
bean-bainnse, *bain*: brídeach.
bean-chèile, *bain*: bean chéile.
Beangailis, *bain*: Beangáilis.
bean-ghlùine, *bain*: bean ghlúine.
beann, *bain*: beann.
beannach, *aid*: beannach.
beannachadh, *fir*: beannú.
beannachd, *bain*: beannacht.
beannag, *bain*: binneog.
beannaich, *br*: beannaigh.
beannaicht, *aid* → beannaichte, *aid*.
beannaicht', *aid* → beannaichte, *aid*.
beannaichte, *aid*: beannaithe.
beanntach, *aid*: sléibhtiúil.
†**beanntachd**, *bain*: sléibhtiúlacht.
beanntainn, *fir*: miontas.
bean-phòsta, *bain*: bean phósta.
bean-seinn, *bain*: amhránaí mná.
bean-sìthe, *bain*: bean sí.
bean-taighe, *bain*: bean tí.
beantainn, *bain*: baint.
bean-teagaisg, *bain*: múinteoir.
beantuinn, *bain* → beantainn, *bain*.
bean-uasal, *bain*: bean uasal.
†**Bearmùda**, *bain*: Beirmiúda.
beàrn, *bain*: bearna.
beàrnach, *aid*: bearnach.
beàrnan-brìde, *fir*: caisearbhán.
†**Beàrnarach**, *aid*: Beárnarach.
†**Beàrnarach**, *fir*: Beárnarach.
beàrr, *br*: bearr.
†**bearrach**, *bain*: bearach.
bearradair, *fir*: bearbóir, bearrthóir.
bearradaireachd, *bain*: bearrthóireacht, bearbóireacht.
bearradh, *fir*: bearradh, aill.
beart, *bain* → beairt, *bain*.
beartach, *aid* → beairteach, *aid*.
beartachadh, *fir* → beairteachadh, *fir*.

beartaich, *br* → beairtich, *br*.
beartas, *fir* → beairteas, *fir*.
beatadh, *fir*: bualadh.
beath', *bain* → beatha, *bain*.
beatha, *bain*: beatha.
beathach, *fir*: ainmhí.
beathachadh, *fir*: beathú, cothú.
†**beathadach**, *fir*: béabhar.
beathaich, *br*: beathaigh, cothaigh.
†**beath-eachdraiche**, *fir*: beathaisnéisí.
beath-eachdraidh, *bain*: beathaisnéis.
began, *db* → beagan, *db*.
bèibidh, *fir*: babaí.
beic, *bain*: umhlú.
bèicear, *fir*: báicéir.
bèicearachd, *bain*: báicéireacht.
bèiceireachd, *bain* → bèicearachd, *bain*.
bèile, *bain*: burla.
Beilg, *bain*: Beilg.
Beilgeach, *aid*: Beilgeach.
Beilgeach, *fir*: Beilgeach.
beilleag, *bain*: liopa, puisín, coirt, béalóg.
being, *bain*: binse.
Beinin, *bain*: Beinin.
beinn, *bain*: sliabh.
beinn-theine, *bain*: bolcán.
beir, *br*: beir.
†**beirceilium**, *fir*: beircéiliam.
beireachd, *bain*: breith.
†**beiril**, *bain*: beiril.
†**beirillium**, *fir*: beirilliam.
beirm, *bain*: giosta.
beirmear, *fir*: einsím.
beirsinn, *bain* → beirtinn, *bain*.
†**beirtinn**, *bain*: breith.
bèist, *bain*: béist, beithíoch.
bèisteil, *aid*: béistiúil.
beith, *bain*: beith.
beithe, *bain* → beith, *bain*.
beithir, *bain*: caor thine, beithir.
Benin, *bain* → Beinin, *bain*.
beò, *aid*: beo.
beò, *fir*: beo.
beò-airgead, *fir* → airgead-beò, *fir*.
bèobab, *fir*: crann baobab.
beodhachd, *bain* → beothalachd, *bain*.
†**beò-ghainmheach**, *bain*: gaineamh beo.
beò-ghlac, *br*: dúghabh.
beò-ghlacadh, *fir*: dúghabháil.
beòir, *bain*: beoir.
beòshlaint, *bain*: slí bheatha.
beo-shlainte, *bain* → beòshlaint, *bain*.
beothachadh, *fir*: beochan.
beothachd, *bain* → beothalachd, *bain*.

beothaich, *br*: beoigh.
beothail, *aid*: bríomhar, beoga.
beothalachd, *bain*: beocht.
beòthalachd-oidhche, *bain*: siamsaíocht oíche.
Bermiùda, *bain* → Bearmùda, *bain*.
Bermuda, *bain* → Bearmùda, *bain*.
†**beubanachadh**, *fir*: coscairt.
beuc, *fir*: béic.
beuc, *br*: béic.
beud, *fir*: trua, dochar.
beugaileid, *bain*: beaignit.
beul, *fir*: béal.
Beul, *fir*: Béal.
beulach, *aid*: bladrach.
beulaibh, *fir*: aghaidh.
beul-aithris, *bain*: béalaithris, béaloideas.
beulaobh, *fir* → beulaibh, *fir*.
†**beul-chràbhach**, *aid*: béalchráifeach.
†**beul-chràbhadh**, *fir*: béalchrábhadh.
beul-oideas, *fir*: béalaithris, béaloideas.
beum, *fir*: béim.
beurla, *bain*: béarla.
Beurla, *bain*: Béarla.
†**beurlachd**, *bain*: béarlachas.
beus, *aid*: dordánach.
beus, *bain*: béas.
beus, *fir*: dord.
beusach, *aid*: béasach.
beusachd, *bain*: béasaíocht.
beusalachd, *bain*: béasaíocht, eitic.
bhaidhneil, *aid*: vinile.
bhan, *bain*: veain.
bhana, *bain* → bhan, *bain*.
bhàrr, *réamh*: anuas de.
bhàsa, *bain*: vása.
Bhatacain, *bain*: Vatacáin.
Bhatacan, *bain* → Bhatacain, *bain*.
bheactar, *fir* → vector, *fir*.
bheat, *fir*: tréidlia.
bhèato, *fir* → bhìoto, *fir*.
Bheiniseala, *bain*: Veiniséala.
†**Bheiniseala**ch, *aid*: Veiniséalach.
†**Bheiniseala**ch, *fir*: Veiniséalach.
Bhiatnam, *fir* → Bhiet-Nam, *fir*.
Bhictorianach, *aid*: Victeoiriach.
bhideo, *aid*: físe.
bhideo, *bain* → bhidio, *bain*.
bhidio, *bain*: físeán, fís.
bhidio-ciùil, *bain*: físeán ceoil.
Bhiet-Nam, *fir*: Vítneam.
Bhioctorianach, *aid* → Bhictorianach, *aid*.
bhìoras, *fir*: víreas.

bhìosa, *bain*: víosa.
†**bhìoto**, *fir*: cros.
bhith, *bain*: bheith.
bho, *sealbh*: óna.
bho, *réamh*: ó.
bhod, *sealbh*: ó do.
†**bhodca**, *fir*: vodca.
bhòidse, *fir*: aistear.
bhoill, *uaill* → uill, *uaill*.
bholcànach, *aid*: bolcánach.
bholcàno, *fir*: bolcán.
bholt, *fir* → bholta, *fir*.
bholta, *fir*: volta.
†**bholtaids**, *bain*: voltas.
bhom, *sealbh*: ó mo.
bhom, *réamh*: ón.
bhon, *réamh*: ón.
bho'n, *réamh* → bhon, *réamh*.
bhor, *sealbh*: ónár.
bhos, *db* → a-bhos, *db*.
bhòt, *bain*: vóta.
bhòt, *br*: vótáil.
bhòtadh, *fir*: vótáil.
bhuacha, *réamh* → bhuapa, *réamh*.
bhuaibh, *réamh*: uaibh, uait.
bhuainn, *réamh*: uainn.
bhuaipe, *réamh*: uaithi.
bhuaith, *réamh* → bhuaithe, *réamh*.
bhuaith', *réamh* → bhuaithe, *réamh*.
bhuaithe, *réamh*: uaidh.
bhuaithe, *réamh* → bhuaipe, *réamh*.
bhuam, *réamh*: uaim.
bhuapa, *réamh*: uathu.
bhuat, *réamh*: uait.
bhuatha, *réamh* → bhuaithe, *réamh*.
bhur, *sealbh*: bhur.
bi, *br*: bí.
†**biabhag**, *bain*: biabhóg.
biadh, *fir*: bia.
biadh, *br* → biath, *br*.
biadhlann, *bain* → biadhlann, *fir*.
biadhlann, *fir*: bialann.
biadh-maidne, *fir*: bricfeasta.
biadhtach, *fir*: biatach.
bialaobh, *fir* → beulaibh, *fir*.
bian, *fir*: craiceann, seithe, bian.
biast, *bain* → bèist, *bain*.
biastag, *bain*: feithid.
biast-dhubh, *bain* → biast-dubh, *bain*.
biast-dubh, *bain*: dobharchú.
†**biatas**, *fir*: biatas.
biath, *br*: beathaigh.
bicas, *fir* → biocas, *fir*.
biceas, *fir* → biocas, *fir*.
bichiontas, *fir* → bitheantas, *fir*.

bìdeadh, *fir*: priocadh.
bìdeag, *bain*: bídeog, giota, beagán.
bidheantas, *fir* → bitheantas, *fir*.
bidse, *bain*: bitseach.
bile, *bain*: liopa, ribe.
bile, *fir*: bille.
Bile, *fir*: Bille.
bileag, *bain*: peiteal, duillín, bileog.
bileag-iùil, *bain*: bileog eolais.
†**bileid**, *bain*: billéad.
billean, *fir*: billiún.
binid, *bain*: binid.
binn, *aid*: binn.
binn, *bain*: breith, breithiúnas.
binndeachadh, *fir*: téachtadh.
binndich, *br*: téacht.
binnean, *fir*: binn, buaic.
binneas, *fir*: binneas.
bìoball, *fir*: Bíobla.
Bìoball, *fir*: Bíobla.
bìoballach, *aid*: bíobalta.
bìobhair, *fir* → bìobhar, *fir*.
bìobhar, *fir*: béabhar.
Bìobull, *fir* → Bìoball, *fir*.
biocas, *fir*: bíocunta.
bìodach, *aid*: bídeach.
biodag, *bain*: miodóg.
†**bioganta**, *aid*: bíogúil.
biolair, *fir*: biolar.
biolar, *bain* → biolair, *bain*.
biona, *fir*: bosca.
bior, *fir*: bior.
biorach, *aid*: géar, biorach, bioranta.
biorach, *bain*: bearach.
biorgadh, *fir*: bíogadh, preabadh.
biorrach, *bain* → biorach, *bain*.
biorramaid, *bain* → pioramaid, *bain*.
biot, *fir*: giotán.
biothbhuan, *aid* → bith-bhuan, *aid*.
bìrlinn, *bain*: birling.
bith, *bain*: beith.
bith-beò, *bain*: maireachtáil.
bith-bheò, *aid*: bithbheo.
bith-bhuan, *aid*: bithbhuan.
bith-bhuantachd, *bain*: síoraíocht.
bith-dhèantas, *fir* → bitheantas, *fir*.
bitheag, *bain*: bitheog.
bitheanta, *aid*: coitianta, minic.
bitheantachd, *bain* → bitheantas, *fir*.
bitheantas, *fir*: minice.
bitheòlach, *aid* → bith-eòlasach, *aid*.
bith-eòlaiche, *fir*: bitheolaí.
bith-eòlas, *fir*: bitheolaíocht.
bith-eòlasach, *aid*: bitheolaíoch.

bith-eugsamhlachd   bodharach

bith-eugsamhlachd, *bain*: bithéagsúlacht.
bith-iomadachd, *bain*: bithéagsúlacht.
bitse, *bain* → bidse, *bain*.
biùg, *fir*: bíog, gíog ná míog.
biùro, *fir*: biúró.
biurocrasaidh, *fir*: maorlathas.
biurocrat, *fir*: maorlathaí.
†**biurocratach**, *aid*: maorlathach.
†**blabhdaireachd**, *bain*: bleadracht.
bladh, *fir*: bladh.
blaigeard, *fir*: bligeard.
blaisbheum, *fir*: blaisféim.
blàr, *fir*: blár, cath.
†**blàr-rap**, *fir*: cath rapcheoil.
blas, *fir*: blas.
blàs, *fir* → blàths, *fir*.
blasad, *fir*: blaiseadh.
blasaich, *br*: blaistigh.
blasda, *aid* → blasta, *aid*.
blasta, *aid*: blasta.
②**blàth**, *aid*: te, teolaí.
blàth, *fir*: bláth.
blàthach, *aid*: bláthach.
blàthach, *bain*: bláthach.
blàthachadh, *fir*: téamh.
blàthaich, *br*: téigh.
blàth-fhleasg, *bain*: bláthfhleasc.
blàths, *fir*: teas.
bleadraig, *br*: tuirsigh, geab.
bleadraigeadh, *fir*: bleadracht, cabaireacht.
bleagairt, *bain* → blaigeard, *fir*.
bleideag, *bain*: bratóg, calóg.
bleigeard, *fir* → blaigeard, *fir*.
bleith, *br*: meil, caith.
bleitheadh, *fir*: meilt.
bleoghain, *br* → bleoghainn, *br*.
bleoghainn, *br*: bligh.
bleoghann, *bain*: bleán.
bliadhn, *bain* → bliadhna, *bain*.
bliadhn', *bain* → bliadhna, *bain*.
bliadhna, *bain*: bliain.
bliadhnach, *fir*: beithíoch bliana.
bliadhnachan, *fir*: bliainiris.
bliadhnaiche, *fir*: blianachtóir.
bliadhnail, *aid*: bliantúil.
bliadhna-leum, *bain*: bliain bhisigh.
blian, *aid*: leamh, trua.
blian, *fir*: bléin.
blian, *br*: grian.
bliochd, *bain*: bleacht, bainne.
†**bliochdach**, *aid*: bleachtach, bainniúil.
†**bliosan**, *fir*: bliosán.

blobhsa, *bain*: blús.
bloc, *fir*: bloc.
bloca, *fir* → bloc, *fir*.
blocadh, *fir*: bloscadh.
blog, *fir* → bloga, *fir*.
bloga, *fir*: blag.
blogachadh, *fir* → blogadh, *fir*.
blogadh, *fir*: blagáil.
bloigh, *bain*: blogh, giota.
bloigh anabharr, *bain*: leaschodán.
bloighd, *bain*: blogh.
†**bloighdeachadh**, *fir*: bloghadh.
†**bloighdich**, *br*: blogh.
blonag, *bain*: blonag.
†**blonagach**, *aid*: blonagach.
blosg, *br*: blosc, pléasc.
blosgadh, *fir*: bloscadh, pléascadh.
bò, *bain*: bó.
bobhla, *fir*: babhla.
bobhladh, *fir*: babhláil.
bobhstair, *fir*: babhstar.
boc, *fir*: poc.
boc, *br*: preab, bocáil.
bòc, *br*: borr.
†**bocach**, *aid*: preabach.
bocadaich, *bain*: bogadach.
bocadh, *fir*: preabadh, bocáil.
bocail, *bain*: bocáil.
bòcan, *fir*: taibhse, púca.
bocanach, *fir*: antalóp.
②**bochd**, *aid*: bocht, tinn.
bochd, *fir*: bocht.
bochdain, *bain* → bochdainn, *bain*.
bochdainn, *bain*: bochtaineacht.
†**bochdrach**, *fir*: bochtán.
bocsa, *fir* → bogsa, *fir*.
bocsaig, *br* → bogsaig, *br*.
bocsair, *fir* → bogsair, *fir*.
bod, *fir*: bod.
②**bodach**, *fir*: seanduine, seanfhear.
†**bodachail**, *aid*: bodúil.
bodach-feannaig, *fir*: fear bréige.
bodach-ròcais, *fir*: fear bréige.
bodach-sneachd, *fir* → bodach-sneachda, *fir*.
bodach-sneachda, *fir*: fear sneachta.
bodag, *bain*: bodóg.
bodha, *fir*: fochais, boilg.
bodhaig, *bain*: corp, colainn.
bodhair, *br*: bodhraigh.
bodhar, *aid*: bodhar.
bodhar, *fir*: bodhar.
†**bodharach**, *aid*: bodhraitheach.

bòdhradh — bothag

bòdhradh, *fir*: bodhrú.
bodraig, *br*: bac.
bog, *aid*: bog.
①bog, *br*: tum.
bogachadh, *fir*: tumadh, maothú, bogadh.
②bogadh, *fir*: tumadh.
bogaich, *br*: tum, maothaigh.
boganach, *fir*: cábóg.
bogha, *fir*: áirse, bogha.
boghadair, *fir*: boghdóir.
boghadaireachd, *bain*: boghdóireacht.
bogha-frois, *fir*: bogha ceatha.
bogha-froise, *fir* → bogha-frois, *fir*.
boglach, *bain*: bogach, portach, seascann.
bogsa, *fir*: bosca.
bogsa-ciùil, *fir*: bosca ceoil.
bogsadh, *fir* → bogsaigeadh, *fir*.
†bogsa-èisg, *fir*: bosca éisc.
bogsa-fòn, *fir*: bosca teileafóin.
bogsaig, *br*: bocsáil.
†bogsaigeadh, *fir*: bocsáil, dornálaíocht.
bogsair, *fir*: bocsálaí, dornálaí.
†bogsa-litreachan, *fir*: bosca litreacha.
bòid, *bain*: móid.
Bòideach, *aid*: Bóideach.
Bòideach, *fir*: Bóideach.
boideag, *bain* → boiteag, *bain*.
bòidhche, *bain* → bòidhchead, *bain*.
bòidhchead, *bain*: dathúlacht, áilleacht, dóighiúlacht.
bòidheach, *aid*: deas, álainn.
bòidheachd, *bain* → bòidhchead, *bain*.
bòidich, *br*: móidigh, mionnaigh.
boil, *bain* → boile, *bain*.
boile, *bain*: buile.
Boilibhia, *bain*: an Bholaiv.
†Boilibhiach, *aid*: Bolavach.
†Boilibhiach, *fir*: Bolavach.
boillsg, *fir*: splanc.
boillsg, *br*: splanc.
boillsgeach, *aid*: lonrach, splancúil.
boillsgeadh, *fir*: lonrú, soilsiú, gealán.
boinne, *bain*: braon, deoir.
boinneag, *bain*: braonán.
①boireann, *aid*: baineann.
boireannach, *fir*: bean.
boireannta, *aid*: baininscneach, baineann.
boireanta, *aid* → boireannta, *aid*.
boirionn, *aid* → boireann, *aid*.

boirionnach, *fir* → boireannach, *fir*.
boiseag, *bain*: boiseog.
boiteag, *bain*: péist, cruimh.
boladh, *fir*: boladh.
bolg, *fir* → balg, *fir*.
bolgan, *fir*: bolgán.
†bollsgair, *fir*: bolscaire.
bolt, *fir*: bolta, ballapháipéar.
boltaig, *br*: páipéaraigh.
†boltanach, *aid*: boltanach.
boltrach, *fir*: boltanas.
bom, *fir* → boma, *fir*.
boma, *fir*: buama.
bomair, *fir*: buamadóir.
bonaid, *bain* → bonaid, *fir*.
bonaid, *fir*: boinéad, caipín.
bònas, *fir*: bónas.
bonn, *fir*: bonn.
bonnach, *fir*: bonnóg.
bonnag, *bain* → bannach, *fir*.
†bonnair, *fir*: bonnaire.
bonn-a-sia, *fir*: leathphingin.
bonn-cuimhne, *fir*: bonn cuimhneacháin.
bonn-stèidh, *bain* → bun-stèidh, *bain*.
bonntaich, *br*: bunaigh.
†bòracs, *fir*: bórás.
†boradh, *fir*: borradh.
boraist, *fir* → barraist, *fir*.
borb, *aid*: borb.
borbair, *fir*: bearbóir.
bòrd, *fir*: bord.
Bòrd, *fir*: Bord.
bòrd-fiosrachaidh, *fir*: deasc fáisnéise.
bòrd-gearraidh, *fir*: clár gearrtha.
bòrd-sneachda, *fir*: clár sneachta.
bòrd-stiùiridh, *fir*: bord stiúrthóirí.
borgh, *fir*: buirg.
borraist, *fir* → barraist, *fir*.
bos, *bain* → bas, *bain*.
bòsd, *fir* → bòst, *fir*.
bòsdail, *aid* → bòstail, *aid*.
Bosna, *bain*: an Bhoisnia.
Bosnia, *bain* → Bosna, *bain*.
bòst, *fir*: mórtas, maíomh, buaileam sciath.
bòst, *br*: maígh.
bòstail, *aid*: maíteach.
bot, *fir*: róbat.
bòtainn, *bain* → bòtann, *fir*.
botal, *fir*: buidéal.
bòtann, *fir*: buatais.
†bòtann-airm, *fir*: buatais airm.
both, *fir*: bothán.
bothag, *bain*: bothóg.

bothaich, *fir*: blúire.
bothan, *fir*: bothán.
Bothan, *fir*: Bothán.
Botsuana, *bain*: an Bhotsuáin.
†**Botsuanach**, *aid*: Botsuánach.
†**Botsuanach**, *fir*: Botsuánach.
botul, *fir* → botal, *fir*.
brà, *bain*: bró.
brabhsadh, *fir*: brabhsáil.
brabhsair, *fir*: brabhsálaí.
brabhsair-lín, *fir*: brabhsálaí.
†**bracaid**, *bain*: lúibín.
bracaist, *bain*: bricfeasta.
brach, *br*: braich.
brachadh, *fir*: brachadh.
brachadh san fhuil, *fir*: seipticéime.
bradach, *aid*: bradach.
†**bradaiche**, *fir*: bradaí.
bradan, *fir*: bradán.
brag, *fir*: tuairt.
bragail, *aid*: dána.
bragail, *bain*: bualadh.
†**braghachail**, *aid*: brachúil.
†**braghadh**, *fir*: brachadh.
braiceast, *bain* → bracaist, *bain*.
braich, *bain*: braich.
braid, *bain*: bradaíl.
†**bràidean**, *fir*: bradaí, rógaire.
†**braidhm**, *fir*: broim.
bràigh, *fir*: brá, barr.
bràighdean, *fir* → bràidean, *fir*.
braighdeanas, *fir*: braighdeanas.
brailis, *bain*: braichlis.
braim, *fir* → braidhm, *fir*.
braise, *bain*: braise.
Braisil, *bain* → Brasail, *bain*.
bràiste, *bain*: bróiste.
†**braith-lìn**, *bain*: braillín.
bràithreachas, *fir*: bráithreachas.
†**bràithreil**, *aid*: bráithriúil.
bràmair, *fir*: grá.
bran, *fir*: bran.
branndaidh, *fir*: branda.
branndair, *fir*: greille, branra.
†**braoi**, *bain*: braoi.
braoisg, *bain*: straois.
†**braoisgeil**, *bain*: straoisíl.
braon, *fir*: braon.
braonach, *aid*: braonach.
bras, *aid*: borb.
Brasail, *bain*: an Bhrasaíl.
†**Brasaileach**, *aid*: Brasaíleach.
†**Brasaileach**, *fir*: Brasaíleach.
brat, *fir*: brat.
bratach, *bain*: bratach.

bratag, *bain*: bratóg.
brath, *fir*: fógra.
brath, *br*: braith.
bràth, *fir*: bráth.
brathadair, *fir*: brathadóir, spiaire, feallaire.
²**bràthair**, *fir*: deartháir, bráthair.
bràthair-athar, *fir*: uncail.
brath-bloga, *fir*: postáil.
brath-bloige, *fir* → brath-bloga, *fir*.
brath-naidheachd, *fir*: preaseisiúint.
†**bratlong**, *bain*: bratlong.
brat-ùrlair, *fir*: brat urláir, cairpéad.
²**breab**, *bain*: cic.
breab, *br*: ciceáil.
breabadair, *fir*: fíodóir.
breabadaireachd, *bain*: fíodóireacht.
breabadh, *fir*: ciceáil.
breabail, *bain*: preabadh.
breac, *aid*: breac.
breac, *fir*: breac.
breac, *br*: breac.
†**breacair**, *fir*: breacaire.
breacan, *fir*: breacán.
breac-mara, *fir*: breac geal.
†**breacnaich**, *br*: breachnaigh.
breac-seun, *fir* → breac-seunain, *fir*.
breac-seunaidh, *fir* → breac-seunain, *fir*.
†**breac-seunain**, *fir*: bricín, bricín gréine.
breac-sheunan, *fir* → breac-seunain, *fir*.
†**breac-sholas**, *fir*: breacsholas.
breacte, *aid*: breactha.
breagh, *aid* → brèagha, *aid*.
brèagha, *aid*: álainn, breá, dathúil.
brèaghachd, *bain*: breáthacht.
breall, *fir*: breall.
Breatainn, *bain*: Breatain.
Breatainn Bheag, *bain*: Briotáin.
Breatainneach, *aid* → Breatannach, *aid*.
Breatainneach, *fir* → Breatannach, *fir*.
Breatanach, *aid* → Breatannach, *aid*.
Breatanach, *fir* → Breatannach, *fir*.
Breatann, *bain* → Breatainn, *bain*.
Breatannach, *aid*: Briotanach.
Breatannach, *fir*: Briotanach.
Breatannais, *bain* → Breatnais, *bain*.
Breatnach, *aid*: Briotánach.
Breatnach, *fir*: Briotánach.
Breatnais, *bain*: Briotáinis.
Breatuinn, *bain* → Breatainn, *bain*.
breic, *bain* → breige, *bain*.
brèid, *fir*: bréid, paiste.
breige, *bain*: bríce.

breigearachd   **bronntas**

†**breigearachd**, *bain*: bríceadóireacht.
brèine, *bain*: bréine, bréantas.
breisleach, *bain*: mearbhall.
breisleachail, *aid*: trína chéile.
breislich, *br*: mearaigh.
breith, *bain*: breith.
breith an-abaich, *bain*: breith anabaí.
breitheach, *aid*: breithiúnach.
breitheamh, *fir* → britheamh, *fir*.
breitheanas, *fir*: breithiúnas.
†**breith-là**, *fir*: breithlá.
breithneachadh, *fir*: breithniú.
breithneachail, *aid*: breithiúnach.
breithnich, *br*: breithnigh.
†**breò-chlach**, *bain*: breochloch.
breòite, *aid*: breoite.
breòiteachd, *bain*: breoiteacht.
breth, *bain* → breith, *bain*.
breug, *bain*: bréag.
breug, *br*: bréag.
breugach, *aid*: bréagach.
breugadair, *fir*: bréagadóir.
breugadaire, *fir* → breugadair, *fir*.
breugaiche, *fir* → breugadair, *fir*.
breugaire, *fir* → breugadair, *fir*.
breugnachadh, *fir*: bréagnú.
breugnaich, *br*: bréagnaigh.
breug-riochd, *fir*: bréagriocht.
breun, *aid*: bréan.
breun, *br*: bréan.
breuntas, *fir*: bréantas.
briagh, *aid* → brèagha, *aid*.
Brian, *fir*: Brian.
briathar, *fir*: briathar, focal.
briathrach, *aid*: cainteach, briathrach.
briathrachan, *fir*: gluais, stór focail.
briathrachas, *fir*: briathrachas, téarmaíocht.
†**brib**, *bain*: breab.
†**brib**, *br*: breab.
†**bribeireachd**, *bain*: breabaireacht.
brice, *bain* → breige, *bain*.
†**brid**, *br*: póraigh.
brideachadh, *fir* → brideadh, *fir*.
†**brideadh**, *fir*: pórú.
brìgh, *bain*: brí.
brìgheil, *aid*: bríoch.
brillean, *fir*: brillín.
briod, *fir*: pór.
briod, *br* → brid, *br*.
briodachadh, *fir*: pórú.
briodadh, *fir* → brideadh, *fir*.
brìodal, *fir*:   plámás, muirniú, cabaireacht.
briog, *br*: cliceáil.

briogadh, *fir*: cliceáil, clic.
briogais, *bain*: bríste.
briogais-snàimh, *bain*: bríste snámha.
brìogh, *bain* → brìgh, *bain*.
brìoghmhor, *aid*: bríomhar.
†**brìoghmhorachd**, *bain*: bríomhaireacht.
†**brìosan**, *fir*: leoithne.
brioscaid, *bain* → briosgaid, *bain*.
briosg, *br*: preab.
briosgadh, *fir*: preabadh.
briosgaid, *bain*: fianán, briosca.
briosgail, *bain* → briosgadh, *fir*.
bris, *br*: bris.
briseach, *aid*: briosc.
briseadh, *fir*: briseadh.
briseadh-cridhe, *fir*: briseadh croí.
briseadh-dùil, *fir*: díomá.
brisg, *aid*: briosc, leochaileach.
brisgead, *fir*: sobhristeacht.
brisgean, *fir*: brioscán, loingeán, briosclán, briseán.
†**brisgeanach**, *bain*: brioscarnach.
brist, *br* → bris, *br*.
briste, *aid*: briste.
bristeadh, *fir* → briseadh, *fir*.
britheamh, *fir*: breitheamh.
brobhsair, *fir* → brabhsair, *fir*.
broc, *fir*: broc.
†**brocach**, *aid*: brocach.
brochan, *fir*: brachán.
†**broclach**, *bain*: brocais.
brod, *fir*: brod, togha.
brod, *br*: broid.
brodadh, *fir*:   broideadh, brostú, priocadh.
†**brodag**, *bain*: hormón.
bròg, *bain*: bróg.
bròg-spòrs, *bain*: bróg spóirt.
†**broicneach**, *aid*: breicneach.
†**broidneireachd**, *bain*: bróidnéireacht.
broidse, *fir* → bràiste, *bain*.
bròig, *bain* → bròg, *bain*.
†**broigheal**, *fir*: broigheall.
broilleach, *fir*: brollach, ucht.
broinn, *bain*: broinn.
broisde, *fir* → bràiste, *bain*.
†**bromach**, *fir*: bromach.
bròn, *fir*: brón.
brònach, *aid*: brónach.
bròn-chluich, *fir*: traigéide.
bronn, *br*: bronn.
bronnadh, *fir*: bronnadh.
†**bronnag**, *bain*: brannóg.
†**bronnair**, *fir*: bronntóir.
†**bronntas**, *fir*: bronntanas, deontas.

brosgail   buidh'

brosgail, *br*: bladair.
brosgal, *fir*: bladar.
brosnachadh, *fir*: spreagadh, gríosú.
brosnachail, *aid*: spreagúil.
brosnaich, *br*: spreag.
brot, *fir*: anraith, brat.
broth, *fir*: bruth.
†**brothach**, *aid*: clamhach.
brù, *bain*: broinn.
bruach, *bain*: bruach.
Bruach, *bain*: Bruach.
bruadair, *br*: taibhrigh.
bruadar, *fir*: bruadar, brionglóid, taibhreamh, brionglóideach.
bruadarach, *aid*: brionglóideach.
bruadrachadh, *fir* → bruadar, *fir*.
bruadraich, *br* → bruadair, *br*.
bruaillean, *fir*: trioblóid, buaireamh, tranglam.
bruan, *fir*: bruar.
†**bruanach**, *fir*: bruar.
†**brucach**, *aid*: brocach.
brùchd, *fir*: brúcht.
brùchd, *br*: brúcht.
brùchdach, *aid*: brúchtach.
brùchdadh, *fir*: brúchtadh.
brù-dhearg, *fir*: broinndeargán, spideog.
brudhinn, *bain* → bruidhinn, *bain*.
bruich, *aid*: bruite, cócaráilte.
bruich, *br*: bruith, cócaráil.
bruid, *bain*: braighdeanas, broid.
bruid, *br*: broid.
brùid, *bain*: brúid.
brùidealachd, *bain*: brúidiúlacht.
brùideil, *aid*: fíochmhar, brúidiúil.
bruidheann, *bain* → bruidhinn, *bain*.
⚰**bruidhinn**, *bain*: labhairt.
bruidhinn, *br*: labhair.
†**bruigheann**, *fir*: bruíon.
bruis, *bain*: bruis, scuab.
Bruiseal, *bain*: Bruiséil.
brùite, *aid*: brúite.
†**brùiteag**, *bain*: péist.
brunndail, *bain*: monabhar.
brùth, *br*: brúigh.
bruthach, *fir*: mala.
brùthadh, *fir*: brú.
bruthainneach, *aid*: brothallach.
bu, *cop*: ba.
buabhall, *fir*: buabhall.
buachaill, *fir* → buachaille, *fir*.
⚰**buachaille**, *fir*: aoire, tréadaí.
Buachaille, *fir*: Aoire.

buachailleachd, *bain*: aoireacht.
buachar, *fir*: buachar.
buadh, *bain*: tréith, aitreabúid, bua.
buadhach, *aid*: buach, bunáiteach.
buadhaich, *br*: buaigh.
buadhair, *fir*: aidiacht.
buadhaireach, *aid*: aidiachtach.
buadhar, *aid* → buadhmhor, *aid*.
buadhmhor, *aid*: buach.
buadraig, *br* → bodraig, *br*.
buaghallan, *fir*: buachalán.
buaic, *bain*: buaiceas.
buaidh, *bain*: tionchar, éifeacht, bua.
buail, *br*: buail.
buaile, *bain*: buaile.
buaille, *bain* → buille, *bain*.
buailte, *aid*: buailte.
buailteach, *aid*: tugtha.
buailteachd, *bain*: dliteanas.
†**buailtear**, *fir*: buailteoir.
buain, *bain*: buain.
buain, *br*: buain.
buaine, *bain*: buaine.
buair, *br*: buair, cathaigh.
buaireadh, *fir*: cathú, buaireamh.
buaireas, *fir*: imreas, trioblóid.
buaireasach, *aid*: clamprach, trioblóideach.
buairte, *aid*: buartha.
bualadh, *fir*: bualadh.
buan, *aid*: buan.
buanachd, *bain* → buannachd, *bain*.
buanaich, *br*: buanaigh.
buanaich, *br* → buannaich, *br*.
buanaiche, *fir*: buainteoir, buanaí.
†**buanas**, *fir*: buaine.
buan-cheangal, *fir*: buan-nasc.
buannachadh, *fir*: buachan.
★**buannachd**, *bain*: buntáiste.
buannachdail, *aid*: tairbheach.
buannaich, *br*: buaigh.
buannaiche, *fir*: buaiteoir.
buar, *fir*: buar, eallach.
buarach, *bain*: buarach, laincis.
†**bùc**, *fir*: bulc.
bucaid, *bain*: buicéad.
bucall, *fir*: búcla.
bucas, *fir*: bosca.
†**bucram**, *fir*: bucram.
bugair, *fir*: bugaire.
buiceil, *bain*: léimneach.
buideal, *fir*: buidéal.
buidealair, *fir*: buitléir.
buidh, *aid* → buidhe, *aid*.
buidh', *aid* → buidhe, *aid*.

buidhe — buthaid

buidhe, *aid*: buí.
buidheach, *aid*: buíoch.
buidheachas, *fir*: buíochas.
buidheagan, *fir*: buíocán.
buidhean, *bain* → buidheann, *bain*.
buidheann, *bain*: buíon, grúpa, eagraíocht, foireann.
buidheann-ghnìomha, *bain* → buidheann-gnìomha, *bain*.
buidheann-gnìomha, *bain*: gníomhaireacht.
buidheann-obrach, *bain*: grúpa oibre.
buidheann-rianachd, *bain*: lucht riaracháin.
buidheann-stiùiridh, *bain*: grúpa stiúrtha, foireann bhainistíochta.
†**buidhe-ruadh**, *aid*: buírua.
buidhinn, *bain*: gnóthú, buachan.
buidhinn, *br*: gnóthaigh.
buidileir, *fir* → buidealair, *fir*.
buidseachd, *bain*: asarlaíocht, gintlíocht.
buidsead, *fir* → buidseat, *fir*.
bùidsear, *fir*: búistéir.
buidseat, *fir*: buiséad.
buidsidh, *fir*: budragár.
buidsigh, *fir* → buidsidh, *fir*.
buige, *bain*: boige.
buil, *bain*: toradh.
buileach, *db*: ar fad, iomlán, fós.
buileachadh, *fir*: bronnadh.
buileann, *bain*: builín.
builgean, *fir*: boilgeog.
builgeanach, *aid*: boilgeogach.
builich, *br*: bronn.
builionn, *bain* → buileann, *bain*.
buille, *bain*: buille.
builleach, *db* → buileach, *db*.
buillean, *fir* → billean, *fir*.
†**buille-chuisle**, *bain*: cuisle.
buille-cuisle, *bain* → buille-chuisle, *bain*.
buimilear, *fir* → bumalair, *fir*.
buin, *br*: bain.
buinne, *bain*: buinne.
buinnig, *br* → buidhinn, *br*.
buinteanas, *fir*: gaol.
buintinn, *bain* → buntainn, *bain*.
buirbe, *bain*: boirbe.
bùirdeasach, *aid* → bùirdeiseach, *aid*.
bùirdeasach, *fir* → bùirdeiseach, *fir*.
bùirdeiseach, *aid*: buirgéiseach.
bùirdeiseach, *fir*: buirgéiseach.
bùirich, *bain*: búireach.
†**buiseal**, *fir*: buiséal.
Bulgàiria, *fir*: an Bhulgáir.
†**Bulgàirianach**, *aid*: Bulgárach.

†**Bulgàirianach**, *fir*: Bulgárach.
bumaileir, *fir*: útamálaí.
†**bumalair**, *fir*: útamálaí.
bun, *fir*: bun.
bunachadh, *fir*: bunú.
bunachar, *fir*: bunachar.
bunaich, *br*: bunaigh.
bunait, *bain*: bonn, bunús.
bunaiteach, *aid*: bunúsach, réamhshocraithe.
bunas, *fir*: bunús.
bunasach, *aid*: bunúsach.
bun-bheachd, *fir*: coincheap.
†**buneagar**, *fir*: bonneagar.
bungalo, *fir*: bungaló.
bun-os-cionn, *aid*: bunoscionn.
bun-phrìs, *bain*: íosphraghas.
bun-phuing, *bain*: bunphointe.
bun-reachd, *fir*: bunreacht.
Bun-Reachd, *fir*: Bunreacht.
bun-reachdail, *aid*: bunreachtúil.
bun-sgoil, *bain*: bunscoil.
bun-smuain, *bain*: coincheap.
bun-stèidh, *bain*: bunús, dúshraith.
bun-structair, *fir* → bun-structar, *fir*.
bun-structar, *fir*: bonneagar, infreastruchtúr.
buntainn, *bain*: baint.
buntainn, *fir* → buntainn, *bain*.
buntainneach, *aid*: ábhartha.
buntainneas, *fir* → buinteanas, *fir*.
buntanas, *fir* → buinteanas, *fir*.
buntàta, *fir*: práta.
buntàta pronn, *fir*: brúitín.
bùrach, *fir*: tochailt.
†**bùrgair**, *fir*: burgar.
burgar, *fir* → bùrgair, *fir*.
Burma, *bain*: Burma.
†**Burmach**, *aid*: Burmach.
†**Burmach**, *fir*: Burmach.
bùrn, *fir*: uisce.
burraidh, *fir*: bodach.
burraidheachd, *bain*: bulaíocht.
bursaraidh, *fir*: sparánacht.
Burundaidh, *bain*: an Bhurúin.
†**Burundaidheach**, *aid*: Burúnach.
†**Burundaidheach**, *fir*: Burúnach.
Burundi, *bain* → Burundaidh, *bain*.
bus, *fir*: bus.
†**busachan**, *fir*: pusachán.
bus-tràilidh, *fir*: bustralaí.
†**bùtaich**, *br*: tosaigh.
†**butarrais**, *bain*: prácás.
★**bùth**, *bain*: siopa.
buthaid, *bain*: puifín.

†**bùthal**, *fir*: buthal.
†**bùth-èisg**, *bain*: siopa éisc.
bùth-leabhraichean, *bain*: siopa leabhar.
bùth-obrach, *bain*: ceardlann.
butlar, *fir* → buidealair, *fir*.
†**butta**, *fir*: buta.

C

c', *aid* → cò, *aid*.
cà, *aid* → càit, *aid*.
cà', *aid* → càit, *aid*.
cab, *fir*: cab, gob.
cabach, *aid*: cabach.
cabadaich, *bain*: comhrá.
càbag, *bain*: cáis.
cabaireachd, *bain*: cabaireacht.
càbal, *fir* → càball, *fir*.
càball, *fir*: cábla.
†càban, *fir*: cábún.
cabar, *fir*: cabar, maide.
cabhadh, *fir*: síobadh.
cabhag, *bain*: deifir, práinn.
cabhagach, *aid*: deifreach.
†cabhail, *bain*: cabhail.
cabhair, *bain* → cobhair, *bain*.
cabhlach, *fir*: cabhlach.
cabhsair, *fir*: cosán.
càbla, *fir* → càball, *fir*.
†càbraid, *bain*: screadach.
cabstair, *fir*: béalbhach.
cac, *fir*: cac.
cac, *br*: cac.
†càcas, *fir*: cácas.
càch, *fir*: an chuid eile.
càch, *for*: an chuid eile.
càch-a-chèile, *fir*: chéile.
cachaileith, *bain*: geata.
cactas, *fir*: cachtas.
cadail, *br* → caidil, *br*.
cadal, *fir*: codladh.
cadalach, *aid*: codlatach.
cadha, *fir*: bearnas.

†cadh-luibh, *bain*: cáithluibh.
cafaidh, *fir*: caifé.
café, *fir* → cafaidh, *fir*.
†cafein, *fir*: caiféin.
cagailt, *bain*: teallach.
cagainn, *br*: cogain.
cagair, *br*: cogair.
cagar, *fir*: cogar, cogarnach.
cagarach, *aid*: cograch.
cagaraiche, *fir* → cagarsaiche, *fir*.
cagarsaich, *bain*: cogarnach.
†cagarsaiche, *fir*: cogarnach.
cagnadh, *fir*: cogaint.
caibe, *fir*: spád, láí.
caibeal, *fir*: séipéal.
caibideal, *fir* → caibideil, *fir*.
caibideil, *fir*: caibidil.
caibidil, *bain* → caibideil, *fir*.
caibineat, *fir*: caibinéad, comh-aireacht.
†caidheag, *bain*: cadhc.
caidil, *br*: codail.
caidleadh, *fir* → cadal, *fir*.
caidreabh, *fir*: caidreamh.
caidreabhach, *aid*: caidreamhach.
caidreachas, *fir*: cónaidhm.
caidreamh, *fir* → caidreabh, *fir*.
caigeann, *bain*: péire.
càil, *bain*: fonn.
càil, *fir*: dada, faic, aon rud, a dhath.
cà'il, *aid*: cá bhfuil.
cailc, *bain*: cailc.
cailceach, *aid*: cailceach.
†cailceam, *fir*: cailciam.
cailciam, *fir* → cailceam, *fir*.
càileach, *fir*: cáithleach.
càileachd, *bain*: cáilíocht.
caileag, *bain*: cailín, girseach.
càilear, *aid*: mealltach.
†càilidheachd, *bain*: cáilíocht.
cailin, *fir*: cailín.
cailis, *bain*: cailís.
caill, *br*: caill.
cailleach, *bain*: cailleach, seanbhean.
cailleach-oidhche, *bain*: ulchabhán, cailleach oíche.
Cailleannach, *aid*: Caladónach.
Cailleannach, *fir*: Caladónach.
Cailleannach Nuadha, *aid*: Nua-Chaladónach.
Cailleannach Nuadha, *fir*: Nua-Chaladónach.
caillte, *aid*: caillte.
caillteanach, *fir*: coillteán.

caime — calpa

caime, *bain*: caime.
†**caimich**, *br*: cuimsigh.
càin, *bain*: cáin, dleacht.
càin, *br*: cáin.
cainb, *bain*: cnáib.
caineal, *fir*: cainéal.
Caingis, *bain*: Cincís.
†**cainneann**, *fir*: cainneann.
cainnt, *bain*: caint.
†**cainnteag**, *bain*: caintic.
cainntearachd, *bain*: óráidíocht.
caint, *bain* → cainnt, *bain*.
†**caipin**, *fir*: caipín.
caiptean, *fir*: captaen.
càirdeach, *aid*: gaolmhar.
càirdeas, *fir*: cairdeas.
càirdeil, *aid*: cairdiúil.
càirdineal, *fir*: cairdinéal.
càirean, *fir* → càireas, *fir*.
†**càireas**, *fir*: carball.
Cairibian, *fir* → Caraib, *bain*.
Cairibianach, *aid* → Caraibeach, *aid*.
Cairibianach, *fir* → Caraibeach, *fir*.
càirich, *br*: deisigh, leag.
†**càirneach**, *fir*: coirneach.
cairt, *bain*: cairt, cárta.
cairt, *br*: cart.
Cairt, *bain*: Cairt.
Cairtbheil, *bain*: Seoirsia.
†**Cairtbheileach**, *aid*: Seoirseach.
†**Cairtbheileach**, *fir*: Seoirseach.
cairt-bhòrd, *fir*: cairtchlár.
cairt-chreideis, *bain*: cárta creidmheasa.
cairt-cluiche, *fir*: cárta imeartha.
cairt-creideis, *bain* → cairt-chreideis, *bain*.
†**cairteag**, *bain*: carrán, timbril.
cairteal, *fir*: ceathrú.
cairtear, *fir*: cairteoir, súdaire.
cairteil, *bain*: cairtéal.
cairt-iùil, *fir*: léarscáil, compás.
cairt-phuist, *fir*: cárta poist.
cairt-puist, *fir* → cairt-phuist, *fir*.
càis, *bain* → càise, *bain*.
caisbheart, *bain* → caiseart, *bain*.
càise, *bain*: cáis.
caisead, *fir*: grádán.
caiseal, *fir* → caisteal, *fir*.
†**caiseanach**, *aid*: cantalach.
caiseart, *bain*: coisbheart.
caisg, *br*: coisc.
Càisg, *bain*: Cáisc.
caisgeas, *fir*: coisceas.
†**caisgireachd**, *bain*: cinsireacht.
†**caisineachd**, *bain*: aingíocht.

caismeachd, *bain*: máirseáil, aláram, airdeall.
†**Caismireach**, *aid*: Caismíreach.
†**Caismireach**, *fir*: Caismíreach.
†**Caismiris**, *bain*: Caismíris.
caisreabhachd, *bain*: cleasaíocht.
caisreag, *bain*: caisne.
caisteal, *fir*: caisleán.
Caisteal, *fir*: Caisleán.
†**Càit**, *af*: Cáit.
càit, *aid*: cén áit.
c'àit, *aid* → càit, *aid*.
c'àit', *aid* → càit, *aid*.
càit', *aid* → càit, *aid*.
caite, *aid* → càit, *aid*.
c'àite, *aid* → càit, *aid*.
c'àite', *aid* → càit, *aid*.
caiteachas, *fir*: caiteachas.
caitein, *fir*: caitín.
caith, *br*: caith.
caitheamh, *bain*: caitheamh.
caitheamh-beatha, *fir*: slí bheatha.
caithir, *bain*: cathaoir.
†**caithne**, *bain*: caithne.
caithream, *fir*: caithréim.
caithreamach, *aid*: caithréimeach.
caithris, *bain*: faire, airneán.
caithte, *aid*: caite.
Caitligeach, *aid*: Caitliceach.
Caitligeach, *fir*: Caitliceach.
càl, *fir*: cál.
cala, *fir* → caladh, *fir*.
caladair, *fir*: féilire.
caladh, *fir*: caladh.
calaraidh, *fir*: calra.
calc, *br*: calc.
calcadh, *fir*: calcadh.
†**calcaich**, *br*: calc.
†**calcair**, *fir*: calcaire.
calcium, *fir* → cailceam, *fir*.
†**calculas**, *fir*: calcalas.
calg, *fir*: colg.
calgag, *bain* → colgag, *bain*.
calg-dhìreach, *aid*: colgdhíreach.
call, *fir*: cailleadh.
callag, *bain* → calltag, *bain*.
callaich, *br*: ceansaigh.
callaid, *bain*: fál.
†**calldachd**, *bain*: tubaiste.
calltag, *bain*: bairéadach.
calltainn, *fir*: coll.
calma, *aid*: calma.
calman, *fir*: colúr, colmán.
calpa, *fir*: colpa, caipiteal.

calpachas, *fir*: caipitleachas.
†**calpaiche**, *fir*: caipitlí.
cam, *aid*: cam.
cam, *fir*: cam.
†**cama-chasach**, *aid*: camchosach.
camadh, *fir*: camadh.
camag, *bain*: coirnín.
caman, *fir*: camán.
camanachd, *bain*: camánacht.
camara, *fir*: ceamara.
Camarun, *fir*: Camarún.
†**Camarunach**, *aid*: Camarúnach.
†**Camarunach**, *fir*: Camarúnach.
camas, *fir*: camas, cuas.
Cambodia, *bain* → Cambuidea, *bain*.
Cambuidea, *bain*: an Chambóid.
†**Cambuideach**, *aid*: Cambódach.
†**Cambuideach**, *fir*: Cambódach.
cam-ghob, *bain*: camghob, crosghob.
càmhal, *fir*: camall.
camhanaich, *bain*: camhaoir.
camp, *fir* → campa, *fir*.
campa, *fir*: campa.
campachadh, *fir*: campáil.
†**campadair**, *fir*: campálaí.
campadh, *fir* → campachadh, *fir*.
campaich, *br*: campáil.
campar, *fir*: buairt, camfar.
★**can**, *br*: abair.
cana, *fir*: canna.
Canàanach, *aid*: Canánach.
Canàanach, *fir*: Canánach.
†**canabail**, *fir*: canablach.
canabhas, *fir*: canbhás.
canach, *bain* → canach, *fir*.
canach, *fir*: canach.
Canada, *fir*: Ceanada.
Canadach, *aid* → Canèidianach, *aid*.
Canadach, *fir* → Canèidianach, *fir*.
Canadianach, *aid* → Canèidianach, *aid*.
Canadianach, *fir* → Canèidianach, *fir*.
canail, *bain*: rá.
cànain, *bain* → cànan, *fir*.
†**canàiridh**, *bain*: canáraí.
canàl, *fir*: canáil.
canan, *fir*: canóin.
★**cànan**, *fir*: teanga.
Cànan, *fir*: Teanga.
cananach, *fir*: canónach.
cànanach, *aid*: teangeolaíoch.
cànanachas, *fir*: teangeolaíocht.
Canàrach, *aid*: Canárach.
canastair, *fir*: ceanastar.
†**candaidh**, *fir*: candaí.

Canèideanach, *aid* → Canèidianach, *aid*.
Canèideanach, *fir* → Canèidianach, *fir*.
Canèidianach, *aid*: Ceanadach.
Canèidianach, *fir*: Ceanadach.
cangarù, *fir*: cangarú.
†**canntair**, *fir*: cantaire.
canntaireachd, *bain*: cantaireacht.
canon, *fir* → canan, *fir*.
cànran, *fir*: canrán.
cànranach, *aid*: canránach.
cantail, *fir* → cantainn, *fir*.
cantainn, *fir*: rá.
cantuinn, *fir* → cantainn, *fir*.
caoch, *aid*: caoch.
caoch, *fir* → cuthach, *fir*.
caochag, *bain*: caochóg.
★**caochail**, *br*: éag.
caochaill, *br* → caochail, *br*.
caochan, *fir*: caochán, sruthán.
caochladair, *fir*: athróg.
caochladh, *fir*: athrú, claochlú, éagsúlacht.
caochlaideach, *aid*: luaineach, claochlaitheach.
caochlaideachd, *bain*: claochlaitheacht.
caog, *br*: caoch.
caogach, *aid*: fiarshúileach.
caogad, *fir*: caoga.
caogadh, *fir*: caochadh.
caoidh, *bain*: caí, caoineadh.
caoidh, *br*: caígh.
caoile, *bain*: caoile.
†**caoilead**, *fir*: caoile.
caoimhneas, *fir*: cineáltas.
caoimhneil, *aid*: cineálta.
caoin, *aid*: caoin.
caoin, *br*: caoin.
caoineadh, *fir*: caoineadh.
caointeach, *aid*: caointeach.
caoir, *bain*: caor.
caol, *aid*: caol.
caol, *fir*: caol.
caolachadh, *fir*: caolú.
caolaich, *br*: caolaigh.
caolan, *fir*: caolán, stéig, drólann.
caolas, *fir*: caolas.
†**caoldruim**, *fir*: caoldroim.
caol-ghèidse, *aid*: caol.
caol-mhuinealach, *aid*: caolmhuineálach.
caol-shràid, *bain*: caolsráid.
★**caomh**, *aid*: maith, breá.
caomhain, *br*: caomhnaigh.
caomhalachd, *bain*: mánlacht.

caomhantach   casgach

†**caomhantach**, *aid*: coigilteach.
caomhnadh, *fir*: caomhnú.
caonnag, *bain*: troid.
caor, *bain*: caor.
caora, *bain*: caora.
caoran, *fir*: caorán.
caorann, *fir*: caorthann.
caothach, *fir* → cuthach, *fir*.
†**capair**, *fir*: capras.
capall, *fir*: capall.
capall-coille, *fir*: capall coille.
capsail, *bain* → capsal, *fir*.
†**capsal**, *fir*: capsúl.
capsall, *fir* → capsal, *fir*.
★**car**, *db*: beagán, ábhairín.
car, *fir*: cor.
car, *réamh*: ar feadh.
càr, *fir*: carr.
†**carabhaidh**, *bain*: cearbhas.
carabhan, *bain*: carbhán.
carabhan, *fir* → carabhan, *bain*.
carach, *aid*: glic, cliste.
carachadh, *fir*: corraí, bogadh.
carachd, *bain*: coraíocht, gliceas.
†**carachtrachd**, *bain*: carachtracht.
caractair, *fir* → caractar, *fir*.
caractar, *fir*: carachtar.
càradh, *fir*: cóiriú, réiteach.
carago, *fir* → cargu, *fir*.
†**Caraib**, *bain*: Cairib.
Caraibeach, *aid*: Cairibeach.
Caraibeach, *fir*: Cairibeach.
caraich, *br*: corraigh.
càraich, *br* → càirich, *br*.
caraiche, *fir*: coraí.
caraid, *fir*: cara.
Caraid, *fir*: Cara.
càraid, *bain*: córaid, cúpla, péire, lánúin.
Càraid, *bain*: Cúpla.
càraideach, *aid*: dénártha.
†**caramail**, *fir*: caramal.
càramh, *fir* → càradh, *fir*.
caran, *db*: rud beag, beagán, pas beag.
†**càranach**, *fir*: canrán.
†**carat**, *fir*: carat, carait.
carbad, *fir*: carbad, carr.
carbadair, *fir*: carbadóir.
carbad-poileis, *fir* → carbad-poilis, *fir*.
†**carbad-poilis**, *fir*: carr póilíní.
carbh, *bain*: carbh.
carbon, *fir*: carbón.
†**carcaineigineachd**, *bain*: carcanaigineacht.
carcinogineachd, *bain* → carcaineigineachd, *bain*.

càrdadh, *fir*: cardáil.
†**càrdagan**, *fir*: cairdeagan.
†**càrdair**, *fir*: cardálaí.
càrdamon, *fir*: cardamam.
cardanal, *fir* → càirdineal, *fir*.
Carghas, *fir*: Carghas.
cargo, *fir* → cargu, *fir*.
cargu, *fir*: lasta.
carlag, *bain* → calltag, *bain*.
càrn, *fir*: carn.
càrn, *br*: carn.
càrnabhail, *fir*: carnabhal.
càrnadh, *fir*: carnadh.
càrnan, *fir*: carnán.
carr, *fir*: carr.
carrach, *aid*: carrach.
carragh, *fir*: gallán, leacht.
carragh-chuimhne, *bain* → carragh-cuimhne, *bain*.
carragh-cuimhne, *bain*: séadchomhartha, leacht cuimhneacháin.
carraig, *bain*: carraig.
carraigean, *fir*: carraigín.
carran, *fir*: carrán, corrán lín, ribe róibéis.
carrannach, *aid* → carthannach, *aid*.
carrannachd, *bain* → carthannachd, *bain*.
carson, *db*: cén fáth.
★**carson**, *aid*: cén fáth, cad chuige.
c'ar son, *aid* → carson, *aid*.
càrt, *bain*: cárt.
cartadh, *fir*: cartadh.
Cartesach, *aid*: Cairtéiseach.
carthannach, *aid*: carthanach.
carthannachd, *bain*: carthanacht.
carthannas, *fir*: carthanas.
cartùn, *fir*: cartún.
★**cas**, *aid*: tobann.
cas, *bain*: cos.
càs, *fir*: cás.
Casachstan, *bain*: an Chasacstáin.
casad, *fir*: casacht.
casadaich, *bain*: casachtach.
casadh, *fir*: casadh.
casag, *bain*: casóg.
casaid, *bain*: cúiseamh.
†**casaideachadh**, *fir*: cúiseamh.
†**casaidich**, *br*: cúisigh.
casaroil, *fir*: casaról.
cas-cheum, *fir*: cosán.
cas-chrom, *bain*: spád.
casg, *fir*: cosc.
casgach, *aid*: coisctheach.

casgadh, *fir*: cosc.
casgair, *br*: coscair.
casgairt, *bain*: coscairt.
casgan, *fir*: coiscín.
casg-gineamhainn, *fir*: frithghiniúint.
†**castan**, *fir*: castán.
cat, *fir*: cat.
Catalanach, *aid*: Catalónach.
Catalanach, *fir*: Catalónach.
Catalanais, *bain*: Catalóinis.
catalog, *fir*: catalóg.
catamaran, *fir*: catamarán.
Catar, *fir*: Catar.
cat-fhiadhaich, *fir* → cat-fiadhaich, *fir*.
cat-fiadhaich, *fir*: fia-chat.
cath, *fir*: cath.
càth, *bain*: cáith.
càth, *br*: cáith.
cathadh, *fir*: síobadh.
cathair, *bain*: cathair, cathaoir.
Cathair, *bain*: Cathair.
cathair-bhaile, *bain*: cathair, príomhchathair.
cathaireach, *aid* → cathaireil, *aid*.
cathair-eaglais, *bain*: ardeaglais.
cathaireil, *aid*: uirbeach, cathrach.
cathairiche, *fir*: cathróir, saoránach.
cathair-leathair, *bain*: cathaoir leathair.
cathair-rìgh, *bain*: ríchathaoir.
cathair-thalmhainn, *bain* → athairthalmhainn, *bain*.
cathan, *fir*: cadhan.
càthar, *fir*: caorán, moing.
cathara, *aid* → catharra, *aid*.
catharra, *aid*: cathartha, sibhialta.
cathraiche, *fir*: cathaoirleach.
Caucasach, *aid*: Cugasach.
Caucasach, *fir*: Cugasach.
†**ceacharra**, *aid*: ceachartha.
cead, *fir*: cead.
ceadachadh, *fir*: ceadú.
ceadachail, *aid*: inghlactha, ceadaitheach.
†**ceadachalachd**, *bain*: inghlacthacht.
ceadachas, *fir*: ceadúnas.
ceadachd, *bain*: ceadúnas.
ceadaich, *br*: ceadaigh.
ceadaichte, *aid*: ceadaithe.
†**ceadal**, *fir*: ceadal.
cead-dealbhachaidh, *fir*: cead pleanála.
cead-siubhail, *fir*: pas.
ceàird, *bain*: ceird.
ceairsle, *bain* → ceirsle, *bain*.
ceal, *fir*: bás.

ceala-deug, *bain* → cola-deug, *bain*.
cealaich, *br*: ceil.
cealg, *bain*: cealg.
cealg, *br*: cealg.
cealgach, *aid*: cealgach.
cealgair, *fir*: cealgaire.
cealgaireachd, *bain*: cealgaireacht.
cealla, *bain*: cill.
ceallach, *aid*: ceallach.
ceallach, *fir*: ceallach.
cealla-luirgeach, *bain*: gaschill.
Ceanadach, *aid* → Canèidianach, *aid*.
Ceanadach, *fir* → Canèidianach, *fir*.
ceanalta, *aid*: cineálta.
ceangail, *br*: ceangail.
ceangailte, *aid*: ceangailte.
ceangal, *fir*: ceangal, teagmháil, nasc.
ceanglaiche, *fir*: ceanglóir.
ceann, *fir*: ceann.
Ceann, *fir*: Ceann.
ceannach, *fir*: ceannach.
ceannachd, *bain*: ceannach, ceannachán.
ceannaich, *br*: ceannaigh.
ceannaiche, *fir*: ceannaitheoir, ceannaí.
†**ceannaiche-inbhathair**, *fir*: iompórtálaí.
ceannair, *fir*: ceannaire.
ceannairc, *bain*: ceannairc.
ceannairceach, *aid*: ceannairceach.
ceannairceach, *fir*: ceannairceach.
ceann-ama, *fir*: spriocdháta.
†**ceannan**, *aid*: ceannann.
ceannard, *fir*: ceannaire.
ceannardas, *fir*: ceannasaíocht.
ceannas, *fir*: ceannas, uachtaránacht.
ceannasach, *aid*: ceannasach.
ceann-a-tuath, *fir*: tuaisceart.
ceann-bhaile, *fir*: ceannchathair.
†**ceannbheart**, *bain*: ceannbheart.
†**ceannbhrat**, *fir*: ceannbhrat.
ceann-bliadhna, *fir*: cuimhniú cinnbhliana.
†**ceannchathair**, *bain*: ceannchathair.
†**ceannchnag**, *bain*: ceannchnag.
ceann-cinnidh, *fir*: taoiseach.
†**ceann-deargan**, *fir*: earrdheargán.
ceann-fàth, *fir*: ceannfháth.
ceann-feachd, *fir*: ceann feadhna.
ceann-feadhna, *fir*: taoiseach, ceann feadhna.
ceann-fhacal, *fir*: dobhriathar.
ceann-fheadhna, *fir* → ceann-feadhna, *fir*.
ceann-fine, *fir*: ceann fine.
ceann-là, *fir*: dáta.

ceann-làidir, *aid*: ceannláidir.
ceann-latha, *fir* → ceann-là, *fir*.
†**ceann-lùbte**, *aid*: ceannlúbtha.
ceann-naidheachd, *fir*: ceannlíne.
ceann-pholan, *fir*: torbán.
†**ceannrach**, *fir*: ceanrach.
ceann-rèile, *fir*: ráilcheann.
†**ceannruisgte**, *aid*: ceann-nochta.
ceannsachadh, *fir*: ceansú.
ceannsaich, *br*: ceansaigh.
ceannsaiche, *fir*: concaire.
ceannsalach, *aid*: ceannasach.
ceann-seachdain, *fir*: deireadh seachtaine.
†**ceann-simid**, *fir*: torbán.
ceann-suidhe, *fir*: uachtarán.
Ceann-Suidhe, *fir*: Uachtarán.
ceann-teagaisg, *fir*: ábhar, téacs, teagasc.
ceann-uidhe, *fir*: ceann scríbe, ceann sprice.
†**ceansa**, *aid*: ceansa.
ceap, *fir*: ceap, rinn.
ceap, *br*: ceap.
ceapach, *fir*: ceapach.
ceapaire, *fir*: ceapaire.
cearb, *bain*: locht.
cearbach, *aid*: anásta.
cearban, *fir*: liamhán, siorc.
cearc, *bain*: cearc.
cearcall, *fir*: ciorcal.
Cearcall, *fir*: Ciorcal.
cearcallach, *aid*: ciorclach.
cearc-fhraoich, *bain*: cearc fhraoigh.
cearclach, *aid* → cearcallach, *aid*.
cearclan, *fir*: leicneán.
ceàrd, *fir*: ceard, tincéir.
ceàrdach, *bain*: ceárta.
cearla, *fir* → ceirsle, *bain*.
ceàrn, *fir*: uillinn, ceantar.
†**ceàrnabhan**, *fir*: cearnamhán.
ceàrnach, *aid*: cearnach, cearnógach.
ceàrnag, *bain*: cearnóg.
Ceàrnag, *bain*: Cearnóg.
ceàrnagach, *aid* → ceàrnach, *aid*.
ceàrr, *aid*: cearr, mícheart.
cearrachas, *fir*: cearrbhachas.
cearsail, *bain* → ceirsle, *bain*.
ceart, *aid*: ceart.
ceart, *fir*: ceart.
ceartachadh, *fir*: ceartú.
ceartaich, *br*: ceartaigh.
ceartas, *fir*: ceartas, ceart.
ceart-cheàrnach, *aid*: dronuilleogach.

ceart-cheàrnach, *fir* → ceart-cheàrnag, *bain*.
†**ceart-cheàrnag**, *bain*: dronuilleog.
†**ceart-chreideamh**, *fir*: ceartchreideamh.
ceartuair, *db* → an-ceartuair, *db*.
ceas, *fir*: cás, mála.
ceasnachadh, *fir*: ceistiú, triail, ceistiúchán.
ceasnaich, *br*: ceistigh.
ceatàisianach, *fir*: céiticeach.
ceathach, *fir*: ceo.
ceatharnach, *fir*: ceithearnach, stócach.
ceathrad, *fir*: daichead.
ceathramh, *fir*: ceathrú.
ceathramh, *uimhir*: ceathrú.
ceathramhan, *fir*: ceathramhán.
ceathrar, *fir*: ceathrar.
†**Ceatsua**, *bain*: Ceatsuais.
cèic, *bain*: cáca, císte.
cèidse, *bain*: caighean, cás.
†**ceig**, *fir*: ceaig.
†**ceigeach**, *aid*: mosach.
ceil, *br*: ceil.
cèil', *fir* → cèile, *fir*.
'**céile**, *fir* → cèile, *fir*.
cèile, *fir*: céile.
ceilearadh, *fir* → ceileireadh, *fir*.
ceileir, *br*: ceiliúir.
ceileireadh, *fir*: ceiliúradh.
ceilg, *bain* → cealg, *bain*.
cèilidh, *bain*: céilí, cuairt.
†**cèillidh**, *aid*: céillí.
ceilp, *bain*: ceilp.
ceilteach, *aid*: ceilteach.
Ceilteach, *aid*: Ceilteach.
Ceilteach, *fir*: Ceilteach.
Ceilteis, *bain* → Ceiltis, *bain*.
ceiltinn, *bain*: ceilt.
Ceiltis, *bain*: Ceiltis.
ceimeagachd, *bain* → ceimigeachd, *bain*.
ceimeagair, *fir* → ceimigear, *fir*.
ceimicear, *fir* → ceimigear, *fir*.
ceimig, *bain*: ceimic.
ceimigeach, *aid*: ceimiceach.
ceimigeachd, *bain*: ceimic.
ceimigear, *fir*: ceimiceoir.
ceimigeir, *fir* → ceimigear, *fir*.
cèin, *aid*: cianda, i gcéin.
†**Ceineach**, *aid*: Céiniach.
†**Ceineach**, *fir*: Céiniach.
Ceinia, *fir*: an Chéinia.
cèir, *bain*: céir.
†**cèireach**, *aid*: céiriúil.
ceirean, *fir*: ceirín.

cèirich

†**cèirich**, *br*: ciar.
ceirsle, *bain*: ceirtlín.
ceirsleadh, *fir* → ceirsle, *bain*.
ceirtle, *bain* → ceirsle, *bain*.
cèis, *bain*: cás.
ceisd, *bain* → ceist, *bain*.
cèiseag, *bain*: caiséad.
ceist, *bain*: ceist.
ceisteachadh, *fir*: ceistiú.
ceisteachan, *fir*: ceistneoir.
ceistear, *fir*: ceistitheoir.
ceistich, *br*: ceistigh.
Cèitean, *fir*: Bealtaine.
ceithear, *fir* → ceithir, *fir*.
ceitheir, *fir* → ceithir, *fir*.
ceithir, *uimhir*: ceithre.
ceithir, *fir*: ceathair.
ceithir-cheàrnach, *aid*: ceathairshleasach.
ceithir-cheàrnach, *fir*: ceathairshleasán.
ceithir-deug, *fir*: ceathair déag.
ceithir-sreathach, *aid*: ceithre líne.
ceithre, *fir* → ceithir, *fir*.
ceithreamh, *fir* → ceathramh, *fir*.
ceò, *bain*: ceo, deatach.
ceòl, *fir*: ceol.
ceòladair, *fir*: ceoltóir.
†**ceòladaireachd**, *bain*: ceoltóireacht.
†**ceòl-bhinn**, *aid*: ceolbhinn.
ceòlchuirm, *bain*: ceolchoirm.
ceòl-dannsa, *fir*: ceol damhsa, ceol rince.
ceòlmhor, *aid*: ceolmhar.
ceòlmhorachd, *bain*: ceolmhaireacht.
†**ceòmhor**, *aid*: ceomhar.
ceòthach, *aid*: ceoch.
ceòthran, *fir*: ceobhrán.
†**ceòthranach**, *aid*: ceobhránach.
ceud, *fir*: céad.
ceudameatair, *fir*: ceintiméadar.
ceudn, *aid* → ceudna, *aid*.
ceudn', *aid* → ceudna, *aid*.
ceudna, *aid*: céanna.
†**ceudnachd**, *bain*: céannacht.
ceum, *fir*: céim.
ceumnachadh, *fir*: céimniú.
ceumnachd, *bain*: searmanas bronnta céimeanna.
ceumnaich, *br*: céimnigh.
ceumnaiche, *fir*: céimí.
ceus, *br*: céas.
†**ceusadair**, *fir*: céasadóir.
ceusadh, *fir*: céasadh.
Ceusadh, *fir*: Céasadh.
cha ní.

cinneach

cha do níor.
chan, *cop*: ní.
cha'n, *cop* → chan, *cop*.
cheana, *db*: cheana.
chionns, *cónasc*: cionn is.
chionn's, *cónasc* → chionns, *cónasc*.
cho, *db*: chomh.
choiregin, *aid* → choireigin, *aid*.
choireigin, *aid*: éigin.
chon, *réamh* → chun, *réamh*.
choreigin, *aid* → choireigin, *aid*.
chun, *réamh*: chun.
cia, *aid*: cé.
ciabh, *bain*: ciabh.
ciad, *aid*: céad.
ciad, *fir*: céad.
ciad, *uimhir*: céad.
ciad-chobhair, *bain*: garchabhair.
ciad-fàth, *bain*: céadfa.
ciad-fhoghlam, *fir*: bunoideachas.
ciad-ghin, *bain*: céadghin.
ciadna, *aid* → ceudna, *aid*.
ciall, *bain*: ciall.
ciallach, *aid*: ciallmhar, stuama.
ciallachadh, *fir*: ciallú.
ciallachail, *aid*: séimeantach.
ciallaich, *br*: ciallaigh.
★**ciamar**, *aid*: cad é mar, conas.
cian, *aid*: cian.
cian, *fir*: cian.
cianail, *aid*: cianach, thar a bheith.
cianalach, *aid*: cianach.
cianalas, *fir*: cian, cumha, uaigneas.
ciar, *aid*: ciar.
ciarachadh, *fir* → ciaradh, *fir*.
ciaradh, *fir*: clapsholas, crónú.
†**Ciarraighe**, *bain*: Ciarraí.
ciatach, *aid*: cuanna, aoibhinn, deas.
†**ciatachd**, *bain*: cuannacht.
cidhe, *fir*: cé.
cidsin, *fir*: cistin.
cile, *fir*: cileagram.
cileagram, *fir*: cileagram.
cileameatair, *fir* → cilemeatair, *fir*.
cilemeatair, *fir*: ciliméadar.
cileo, *fir* → cile, *fir*.
cill, *bain*: cill.
Cill, *bain*: Cill.
†**cillein**, *fir*: cillín.
cineal, *fir*: clann, cine.
†**cineatach**, *aid*: cinéiteach.
†**cinin**, *fir*: quinín.
cinn, *br*: fás.
cinne, *fir* → cinneadh, *fir*.
cinneach, *fir*: cine, náisiún.

cinneadail, *aid*: clannach.
cinneadh, *fir*: pobal, cine, náisiún.
†**cinneamhainn**, *bain*: cinniúint.
cinneas, *fir*: fás, táirgeacht.
cinneasachd, *bain*: táirgiúlacht.
cinne-daonna, *fir*: cine daonna.
cinne-dhaonna, *fir* → cinne-daonna, *fir*.
cinnidheach, *aid*: eitneach.
cinnidheachd, *bain*: eitneachas.
cinnt, *bain*: cinnteacht.
cinnteach, *aid*: cinnte.
†**cinnteachas**, *fir*: cinnteachas.
cinnteachd, *bain*: cinnteacht.
cinntinn, *bain*: fás.
cìobair, *fir*: aoire.
cìoch, *bain*: cíoch.
cìoch-shluagain, *bain* → cìoch-shlugain, *bain*.
†**cìoch-shlugain**, *bain*: úbhal, sine siain.
cìocrach, *aid*: cíocrach.
cìocras, *fir*: cíocras.
ciod, *aid*: cad.
ciomach, *fir*: cime.
ciomachas, *fir*: cimíocht.
ciombal, *fir*: ciombal.
cion, *fir*: easpa.
†**cion-analach**, *fir*: aisfisce.
cion-cosnaidh, *fir*: dífhostaíocht.
cionn, *af*: cionn.
cionnas, *aid*: conas.
cionntach, *aid* → ciontach, *aid*.
cionnus, *aid* → cionnas, *aid*.
ciont, *fir*: cion.
cionta, *fir* → ciont, *fir*.
ciontach, *aid*: ciontach.
ciontach, *fir*: ciontach.
ciontaich, *br*: ciontaigh.
†**ciopair**, *fir*: scadán leasaithe.
†**Cìorgastan**, *bain*: an Chirgeastáin.
ciorram, *fir*: míchumas.
ciorramach, *aid*: míchumasach.
†**ciorramachadh**, *fir*: leonadh, ciorrú.
ciorramachd, *bain*: míchumas.
ciotach, *aid*: ciotach.
ciotag, *bain*: ciotóg.
cìr, *bain*: cíor.
cìr, *br*: cíor.
cìreach, *aid*: círíneach.
cìreadh, *fir*: cíoradh.
cìrean, *fir*: círín.
Cirgìostàn, *bain* → Cìorgastan, *bain*.
cìs, *bain*: cíos, cáin.
†**cìs-bhuailteach**, *aid*: incháinithe.
cisean, *fir*: ciseán.
cìs-mhaor, *fir*: poibleacánach.

cìs-oighreachd, *bain*: cáin oidhreachta.
ciste, *bain*: ciste.
Ciste, *bain*: Ciste.
ciste-dhràthraichean, *bain*: cófra tarraiceán.
ciste-laighe, *bain*: cónra.
ciùb, *fir*: ciúb.
ciùbach, *aid*: ciúbach.
ciùbaichte, *aid*: ciúbaithe.
ciudha, *fir*: scuaine, ciú.
ciùin, *aid*: ciúin.
ciùine, *bain*: ciúine, ciúnas.
ciùineas, *fir*: ciúnas.
ciùinich, *br*: ciúnaigh.
ciùrr, *br*: ciorraigh.
ciùrradh, *fir*: ciorrú.
†**ciùrrta**, *aid*: céasta, ciaptha.
ciùrrte, *aid* → ciùrrta, *aid*.
ciutha, *fir*: trilseán.
ciutha, *fir* → ciudha, *fir*.
clàbar, *fir*: clábar, puiteach.
clàbarach, *aid*: clábarach.
clabhchòrd, *fir*: clabhchorda.
clabhs', *fir* → clobhsa, *fir*.
clabhsa, *fir* → clobhsa, *fir*.
clabhstair, *fir*: clabhstra.
clach, *bain*: cloch.
clach, *br*: cloch.
clachach, *aid*: clochach.
clachair, *fir*: saor cloiche.
clachaireachd, *bain*: clochadóireacht.
★**clachan**, *fir*: sráidbhaile.
clach-aoil, *bain*: aolchloch.
clacharan, *fir*: clochrán, clochán.
clach-ghainmhich, *bain*: gaineamhchloch.
†**clach-ghràbhalaiche**, *fir*: liteagrafaí.
clach luachmhor, *bain*: aimitis.
clach-mheallain, *bain*: cloch shneachta.
clach-mhìle, *bain*: cloch mhíle.
cladach, *fir*: cladach.
clàdan, *fir*: cnádán.
cladh, *fir*: reilig.
cladh, *br*: sceith.
cladhach, *fir*: tochailt.
cladhaich, *br*: tochail.
cladhaire, *fir*: cladhaire.
cladhaireachd, *bain*: claidhreacht.
cladhan, *fir*: clais.
clag, *fir*: clog, cloigín.
†**clagas**, *fir*: clogás.
claidheamh, *fir*: claíomh.
†**claigeach**, *fir*: cloigtheach.
claigeann, *fir*: cloigeann.
claimh, *bain*: claimhe.

clàirneid, *bain*: cláirnéid.
clais, *bain*: clais, díog.
claiseach, *aid*: clasach.
claisneachd, *bain*: éisteacht.
claistinn, *bain*: cloisteáil.
claistinneach, *aid*: cloisteála.
†**clamhadh**, *fir*: sclamhadh, díspeagadh.
†**clamhaid**, *aid*: clamhach.
clamhan, *fir*: clamhán.
clamhan-gobhlach, *fir*: cúr rua.
clamhsa, *fir* → clobhsa, *fir*.
clann, *bain*: clann.
clann-nighean, *bain*: cailíní.
clann-sgoile, *bain*: páiste scoile, páistí scoile.
claoidh, *br*: cloígh.
claoidheadh, *fir*: cloí.
claoidhte, *aid*: cloíte.
claoin, *br* → claon, *br*.
claon, *aid*: claon.
claon, *fir*: claon.
claon, *br*: claon.
claonadh, *fir*: claonadh.
clap, *br*: buail.
†**clapaigeadh**, *fir*: clupaideach.
clàr, *fir*: clár, taifead, tábla.
Clàr, *fir*: Clár.
clàrachadh, *fir*: clárú, taifeadadh.
claradh, *fir* → clàrachadh, *fir*.
clàraich, *br*: cláraigh.
clàr-aithe, *fir* → clàr-aithne, *fir*.
†**clàr-aithne**, *fir*: próifíl.
clàr-ama, *fir*: amchlár, clár ama.
clàr-amais, *fir*: innéacs.
clàr-bìdh, *fir* → clàr-bidhe, *fir*.
clàr-bidhe, *fir*: clár bia, biachlár.
clàrc, *fir*: cléireach.
clàr-deighe, *fir*: oighearchlúid.
clàr-dhealbh, *fir*: léaráid.
†**clàr-fhiacail**, *fir*: clárfhiacail.
clàr-fuaim, *fir* → clàr-fuaime, *fir*.
clàr-fuaime, *fir*: taifead fuaime.
clàr-gnothaich, *fir*: clár oibre.
clàr-innse, *fir*: clár ábhair.
†**clàr-ionnsramaid**, *fir*: clár ionstraimí.
clàr-obrach, *fir*: clár oibre.
clàr-oideachaidh, *fir*: curaclam.
clàr-ola, *fir*: rige ola.
clàr-poilis, *fir*: taifead ciontuithe.
clàr-reacordan, *fir*: caschlár.
clàrsach, *bain*: cláirseach.
clàrsair, *fir*: cláirseoir.
†**clàr-stòraidh**, *fir*: hais-tábla.
clàr-taice, *fir*: roghchlár.
clas, *fir*: rang.

clàs, *fir*: clás, clásal.
clasaigeach, *aid*: clasaiceach.
clasaigeach, *fir*: clasaiceach.
clas-bogaidh, *fir*: tumchúrsa.
†**claspa**, *fir*: claspa.
clasrùm, *fir*: seomra ranga.
cleabach, *aid* → cliobach, *aid*.
cleachadh, *fir* → cleachdadh, *fir*.
cleachd, *br*: úsáid.
cleachda, *aid* → cleachdte, *aid*.
cleachdach, *aid*: gnách.
cleachdach, *fir* → cleachdadh, *fir*.
cleachdadh, *fir*: cleachtadh, úsáid.
cleachdaiche, *fir*: úsáideoir.
cleachdas, *fir* → cleachdadh, *fir*.
cleachdta, *aid* → cleachdte, *aid*.
cleachdte, *aid*: cleachta.
cleachte, *aid* → cleachdte, *aid*.
†**cleamhnachadh**, *fir*: cleamhnú.
cleamhnas, *fir*: cleamhnas.
cleas, *fir*: cleas.
cleasachd, *bain*: gleacaíocht, cleasaíocht.
cleasaiche, *fir*: aisteoir, fuirseoir.
cleas-sgrìobhaidh, *fir*: ciúta liteartha.
cleas-teine, *fir*: tine ealaíne.
†**cleibhear**, *aid*: gasta.
clèir, *bain*: cléir.
clèireach, *fir*: cléireach.
Clèireach, *aid*: Preispitéireach.
clèireachd, *bain*: cléireachas.
cleit, *bain*: cleite.
†**cleitean**, *fir*: cleitín.
†**cleitearnach**, *fir*: cleitearnach.
cleith, *bain*: cleith, ceilt.
cleith, *br*: ceil.
†**cleitheach**, *aid*: rúnmhar.
†**cleithean**, *fir*: cléithín.
cleoc, *fir* → gleoc, *fir*.
cleòca, *fir*: clóca.
clì, *aid*: clé.
cliabh, *fir*: cliabh.
cliabhadair, *fir* → cliabhair, *fir*.
cliabhair, *fir*: cliabhadóir, caoladóir.
cliabhaireachd, *bain*: caoladóireacht.
cliabhan, *fir*: cléibhín.
cliamhainn, *fir*: cliamhain.
cliath, *bain*: cliath.
cliathach, *bain*: cliathán, cliabh.
clic, *bain*: clíce.
†**cliceach**, *aid*: calaoiseach.
†**clinnceadh**, *fir*: clingeadh.
cliobach, *aid*: ciotach.
†**cliobag**, *bain*: cliobóg.
cliog, *fir*: gliog, clic.
cliog, *br*: cliceáil.

clìomaid / cnap-saic

clìomaid, *bain*: aeráid.
clionaigeach, *aid*: cliniciúil.
cliop, *fir*: bearradh gruaige.
†**clipse**, *bain*: éiclips.
clis, *aid*: cliste, gasta.
clis, *br*: léim.
†**cliseachd**, *bain*: gastacht, aclaíocht.
†**cliseadh**, *fir*: léim.
clisg, *br*: clis, preab.
☞ **cliste**, *aid*: aclaí.
cliù, *fir*: clú.
cliùiteach, *aid*: clúiteach.
cliù-mhill, *br*: clúmhill.
cliù-mhilleadh, *fir*: clúmhilleadh.
cliùteach, *aid* → cliùiteach, *aid*.
clò, *fir*: cló.
clobha, *fir*: tlú, maide briste.
†**clòbha**, *bain*: clóbh.
†**clòbhar**, *fir*: clóbhar, seamair.
clobhd, *fir*: éadach.
clobhd-sgùraidh, *fir*: ceap sciúrtha.
clobhsa, *fir*: clós.
clò-bhuail, *br*: priontáil.
clò-bhuailte, *aid*: priontáilte.
clò-bhualadair, *fir*: printéir.
clò-bhualadh, *fir*: priontáil.
cloc, *fir* → gleoc, *fir*.
clòca, *fir* → cleòca, *fir*.
clò-chadal, *fir*: suanaíocht.
cloch-aoil, *bain* → clach-aoil, *bain*.
clochar, *fir*: clochar.
†**Clóchomhar**, *fir*: Clóchomhar.
clod, *fir*: daba.
clòdh, *fir* → clò, *fir*.
†**clòdhair**, *fir*: clódóir.
†**clòdhaireachd**, *bain*: clódóireacht.
clogad, *fir*: clogad.
clogaid, *fir* → clogad, *fir*.
cloich-ghainmhich, *bain* → clach-ghainmhich, *bain*.
clòimh, *bain*: clúmh, olann.
clòimhteach, *bain* → clòimhteachan, *fir*.
†**clòimhteachan**, *fir*: cluimhreach, fann-chlúmh.
cloitheag, *bain*: sleamhnóg.
clò-mòr, *fir*: bréidín na Hearaidh.
closach, *bain*: corp, conablach.
clòsaid, *bain*: clóiséad.
clò-sgrìobh, *br*: clóscríobh.
clò-sgrìobhadh, *fir*: clóscríobh.
†**clò-sgrìobhaiche**, *fir*: clóscríobhaí.
†**clò-sgrìobhainn**, *bain*: clóscríbhinn.
cluain, *bain*: cluain.
Cluain, *bain*: Cluain.

cluaineireachd, *bain*: cluanaireacht.
cluais, *bain* → cluas, *bain*.
cluaran, *fir*: cluarán, feochadán.
cluas, *bain*: cluas.
cluasag, *bain*: piliúr, ceannadhairt.
cluasan, *fir*: cluasán.
cluas-mhara, *bain*: cluas mhara.
club, *fir*: club.
Club, *fir*: Club.
cluba, *fir* → club, *fir*.
†**club-dannsa**, *fir*: club damhsa.
club-dràma, *fir*: club drámaíochta.
club-oidhche, *fir*: club oíche.
club-òigridh, *fir*: club óige.
cluich, *fir*: cluiche, imirt, súgradh, seinm.
cluich, *br*: imir, seinn.
Cluich, *fir*: Cluiche.
cluiche, *fir* → cluich, *fir*.
cluicheadair, *fir*: imreoir, seinnteoir, aisteoir.
cluicheadar, *fir* → cluicheadair, *fir*.
cluinn, *br*: cluin.
cluinntin, *bain* → cluinntinn, *bain*.
cluinntinn, *bain*: cloisteáil.
cluintinn, *bain* → cluinntinn, *bain*.
†**clumhaidh**, *aid*: cluthar.
cnag, *bain*: cnag.
cnag, *br*: cnag.
cnagadaich, *bain*: cnagarnach.
cnagadh, *fir*: cnagadh.
cnagair, *fir*: cnagaire, cruicéad.
cnagan, *fir*: crocán, cnoga.
cnag-dealain, *bain*: plocóid.
cnàimh, *fir*: cnámh.
cnàimh-droma, *fir*: cnámh droma.
cnàimheach, *aid*: cnámhach.
cnàimheach, *fir* → cnàimhneach, *fir*.
cnàimhean, *fir*: cnáimhín.
cnàimhneach, *fir*: cnámharlach.
†**cnàimhte**, *aid*: cnaíte.
cnàmh, *fir* → cnàimh, *fir*.
cnàmh, *br*: creim.
cnàmhach, *aid* → cnàimheach, *aid*.
†**cnàmhag**, *bain*: cnámhóg.
cnàmhalaid, *bain* → cnàimhneach, *fir*.
cnàmharlach, *fir* → cnàimhneach, *fir*.
cnàmhlach, *fir* → cnàimhneach, *fir*.
†**cnàmh-sgeul**, *bain*: cnámhscéal.
cnap, *fir*: cnap, carn.
cnapach, *aid*: cnapach.
cnapach, *fir*: tachrán.
cnapag, *bain*: daba, sliotar.
cnapan, *fir*: cnapán.
†**cnap-saic**, *fir*: cnapsac.

†cnap-shuim, *bain*: cnapshuim.
cnap-starra, *fir*: bacainn, constaic.
cnap-starradh, *fir* → cnap-starra, *fir*.
cnatan, *fir*: slaghdán.
cnead, *fir*: cnead.
†cneadach, *aid*: cneadach, asmach.
cneas, *fir*: cneas.
†cneasaich, *br*: cneasaigh.
cneasda, *aid* → cneasta, *aid*.
cneasdachd, *bain* → cneastachd, *bain*.
cneasta, *aid*: cneasta.
†cneastachd, *bain*: cneastacht.
cnò, *bain*: cnó.
cnò-almoin, *bain*: almóinn.
cnoc, *fir*: cnoc.
Cnoc, *fir*: Cnoc.
cnocaireachd, *bain*: cnocadóireacht.
cnocan, *fir*: cnocán.
†cnòd, *br*: deisigh.
cnò-mheannt, *bain*: noitmig.
cnot, *fir*: snaidhm, cranra.
cnuasachadh, *fir*: machnamh.
cnuasachd, *bain*: meabhrú.
cnuasaich, *br*: meabhraigh.
cnuimh, *bain*: cruimh.
cò, *aid*: cé.
co-aimsireil, *aid*: comhaimseartha.
co-ainm, *fir*: comhainmneach.
†co-ainmear, *fir*: comhainm.
co-àiteachail, *aid*: coilíneach.
co-alta, *fir* → co-dhalta, *fir*.
co'-alta, *fir* → co-dhalta, *fir*.
†co-amail, *aid*: comhuaineach.
co-aois, *fir* → comhaois, *fir*.
co-aoiseach, *aid* → comhaoiseach, *aid*.
co-aonaich, *br*: cumaisc, comhaontaigh.
co-aontaich, *br*: comhaontaigh.
co-aontar, *fir*: cothromóid.
cobhair, *bain*: cabhair.
cobhan, *fir*: scipéad.
co-bhann, *bain*: comhar.
co-bhanntachd, *bain*: comhpháirtíocht.
co-bhonn, *bain* → co-bhann, *bain*.
còc, *fir*: cóc.
còcaire, *fir*: cócaire.
còcaireachd, *bain*: cócaireacht.
co-chaidreachas, *fir*: cónaidhm.
cochall, *fir*: cochall.
†cochallach, *aid*: cochallach.
co-cheangail, *br*: comhcheangail.
co-cheangailte, *aid*: comhcheangailte, nasctha, gaolmhar.
co-cheangal, *fir*: conradh, comhcheangal.

†co-cheartachadh, *fir*: coigeartú.
co-cheòl, *fir*: comhcheol.
†co-cheumnachd, *bain*: comhchéimneacht.
†co-chiallach, *aid*: comhchiallach.
†co-chiallach, *fir*: comhchiallach.
co-choitcheann, *aid*: comhchoiteann.
co-chomann, *fir*: comharchumann.
co-chomhairle, *bain*: comhchomhairle.
co-chomhairleachadh, *fir*: comhairliúchán.
co-chomharra, *fir*: comhordanáid, tagairt.
co-chomunn, *fir* → co-chomann, *fir*.
co-chonaltradh, *fir*: comhchomhairle.
co-chòrdadh, *fir*: comhaontas.
co-chòrdail, *aid*: comhoiriúnach.
co-chòrdalachd, *bain*: comhoiriúnacht.
†co-chorpaich, *br*: corpraigh.
co-chosmhail, *aid*: comhchosúil.
co-chothromachd, *bain*: siméadracht.
co-chruinn, *aid*: comhchruinn.
co-chruinneachadh, *fir*: comhthionól, comhchruinniú, díolaim.
co-chruinnein, *aid*: sféarúil.
co-chruinnich, *br*: comhchruinnigh.
co-chuingich, *br*: comhchuingigh.
co-chur, *fir*: sintéis.
còco, *fir*: cócó.
co-comhairleachadh, *fir* → co-chomhairleachadh, *fir*.
còd, *fir*: cód.
codal, *fir* → cadal, *fir*.
†codarsnachd, *bain*: codarsnacht.
còdhail, *bain*: comhdháil, coinne.
†Còdhail, *bain*: Comhdháil.
co-dhalta, *fir*: comhalta.
co-dhealbhachd, *bain*: leagan amach, cumraíocht.
co-dhèanamh, *fir*: comhdhéanamh.
co-dhearbhadh, *fir*: comhdhearbhú, comhthacaíocht.
†co-dheas, *aid*: comhdheas.
★co-dhiù, *db*: ar aon nós.
co-dhiubh, *cónasc*: ar aon chuma.
co-dhùin, *br*: cinn.
co-dhùnadh, *fir*: cinneadh.
còd-loidhne, *fir*: barrachód.
co-èignich, *br*: comhéignigh.
cofaidh, *fir*: caife.
co-fhaclair, *fir*: teasáras.
co-fhad-thràth, *fir*: cónocht.
co-fhaireachadh, *fir* → co-fhaireachdainn, *bain*.
co-fhaireachdainn, *bain*: comhbhrón.

co-fharpais, *bain*: comórtas.
cofhartail, *aid* → cofhurtail, *aid*.
co-fhillte, *aid*: comhtháite.
†**co-fhios**, *bain*: comhfhios.
co-fhlaitheas, *fir*: comhlathas.
Co-Fhlaitheas, *fir*: Comhlathas.
†**co-fhoghar**, *fir*: comhfhoghar.
†**co-fhoghlam**, *fir*: comhoideachas.
co-fhreagair, *br*: comhfhreagair.
co-fhreagairt, *bain*: comhfhreagairt.
co-fhreagarrach, *aid*: comhfhreagrach.
†**co-fhreagraiche**, *fir*: comhfhreagraí.
co-fhulangach, *aid*: comhbhraiteach.
co-fhulangas, *fir*: comhbhraiteacht.
cofhurtachd, *bain*: sólás, compord.
cofhurtaich, *br*: sólásaigh.
cofhurtail, *aid*: compordach.
cog, *br*: troid.
cogach, *aid*: cogaíoch.
cogadh, *fir*: cogadh.
Cogadh, *fir*: Cogadh.
cogail, *aid*: cogúil.
cogairseach, *fir* → cagarsaiche, *fir*.
cogais, *bain*: cogús, coinsias.
cogaiseach, *aid*: coinsiasach.
cogal, *fir* → cogall, *fir*.
cogall, *fir*: cogal.
cogaraiche, *fir* → cagarsaiche, *fir*.
cogarsaiche, *fir* → cagarsaiche, *fir*.
co-ghàirdeachas, *fir*: comhghairdeas.
†**co-ghin**, *br*: cúpláil.
co-ghnèitheach, *aid*: homaighnéasach, aerach.
co-ghnìomhair, *fir*: dobhriathar.
coguis, *bain* → cogais, *bain*.
cogull, *fir* → cogall, *fir*.
✥**coibhneas**, *fir*: cineáltas, carthanacht, comaoin.
coibhneil, *aid*: cineálta.
coi-cheangal, *fir* → co-cheangal, *fir*.
coidse, *bain*: carráiste, cóiste.
còidseadh, *fir*: traenáil.
còig, *uimhir*: cúig.
còig, *fir*: cúig.
còig-bheusach, *aid*: cúigthonach.
còig-bhileach, *fir*: cúigbhileach.
còig-cheàrnach, *fir*: peinteagán.
còig-deug, *uimhir*: cúig déag.
còigeamh, *fir*: cúigiú.
còigeamh, *uimhir*: cúigiú.
còignear, *bain* → còignear, *fir*.
còignear, *fir*: cúigear.
coigreach, *aid*: coimhthíoch.
coigreach, *fir*: coimhthíoch, strainséir.

coileabach, *fir*: comhleapach, leannán.
coileach, *fir*: coileach.
†**coileach-Frangach**, *fir*: coileach francach.
coileach-gaoithe, *fir*: coileach gaoithe.
★**coilean**, *br*: comhlíon.
còilean, *fir*: idirstad.
†**coileanachd**, *bain*: comhlánú.
★**coileanadh**, *fir*: comhlíonadh.
coileanadh, *fir* → coloinidh, *bain*.
coileanta, *aid*: críochnaithe, iomlán, foirfe.
coileantachd, *bain*: foirfeacht, iomláine.
coilear, *fir*: bóna, coiléar.
†**coiligeann**, *fir*: coiliceam.
coilion, *br* → coilean, *br*.
coill, *bain*: col.
coill', *bain* → coille, *bain*.
coille, *bain*: coill.
coilleag, *bain*: dumhach, ruacan.
†**coillear**, *fir*: coillteoir.
coille-uisge, *bain*: foraois bháistí.
coillteach, *aid*: coillteach.
coilltearachd, *bain*: coillteoireacht.
coimearsalta, *aid* → coimeirsealta, *aid*.
coimeas, *bain*: comparáid.
coimeas, *br*: cóimheas.
coimeasach, *aid*: comparáideach.
coimeasg, *br* → coimeasgaich, *br*.
coimeasgachadh, *fir*: cumasc.
coimeasgaich, *br*: cumaisc.
coimeirsealta, *aid*: tráchtála, tráchtálach.
coimhcheangal, *fir* → co-cheangal, *fir*.
†**Coimhde**, *fir*: Coimdhe.
coimheach, *aid*: iasachta, coimhthíoch.
★**coimhead**, *fir*: breathnú, amharc.
coimhead, *br*: amharc, breathnaigh, féach.
coimhearsnach, *fir*: comharsa.
coimhearsnachd, *bain*: comharsanacht.
coimhearsneachd, *bain* → coimhearsnachd, *bain*.
coimheas, *fir* → co-mheas, *fir*.
coimheatailt, *bain* → co-mheatailt, *bain*.
coimhideachd, *bain*: coimhdeacht.
coimhlion, *br* → coilean, *br*.
coimhliontadh, *fir* → coileanadh, *fir*.
coimhthional, *fir* → coitheanal, *fir*.
coimig, *fir* → comaig, *fir*.
coimisean, *fir*: coimisiún.
Coimisean, *fir*: Coimisiún.
coimiseanadh, *fir*: coimisiúnú.
coimiseanair, *fir*: coimisinéir.
coimiseanar, *fir* → coimiseanair, *fir*.

**coimiutar, *fir*: comaitéir.
**coimpiutair, *fir*: ríomhaire.
**coimpiutaireachd, *bain*: ríomhaireacht.
†**coimpiutair-stiùiridh**, *fir*: ríomhaire stiúrtha.
**coimpiutar, *fir* → coimpiutair, *fir*.
**coinean, *fir*: coinín.
**coineanach, *fir*: coinín.
**coingeis, *aid*: cuma.
**coinleach, *bain* → connlach, *bain*.
**còinneach, *bain*: caonach.
★**coinneachadh, *fir*: casadh.
**coinneal, *bain*: coinneal.
**coinneamh, *bain*: coinne, cruinniú.
★**coinnich, *br*: buail.
†**coinnleag, *bain*: loinnir.
**coinnlear, *fir*: coinnleoir.
**coinnleir, *fir* → coinnlear, *fir*.
†**coinnseas, *fir*: coinsias.
**co-iomlaideach, *aid*: cómhalartach.
**co-ionann, *aid*: comhionann, cothrom.
**co-ionannach, *aid*: comhionann, cothrom.
**co-ionannachd, *bain*: comhionannas.
**co-ionnan, *aid* → co-ionann, *aid*.
**co-ionnanachd, *bain* → co-ionannachd, *bain*.
**còir, *aid*: cóir.
**còir, *bain*: ceart.
**coirbeachd, *bain* → coirbteachd, *bain*.
**còir-bhòtaidh, *bain*: ceart vótála.
**còir-bhreith, *bain* → còir-bhreithe, *bain*.
**còir-bhreithe, *bain*: ceart sinsearachta.
**coirbte, *aid*: truaillithe.
**coirbteachd, *bain*: corbadh.
**coirce, *fir*: coirce.
**coire, *bain*: coir, locht, milleán.
**coire, *fir*: coire, citeal, pota.
**còire, *bain*: coire guairneáin.
**Coirea, *bain* → Coiria, *bain*.
**coireach, *aid*: coireach, ciontach.
**coireach, *fir*: coireach.
†**coireachail, *aid*: milleánach.
**coireal, *fir* → corail, *fir*.
**coireall, *fir*: tríleach.
**Coirèanach, *aid* → Coirìanach, *aid*.
**Coirèanach, *fir* → Coirìanach, *fir*.
**Coirèanais, *bain* → Còirèis, *bain*.
**coireigin, *for* → coreigin, *for*.
†**Còirèis, *bain*: Cóiréis.
**Coiria, *bain*: an Chóiré.
†**Coirìanach, *aid*: Cóiréach.
†**Coirìanach, *fir*: Cóiréach.
**coirich, *br*: coirigh, cúisigh.
**còirich, *br*: cóirigh.

**coiridh, *bain*: curaí.
**Coirinteach, *aid*: Corantach.
**Coirinteach, *fir*: Corantach.
**còir-lethbhreac, *bain*: cóipcheart.
**còirne, *bain*: coirne.
**còirneal, *fir*: coirnéal.
†**coirneid, *bain*: coirnéad.
**coirpileir, *fir* → corpailear, *fir*.
**coisde, *bain* → coiste, *bain*.
**coisdear, *fir* → coistear, *fir*.
**coiseach, *bain* → coiseachd, *bain*.
**coiseachd, *bain*: siúl, coisíocht.
**coiseachd-monaidh, *bain*: cnocadóireacht.
**coisgeach, *aid* → casgach, *aid*.
★**coisich, *br*: siúil.
**coisiche, *fir*: coisí.
★**coisinn, *br*: buaigh.
**còisir, *bain*: cór.
**coisrig, *br*: coisric.
†**coiste, *bain*: coiste.
†**coistear, *fir*: cóisteoir, coisteoir.
**coit, *bain*: coite.
**coitcheann, *aid*: coiteann, coitianta, ginearálta.
**coitcheannas, *fir*: coitiantacht.
**coitcheanta, *aid* → coitcheann, *aid*.
**coiteachadh, *fir*: brústocaireacht.
**coiteanta, *aid* → coitcheann, *aid*.
**coitear, *fir*: coiteoir.
**coithcheann, *aid* → coitcheann, *aid*.
**coitheanal, *fir*: comhthionól, pobal.
**coithional, *fir* → coitheanal, *fir*.
**coitich, *br*: spreag.
**col, *fir*: col.
**co-labhairt, *bain*: comhdháil.
**co-là-bhreith, *fir* → co-là-breith, *fir*.
**co-là-breith, *fir*: lá breithe, breithlá.
**colach, *aid*: colach.
**col'ach, *aid* → coltach, *aid*.
**Colach, *aid* → Collach, *aid*.
**Colach, *fir* → Collach, *fir*.
**cola-deug, *bain*: coicís.
**colag, *bain*: cóilis.
**colaisde, *bain* → colaiste, *bain*.
**colaisdeach, *aid* → colaisteach, *aid*.
**colaiste, *bain*: coláiste.
**Colaiste, *bain*: Coláiste.
**colaisteach, *aid*: coláisteach.
**colamoir, *fir*: colmóir.
**colann, *bain*: colainn.
**co-latha-breith, *fir* → co-là-breith, *fir*.
**colbh, *fir*: colún.
†**Colbhasach, *aid*: Colbhasach.

†**Colbhasach**, *fir*: Colbhasach.
colgag, *bain*: colgóg.
coll, *fir*: coll.
Collach, *aid*: Collach.
Collach, *fir*: Collach.
†**collaid**, *bain*: callóid.
†**collaideach**, *aid*: callóideach.
collaidh, *aid*: collaí.
†**collaidin**, *bain*: codlaidín.
collas, *fir* → coltas, *fir*.
colman, *fir* → calman, *fir*.
Coloimbia, *bain*: an Cholóim.
Coloimbianach, *aid*: Colómach.
Coloimbianach, *fir*: Colómach.
†**coloinealachd**, *bain*: coilíneachas.
†**colòiniach**, *aid*: coilíneach.
coloinialachd, *bain* → coloinealachd, *bain*.
coloinidh, *bain*: coilíneacht.
colonachd, *bain* → coloinealachd, *bain*.
colonaidh, *bain* → coloinidh, *bain*.
★**coltach**, *aid*: cosúil.
coltachd, *bain*: cosúlacht, dóchúlacht.
coltar, *fir*: coltar.
★**coltas**, *fir*: cuma, dealramh, cosúlacht.
coluadar, *fir*: comhluadar.
com, *fir*: colainn.
coma, *aid*: cuma.
comadaidh, *fir*: coiméide, greann.
comaig, *aid*: greannmhar.
comaig, *fir*: fuirseoir.
comain, *bain*: comaoin.
comain, *fir*: comaoineach.
comanachadh, *fir*: comaoineach.
†**comanaiche**, *fir*: comaoineoir.
comandair, *fir*: ceannasaí.
comann, *fir*: cumann.
Comann, *fir*: Cumann.
comannach, *aid*: cumannach.
comannach, *fir*: cumannaí.
comannaichte, *aid*: bainteach.
comanndair, *fir* → comandair, *fir*.
comann-shòisealta, *fir* → comann-sòisealta, *fir*.
comann-sòisealta, *fir*: cumann sóisialta.
comar, *fir*: cumar.
comas, *fir*: cumas.
comasach, *aid*: cumasach.
comasachd, *bain*: cumas.
comasaich, *br*: cumasaigh.
comataidh, *bain*: coiste.
combaist, *bain*: compás.
comh', *db* → còmhla, *db*.
comhachag, *bain*: ulchabhán.

comhair, *bain*: comhair.
†**comhaireachd**, *bain*: frithsheasmhacht.
comhairle, *bain*: comhairle.
Comhairle, *bain*: Comhairle.
comhairleach, *fir*: comhairleoir.
comhairleachadh, *fir*: comhairliú.
comhairlich, *br*: comhairligh.
comhairliche, *fir*: comhairleoir.
comhalta, *fir* → co-dhalta, *fir*.
comhaois, *fir*: comhaois.
†**comhaoiseach**, *aid*: comhaosta.
comharadh, *fir* → comharra, *fir*.
comhardadh, *fir*: comhardadh.
comharra, *fir*: comhartha.
comharrachadh, *fir*: marcáil, comharthú, ceiliúradh.
comharra-clèithe, *fir*: tagairt eangaí.
comharradh, *fir* → comharra, *fir*.
comharraich, *br*: comharthaigh, marcáil.
comharraichte, *aid*: suntasach, marcáilte, clúiteach.
comharra-lìn, *fir*: leabharmharc.
comhart, *fir*: tafann.
comhartaich, *bain*: tafann.
còmhdach, *fir*: cumhdach, clúdach.
còmhdachadh, *fir*: cumhdach, clúdach.
còmhdaich, *br*: cumhdaigh, clúdaigh.
còmhdaichte, *aid*: cumhdaithe, clúdaithe.
còmhdhail, *bain*: comhdháil, iompar.
comh-dhalta, *fir* → co-dhalta, *fir*.
co-mheas, *fir*: cóimheas.
†**co-mheatailt**, *bain*: cóimhiotal.
comhfharpais, *bain* → co-fharpais, *bain*.
comhfhartachd, *bain* → cofhurtachd, *bain*.
comhfhartail, *aid* → cofhurtail, *aid*.
comhfhurtachd, *bain* → cofhurtachd, *bain*.
comhfhurtail, *aid* → cofhurtail, *aid*.
†**còmhgharachd**, *bain*: cóngaracht.
★**còmhla**, *db*: le chéile.
còmhla, *bain*: comhla.
comhlachas, *fir*: comhlachas.
còmhladh, *db* → còmhla, *db*.
còmhlaich, *br*: comhdaigh, idircheap.
còmhlan, *fir*: grúpa, dream, buíon.
còmhlan-ciùil, *fir*: banna ceoil.
comhlion, *br* → coilean, *br*.
còmhnadh, *fir*: cúnamh.
còmhnaich, *br*: cónaigh.
còmhnaidh, *bain*: cónaí.
còmhnaidheach, *aid*: cónaithe.
còmhnard, *aid*: leibhéalta, cothrománach.

còmhnard, *fir*: leibhéal.
còmhnuidh, *bain* → còmhnaidh, *bain*.
còmhradh, *fir*: comhrá, caint.
còmhrag, *bain*: comhrac.
còmhrag-dithis, *bain*: comhrac aonair.
còmhraig, *br*: comhraic.
còmhraiteach, *aid*: cainteach.
còmhstri, *bain*: aighneas, coimhlint.
†**còmh-thràth**, *fir*: contráth.
com-pàirt, *bain*: comhpháirt.
com-pàirteach, *aid*: rannpháirteach.
com-pàirteachadh, *fir*: rannpháirtíocht, rannpháirtiú.
compàirteachail, *aid* → com-pàirteach, *aid*.
com-pàirteachas, *fir*: comhpháirtíocht.
com-pàirtich, *br*: rannpháirtigh.
com-pàirtiche, *fir*: comhpháirtí, rannpháirtí.
companach, *fir*: compánach, comrádaí.
companaidh, *bain*: comhlacht.
companas, *fir*: comrádaíocht, compánachas.
companas-catharra, *fir*: páirtnéireacht shibhialta.
compiutair, *fir* → coimpiutair, *fir*.
compiùtair-stiùiridh, *fir* → coimpiutair-stiùiridh, *fir*.
computair, *fir* → coimpiutair, *fir*.
comraich, *bain*: tearmann.
comunn, *fir* → comann, *fir*.
còn, *fir*: cón.
conail, *aid*: conda.
conaltradh, *fir*: cumarsáid, teagmháil.
conasg, *fir*: aiteann.
co-nasgadh, *fir*: cónaidhm, cónascadh.
†**conathadh**, *fir*: confadh.
†**conbhalladh**, *fir*: forbhalla.
concrait, *bain*: coincréit.
co-neartachadh, *fir*: cóineartú.
co-neartaich, *br*: cóineartaigh.
Congo, *bain*: Congó.
†**congruachd**, *bain*: congruacht.
cònlach, *bain* → connlach, *bain*.
conn, *fir*: conn, ciall.
connadh, *fir*: connadh, breosla, brosna.
connlach, *bain*: coinleach, cochán, foráiste.
connrag, *bain*: consan.
connsachadh, *fir*: aighneas.
connsaich, *br*: conspóid.
connspaid, *bain*: conspóid.
connspaideach, *aid*: conspóideach.
conntraigh, *bain*: mallmhuir.
consairt, *fir* → consart, *fir*.

consal, *fir*: consal.
†**consalachd**, *bain*: consalacht.
consan, *fir*: consan.
consart, *fir*: ceolchoirm.
constabal, *fir*: constábla.
contrarrachd, *bain*: contrárthacht.
co-obrachadh, *fir*: comhoibriú.
co-obrachail, *aid*: comhoibritheach.
co-obraich, *br*: comhoibrigh.
co-obraiche, *fir* → co-oibriche, *fir*.
co-ogha, *fir*: col ceathrair.
co-oibreachadh, *fir* → co-obrachadh, *fir*.
co-oibriche, *fir*: comhoibrí.
co-òrdachadh, *fir* → co-òrdanachadh, *fir*.
co-òrdanachadh, *fir*: comhordú.
co-òrdanaich, *br*: comhordaigh.
co-òrdanaiche, *fir*: comhordaitheoir.
cop, *fir*: cúr.
cop, *br*: coip.
còp, *br*: iompaigh.
copach, *aid*: cúrach, coipeach.
copag, *bain*: copóg.
copaidh, *bain*: cóip.
copaig, *br*: cóipeáil.
†**copail**, *bain*: copail.
copan, *fir* → cupan, *fir*.
copar, *fir*: copar.
co-phàirt, *bain*: comhpháirt.
†**co-phreasantair**, *fir*: comhláithreoir.
cor, *fir*: bail, staid.
corail, *fir*: coiréal.
còram, *fir* → cuòram, *fir*.
†**còras**, *fir*: córas.
corcais, *bain*: corc.
corcar, *fir*: corcra.
corcas, *fir*: corc.
còrd, *fir*: corda.
★**còrd**, *br*: taitin.
★**còrdadh**, *fir*: taitneamh.
coreigin, *for*: éigin.
co-rèir, *bain*: comhréir.
Corìanach, *fir* → Coirianach, *fir*.
Corintianach, *aid* → Coirinteach, *aid*.
Corintianach, *fir* → Coirinteach, *fir*.
còrn, *fir*: corn.
Còrn, *fir*: Corn.
Còrnach, *aid*: Cornach.
còrnair, *fir*: coirnéal, cúinne.
Còrnais, *bain*: Coirnis.
co-roinn, *bain*: comhroinnt.
co-roinn, *br*: comhroinn.
co-roinneil, *aid*: cionmhar.
co-roinnte, *aid*: comhroinnte.
coron, *fir*: coróin, coróinéad.
corp, *fir*: corp, colainn.

†**corpailear**, *fir*: ceannaire.
corpan, *fir*: coirpín.
†**corpanta**, *aid*: corpanta.
corparra, *aid*: corpartha.
corpas, *fir*: corpas.
corporaid, *bain*: corparáid.
corporra, *aid*: corparáideach.
²**còrr**, *fir*: breis.
corra, *aid*: corr.
corrach, *aid*: corrach.
corrag, *bain*: méar, corrmhéar.
corra-ghritheach, *bain*: corr ghlas, corr éisc, Síle na bportach.
corraich, *bain*: corraí, fearg.
còrralach, *fir*: fuíoll.
corran, *fir*: corrán.
corranach, *bain*: coránach, olagón.
corra-uair, *db*: corruair.
†**còrr-mhial**, *bain*: corrmhíol.
còrsa, *fir*: cósta, cladach.
cos, *bain* → cas, *bain*.
†**còsag**, *bain*: ailbheolas.
cosail, *aid* → cosmhail, *aid*.
cosalachd, *bain* → cosmhalachd, *bain*.
cosamhlachd, *bain* → cosmhalachd, *bain*.
cosg, *br*: caith, cosain.
cosgadh, *fir*: cosaint.
cosgail, *aid*: costasach.
cosgais, *bain*: costas, táille.
co-shamhla, *fir* → cosmhalachd, *bain*.
co-shamhladh, *fir* → cosmhalachd, *bain*.
†**co-sheasmhachd**, *bain*: comhsheasmhacht.
co-sheirm, *bain*: comhcheol.
co-sheòrsach, *aid*: homaighnéasach.
co-sheòrsachd, *bain*: homaighnéasacht.
co-shìnte, *aid*: comhthreomhar.
coslachd, *bain* → cosmhalachd, *bain*.
coslas, *fir* → coltas, *fir*.
cosmhail, *aid*: cosúil.
cosmhalachd, *bain*: cosúlacht, parabal.
cosmhalas, *fir* → cosmhalachd, *bain*.
cosmhuil, *aid* → cosmhail, *aid*.
cosmhuileachd, *bain* → cosmhalachd, *bain*.
cosnadh, *fir*: saothrú, tuarastal, tuilleamh.
cosnaiche, *fir*: fostaí.
Cosobhach, *aid*: Cosavach.
Cosobhach, *fir*: Cosavach.
cost, *fir* → costa, *fir*.
cost, *br* → cosg, *br*.
cost', *fir* → costa, *fir*.

costa, *fir*: cósta.
Costa, *fir*: Cósta.
còta, *fir*: cóta.
cotan, *fir*: cotún.
co-thabhartaiche, *fir*: rannpháirtí.
cothachadh, *fir*: buachan, streachailt.
co-thaiceil, *aid*: comhthacúil.
cothaich, *br*: buaigh, spairn, troid.
co-theacs, *fir*: comhthéacs.
co-theacsa, *fir* → co-theacs, *fir*.
co-thiomsach, *aid*: comhthiomsaitheach.
co-thionndadh, *fir*: deilín.
†**co-thìreach**, *fir*: comhthíreach.
cothlamadh, *fir*: meascán.
†**co-thorach**, *aid*: críochnaitheach.
²**cothrom**, *fir*: seans, deis.
cothromach, *aid*: cothrom.
cothromachadh, *fir*: cothromú.
cothromachd, *bain*: cothroime, cothrom na féinne.
cothromaich, *br*: cothromaigh.
cothrom-obrach, *fir*: folúntas.
cothrum, *fir* → cothrom, *fir*.
cràbhach, *aid*: reiligiúnach, cráifeach.
cràbhadh, *fir*: crábhadh.
crac, *fir*: craic.
cracte, *aid* → craicte, *aid*.
cràdh, *fir*: crá.
†**cràdhadh**, *fir*: crá.
†**cràdh-ghèadh**, *bain*: seil-lacha.
†**cràdh-lot**, *fir*: cráiteacht.
craic, *bain*: craic.
craiceann, *fir*: craiceann.
craicionn, *fir* → craiceann, *fir*.
craicte, *aid*: craiceáilte.
cràidh, *br*: cráigh.
cràidhteach, *aid* → cràiteach, *aid*.
†**craimb-iasg**, *fir*: craimpiasc.
†**cràin**, *bain*: cráin.
cràiteach, *aid*: cráiteach, cráite.
cràlad, *fir* → cràdh-lot, *fir*.
cràlot, *fir* → cràdh-lot, *fir*.
†**crambaid**, *bain*: bianna.
crangaid, *bain*: crangaid.
crann, *fir*: crann.
crann, *br*: sparr.
crannag, *bain*: crannóg.
crann-ceusaidh, *fir*: crann céasta.
crann-cheusaidh, *fir* → crann-ceusaidh, *fir*.
crannchur, *fir*: crannchur.
crannchur-gill, *fir*: crannchur.
crann-gaoithe, *fir*: tuirbín gaoithe.

crannlach   **crios-giùlain**

†**crannlach**, *bain*: crannlach.
†**crann-lach**, *bain*: crannlacha.
⚘**craobh**, *bain*: crann.
Craobh, *bain*: Crann.
craobhach, *aid*: craobhach, crannach.
craobh-sgaoil, *br*: craobhscaoil, craol.
craol, *br*: craol.
craoladair, *fir*: craoltóir.
†**craoladaireachd**, *bain*: craoltóireacht.
craoladh, *fir*: craoladh.
craos, *fir*: cár, craos, straois.
craosach, *aid*: craosach.
†**craosair**, *fir*: craosaire.
†**craos-ghalar**, *fir*: craosghalar.
†**crasgach**, *aid*: fiarthrasna, toirtiúil.
†**crasgag**, *bain*: crosóg.
crath, *br*: croith.
crathadh, *fir*: croitheadh.
crè, *bain* → crèadh, *bain*.
†**creabhar**, *fir*: creabhar, coileach coille.
creach, *bain*: creach.
creach, *br*: creach.
creachadair, *fir*: creachadóir.
†**creachadaireachd**, *bain*: creachadóireacht.
creachadh, *fir*: creachadh.
creachan, *fir* → creachann, *fir*.
creachann, *fir*: mullach.
†**creachdach**, *fir*: créachtach.
crèadh, *bain*: cré.
Crèadh, *bain*: Cré.
crèadhach, *aid*: créúil.
crèadhadaireachd, *bain*: criadóireacht, potaireacht.
†**crèadh-bheatha**, *bain*: barrithir.
creag, *bain*: carraig, aill, creig.
creagach, *aid*: creagach.
creagach, *fir*: iascaireacht chladaigh.
creamh, *fir*: creamh.
†**creamh-gàraidh**, *fir*: síobhas.
creathail, *bain* → creathal, *bain*.
creathal, *bain*: cliabhán.
†**creatlach**, *bain*: creatlach.
crèche, *fir*: naíolann.
creic, *fir* → reic, *fir*.
creic, *br* → reic, *br*.
creid, *br*: creid.
creideamh, *fir*: creideamh.
creideas, *fir*: creidmheas.
creidmheach, *aid*: creidmheach.
creidmheach, *fir*: creidmheach.
creids, *bain* → creidsinn, *bain*.
creidsinn, *bain*: creidiúint.
creim, *br*: creim.

creimeach, *fir*: creimire.
crèis, *bain*: gréisc.
crèis, *br*: gréisc.
crèiseach, *aid*: gréisceach.
creuchd, *bain*: créacht.
creucht, *bain* → creuchd, *bain*.
creutair, *fir*: créatúr.
creutar, *fir* → creutair, *fir*.
criadh-bheatha, *bain* → crèadh-bheatha, *bain*.
†**criadh-chlachair**, *fir*: bríceadóir.
criathar, *fir*: criathar.
criathrach, *aid*: criathrach.
criathrach, *fir*: criathrach.
criathradh, *fir*: scagadh.
criathraich, *br*: criathraigh.
cridh, *fir* → cridhe, *fir*.
cridh', *fir* → cridhe, *fir*.
cridhe, *fir*: croí.
cridhealas, *fir*: croíúlacht.
cridheil, *aid*: croíúil.
crìoch, *bain*: críoch, teorainn.
Crìoch, *bain*: Críoch.
†**crìoch-ghrèine**, *bain*: trópaic.
†**crìoch-ghrèineach**, *aid*: trópaiceach.
crìochnachadh, *fir*: críochnú.
crìochnaich, *br*: críochnaigh.
crìochnaichte, *aid*: críochnaithe.
crìochnich, *br* → crìochnaich, *br*.
criogaid, *bain*: criogar.
criom, *br* → creim, *br*.
criomadh, *fir*: creimeadh.
criomag, *bain*: píosa, grabhróg.
crioman, *fir*: greim.
crìon, *aid*: críon.
crìon, *br*: críon.
crìonadh, *fir*: críonadh.
crìonna, *aid*: críonna.
crìonnachd, *bain*: críonnacht.
crioplach, *fir*: craplachán, mairtíneach.
†**criopton**, *fir*: crioptón.
crios, *fir*: crios.
†**criosach**, *aid*: criosach.
Crìosd, *fir*: Críost.
Crìosda, *fir* → Crìosd, *fir*.
Crìosdachd, *bain* → Crìosdaidheachd, *bain*.
Crìosdaidh, *aid*: Críostaí.
Crìosdaidh, *fir*: Críostaí.
Crìosdaidheachd, *bain*: Críostaíocht.
Crìosdail, *aid* → Crìosdaidh, *aid*.
Crìosdalachd, *bain* → Crìosdaidheachd, *bain*.
crios-ghiùlain, *fir* → crios-giùlain, *fir*.
†**crios-giùlain**, *fir*: crios iompair.

†**crios-làimh**, *fir*: bráisléad.
crios-mheadhain, *fir*: meánchiorcal.
†**criospag**, *bain*: criospa.
Criost, *fir* → Crìosd, *fir*.
†**criostachd**, *bain*: Críostaíocht.
criostal, *fir*: criostal.
†**criostalach**, *aid*: criostalta.
criothnachadh, *fir*: creathnú.
cripleach, *fir* → crioplach, *fir*.
crith, *bain*: crith, creathán.
crith, *br*: crith.
critheanach, *aid*: creathach.
critheann, *fir*: crann creathach.
crith-thalmhain, *bain* → crith-thalmhainn, *bain*.
crith-thalmhainn, *bain*: crith talún.
criù, *fir* → criutha, *fir*.
criutha, *fir*: criú.
crò, *fir*: cró.
Croàisia, *bain* → Croatia, *fir*.
Croatia, *fir*: an Chróit.
crobh, *fir*: crobh.
†**cròcan**, *fir*: crúca.
croch, *br*: croch.
cròch, *fir*: cróch.
crochadair, *fir*: crochadán, crochadóir.
crochadan, *fir*: siogairlín.
crochadh, *fir*: crochadh.
†**cròchar**, *fir*: cróchar.
crochte, *aid*: crochta.
crodh, *fir*: eallach.
cròdha, *aid*: cróga.
crodh-bainne, *fir*: eallach déiríochta.
crò-dhearg, *aid*: corcairdhearg, craorag, cródhearg.
cròg, *bain*: crág.
crògaidh, *fir* → cròice, *bain*.
crogall, *fir*: crogall.
crogan, *fir*: próca, crocán.
cròice, *bain*: cróice.
croich, *bain*: croch.
croichte, *aid* → crochte, *aid*.
cròileagan, *fir*: naíonra.
†**croinic**, *bain*: croinic.
crois, *bain*: cros.
crois, *br*: cros.
Crois, *bain*: Cros.
crois-bhogha, *bain*: crosbhogha.
crois-chlaidheamh, *fir*: croschlaíomh.
croiseadh, *bain*: crosadh.
†**croisidh**, *fir*: cróise.
croit, *bain*: croit.
croitear, *fir*: crochtóir.
croitearachd, *bain*: crochtóireacht.
croitse, *bain*: croisín.

crom, *aid*: crom.
crom, *br*: crom.
cròm, *fir*: cróm.
cromadh, *fir*: cromadh.
cromag, *bain*: tic, camóg.
croman, *fir*: cromán.
cromanachd, *bain*: haca.
†**cromatach**, *aid*: crómatach.
cromleac, *bain*: cromleac.
crom-leachd, *bain* → cromleac, *bain*.
†**cromosom**, *fir*: crómasóm.
†**crom-shlinneineach**, *aid*: cromshlinneánach.
cron, *fir*: dochar.
cronachadh, *fir*: lochtú, cáineadh.
cronaich, *br*: lochtaigh, cáin.
cronail, *aid*: dochrach.
crònan, *fir*: crónán.
crosadh, *fir*: crosadh.
crosgach, *aid* → crasgach, *aid*.
crosgag, *bain* → crasgag, *bain*.
crosgan, *fir* → crasgag, *bain*.
crost, *aid* → crosta, *aid*.
crosta, *aid*: crosta.
crostachd, *bain*: crostacht.
crotach, *aid*: cruiteach.
crotach, *fir*: crotach.
crotal, *fir*: crotal.
Cròthais, *bain* → Croatia, *fir*.
cruach, *bain*: cruach.
cruach, *br*: cruach.
†**cruachanach**, *aid*: cnocach.
cruadal, *fir*: misneach, cruatan.
cruadalach, *aid*: cróga, contúirteach.
cruadhachadh, *fir*: cruachan.
†**cruadhag**, *bain*: cruachás.
cruadhaich, *br*: cruaigh.
cruadhtan, *fir*: coincréit.
cruaich, *bain* → cruach, *bain*.
cruaidh, *aid*: crua.
cruaidh, *bain*: cruach.
cruaidh-chàs, *fir*: cruachás.
†**cruaidh-chràbhach**, *aid*: aiséitiúil.
cruan, *fir*: cruan.
cruas, *fir*: cruas.
crùb, *br*: crom, cúb.
crùbach, *aid*: crúbach.
crùbadh, *fir*: cromadh, cúbadh.
crùbag, *bain*: portán.
crùban, *fir*: gogaide.
†**crubh**, *fir*: crú.
cruidh, *bain*: vacsaín.
cruinn, *aid*: cruinn.
cruinne, *fir*: cruinne.

cruinneachadh   **cuibheas**

cruinneachadh, *fir*: cnuasach, bailiúchán.
²**cruinneag**, *bain*: cailín.
cruinneas, *fir*: cruinneas.
cruinne-cè, *fir*: cruinne.
cruinneil, *aid*: domhanda.
cruinn-eòlaiche, *fir*: tíreolaí.
cruinn-eòlas, *fir*: tíreolaíocht.
cruinnich, *br*: cruinnigh.
cruinn-leum, *bain*: léim as bonn.
†**cruis**, *fir*: drong.
cruit, *bain*: cruit.
cruitchorda, *fir*: cruitchorda.
†**cruiteachan**, *fir*: cruiteachán.
cruitear, *fir*: cruitire.
cruitheachd, *bain*: cruthaíocht.
cruithear, *fir*: cruthaitheoir.
Cruithneach, *aid*: Cruithneach.
Cruithneach, *fir*: Cruithneach.
cruithneachd, *bain*: cruithneacht.
Cruithnis, *bain*: Cruithnis.
crùn, *fir*: coróin.
crùn, *br*: corónaigh.
Crùn, *fir*: Coróin.
†**crupadh**, *fir*: crapadh.
cruth, *fir*: cruth.
cruthach, *aid*: ábhartha.
cruthachadh, *fir*: cruthú.
cruthachail, *aid*: cruthaitheach.
cruthadair, *fir* → cruithear, *fir*.
cruthaich, *br*: cruthaigh.
cruthaichear, *fir* → cruithear, *fir*.
cruthaidhear, *fir* → cruithear, *fir*.
cruthaigheachd, *bain* → cruitheachd, *bain*.
cruthaighear, *fir* → cruithear, *fir*.
†**cruthail**, *aid*: cruthúil.
cruth-atharrachadh, *fir*: trasfhoirmiú.
cruth-clò, *fir*: cló.
cruth-tìre, *fir*: tír-raon.
²**cù**, *fir*: madra.
cuach, *bain*: cuach, corn.
cuach, *br*: cuach.
cuachach, *aid*: cuachach.
cuagach, *aid*: bacach.
Cuaigear, *fir*: Caecar.
cuaille, *fir*: cuaille, smachtín.
cuain, *bain*: cuain.
cuairsgean, *fir*: cuairsceann.
cuairt, *bain*: cuairt.
cuairt-bheatha, *bain*: saolré.
cuairteach, *aid*: ciorclach, timpeallach.
cuairteachadh, *fir*: timpeallú.

cuairtean, *fir*: guairneán.
cuairtear, *fir*: cuairteoir.
cuairtich, *br*: timpeallaigh, rothlaigh.
cuairt-iùil, *bain*: ciclipéid.
cuairt-litir, *bain*: imlitir, nuachtlitir.
cuairt-thomhas, *bain*: imlíne.
cual, *bain*: cual.
cuallach, *bain*: buachailleacht, ualach.
²**cuan**, *fir*: farraige, muir, aigéan.
Cuan, *fir*: Aigéan.
cuango, *fir*: quango.
cuaraidh, *fir*: cairéal.
cuaran, *fir*: cuarán.
cuartachadh, *fir* → cuairteachadh, *fir*.
cuartaich, *br* → cuairtich, *br*.
cuas, *fir*: cuas.
cuasach, *aid*: cuasach.
†**cuasan**, *fir*: cuasán.
†**cuasar**, *fir*: cuasár.
cùb, *br*: cúb.
Cùba, *fir*: Cúba.
cùbadh, *fir*: cúbadh.
cùbaid, *bain*: puilpid.
cùbainn, *bain* → cùbaid, *bain*.
cubhaidh, *aid*: cuí.
Cubhait, *bain* → Cuibhèit, *bain*.
†**cùbhrachd**, *bain*: cumhracht.
cùbhraidh, *aid*: cumhra.
†**cùbhras**, *fir*: cumhrán.
†**cù-bruic**, *fir*: broc-chú.
cucaidh, *bain*: fianán.
cucair, *bain*: cócaire.
cù-chaorach, *fir*: madra caorach.
†**Cù-Chaorach**, *fir*: Madra Caorach.
cùdainn, *bain*: tobán.
cudeigin, *fir* → cuideigin, *fir*.
cudrom, *fir* → cudthrom, *fir*.
cudromach, *aid* → cudthromach, *aid*.
cudromachas, *fir* → cudthromachd, *bain*.
cudromachd, *bain* → cudthromachd, *bain*.
cudthrom, *fir*: béim, meáchan, tábhacht, brú.
cudthromach, *aid*: tábhachtach.
†**cudthromachd**, *bain*: tábhacht.
cudtromach, *aid* → cudthromach, *aid*.
†**cù-eunaidh**, *fir*: aimseadóir.
cugalach, *aid* → cugallach, *aid*.
cugallach, *aid*: corrach, neamhchinnte, íogair.
cuibheall, *bain* → cuibhle, *bain*.
²**cuibheas**, *fir*: meán.

cuibheasach, *aid*: cuibheasach, meánach.
†**Cuibhèit**, *bain*: Cuáit.
†**Cuibhèiteach**, *aid*: Cuátach.
†**Cuibhèiteach**, *fir*: Cuátach.
cuibhil, *br*: rothlaigh.
cuibhle, *bain*: roth.
cuibhleadh, *fir*: rothlú.
cuibhlich, *br* → cuibhil, *br*.
cuibhreach, *fir*: cuibhreach.
cuibhreachadh, *fir*: cuibhriú.
cuibhreann, *fir*: cuibhreann, cuid, liúntas.
cuibhrich, *br*: cuibhrigh.
cuibhrig, *fir*: cuilt, súisín.
cuibhrig, *br*: ceil.
cuibhrionn, *fir* → cuibhreann, *fir*.
cuid, *bain*: cuid.
cuide, *db*: in éineacht.
cuideach, *db* → cuideachd, *db*.
cuideachadh, *fir*: cuidiú.
cuideachail, *aid*: cúntach, fóinteach, cabhrach.
★**cuideachd**, *db*: freisin, fosta, chomh maith.
cuideachd, *bain*: comhluadar, cuideachta.
cuideachda, *bain* → cuideachd, *bain*.
cuideachdail, *aid*: cuideachtúil.
cuideagan, *fir* → cuideigin, *fir*.
cuideam, *fir* → cudthrom, *fir*.
cuidegin, *fir* → cuideigin, *fir*.
★**cuideigin**, *fir*: duine éigin.
cuideigin, *for*: duine éigin.
†**cuideil**, *aid*: cuidiúil, bródúil, mórtasach.
cuidheachd, *db* → cuideachd, *db*.
cuidhleadh, *fir* → cuibhleadh, *fir*.
cuidhteag, *bain* → cuiteag, *bain*.
cuidhteas, *fir*: admháil.
cuidhtich, *br*: cúitigh.
cuidich, *br*: cuidigh.
cuidiche, *fir*: cúntóir, cuiditheoir.
cùig, *fir* → còig, *fir*.
cuigeal, *bain*: coigeal.
cùil, *bain*: cúil.
cuilbheart, *fir*: cealg, cleasaíocht.
cuilbheartach, *fir*: comhchealgaire.
cuilc, *bain*: giolcach.
cùileach, *aid*: ceilteach, uilleach.
cuileag, *bain*: cuil, cuileog.
cuileag ghlas, *bain*: cuileog ghlas, aifid.
†**cuileag-ghorm**, *bain*: cuil ghorm.
cuilean, *fir*: coileán.
cuileann, *fir*: cuileann.

†**cuillsean**, *fir*: cuilt.
cuilmeanach, *aid*: spleodrach, gliondrach.
c'uim', *aid* → cuime, *aid*.
cuime, *aid*: cén fáth.
cuimhn, *bain* → cuimhne, *bain*.
cuimhn', *bain* → cuimhne, *bain*.
cuimhne, *bain*: cuimhne.
cuimhneachadh, *fir*: cuimhneamh.
cuimhneachail, *aid*: cuimhneach.
cuimhneachan, *fir*: cuimhneachán.
cuimhnich, *br*: cuimhnigh.
cuimir, *aid*: comair, néata, dea-chumtha.
Cuimreach, *aid*: Breatnach.
Cuimreach, *fir*: Breatnach.
Cuimrigh, *bain*: Breatain Bheag.
Cuimris, *bain*: Breatnais.
²**cuimse**, *bain*: aidhm.
cuimseach, *aid*: cuimseach, cruinn.
²**cuimsich**, *br*: aimsigh, dírigh.
cuin, *aid*: cathain.
c'uin, *aid* → cuin, *aid*.
cuine, *db*: cathain.
cuing, *bain*: cuing.
cuingead, *bain*: cúinge.
cuingealachadh, *fir*: srian, teorainn.
†**cuingealachd**, *bain*: diancheangal.
cuingealaich, *br*: srian.
cuingich, *br*: cuingigh, srian.
cuingichte, *aid*: srianta, teoranta.
cuinne, *bain*: cúinne.
cuinneag, *bain*: buicéad, cuinneog.
cuinnean, *fir*: polláire.
cuinnlean, *fir* → cuinnean, *fir*.
cuip, *bain*: fuip, lasc.
cuip, *br*: lasc.
cuir, *br*: cuir.
†**cuirceag**, *bain*: coirceog.
cuireadh, *fir*: cuireadh.
†**cuirium**, *fir*: cúiriam.
cuirm, *bain*: fleá, coirm.
cuirm-chiùil, *bain*: ceolchoirm.
cuirm-chnuic, *bain*: picnic.
cuirm-ciùil, *bain* → cuirm-chiùil, *bain*.
cùirt, *bain*: cúirt.
Cùirt, *bain*: Cúirt.
†**cùirtealachd**, *bain*: cúirtéiseacht.
cùirtean, *fir* → cùrtair, *fir*.
cùirtear, *fir* → cùrtair, *fir*.
cùirteas, *bain*: cúirtéis.
†**cùirteasach**, *aid*: cúirtéiseach.
cùirteil, *aid*: cúirtéiseach.
†**cùirteir**, *fir*: cúirteoir.

cùirt-lagha, *bain*: cúirt dlí.
cùis, *bain*: cúis, cúrsa.
cuiseag, *bain*: cuiseog, copóg.
cuisean, *fir*: cúisín.
†**cùisire, *fir*:** cliant, cásaisteach.
cùis-lagha, *bain*: cúis dlí.
cuisle, *bain*: cuisle.
cùis-mhagaidh, *bain*: ceap magaidh.
†**cuist, *uaill*:** fuist.
†**cùiste, *bain*:** cúiste.
cùis-uabhais, *bain*: cúis uafáis.
cuiteag, *bain*: faoitín.
cuithe, *bain*: cuithe.
†**cuithe-sneachda, *bain*:** ráth sneachta.
cùl, *fir*: cúl.
cùlaibh, *af*: cúl.
culaidh, *bain*: culaith.
†**culaidh-ghràin, *bain*:** rud gránna.
culaidh-mhagaidh, *bain*: ceap magaidh.
culaidh-thruais, *bain*: díol trua.
cularan, *fir*: cúcamar.
†**cùl-chainnt, *bain*:** cúlchaint.
†**cùl-chainntear, *fir*:** cúlchainteoir.
cùl-fhiosrachadh, *fir*: faisnéis chúlra.
cùl-ionad, *fir*: cúlionad.
cullach, *fir*: collach.
†**culladh, *fir*:** calla, cochall.
†**culmach, *aid*:** smúitiúil.
†**cùl-mhùtaire, *fir*:** smuigléir.
cùl-mhùtaireachd, *bain*: smuigléireacht.
†**cùl-radharcach, *aid*:** cúlghabhálach.
cùl-taic, *fir*: cúltaca.
cultar, *fir*: cultúr.
cultarach, *aid*: cultúrtha.
cultarail, *aid* → cultarach, *aid*.
cultaral, *aid* → cultarach, *aid*.
cultur, *fir* → cultar, *fir*.
culturach, *aid* → cultarach, *aid*.
★**cum, *br*:** coinnigh.
cùm, *br*: coinnigh.
cumachd, *bain* → cumhachd, *bain*.
cumadair, *fir*: cumadóir.
†**cumadalachd, *bain*:** siméadracht.
cumadh, *fir*: cuma.
cumadh-tìre, *fir*: topagrafaíocht.
†**cumaidheachd, *bain*:** deilbhíocht.
★**cumail, *bain*:** coinneáil.
cumail-suas, *bain*: cothú.
cumannta, *aid* → cumanta, *aid*.
cumanta, *aid*: coitianta, comónta.
cumantach, *fir*: comóntach.
cumantas, *fir*: coitinne.
cumasg, *bain*: cumasc.
cumha, *bain*: coinníoll.

cumha, *fir*: caoineadh, marbhna.
cumhach, *aid*: caointeach, coinníollach.
cumhachd, *bain*: cumhacht.
cumhachdach, *aid*: cumhachtach.
cumhachd-uisge, *bain*: hidreachumhacht.
cumhang, *aid*: cúng.
cùmhnant, *fir*: cúnant, conradh.
cùmhnantach, *aid*: coinníollach.
cùmhnantach, *fir*: cúnantóir.
cunbhalach, *aid*: rialta.
cunbhalachd, *bain*: seasmhacht.
cungaidh, *bain*: druga, comhábhar.
cungaidh-leigheis, *bain*: cógas, druga.
cungaidh-leighis, *bain* → cungaidh-leigheis, *bain*.
†**cungantair, *fir*:** cúntóir.
cunnart, *fir*: baol, contúirt.
cunnartach, *aid*: contúirteach, dainséarach.
†**cunnartachadh, *fir*:** baolú.
cunnartaich, *br*: bagair.
cùnnradair, *fir*: conraitheoir.
cunnradh, *fir*: conradh.
Cunnradh, *fir*: Conradh.
cunnt, *br*: comhair, cuntais, uimhrigh.
cunntachail, *aid*: cuntasach.
cunntachalachd, *bain*: freagracht, cuntasacht.
cunntadh, *fir*: líon, comhaireamh.
cunntair, *fir*: áiritheoir, uimhir.
cùnntair, *fir* → cuntair, *fir*.
cunntas, *bain* → cunntas, *fir*.
cunntas, *fir*: cuntas.
cunntasachd, *bain*: cuntasaíocht, cuntasóireacht.
cunntasair, *fir*: cuntasóir.
cunntas-beachd, *fir* → cunntas-bheachd, *fir*.
cunntas-beatha, *fir*: beathaisnéis.
cunntas-bheachd, *fir*: pobalbhreith.
cunntas luchd, *fir*: lastliosta.
cunntas-sluaigh, *fir*: daonáireamh.
cuntair, *fir*: cuntar.
†**cuòram, *fir*:** córam.
cuota, *fir*: cuóta.
cùp, *fir*: cupán.
cupa, *fir*: cupán, corn.
cupal, *fir*: cúpla.
cupan, *fir*: cupán.
cuplaich, *br*: cúpláil.
†**cùpon, *fir*:** cúpón.
cur, *fir*: cur.
curach, *bain*: curach.
curachanachd, *bain*: curachóireacht.

curachd, *bain*: curaíocht.
curaicealam, *fir* → curraicealam, *fir*.
curaidh, *fir*: curadh.
cùrainn, *bain*: cuilt, súisín.
cur air bhog, *fir*: lainseáil.
cùram, *fir*: cúram.
cùramach, *aid*: aireach, cúramach.
cùram-chloinne, *fir* → cùram-cloinne, *fir*.
cùram-cloinne, *fir*: cùram clainne.
cur an dreuchd, *fir*: ceapadh.
curanta, *aid*: curata, cróga.
curcuma, *bain*: tuirmiric.
cur na mara, *fir*: muirghalar.
currac, *fir* → currag, *bain*.
curracag, *bain* → currcag, *bain*.
currachd, *bain* → currag, *bain*.
currag, *bain*: boinéad.
curraicealam, *fir*: curaclam.
curran, *fir*: meacan.
†**currcag**, *bain*: pilibín.
cur-ris, *fir*: suimiú.
cùrs, *aid*: garbh.
cùrs', *bain* → cùrsa, *bain*.
cùrsa, *bain*: cúrsa.
cùrsair, *fir*: cúrsóir.
cùrsa-mara, *bain*: cúrsáil.
cur-seachad, *fir*: caitheamh aimsire.
cùrstair, *fir* → cùrtair, *fir*.
cùrtair, *fir*: cuirtín, cúirteoir.
★**cus**, *fir*: an iomarca, barraíocht.
cusbann, *bain* → cuspann, *fir*.
cusbann, *fir* → cuspann, *fir*.
cusmann, *fir* → cuspann, *fir*.
cuspair, *fir*: ábhar, cuspóir.
†**cuspair-deuchainn**, *fir*: critéar.
cuspaireach, *aid*: cuspóireach.
cuspaireachd, *bain*: boghdóireacht, aimsitheoireacht.
cuspaireil, *aid*: téamach.
cuspairich, *br*: aimsigh.
cuspann, *fir*: custam.
cut, *br*: glan.
cutach, *aid*: gearr, giorraithe.
cutair, *fir*: glantóir.
cuthach, *fir*: cuthach.
cuthag, *bain*: cuach.

D

†**d'**, *sealbh*: do.
da, *sealbh*: dá.
d'a, *sealbh*: dá.
dà, *uimhir*: dhá, dá.
dabhach, *bain*: dabhach.
dà-bheathach, *aid*: amfaibiach, débheathach.
dà-bheathach, *fir*: amfaibiach, débheathach.
dachaidh, *bain* → dachaigh, *bain*.
★**dachaigh**, *bain*: baile.
dachaigh-cùraim, *bain*: teach altranais.
dachaigheil, *aid*: baile.
dà-chànanach, *aid*: dátheangach.
dà-chànanachas, *fir* → dà-chànanas, *fir*.
dà-chànanas, *fir*: dátheangachas.
†**dà-chèileach**, *aid*: déchéileach.
†**dà-chèileach**, *fir*: déchéileach.
†**dà-chèileachas**, *fir*: déchéileachas.
†**dà-chuibhleach**, *aid*: dérothach.
dad, *bain*: dada, faic.
dadaidh, *fir*: daidí.
Dadaidh, *fir*: Daidí.
dadam, *fir*: adamh.
dadamach, *aid*: adamhach.
dà-dhadam, *fir*: diatóm.
dà-dheug, *uimhir*: dó dhéag.
dadmann, *fir* → dadam, *fir*.
dà drireabh, *db* → dha-rìribh, *db*.
dà fhichead, *uimhir*: daichead.
dà-fhillte, *aid*: dénártha, déthreo.
†**dà-fhoghair**, *fir*: défhoghar.
daga, *fir*: piostal.
daibh, *br* → dàibhig, *br*.
dàibhear, *fir*: tumadóir.

dàibhig, *br*: tum.
†**daibhigeadh**, *fir*: tumadh.
†**daibhreas**, *fir*: daibhreas.
†**daidhnasar**, *fir*: dineasár.
daighneachadh, *fir* → daingneachadh, *fir*.
dail, *bain*: léana, gleann.
dàil, *bain*: moill.
dàileachadh, *fir*: moilliú.
dàilich, *br*: moilligh.
dàimh, *bain*: gaol.
dàimheach, *aid*: coibhneasta.
dàimhealachd, *bain*: coibhneas.
dàimheil, *aid*: gaolmhar.
†**daimsin**, *fir*: daimsín.
†**daineamaig**, *bain*: dinimic.
daineamaigeach, *aid*: dinimiciúil.
†**daineamait**, *bain*: dinimít.
†**daineamo**, *fir*: dineamó.
daingean, *aid* → daingeann, *aid*.
daingeann, *aid*: daingean.
daingneach, *bain*: daingean, dún.
daingneachadh, *fir*: daingniú.
daingneachd, *bain*: daingne.
daingnich, *br*: daingnigh.
daithead, *bain*: aiste bia, réim bia.
dall, *aid*: dall.
dall, *fir*: dall.
dall, *br*: dall.
dalladh, *fir*: dalladh.
dallag, *bain*: dallóg.
dallag-an-fheòir, *bain*: luch chodlamáin.
dalma, *aid*: dalba, dána.
†**Dalmàisianach**, *aid*: Dalmátach.
†**Dalmàisianach**, *fir*: Dalmátach.
★**dalta**, *fir*: leanbh altrama.
daltachas, *fir*: daltachas.
dam, *fir*: damba.
dam, *réamh*: don.
damaiste, *bain*: damáiste.
damanadh, *fir* → damnadh, *fir*.
damh, *fir*: damh, carria, mart.
dàmh, *bain*: dámh.
Dàmhair, *bain*: Deireadh Fómhair.
damhan-allaidh, *fir*: damhán alla.
Damhar, *bain* → Dàmhair, *bain*.
damnadh, *fir*: damnú.
dan, *réamh* → dhan, *réamh*.
d'an, *sealbh* → dh'an, *sealbh*.
d'an, *réamh* → dh'an, *réamh*.
da'n, *réamh* → dhan, *réamh*.
dàn, *fir*: dán.
dàna, *aid*: dána.
dànachd, *bain*: dánacht.

dànadas, *fir* → dànachd, *bain*.
Danmhairg, *bain*: Danmhairg.
danns, *br*: damhsaigh.
danns', *fir* → dannsa, *fir*.
dannsa, *fir*: rince, damhsa.
dannsa-ceum, *fir*: damhsa céime.
dannsadh, *fir*: rince, damhsa.
dannsair, *fir*: damhsóir.
†**dàntachd**, *bain*: cinniúnachas.
†**dàntaiche**, *fir*: cinniúnaí.
dà-ocsaid, *bain*: dé-ocsaíd.
dà-ogsaid, *bain* → dà-ocsaid, *bain*.
dà-ogsaighd, *bain* → dà-ocsaid, *bain*.
daoi, *fir*: drochdhuine, peacach, daoi.
daoibhear, *fir* → dàibhear, *fir*.
daoibhig, *br* → dàibhig, *br*.
daoimean, *fir*: diamant, muileata.
daoire, *fir*: daoire.
daolag, *bain*: ciaróg, daol, priompallán.
†**daol-dhubh**, *bain*: ciaróg dhubh.
daonan, *db* → daonnan, *db*.
daonda, *aid* → daonna, *aid*.
daondachd, *bain*: daonnacht.
daonna, *aid*: daonna.
daonnachas, *fir*: daonnachas.
daonnachd, *bain*: daonnacht.
daonnan, *db*: i gcónaí.
†**daonndach**, *aid*: daonnachtúil.
daor, *aid*: daor, costasach.
daorach, *bain*: meisce.
†**daoranach**, *fir*: daoránach.
daorsa, *bain*: daoirse.
dar, *sealbh*: dár.
d'ar, *sealbh* → dar, *sealbh*.
dara, *aid*: dara.
dara, *uimhir*: dara.
darach, *fir*: dair.
da rireabh, *db* → dha-rìribh, *db*.
da-rìreadh, *db* → dha-rìribh, *db*.
da-rìribh, *db* → dha-rìribh, *db*.
darna, *aid* → dara, *aid*.
darna, *uimhir* → dara, *uimhir*.
dasc, *fir* → deasg, *fir*.
dasg, *fir* → deasg, *fir*.
dà-shealladh, *fir*: fios fáistine.
dà-shligheach, *aid*: déthreo.
†**dà-shùileach**, *aid*: déshúileach.
†**dà-spioraideach**, *aid*: déspioradúil.
Dà-Spioraideach, *aid*: déspioradúil.
dàta, *fir*: sonraí.
dath, *fir*: dath.
dath, *br*: dathaigh.
dathach, *aid*: dathach.
dathadair, *fir*: dathadóir.
dathadh, *fir*: dathú.

dathaich, *br* → dath, *br*.
†**dathaiche**, *fir*: dathadóir.
dà-thaobhach, *aid*: déthaobhach.
†**dath-dhall**, *aid*: dathdhall.
dà-theangach, *aid*: dátheangach.
dà-theangachas, *fir*: débhéascna.
dathte, *aid*: daite.
de, *réamh*: de.
dè, *aid*: cad é.
†**Deàbhanach**, *aid*: Iávach.
†**Deàbhanach**, *fir*: Iávach.
deacair, *aid*: deacair.
†**deacaireachd**, *bain*: deacracht.
deachamh, *fir*: deachú.
deachd, *br*: deachtaigh, spreag.
deachdadh, *fir*: deachtú.
deachdair, *fir*: deachtóir.
deachdaire, *fir* → deachdair, *fir*.
deachdaireachd, *bain*: deachtóireacht.
deadhan, *fir*: déan.
deadh-ghean, *fir* → deagh-ghean, *fir*.
deagh, *aid*: dea-.
deagh adhartas, *fir*: dul chun cinn maith.
deagh adhbhar, *fir*: dea-chúis.
deagh aimsir, *bain*: dea-aimsir.
deagh ainm, *fir*: dea-ainm.
deagh àireamh, *bain*: líon mór.
deagh airgead, *fir*: airgead maith.
deagh àite, *fir*: áit dheas.
deagh àm, *fir*: am maith.
deagh àrainneachd, *bain*: timpeallacht mhaith.
deagh astar, *fir*: achar maith.
deagh bheachd, *fir*: dea-bharúil.
deagh bhean, *bain*: dea-bhean.
deagh-bheus, *bain*: dea-bhéas.
†**deagh-bheusach**, *aid*: dea-bhéasach.
deagh bhiadh, *fir*: dea-bhia.
†**deagh-bhlas**, *fir*: dea-bhlas.
deagh bhliadhna, *bain*: bliain mhaith.
deagh-bholadh, *fir*: dea-bholadh.
deagh bhuaidh, *bain*: dea-thionchar.
deagh bhuidheann, *bain*: foireann mhaith.
deagh bhunait, *bain*: bunús maith.
deagh bhùth, *bain*: siopa maith.
deagh chadal, *fir*: codladh sámh.
deagh chàirdeas, *fir*: cairdeas maith.
deagh charaid, *fir*: cara croí.
deagh cheann, *fir*: ceann maith.
deagh chèilidh, *bain*: céilí maith.
deagh cheist, *bain*: ceist mhaith.
deagh cheòl, *fir*: ceol maith.
deagh chleachdadh, *fir*: dea-chleachtas.
deagh chliù, *fir*: dea-chlú.

deagh choinneamh, *bain*: cruinniú maith.
deagh choltas, *fir*: cuma mhaith.
deagh chomas, *fir*: cumas maith.
deagh chomhairle, *bain*: dea-chomhairle.
deagh chomharra, *fir*: dea-chomhartha.
deagh chomharradh, *fir* → deagh chomharra, *fir*.
deagh chòmhradh, *fir*: comhrá maith.
deagh chosnadh, *fir*: tuarastal maith.
deagh chraic, *bain*: craic mhaith.
†**deagh-chruthach, *aid*:** dea-chumtha.
deagh chuid, *bain*: cuid mhaith.
deagh chuimhne, *bain*: dea-chuimhne.
deagh chupa, *fir*: cupán deas.
deagh dhachaigh, *bain*: baile deas.
deagh dhealbh, *bain*: pictiúr maith.
deagh dheasbad, *fir*: díospóireacht mhaith.
deagh dhileag, *bain*: mún maith.
deagh dhòigh, *bain*: bealach maith.
deagh dhreach, *fir*: cuma bhreá.
deagh dhuine, *fir*: dea-dhuine.
deagh dhùrachd, *bain*: dea-ghuí.
Deagh-Dia, *fir*: Daghdha.
deagh eisimpleir, *bain*: dea-shampla.
deagh eòlas, *fir*: eolas maith.
deagh fhacal, *fir*: dea-fhocal.
deagh fhaclair, *fir*: foclóir maith.
deagh fheum, *bain*: dea-úsáid.
deagh fhios, *fir*: fios maith.
deagh fhiosrachadh, *fir*: faisnéis mhaith.
deagh fhonn, *fir*: dea-ghiúmar.
deagh fhortan, *fir*: dea-fhortún.
deagh fhrithealadh, *fir*: freastal maith.
deagh Ghàidhlig, *bain*: dea-Ghàidhlig.
deagh gheam, *fir*: cluiche maith.
deagh-ghean, *fir*: dea-mhéin.
deagh ghleus, *bain*: dea-ghléas.
deagh ghnè, *bain*: dea-cháilíocht.
deagh ghoireas, *fir*: acmhainn mhaith.
deagh ghreis, *bain*: tamall maith.
deagh là, *fir*: dea-lá.
†**deagh-labhairt, *bain*:** deaslabhra.
deagh làrach, *bain*: áit mhaith.
deagh latha, *fir* → deagh là, *fir*.
deagh leabhar, *fir*: leabhar maith.
deagh lèirmheas, *fir*: léirmheas maith.
deagh leisgeul, *fir*: leithscéal maith.
deagh litir, *bain*: litir mhaith.
deagh mheadhan, *fir*: meán maith.
deagh mheasgachadh, *fir*: meascán maith.
deagh-mhèin, *bain*: dea-mhéin.

deagh mhisneach, *bain* → deagh mhisneachd, *bain*.
deagh mhisneachd, *bain*: misneach mór.
deagh nàbaidh, *fir*: comharsa mhaith.
deagh naidheachd, *bain*: dea-scéal.
deagh Nollaig, *bain*: Nollaig shona.
deagh obair, *bain*: dea-obair.
deagh oidhch', *bain* → deagh oidhche, *bain*.
deagh oidhche, *bain*: oíche mhaith.
deagh oidhirp, *bain*: iarracht mhaith.
deagh òraidiche, *fir*: óráidí maith.
deagh òran, *fir*: amhrán maith.
deagh òrdugh, *fir*: ordú maith.
deagh phàirc, *bain*: páirc dheas.
deagh phìos, *fir*: cuid mhaith.
deagh phris, *bain*: praghas maith.
deagh phrògram, *fir*: clár maith.
deagh phuing, *bain*: pointe maith.
deagh rannsachadh, *fir*: taighde maith.
deagh riaghladh, *fir*: dea-rialú.
deagh roinn, *bain*: cuid mhaith.
deagh rud, *fir*: dea-rud.
deagh rùn, *fir*: dea-rún.
deagh sgeul, *fir*: dea-scéal.
deagh sgeulachd, *bain*: dea-scéal.
deagh shamhla, *fir* → deagh shamhladh, *fir*.
deagh shamhladh, *fir*: dea-shampla.
deagh sheachdain, *bain*: seachtain mhaith.
deagh shealbh, *fir*: dea-fhortún.
deagh shealladh, *fir*: radharc maith.
deagh sheansa, *fir*: seans maith.
deagh sheinn, *bain*: canadh breá.
deagh sheirbheis, *bain*: seirbhís mhaith.
deagh shìde, *bain*: dea-aimsir.
deagh shlàinte, *bain*: dea-shláinte.
deagh shuidheachadh, *fir*: suíomh maith.
deagh shunnd, *fir*: dea-ghiúmar.
deagh smachd, *bain*: smacht maith.
deagh smaoin, *bain*: smaoineamh maith.
deagh smuain, *bain* → deagh smaoin, *bain*.
deagh spòrs, *bain*: spórt maith.
deagh staid, *bain*: dea-staid.
deagh thaghadh, *fir*: rogha mhaith.
deagh thaic, *bain*: tacaíocht mhaith.
deagh theans, *fir* → deagh sheansa, *fir*.
deagh-thoil, *bain*: dea-thoil.
†**deagh-thoileach, *aid*:** dea-thola.
deagh thoiseach, *fir*: tús maith.
deagh thòiseachadh, *fir*: tús maith.
deagh thoradh, *fir*: dea-thoradh.

deagh thrèanadh   dearg

deagh thrèanadh, *fir*: traenáil mhaith.
deagh thuigse, *bain*: tuiscint mhaith.
deagh thuras, *fir*: turas maith.
deagh uidheamachadh, *fir*: ullmhú maith.
deagh ùine, *bain*: am maith.
deala, *bain*: súmaire.
dealachadh, *fir*: scaradh, dealú.
dealagach, *aid* → dealgach, *aid*.
dealaich, *br*: scar, dealaigh.
dealain, *aid*: leictreach.
dealan, *fir*: leictreachas.
dealanach, *aid*: leictreonach.
dealanach, *fir*: splanc.
dealanachadh, *fir*: leictriú.
dealanachd, *bain*: leictreachas.
dealanaich, *br*: leictrigh.
dealanair, *fir*: leictreoir.
dealan-dè, *fir*: féileacán.
dealas, *fir*: díograis, ceangaltas, tiomantas.
dealasach, *aid*: díograiseach, dúthrachtach.
dealasachd, *bain*: díograis.
①**dealbh**, *bain*: grianghraf, pictiúr.
dealbh, *fir* → dealbh, *bain*.
★**dealbh**, *br*: dear.
dealbhach, *aid*: dathúil, álainn, deachumtha.
dealbhachadh, *fir* → dealbhadh, *fir*.
dealbhachd, *bain*: samhlaíocht.
dealbhadair, *fir*: dearthóir, ealaíontóir.
†**dealbhadair-aodaich**, *fir*: dearthóir éadaí.
dealbhadaireachd, *bain*: péintéireacht.
dealbhadh, *fir*: dearadh, pleanáil.
dealbhadh-coimhearsnachd, *fir*: pleanáil phobail.
dealbhaich, *br* → dealbh, *br*.
dealbhaiche, *fir* → dealbhadair, *fir*.
†**dealbhaiche-fasain**, *fir*: dearthóir faisin.
dealbhaireachd, *bain* → dealbhadaireachd, *bain*.
dealbh-camara, *bain*: grianghraf.
dealbh-chamara, *bain* → dealbh-camara, *bain*.
dealbh-chluich, *bain* → dealbh-chluich, *fir*.
dealbh-chluich, *fir*: dráma.
dealbh-chluiche, *fir* → dealbh-chluich, *fir*.
dealbh-cluich, *fir* → dealbh-chluich, *fir*.
dealbh-cluiche, *fir* → dealbh-chluich, *fir*.

†**dealbh-dealanaich-cridhe**, *bain*: leictreacardagram.
dealbh-èibhinn, *fir*: cartún.
dealbh-magaidh, *fir*: scigphictiúr.
dealbhta, *aid*: deilbhithe.
dealbhte, *aid* → dealbhta, *aid*.
dealbh-tìre, *bain*: tírphictiúr.
dealg, *bain*: dealg, dealgán.
dealgach, *aid*: deilgneach.
dealgan, *fir*: fearsaid.
deàlrach, *aid*: dealraitheach, lonrach.
deàlradh, *fir*: dealramh.
deàlraich, *br*: dealraigh, lonraigh.
dealt, *fir*: drúcht.
deamhais, *bain*: deimheas.
deamhan, *fir*: deamhan.
deamhnaidh, *aid*: diabhalta.
deamocrach, *aid* → deamocratach, *aid*.
deamocrasaidh, *fir*: daonlathas.
deamocratach, *aid*: daonlathach.
dèan, *br*: déan.
dèanadach, *aid*: déanfasach, dícheallach.
dèanadachd, *bain*: déantóireacht, gníomhú.
dèanadas, *fir*: feidhmíocht.
dèanamh, *fir*: déanamh.
②**deann**, *bain*: deifir, dithneas.
deann-ruith, *bain*: ráib.
deanntag, *bain*: neantóg.
dèante, *aid*: déanta.
dearabh, *aid* → dearbh, *aid*.
dearbh, *aid*: dearbh.
dearbh, *br*: dearbhaigh, deimhnigh.
dearbha, *aid* → dearbh, *aid*.
dearbhach, *aid*: dearfach.
dearbhachadh, *fir*: dearbhú, deimhniú.
dearbhachd, *bain*: dearfacht, údaracht.
dearbhadh, *fir*: dearbhú.
dearbhadh-aithne, *fir*: fíordheimhniú.
dearbhair, *fir*: dearfóir.
dearbhair-litreachaidh, *fir*: litreoir.
dearbh-aithne, *bain*: aitheantas, féiniúlacht.
dearbhte, *aid*: dearfa, deimhnithe.
dearc, *bain*: dearc, caor.
dearc, *br*: dearc.
dearcadh, *fir*: dearcadh, breathnú, spléachadh.
dearcag, *bain*: caor.
dearc-luachrach, *bain*: earc luachra, laghairt.
dearcnachadh, *fir*: aibhsiú, iniúchadh.
dearcnaich, *br*: aibhsigh, iniúch.
dearg, *aid*: dearg.

dearg, *fir*: dearg.
deargadh, *fir*: deargadh.
dearganach, *fir*: saighdiúir dearg.
deargann, *bain*: dreancaid.
†**deargnachadh**, *fir*: deargadh.
†**deargnaich**, *br*: dearg.
dearmad, *fir*: dearmad, neamart, faillí.
dearmadachd, *bain*: dearmad.
dearmaid, *br*: dearmad.
†**deàrnadaireachd**, *bain*: dearnadóireacht.
†**deàrnadh**, *fir*: dearna.
deàrrs, *br*: dealraigh, lonraigh.
deàrrsach, *aid*: dealraitheach, lonrach.
deàrrsadh, *fir*: loinnir, taitneamh, dealramh, lonrú.
deàrrsaich, *br* → deàrrs, *br*.
dearrsanta, *aid* → deàrrsach, *aid*.
deàrsach, *aid* → deàrrsach, *aid*.
dearsadh, *fir* → deàrrsadh, *fir*.
deas, *aid*: deas, réidh.
⚲ **deasach**, *aid*: deisceartach.
deasach, *fir*: deisceartach.
deasachadh, *fir*: ullmhú.
†**deasag**, *bain*: deasóg.
deasaich, *br*: ullmhaigh.
deasaiche, *fir*: eagarthóir.
★**deasbad**, *fir*: díospóireacht, argóint.
deasbaireachd, *bain*: díospóireacht, plé.
deasc, *fir* → deasg, *fir*.
deasg, *fir*: deasc.
deasgainn, *bain*: deascán, binid.
deas-ghnàth, *fir*: deasghnáth.
deas-labhrach, *aid*: deaslabhartha.
deas-làmhach, *aid*: deaslámhach.
deat, *bain* → deit, *bain*.
deatach, *bain*: deatach.
⚲ **deataich**, *br*: galaigh.
deatamach, *aid*: riachtanach, tábhachtach.
ded, *sealbh*: de do.
deic, *bain*: deic.
deich, *uimhir*: deich.
deich, *fir*: deich.
deichead, *fir*: deich mbliana.
deicheamh, *fir*: deichiú.
deicheamh, *uimhir*: deichiú.
deichnear, *fir*: deichniúr.
dèideadh, *fir*: déideadh.
dèideag, *bain*: bréagán, deideighe.
dèidh, *bain*: diaidh.
dèidheil, *aid*: ceanúil.
deifir, *bain*: deifir.

deifreach, *aid*: deifreach.
deifrich, *br*: deifrigh.
deifrichte, *aid* → diofraichte, *aid*.
deigh, *bain*: oighear.
deilbh, *bain* → dealbh, *bain*.
†**deilbheachd**, *bain*: deilbhíocht.
deilbheadh, *fir*: dealbh.
dèile, *bain*: déil.
deilf, *bain*: deilf.
deilgneach, *aid* → dealgach, *aid*.
dèilig, *br*: déileáil.
dèiligeadh, *fir*: déileáil.
†**deilignit**, *bain*: geilignít.
deimhin, *aid* → deimhinne, *aid*.
deimhinn, *aid* → deimhinne, *aid*.
deimhinne, *aid*: deimhin.
deimhinneach, *aid*: deimhneach.
†**deimhinneachadh**, *fir*: deimhniú.
deimhinnich, *br*: deimhnigh.
deimhinnte, *aid*: deifnídeach.
deimhinnte, *aid* → deimhinne, *aid*.
dèine, *bain*: déine.
deineir, *fir* → deichnear, *fir*.
deir, *bain*: deir.
dèirc, *bain*: déirc.
dèirce, *bain* → dèirc, *bain*.
dèirceach, *aid*: déirceach.
dèirceach, *fir*: déirceach.
†**dèirceachd**, *bain*: déirceachas.
deireadh, *fir*: deireadh.
Deireadh, *fir*: Deireadh.
deireadh-seachdain, *fir*: deireadh seachtaine.
deireadh-seachdaine, *fir* → deireadh-seachdain, *fir*.
deireadh-sheachdain, *fir* → deireadh-seachdain, *fir*.
deireadh-sheachdainn, *fir* → deireadh-seachdain, *fir*.
deireanach, *aid* → deireannach, *aid*.
deireannach, *aid*: deireanach.
deirge, *bain*: deirge.
deisciobal, *fir*: deisceabal.
deisciobul, *fir* → deisciobal, *fir*.
deisciopul, *fir* → deisciobal, *fir*.
⚲ **deise**, *bain*: culaith.
†**deiseachadh**, *fir*: maisiú.
deiseal, *aid* → deiseil, *aid*.
deisealachadh, *fir* → deasachadh, *fir*.
deisealaich, *br* → deasaich, *br*.
deise-fhànais, *bain*: culaith spáis.
★**deiseil**, *aid*: réidh, críochnaithe, ullamh.
dèistinn, *bain*: déistin.

dèistneach / diadhachd

†**dèistneach**, *aid*: déistineach.
deit, *bain*: dáta, coinne.
†**deithneas**, *bain*: dithneas.
dem, *sealbh*: de mo.
dem, *réamh*: den.
democratach, *aid* → deamocratach, *aid*.
den, *sealbh*: dá.
den, *réamh*: den.
de'n, *réamh* → den, *réamh*.
dè 'n, *aid*: cad é an.
deò, *bain*: dé.
deoc, *br*: diúl.
deoch, *bain*: deoch.
deoch-làidir, *bain*: deoch láidir, alcól.
†**deoch-liomaid**, *bain*: líomanáid.
deoghail, *br*: diúl.
deoghal, *fir*: diúl.
deòin, *bain*: toil.
deòirid, *fir* → deòiridh, *fir*.
deòirideach, *fir* → deòiridh, *fir*.
deòiridh, *fir*: deoraí.
Deòirsia, *bain* → Cairtbheil, *bain*.
deomhan, *fir* → deamhan, *fir*.
★**deònach**, *aid*: toilteanach, sásta.
deònaich, *br*: deonaigh.
deòntachd, *bain*: deonacht.
deòradh, *fir*: deoraí.
deòraidh, *fir* → deòiridh, *fir*.
†**deotar**, *fir*: ceap nótaí.
deothail, *br* → deoghail, *br*.
deothal, *fir* → deoghal, *fir*.
der, *sealbh*: dár.
derbhadh, *fir* → dearbhadh, *fir*.
deseil, *aid* → deiseil, *aid*.
deth, *réamh* → dheth, *réamh*.
★**deuchainn**, *bain*: scrúdú.
deuchainneach, *aid*: turgnamhach.
†**deucon**, *fir*: deochain.
deud, *fir*: déad.
deuchainn, *bain* → deuchainn, *bain*.
deug, *uimhir*: déag.
deugair, *fir* → deugaire, *fir*.
deugaire, *fir*: déagóir.
deur, *fir*: deoir.
deurach, *aid*: deorach.
dha, *sealbh*: dá.
dha, *réamh* → do, *réamh*.
dhà, *uimhir*: dhá.
dhà, *réamh*: dó.
dhachaidh, *db* → dhachaigh, *db*.
★**dhachaigh**, *db*: abhaile.
dhad, *sealbh*: do do.
dhà-dheug, *uimhir*: dó dhéag.
dhaibh, *réamh*: dóibh.

dham, *sealbh*: do mo.
dham, *réamh*: don.
dhan, *sealbh*: dá.
dhan, *réamh*: don.
dh'an, *sealbh*: á.
dh'an, *réamh*: don.
dha'n, *réamh* → dhan, *réamh*.
dhaoibh, *réamh* → dhuibh, *réamh*.
dh'aona-ghnothach, *db* → dh'aona-ghnothaich, *db*.
dh'aona-ghnothaich, *db*: d'aon ghnó.
dh'aona-gnothach, *db* → dh'aona-ghnothaich, *db*.
dhar, *sealbh*: dár.
dha rireabh, *db* → dha-rìribh, *db*.
dha-rìribh, *db*: dáiríre.
dhe, *réamh*: de.
dhè, *aid*: cad é.
dhed, *sealbh*: de do.
dhem, *sealbh*: de mo.
dhem, *réamh*: den.
dhen, *sealbh*: dá.
dhen, *réamh*: den.
dhe'n, *réamh* → den, *réamh*.
dher, *sealbh*: dár.
dheth, *db*: as.
dheth, *réamh*: de.
dhì, *réamh*: di.
dhibh, *réamh*: díbh, díot.
dhinn, *réamh*: dínn.
dhìom, *réamh*: díom.
dhiot, *réamh*: díot.
dhith, *réamh*: di.
dhiu, *réamh* → dhiubh, *réamh*.
dhiubh, *réamh*: díobh.
dho, *sealbh*: do.
dho, *réamh*: do.
dhoibh, *réamh* → dhaibh, *réamh*.
dhom, *réamh* → dhomh, *réamh*.
dhomh, *réamh*: dom.
dhuibh, *réamh*: duit, daoibh.
dhuinn, *réamh*: dúinn.
dhuit, *réamh* → dhut, *réamh*.
dhur, *sealbh*: do bhur, de bhur.
dhut, *réamh*: duit.
di, *réamh* → dhì, *réamh*.
dia, *fir*: dia.
Dia, *fir*: Dia.
†**dia-aitheas**, *fir*: dia-aithis.
diabhal, *fir*: diabhal.
diabhlaidh, *aid*: diabhalta.
diabhul, *fir* → diabhal, *fir*.
†**diacharach**, *aid*: diachrach.
diadhach, *aid* → diadhaidh, *aid*.
diadhachd, *bain*: naofacht, diagacht.

diadhaich — dìoladh

diadhaich, *br*: diagaigh.
diadhaidh, *aid*: naofa, diaga.
diadhaire, *fir*: diagaire.
diagram, *fir*: diagram.
Diamairt, *fir* → Dimàirt, *fir*.
Diameuga, *bain* → Iameuga, *bain*.
Diameugach, *aid* → Iameugach, *aid*.
Diameugach, *fir* → Iameugach, *fir*.
†**dia-mhaslach**, *aid*: diamhaslach.
†**dia-mhaslachadh**, *fir*: diamhasla.
†**dia-mhaslaich**, *br*: diamhaslaigh.
dian, *aid*: dian.
dianamh, *fir* → dèanamh, *fir*.
†**dian-amharc**, *fir*: stánadh.
dian-ruith, *bain*: rúid.
Diardaoin, *fir*: Déardaoin.
dias, *bain*: dias.
†**diasach**, *aid*: diasach.
diaspora, *fir*: diaspóra.
diathad, *fir*: dinnéar, lón.
diatom, *fir* → dà-dhadam, *fir*.
†**diatonach**, *aid*: diatonach.
di-beathte, *aid*: fáiltithe.
dibhearsaineach, *aid* → dibhearsanach, *aid*.
dibhearsan, *fir*: spórt, siamsa.
dibhearsanach, *aid*: siamsúil.
†**dibhinne**, *bain*: díbhinn.
diblidh, *aid*: díblí.
diblidheachd, *bain*: díblíocht.
dìcheall, *fir*: dícheall.
dìcheallach, *aid*: dícheallach.
dìchiollach, *aid* → dìcheallach, *aid*.
†**dì-chliù**, *fir*: míchlú.
†**dì-choimiseanadh**, *fir*: díchoimisiúnú.
†**dì-chòirich**, *br*: dícháiligh.
†**dì-chòrdadh**, *fir*: díchorda.
†**dì-chreideamh**, *fir*: díchreideamh.
†**dì-chreidmheach**, *aid*: díchreidmheach.
†**dì-chreidmheach**, *fir*: díchreidmheach.
dì-chroiteadh, *fir*: díchrochtóireacht.
dì-chuimhnich, *br* → dìochuimhnich, *br*.
Diciadain, *fir*: Dé Céadaoin.
Diciadaoin, *fir* → Diciadain, *fir*.
dìdean, *fir*: dídean.
†**dì-dhaoineachadh**, *fir*: dídhaoiniú.
†**dì-dhaoinich**, *br*: dídhaoinigh.
Didòmhnaich, *fir*: Dé Domhnaigh.
didseatach, *aid*: digiteach.
didsiotach, *aid* → didseatach, *aid*.
difir, *fir* → diofar, *fir*.
dig, *bain*: díog.
digear, *fir*: díogaire.
digiteach, *aid* → didseatach, *aid*.
Dihaoine, *fir*: Dé hAoine.

dìle, *bain*: díle.
dìleab, *bain*: oidhreacht.
dìleadh, *fir*: díleá.
†**dìleag**, *bain*: braonán, mún.
dìleas, *aid*: dílis.
dìlleachdan, *fir*: dílleachta.
†**dìlleachdanachd**, *bain*: dílleachtacht.
dìlse, *bain*: dílse.
dìlseachd, *bain*: dílseacht.
Diluain, *fir*: Dé Luain.
Dimàirt, *fir*: Dé Máirt.
dìmeas, *fir*: dímheas.
dìmeasach, *aid*: dímheasúil, tarcaisneach.
†**dì-nàireach**, *aid*: dínáireach.
dineamait, *bain* → daineamait, *bain*.
dineasair, *fir* → daidhnasar, *fir*.
dineasar, *fir* → daidhnasar, *fir*.
dinichean, *fir*: jíons, bríste géine.
†**dinimig**, *bain*: dinimic.
dinn, *br*: ding.
dinneadh, *fir*: dingeadh.
dinnear, *bain*: dinnéar.
dinneir, *bain* → dìnnear, *bain*.
dinnsear, *fir*: sinséar.
dìobair, *br*: tréig.
dìobhail, *fir*: díobháil.
dìobhair, *br*: urlaic.
dìobhairt, *fir*: urlacan.
dìobhalach, *aid*: díobhálach.
†**dìobhuidheachas**, *fir*: diomaíochas, dobhuíochas.
②**dìobradh**, *fir*: tréigean.
dìochuimhn', *bain* → dìochuimhne, *bain*.
dìochuimhne, *bain*: díchuimhne.
dìochuimhneach, *aid*: díchuimhneach.
dìochuimhneachadh, *fir*: dearmad.
dìochuimhnich, *br*: dearmad.
dìochuimnich, *br* → dìochuimhnich, *br*.
diofar, *fir*: difear, difríocht.
diofarach, *aid* → diofraichte, *aid*.
diofaraichte, *aid* → diofraichte, *aid*.
diofraichte, *aid*: difriúil, éagsúil.
diog, *fir*: soicind.
diogadh, *fir*: ticeáil.
dìoghaltach, *aid*: díoltach.
dìoghaltas, *fir*: díoltas.
†**dìoghlam**, *fir*: díolaim.
dìoghras, *fir*: díograis.
dìoghrasach, *aid*: díograiseach.
dìol, *fir*: cúiteamh, díoghail.
dìol, *br*: díol, díoghail.
†**dìolachd**, *bain*: díolaíocht, cúiteamh.
dìoladh, *fir*: díol, cúiteamh.

dìolain / do

dìolain, *aid*: tabhartha.
dìollaid, *bain*: diallait.
diomb, *fir*: diomú.
diombach, *aid*: colgach, míshásta.
diombuan, *aid*: duthain, neamhbhuan.
dìomhain, *aid*: díomhaoin.
diomhair, *aid*: rúnda, diamhair.
diomhaireachd, *bain*: rúndacht.
dìomhanach, *aid*: díomhaoin.
dìomhanas, *fir*: díomhaointeas.
dìon, *fir*: cosaint.
dìon, *br*: cosain.
dìonach, *aid*: aerdhíonach, díonach.
dìonachd, *bain*: díonacht.
dìonadair, *fir*: cosantóir, díonadóir.
†**diongmhaltachd**, *bain*: diongbháilteacht.
dioplòma, *fir*: dioplóma.
dioplòmasach, *aid*: dioplómaitiúil, taidhleoireachta.
dioplòmasaidh, *fir*: taidhleoireacht, dioplómaitic.
†**dìoro**, *fir*: gíoró.
dìorrasach, *aid*: dígeanta.
dìosail, *fir*: díosal.
diosg, *fir*: diosca.
diosg, *fir* → gìosg, *fir*.
dìosg, *br* → gìosg, *br*.
dìosgail, *bain* → gìosgail, *bain*.
dìosgan, *fir*: díoscán.
diosgo, *fir*: dioscó.
diosleacsia, *bain*: disléicse.
diot, *bain*: béile.
diploma, *fir* → dioplòma, *fir*.
dìreach, *aid*: díreach.
dìreach, *db*: díreach.
dìreachd, *bain*: díríocht.
dìreadh, *fir*: dreapadh.
dìrich, *br*: dreap, dírigh.
Disathairn, *fir* → Disathairne, *fir*.
Disathairne, *fir*: Dé Sathairn.
Disathuirne, *fir* → Disathairne, *fir*.
disco, *fir* → diosgo, *fir*.
disead, *fir*: díséad.
†**dì-shoineas**, *fir*: díshondas.
dìsinn, *bain*: dísle.
†**dìsread**, *fir*: aisréad.
dìt, *br*: daor.
dìteadh, *fir*: daoradh.
dìth, *bain*: díth.
†**dìth-càile**, *bain*: anoireicse.
†**dìth-chuimhne**, *bain*: aimnéise.
dìthean, *fir*: bláth.
dìthich, *br*: díothaigh.

dithis, *bain*: beirt, dís.
dithisd, *bain* → dithis, *bain*.
dithist, *bain* → dithis, *bain*.
dìth-obrach, *bain*: dífhostaíocht.
dìthreabh, *bain*: díthreabh.
†**dìthreabhach**, *fir*: díthreabhach.
diu, *réamh* → dhiubh, *réamh*.
diù, *db* → fiù, *db*.
diubh, *réamh* → dhiubh, *réamh*.
diuc, *bain*: dioc.
diùc, *fir*: diúc.
diùdo, *fir*: júdó.
diùid, *aid*: cúthail.
†**diùlanach**, *fir*: diúlach.
diùlt, *br*: diúltaigh.
diùltach, *aid*: diúltach.
diùltadh, *fir*: diúltú.
Diùrach, *aid*: Diúrach.
Diùrach, *fir*: Diúrach.
diùraidh, *fir*: giúiré.
diùrrais, *bain*: rún.
diut, *fir*: siúit.
dleas, *br*: tuill.
dleasail, *aid* → dleasnach, *aid*.
dleasannach, *aid* → dleasnach, *aid*.
dleasdanach, *aid* → dleasnach, *aid*.
dleasdanas, *fir* → dleastanas, *fir*.
dleasnach, *aid*: umhal.
dleasnas, *fir* → dleastanas, *fir*.
dleastanach, *aid* → dleasnach, *aid*.
dleastanas, *fir*: cúram, dualgas.
dlighe, *bain*: dlí.
dligheach, *aid*: bailí, dleathach, dlisteanach.
†**dligheas**, *fir*: dlínse.
†**dlighe-eòlas**, *fir*: dlí-eolaíocht.
dlighe-sgrìobhaidh, *bain*: cóipcheart.
dlù, *aid* → dlùth, *aid*.
dlùitheachd, *bain* → dlùthachd, *bain*.
dlùth, *aid*: dlúth, cóngarach.
dlùth, *fir*: dlúth.
dlùthachadh, *fir*: dlúthú, druidim.
dlùthachd, *bain*: cóngaracht.
dlùthadh, *fir*: cruachadh.
dlùthadh, *fir* → dlùthachadh, *fir*.
dlùthaich, *br*: dlúthaigh.
dlùth-chàirdeas, *fir*: dlúthchaidreamh.
dlùth-cheangail, *br*: dlúthcheangail.
dlùth-cheangal, *fir*: dlúthcheangal.
†**dlùth-cheangladh**, *fir*: dlúthcheangal.
dlùth-chomann, *fir*: dlúthchomhar, dlúthpháirtíocht.
dlùths, *fir*: dlús.
do, *sealbh*: do.
do, *réamh*: do.

do-atharraichte

do-atharraichte, *aid*: do-athraithe.
dobhar-chù, *fir*: dobharchú.
dòbhran, *fir*: dobhrán.
doca, *fir*: duga.
docair, *fir*: dugaire.
doch, *aid* → dòcha, *aid*.
doch', *aid* → dòcha, *aid*.
dòcha, *aid*: dócha.
†**dòchaileachd**, *bain*: dóchúlacht.
dochainn, *br*: dochraigh.
dochair, *bain*: dochar.
dochann, *fir*: leadradh, bualadh, greadadh.
†**do-charaichte**, *aid*: dochorraithe.
dòchas, *fir*: dóchas.
dòchasach, *aid*: dóchasach.
†**do-cheannsaichte**, *aid*: docheansaithe.
do-chreidsinn, *aid*: dochreidte.
do-chreidsinneach, *aid*: dochreidte.
dod, *sealbh*: do do.
do-dhèanta, *aid*: dodhéanta.
do-dhèante, *aid* → do-dhèanta, *aid*.
dòdo, *bain*: dódó.
do-fhaicsinneach, *aid*: dofheicthe.
†**do-ghluaiste**, *aid*: doghluaiste.
doghrainn, *bain* → dòrainn, *bain*.
doibh, *réamh* → dhaibh, *réamh*.
doicheall, *fir*: doicheall.
doicheallach, *aid*: doicheallach.
dòigh, *bain*: dóigh, modh.
dòigh-beatha, *bain*: slí maireachtála, slí bheatha.
dòigh-bheatha, *bain* → dòigh-beatha, *bain*.
dòigh-dèiligidh, *bain*: cur chuige.
dòigheil, *aid*: deas, sásta, sásúil, breá.
dòigh-labhairt, *bain*: modh labhartha.
dòigh-obrach, *bain*: nós imeachta, modh oibre, cur chuige.
dòigh-obrachaidh, *bain*: modh oibre.
dòigh-sgrìobhaidh, *bain*: modh scríofa.
dòigh-siubhail, *bain*: modh iompair.
dòigh-teagaisg, *bain*: modh teagaisc.
dòil, *fir*: dól.
doilbheachd, *bain* → doirbheadas, *fir*.
doile, *bain*: bábóg.
doileag, *bain* → doile, *bain*.
doilgheas, *fir*: doilíos, buaireamh.
doilidh, *bain* → doile, *bain*.
doille, *bain*: daille.
doilleir, *aid*: doiléir.
doilleireachd, *bain*: doiléire.
doilleirich, *br*: doiléirigh.
doimhne, *bain*: doimhneacht.
doimhneachd, *bain*: doimhneacht.

do-mhothaichte

doimhnich, *br*: doimhnigh.
doineann, *bain*: doineann.
†**doineannach**, *aid*: doineanta.
†**doineanta**, *aid*: doineanta.
†**doinne**, *bain*: doinne.
do-innse, *aid*: do-inste.
doirbh, *aid*: deacair.
doirbheachd, *bain* → doirbheadas, *fir*.
doirbheadas, *fir*: deacracht.
doire, *bain*: doire.
doire, *fir* → doire, *bain*.
Doire, *bain*: Doire.
†**doireach**, *aid*: coillteach.
dòirneag, *bain*: doirneog.
dòirt, *br*: doirt.
dòirteadh, *fir* → dòrtadh, *fir*.
doirteal, *fir*: doirteal.
dol, *fir*: dul.
do-labhairt, *aid*: dolabhartha.
dolaidh, *bain*: dochar.
dolair, *fir*: dollar.
dol-a-mach, *fir*: iompar.
dol-an-sàs, *fir*: dul isteach, dul in achrann.
dòlas, *fir*: dólás.
dòlasach, *aid*: dólásach.
dol-a-steach, *fir*: dul isteach, bealach isteach.
dol-seachad, *fir*: dul thart.
†**do-lùbachd**, *bain*: dolúbthacht.
†**do-lùbaidh**, *aid*: dolúbtha.
dom, *sealbh*: do mo.
dom, *réamh*: don.
†**domail**, *bain*: damain, dochar.
domblachd, *bain* → dòmhlachd, *bain*.
domblas, *fir*: domlas.
†**domblasach**, *aid*: domlasta.
domh, *réamh* → dhomh, *réamh*.
†**dòmhail**, *aid*: plódaithe, trom, plúchta, dlúth.
domhainn, *aid*: domhain.
domhainneachd, *bain* → doimhneachd, *bain*.
domhainnead, *bain* → doimhneachd, *bain*.
domhan, *fir*: domhan, cruinne.
†**domhanag**, *bain*: domhnán.
domhan-fhad, *fir*: domhanfhad.
domhan-leud, *fir*: domhanleithead.
†**dòmhlachd**, *bain*: bulc, dlús.
dòmhladas, *fir* → dòmhlachd, *bain*.
dòmhlaich, *br*: ramhraigh, plódaigh.
dòmhlas, *fir* → dòmhlachd, *bain*.
Dòmhnallach, *fir*: Dónallach.
†**do-mhothaichte**, *aid*: domhothaithe.

don   **dreuchd**

don, *sealbh*: dá.
don, *réamh*: don.
do'n, *réamh* → don, *réamh*.
dona, *aid*: dona.
Dónall, *fir*: Dónall.
donas, *fir*: donas, diabhal.
donn, *aid*: donn.
donn, *fir*: donn.
donnalaich, *bain*: glamaíl, uallfartach.
Donnchadh nan sùl mòr, *fir*: Donncha na súl mór.
†**donn-lus**, *fir*: donnlus.
†**donn-òir**, *aid*: órdhonn.
dor, *sealbh*: dár.
dòrainn, *bain*: dobrón, crá, doghrainn.
dòrainneach, *aid*: doghrainneach, doilíosach.
doras, *fir*: doras.
†**doras-saidse**, *fir*: haiste.
dorch, *aid* → dorcha, *aid*.
dorcha, *aid*: dorcha.
dorchadas, *fir*: dorchadas.
†**do-rèitichte**, *aid*: doréitithe.
dòrlach, *fir*: dornán.
dòrn, *fir*: dorn.
†**dòrnadair**, *fir*: dornálaí.
dornan, *fir*: dornán.
do-roinnte, *aid*: doroinnte.
dorsair, *fir*: doirseoir.
dòrtadh, *fir*: doirteadh.
do-ruighinn, *aid* → do-ruigsinneach, *aid*.
do-ruigsinneach, *aid*: doshroichte.
dòruinn, *bain* → dòrainn, *bain*.
dorus, *fir* → doras, *fir*.
dos, *fir*: dos.
dosach, *aid*: dosach.
†**dosgaidh**, *aid*: doscaí.
†**dosgaidheachd**, *bain*: doscaíocht.
dosgainn, *bain*: tubaiste.
†**do-sgaoilte**, *aid*: doscaoilte.
†**do-sgaraidh**, *aid*: do-scartha.
†**do-sgrioste**, *aid*: doscriosta.
†**do-shàrachaidh**, *aid*: dosháraithe.
do-sheachanta, *aid*: dosheachanta.
†**do-smachdaidh**, *aid*: dosmachtaithe.
dosrach, *aid*: dosach.
dotag, *bain*: ponc.
dotair, *fir*: dochtúir.
dotaireachd, *bain*: dochtúireacht.
†**dòth**, *br*: dóigh, loisc.
†**dòthadh**, *fir*: dó, loscadh.
†**do-thomhaiste**, *aid*: dothomhaiste.
†**dothte**, *aid*: barrdhóite, dóite.
†**dràbag**, *bain*: draoibeog.
drabasda, *aid* → drabasta, *aid*.

drabasta, *aid*: gáirsiúil.
drabastachd, *bain*: gáirsiúlacht.
drabhair, *fir*: drár, tarraiceán.
★**dragh**, *fir*: crá, buaireamh, imní.
★**dragh**, *br*: deighil, tarraing.
draghail, *aid*: buartha.
dràgon, *fir*: dragún.
draibh, *br* → dràibhig, *br*.
dràibheadh, *fir*: tiomáint.
dràibhear, *fir*: tiománaí.
dràibhig, *br*: tiomáin.
dram, *fir* → drama, *fir*.
drama, *fir*: dram.
dràma, *bain* → dràma, *fir*.
dràma, *fir*: dráma.
dràmadach, *aid*: drámata.
†**dràmaire**, *fir*: drámadóir.
drannd, *fir*: giolc.
dranndan, *fir*: drantán.
draoidh, *fir*: draoi, treoraí.
draoidheachd, *bain*: draíocht.
draoidheil, *aid*: draíochtach.
draosta, *aid*: graosta.
drasd, *db* → dràsta, *db*.
drasd', *db* → dràsta, *db*.
drasda, *db* → dràsta, *db*.
drast, *db* → dràsta, *db*.
drast', *db* → dràsta, *db*.
dràsta, *db*: anois.
drathair, *fir* → drabhair, *fir*.
drathais, *bain*: brístí.
dreach, *fir*: dreach, cuma, cruth.
dreach, *br*: dreach.
dreachadh, *fir*: dreachadh.
dreachd, *bain*: dréacht.
dreachmhor, *aid*: dathúil, dreachúil.
dreag, *bain*: astaróideach.
drèagan, *fir* → dràgon, *fir*.
dreallag, *bain*: luascán.
dream, *fir*: dream.
drèana, *bain*: draein.
drèanadh, *fir*: draenáil.
dreapaireachd, *bain* → streapadaireachd, *bain*.
dreas, *bain* → dreasa, *bain*.
dreasa, *bain*: gúna.
dreasair, *fir*: drisiúr.
dreathan-donn, *fir*: dreoilín.
†**dreimire**, *fir*: dréimire.
drèin, *bain*: strainc.
dreis, *bain* → greis, *bain*.
dreiseag, *bain* → greiseag, *bain*.
†**dreòlan**, *fir*: dreoilín.
✡**dreuchd**, *bain*: post, ceird, gairm.

dreuchdail, *aid*: gairmiúil.
dreuchd-beatha, *bain*: slí bheatha.
drile, *bain*: druil, druilire.
†**driodairt**, *fir*: timpiste.
drioftair, *fir*: driftéar.
†**driogachd**, *bain*: driogaireacht.
†**driogaid**, *bain*: dríodar.
†**driogair**, *fir*: driogaire.
driopail, *aid* → dripeil, *aid*.
dripeil, *aid*: gnóthach.
dris, *bain*: dris.
drithleann, *fir*: drithleog.
driùchd, *fir* → drùchd, *fir*.
dròbhair, *fir*: dráibhéir.
dròbhaireachd, *bain*: dráibhéireacht.
droch, *aid*: droch.
drochaid, *bain*: droichead.
droch aimsir, *bain*: drochaimsir.
droch ainm, *fir*: drochainm.
drochait, *bain* → drochaid, *bain*.
droch amharas, *fir*: drochamhras.
droch bheachd, *fir*: drochmheas.
droch bhèist, *bain*: ainmhí allta.
droch bheul, *fir*: drochbhéal.
droch-bheus, *bain*: drochbhéas.
droch bhruadar, *fir*: drochbhrionglóid.
droch bhuaidh, *bain*: drochéifeacht, drochthionchar.
droch bhuidseachd, *bain*: ealaín dhubh.
droch chadal, *fir*: droch-chodladh.
droch cheann, *fir*: droch-cheann.
droch chleachdadh, *fir*: drochchleachtadh.
droch chliù, *fir*: droch-chlú.
droch chnatan, *fir*: drochshlaghdán.
droch chofaidh, *fir*: droch-chaife.
droch chraobh, *bain*: droch-chrann.
droch cnatan, *fir* → droch chnatan, *fir*.
droch dhìol, *fir*: drochíde.
droch dhuine, *fir*: drochdhuine.
droch fhacal, *fir*: drochfhocal.
droch fhàile, *fir*: drochbholadh.
droch fhàileadh, *fir* → droch fhàile, *fir*.
droch fhaireachdainn, *bain*: teannas.
droch fheum, *bain*: drochúsáid.
droch fhortan, *fir*: mífhortún.
droch fhrithealachd, *bain*: drochfhreastal.
droch fhuaimneachadh, *fir*: mífhuaimniú.
droch Ghàidhlig, *bain*: drochGhàidhlig.
droch là, *fir*: drochlá.
droch latha, *fir* → droch là, *fir*.
droch leòn, *fir*: drochghortú.
droch mhilleadh, *fir*: drochmhilleadh.

†**droch-mhisneachd**, *bain*: drochmhisneach.
droch naidheachd, *bain*: drochscéal.
droch rud, *fir*: drochrud.
droch rùn, *fir*: drochrún.
droch-rùnach, *aid*: mírúnach, mailíseach.
droch sgeul, *fir*: drochscéal.
droch shìde, *bain*: drochaimsir.
droch shlàinte, *bain*: drochshláinte.
droch shuidheachadh, *fir*: droch-chás.
droch shùil, *bain*: drochshúil.
droch shunnd, *fir*: drochaoibh, drochghiúmar.
droch staid, *bain*: drochstaid.
droch staing, *bain*: cruachás.
droch stoirm, *bain*: drochstoirm.
droch thìde, *bain*: drochaimsir.
droga, *bain* → druga, *bain*.
†**dròigaid**, *bain*: drugaid.
droigheann, *fir*: draighean.
droighneach, *aid*: draighneach.
†**droitseach**, *bain*: roinnt mhór, riar mór, líon mór.
dromach, *bain*: dromach.
droman, *fir*: trom, dromán, droim.
†**drongaireachd**, *bain*: druncaeireacht.
dronnach, *aid*: dronnach.
dronnachd, *bain*: dronnacht.
†**dronn-uileann**, *bain*: dronuillinn.
druaip, *bain*: dríodar.
drùchd, *fir*: drúcht.
†**drùchdach**, *aid*: drúchtmhar.
drùdhadh, *fir*: úscadh, maothú.
drùdhag, *bain*: braonán.
drug, *bain* → druga, *bain*.
druga, *bain*: druga.
druid, *bain*: druid.
druid, *br*: druid, dún.
druideadh, *fir*: druidim, dúnadh.
druidh, *fir* → draoidh, *fir*.
drùidh, *br*: úsc, poll, maothaigh.
drùidheachd, *bain* → draoidheachd, *bain*.
drùidhteach, *aid*: géar, suntasach, corraitheach.
druim, *fir*: droim.
druim air fhiaradh, *fir*: scolóis.
†**druimneach**, *aid*: droimneach.
drùis, *bain*: drúis.
†**drùisealachd**, *bain*: drúisiúlacht.
drùiseil, *aid*: drúisiúil.
druma, *bain*: druma.
drumair, *fir*: drumadóir.
drumaireachd, *bain*: drumadóireacht.

druman, *fir* → droman, *fir*.
drungair, *fir*: druncaeir, meisceoir.
duais, *bain*: duais.
duais-roinn, *bain*: díbhinn.
dual, *fir*: dual.
dualach, *aid*: dualach.
dualaich, *br*: dual.
dualchainnt, *bain*: canúint.
dualchas, *fir*: dúchas.
dualchasach, *aid*: dúchasach.
†**dualchasachd**, *bain*: dúchas.
dualtach, *aid*: nádúrtha.
duan, *fir*: duan, amhrán, dán.
duanag, *bain*: rabhcán.
duanaire, *fir*: duanaire.
†**duanaireachd**, *bain*: duanaireacht.
duas, *bain* → duais, *bain*.
duatharachd, *bain*: rúndiamhair.
dùbailt, *aid* → dùbailte, *aid*.
dùbailte, *aid*: dúbailte.
dubh, *aid*: dubh.
dubh, *fir*: dubh.
dubh, *br*: dubhaigh.
dubhach, *aid*: dubhach, duairc, gruama.
dubhachas, *fir*: dubhachas.
†**dubhailc**, *bain*: duáilce.
dubhan, *fir*: duán.
dubh-dhonn, *aid*: dúdhonn.
†**dubh-eun**, *fir*: duibhéan.
dubh-fhacal, *fir*: dubhfhocal, parabal.
dubh-ghlas, *aid*: dúghlas.
dubh-ghlas, *fir*: dúghlas.
dubh-ghorm, *aid*: dúghorm.
dubh-ghorm, *fir*: dúghorm.
dùbhlachd, *bain*: Nollaig.
Dùbhlachd, *bain*: Nollaig.
dùbhlan, *fir*: dúshlán.
dùbhlanach, *aid*: dúshlánach.
dùbhlanach, *fir*: duine freasúra.
†**dùbhlanachd**, *bain*: dúshlánacht.
dùbhlanaiche, *fir* → dùbhlanach, *fir*.
dùblachadh, *fir*: dúbailt, cóipeáil.
dùblaich, *br*: dúbail, cóipeáil.
dùchaich, *bain* → dùthaich, *bain*.
dùchas, *fir* → dùthchas, *fir*.
†**ducs**, *fir*: diúc.
dùdach, *bain*: bonnán.
†**duibhead**, *fir*: duibhe.
duibhre, *bain*: duibhe.
†**duibhrich**, *br*: dubhaigh.
†**duibleid**, *bain*: duibléid.
Duidsis, *bain* → Duitsis, *bain*.
dùil, *bain*: dúil.
dùileachadh, *fir*: súil.
duileag, *bain* → duilleag, *bain*.
duileasg, *fir*: duileasc.
duilgheadas, *fir*: fadhb, deacracht.
duilich, *aid*: deacair, buartha.
duilichinn, *bain*: buaireamh.
duilleach, *fir*: duilliúr.
duilleachan, *fir*: paimfléad.
duilleag, *bain*: duilleog, leathanach.
duilleagach, *aid*: duilleach.
duilleagaich, *br*: uimhrigh.
†**duilleag-cleithe**, *bain*: scarbhileog.
duilleag-dachaigh, *bain* → duilleag-dhachaigh, *bain*.
duilleag-dhachaigh, *bain*: leathanach baile.
duilleag-lìn, *bain*: leathanach Gréasáin.
duilleag-obrach, *bain*: bileog oibre.
duin', *fir* → duine, *fir*.
dùin, *br*: dún.
duine, *fir*: duine.
duine-cloinne, *fir*: páiste.
duineigin, *fir*: duine éigin.
duineil, *aid*: fearúil.
duine-uasal, *fir*: duine uasal.
duinn, *réamh* → dhuinn, *réamh*.
dùinte, *aid*: dúnta.
†**dùiread**, *fir*: dúire.
duiseal, *bain*: fliúit.
dùisg, *br*: dúisigh, múscail.
duit, *réamh* → dhut, *réamh*.
Duitseach, *aid*: Ollannach.
Duitseach, *fir*: Ollannach.
Duitsis, *bain*: Ollainnis.
dul, *fir* → dol, *fir*.
dùlanach, *aid* → dùbhlanach, *aid*.
dùmhail, *aid* → dòmhail, *aid*.
dùmhlachd, *bain*: plódú, dlús.
dùmhladas, *fir* → dòmhlachd, *bain*.
dùmhlas, *fir* → dòmhlachd, *bain*.
dùn, *fir*: dún.
Dùn, *fir*: Dún.
dùnadh, *fir*: dúnadh.
dur, *sealbh*: do bhur, de bhur.
d'ur, *sealbh* → dur, *sealbh*.
dùr, *aid*: dúr.
dùrachd, *bain*: dúthracht.
dùrachdach, *aid*: dúthrachtach, cneasta.
†**dùradan**, *fir*: dúradán.
dùraig, *br*: leomh.
durcanach, *fir*: buaircíneach.
dùr-choimhead, *fir*: stánadh, gliúcaíocht.
dùrd, *fir*: dada.
dùrdail, *bain*: durdáil.
dùrdan, *fir*: dordán.
dusail, *aid* → dustach, *aid*.

dusan, *fir*: dosaen.
dùsgadh, *fir*: dúiseacht, múscailt.
dùsgadh-inntinn, *fir*: spreagadh.
duslach, *fir*: cré, luaith, deannach.
dust, *fir*: deannach, dusta.
dustach, *aid*: deannachúil.
†**dustadh**, *fir*: dustáil.
dustail, *aid* → dustach, *aid*.
dùth, *aid*: dú.
★**dùthaich**, *bain*: tír.
Dùthaich, *bain*: Tír.
dùthchail, *aid*: faoin tuath, intíre.
dùthchas, *fir*: dúchas.
dùthchasach, *aid*: dúchasach.
dùthchasach, *fir*: dúchasach.
†**dùthchasachd**, *bain*: dúchas.
dùthchasail, *aid* → dùthchasach, *aid*.

E

e, *for*: sé, é.
eabair, *br*: lodair.
eabar, *fir*: abar.
eabarach, *aid*: abarach.
†eabhadh, *fir*: eabhadh.
Eabhra, *bain*: Eabhrais.
Eabhrach, *aid*: Eabhrach.
Eabhrach, *fir*: Eabhrach.
Eabhraidheach, *aid*: Iosraeilíteach.
Eabhraidheach, *fir*: Iosraeilíteach.
Eabhrais, *bain* → Eabhra, *bain*.
†eabon, *fir*: éabann.
†eabor, *fir*: eabhar.
†eabradh, *fir*: lodairt.
eacanomaigeach, *aid* → eaconamach, *aid*.
eacarsaich, *bain*: aclaíocht, cleachtadh.
each, *fir*: capall, each.
each-aibhne, *fir*: dobhareach.
eachdraiche, *fir*: staraí.
♘ eachdraidh, *bain*: stair, scéal.
eachdraidh-beatha, *bain*: beathaisnéis.
eachdraidh-bheatha, *bain* → eachdraidh-beatha, *bain*.
eachdraidheal, *aid* → eachdraidheil, *aid*.
eachdraidheil, *aid*: stairiúil.
eachdruidh, *bain* → eachdraidh, *bain*.
each-obrach, *fir*: capall oibre.
eachraidh, *fir*: eachra.
each-uisge, *fir*: each uisce.
eaconamach, *aid*: eacnamaíoch.
eaconamachd, *bain*: eacnamaíocht.
eaconamaidh, *fir*: geilleagar.
eaconamair, *fir*: eacnamaí.

eaconamas, *fir* → eaconamachd, *bain*.
eaconomach, *aid* → eaconamach, *aid*.
eaconomachd, *bain* → eaconamachd, *bain*.
eaconomaidh, *fir* → eaconamaidh, *fir*.
eaconomaigeach, *aid* → eaconamach, *aid*.
eacstasaidh, *fir*: eacstais.
Eacuador, *fir*: Eacuadór.
†Eacuadorach, *aid*: Eacuadórach.
†Eacuadorach, *fir*: Eacuadórach.
Eadailt, *bain*: Iodáil.
Eadailteach, *aid*: Iodálach.
Eadailteach, *fir*: Iodálach.
Eadailtis, *bain*: Iodáilis.
Eadaltais, *bain* → Eadailtis, *bain*.
eadar, *réamh*: idir.
eadar-aghaidh, *bain*: comhéadan.
eadaraibh, *réamh*: eadraibh.
eadarainn, *réamh*: eadrainn.
†eadar-aisneis, *bain*: idiraisnéis.
eadar-àm, *fir*: idirthréimhse.
eadar-ama, *fir* → eadar-àm, *fir*.
eadar-amail, *aid*: eatramhach.
†eadar-chluich, *fir*: eadarlúid.
eadar-dhealachadh, *fir*: difríocht, idirdhealú.
eadar-dhealaich, *br*: idirdhealaigh.
eadar-dhealaichte, *aid*: difriúil, éagsúil.
†eadar-dhuillich, *br*: idirdhuilligh.
eadar-ghluasad, *fir*: idirlinn.
eadar-ghnìomhach, *aid*: idirghníomhach.
eadar-ghnìomhail, *aid* → eadar-ghnìomhach, *aid*.
eadar-ghuidhe, *bain*: idirghuí.
eadar-lìon, *fir*: idirlíon.
Eadar-lìon, *fir*: Idirlíon.
eadar-mheadhanach, *aid*: idirmheánach.
eadar-mheasgte, *aid*: ilghnéitheach.
eadar-mhìneachadh, *fir*: léirmhíniú, míniú.
eadar-mhìneachair, *fir* → eadar-mhìniche, *fir*.
eadar-mhìnich, *br*: idirmhínigh.
†eadar-mhìniche, *fir*: ateangaire.
eadar-mhìnichear, *fir* → eadar-mhìniche, *fir*.
eadar-nàiseanta, *aid*: idirnáisiúnta.
Eadar-Nàiseanta, *aid*: Idirnáisiúnta.
eadar-obrachadh, *fir*: idirghníomhú.
eadar-obrachail, *aid*: idirghníomhach.
eadar-oibre, *aid*: idirghníomhach.
eadarra, *réamh* → eatarra, *réamh*.

eadar-reultach, *aid*: idir-réaltach.
†**eadarsgaoilteachd**, *bain*: tuaslagthacht.
eadar-sholas, *fir*: idirsholas.
eadar-theangachadh, *fir*: aistriúchán.
eadar-theangaich, *br*: aistrigh.
eadar-theangaiche, *fir* → eadar-theangair, *fir*.
eadar-theangair, *fir*: aistritheoir, ateangaire.
eadar-ùghdarrais, *aid*: idirúdaráis.
†**eadar-ùine**, *bain*: idirlinn.
eadhan, *db* → eadhon, *db*.
eadhar, *fir* → adhar, *fir*.
†**èadharag**, *bain*: aer éadrom.
eadhoin, *db* → eadhon, *db*.
eadhon, *db*: fiú.
èadhraig, *br*: aeráil.
eadraiginn, *bain*: eadráin.
eadra-lìon, *fir*: inlíon.
eag, *bain*: eang.
eagach, *aid*: eangach.
eagal, *fir*: eagla, faitíos.
eagalach, *aid*: uafásach, scanrúil, eaglach.
eagallach, *aid* → eagalach, *aid*.
eagar, *fir*: eagar.
eag-eòlas, *fir*: éiceolaíocht.
eag-eòlasach, *aid*: éiceolaíoch.
eaglais, *bain*: eaglais.
Eaglais, *bain*: Eaglais.
eaglaiseach, *aid* → eaglaiseil, *aid*.
eaglaiseach, *fir*: eaglaiseach.
eaglaiseil, *aid*: eaglasta.
eaglais mhòr, *bain*: eaglais mhór.
eagluis, *bain* → eaglais, *bain*.
†**eagnachd**, *bain*: eagnaíocht.
eagnaidh, *aid*: eagnaí.
eagnaidh, *fir*: eagnaí.
eagrachadh, *fir*: eagrú, eagraíocht.
eagraich, *br*: eagraigh.
eagran, *fir*: eagrán.
eagranaich, *br* → eagraich, *br*.
†**eag-sgoil**, *bain*: éiceascoil.
Eag-Sgoil, *bain*: éiceascoil.
eag-shiostam, *fir*: éiceachóras.
eala, *bain*: eala.
Eala, *bain*: Eala.
èalachas, *fir*: éalúchas.
èaladh, *fir*: éalú.
èalaidh, *bain*: éalú.
èalaidh, *br*: éalaigh.
èalaidheach, *aid*: éalaitheach.
ealain, *bain*: ealaín.
ealaineach, *aid* → ealanta, *aid*.
ealamh, *aid*: tapa, gasta.

ealanlann, *bain*: dánlann.
ealanta, *aid*: ealaíonta.
ealantachd, *bain*: ealaíontacht.
ealantair, *fir*: ealaíontóir.
ealantas, *fir*: ealaíontacht.
ealdhain, *bain* → ealain, *bain*.
ealdhanach, *aid* → ealanta, *aid*.
ealdhanta, *aid* → ealanta, *aid*.
ealla, *fir*: amharc.
★**eallach**, *fir*: ualach.
ealt, *bain*: ealta.
ealta, *bain* → ealt, *bain*.
ealtainn, *bain*: ealta, rásúr.
†**Eamanach**, *aid*: Éimineach.
†**Eamanach**, *fir*: Éimineach.
eanchainn, *bain*: inchinn, intinn.
†**eanchainn-bheag**, *bain*: ceirbrín.
eangach, *aid*: eangach.
eangach, *bain*: eangach.
eanraich, *bain*: anraith.
†**eapainmeach**, *aid*: eapainmneach.
ear, *bain*: oirthear.
earalaich, *br*: comhairligh.
earalas, *fir*: rabhadh.
†**earalasach**, *aid*: airdeallach.
earb, *bain*: fia rua.
earb, *br*: earb.
earball, *fir*: eireaball.
earbs', *bain* → earbsa, *bain*.
earbsa, *bain*: iontaoibh, muinín.
earbsach, *aid*: iontaofa.
earbsadh, *fir*: earbadh.
ear-dheas, *bain*: oirdheisceart.
eàrlas, *fir* → àirleas, *fir*.
†**èarnach**, *bain*: conach.
eàrr, *fir*: earr.
earrach, *fir*: earrach.
Earrach, *fir*: Earrach.
earradh, *fir*: róba.
earra-dheas, *bain* → ear-dheas, *bain*.
earran, *bain* → earrann, *bain*.
★**earrann**, *bain*: rannán, cuid.
earranta, *aid*: teoranta.
earra-thuath, *bain* → ear-thuath, *bain*.
†**eàrr-nòta**, *fir*: fonóta.
eàrr-ràdh, *fir*: aguisín.
ear-thuath, *bain*: oirthuaisceart.
eas, *fir*: eas.
easag, *bain*: easóg.
eas-aonta, *bain* → eas-aontachd, *bain*.
†**eas-aontach**, *aid*: easaontach.
eas-aontachd, *bain*: easaontas.
eas-aontaich, *br*: easaontaigh.
easaontas, *fir*: easaontas.

easbach — Eiphit

†**easbach**, *fir*: haspa.
easbaig, *fir*: easpag.
Easbaig, *fir*: Easpag.
easbaigeach, *aid*: easpagóideach.
easbaigeachd, *bain*: easpagóideacht.
easbaloid, *bain*: aspalóid.
easbhaidh, *bain*: easpa.
easbhaidheach, *aid*: lochtach, easpach.
easbuig, *fir* → easbaig, *fir*.
easchruthach, *aid*: teibí.
†**easchruthachd**, *bain*: teibíocht.
eascruthachd, *bain* → easchruthachd, *bain*.
èasgaidh, *aid*: dícheallach.
èasgaidheachd, *bain*: aclaíocht, garúlacht.
easgann, *bain*: eascann.
easgann-bhreac, *bain*: loimpre.
ea-slaine, *bain* → euslaint, *bain*.
ea-slainnt, *bain* → euslaint, *bain*.
easlaint, *bain* → euslaint, *bain*.
easlan, *aid* → euslan, *aid*.
†**eas-onarachadh**, *fir*: easonórú.
†**eas-onaraich**, *br*: easonóraigh.
easpuig, *fir* → easbaig, *fir*.
easradh, *fir*: easair.
†**Eastoinia**, *bain*: an Eastóin.
†**eas-umhail**, *aid*: easumhal.
eas-ùmhlachd, *bain*: easumhlaíocht.
eas-urram, *fir*: easurraim.
eas-urramach, *aid*: easurramach.
†**èatar**, *fir*: éitear.
eatarra, *réamh*: eatarthu.
eathar, *fir*: eathar, bád.
†**eathar-adhair**, *fir*: aerárthach.
eatorra, *réamh* → eatarra, *réamh*.
†**Èatrusgach**, *aid*: Éatrúscach.
†**Èatrusgach**, *fir*: Éatrúscach.
Ecuador, *fir* → Eacuador, *fir*.
èibh, *br* → èigh, *br*.
èibheach, *bain* → èigheach, *bain*.
èibhinn, *aid*: greannmhar, grinn.
èibhinneach, *aid* → aoibhneach, *aid*.
eibhir, *bain*: eibhear.
èibhleag, *bain*: aibhleog.
èibhneas, *fir* → aoibhneas, *fir*.
†**eibleachd**, *bain*: eibleacht.
eicrioch, *aid*: éigríochta.
èid, *br*: éidigh.
èideadh, *fir*: éide.
eidheann, *bain*: eidheann.
èifeachd, *bain*: éifeacht.
èifeachdach, *aid*: éifeachtach.

èifeachdachd, *bain*: éifeachtacht.
èifeachdas, *bain*: éifeachtacht.
èifeachtach, *aid* → èifeachdach, *aid*.
eige, *bain*: uige.
Eigeach, *aid*: Eigeach.
Eigeach, *fir*: Eigeach.
èigeannach, *aid* → èiginneach, *aid*.
èigeantach, *aid*: éigeantach.
†**èigeantas**, *fir*: éigeantas.
†**eigeil**, *aid*: uigeach.
eigh, *bain*: oighear.
èigh, *br*: glaoigh, éigh, scairt, béic.
eighe, *bain*: líomhán, oighe.
èigheach, *bain*: béicíl, éamh.
eigheachail, *aid* → eigheadail, *aid*.
eigheachd, *bain* → èigheach, *bain*.
eigheadail, *aid*: oighreach.
eighich, *br*: oighrigh.
†**eighre**, *bain*: oighear.
†**eighreachadh**, *fir*: oighriú.
eigh-shruth, *fir*: oighearshruth.
èiginn, *bain*: éigeandáil, éigean.
èiginneach, *aid*: ríthábhachtach.
èigneachadh, *fir*: éigniú, feidhmiú.
èignich, *br*: éignigh.
eil', *aid* → eile, *aid*.
Eilbheis, *bain*: Eilvéis.
Eilbheiseach, *aid*: Eilvéiseach.
Eilbheiseach, *fir*: Eilvéiseach.
èildear, *fir*: seanóir.
eile, *aid*: eile.
eileactron, *fir* → eleactron, *fir*.
eileadh, *fir* → fèileadh, *fir*.
eileagtronaigeach, *aid*: leictreonach.
eileamaid, *bain*: eilimint.
eilean, *fir*: oileán.
Eilean, *fir*: Oileán.
eileanach, *aid*: oileánda.
eileanach, *fir*: oileánach.
eileatrom, *bain*: eileatram.
eilid, *bain*: eilit.
eilminte, *bain* → eileamaid, *bain*.
†**eilnich**, *br*: éilligh.
eilthireach, *fir*: eisimirceach, oilithreach.
eilthireachd, *bain*: eisimirce, oilithreacht.
einnsean, *fir*: inneall.
einnseanair, *fir*: innealtóir.
einnseanaireachd, *bain*: innealtóireacht.
†**eipeagram**, *fir*: eipeagram.
Éipheáit, *bain* → Èipheit, *bain*.
Èipheit, *bain*: Éigipt.
Èipheiteach, *aid*: Éigipteach.
Èipheiteach, *fir*: Éigipteach.
Eiphit, *bain* → Èipheit, *bain*.

Èiphiteach   eud

Èiphiteach, *aid* → Èipheiteach, *aid*.
Èiphiteach, *fir* → Èipheiteach, *fir*.
†**eipinteatach**, *aid*: cúnta.
†**eipinteatachd**, *bain*: eipintéis.
eipinteiseach, *aid* → eipinteatach, *aid*.
eipinteiteachd, *bain* → eipinteatachd, *bain*.
†**eipistil**, *bain*: eipistil.
†**eirbium**, *fir*: eirbiam.
eire, *bain*: eire.
Èire, *bain* → Èirinn, *bain*.
eireachdail, *aid*: dathúil, galánta, dóighiúil.
eireag, *bain*: eireog.
Èireannach, *aid*: Éireannach.
Èireannach, *fir*: Éireannach.
eiriceach, *aid* → eiriceil, *aid*.
†**eiriceach**, *fir*: eiriceach.
†**eiriceachd**, *bain*: eiriceacht.
†**eiriceil**, *aid*: eiriciúil.
èirich, *br*: éirigh.
eiridh, *bain* → èirigh, *bain*.
eiridinn, *fir*: altranas.
eiridneach, *aid*: leigheasach.
eiridneach, *fir*: othar.
eiridnich, *br*: muirnigh.
èirig, *bain*: éiric.
èirigh, *bain*: éirí.
eirimseach, *aid* → eirmseach, *aid*.
Èirinn, *bain*: Éire.
eirmse, *bain*: éirim, deisbhéalaí.
eirmseach, *aid*: deisbhéalach.
eirmseachd, *bain*: gliceas.
èis, *bain*: bac.
eisd, *br* → èist, *br*.
eisdeachd, *bain* → èisteachd, *bain*.
èisdear, *bain* → èistear, *bain*.
èiseil, *aid*: bacúil.
eiseimpleir, *bain* → eisimpleir, *bain*.
eisgeachd, *bain*: eisceacht.
eisimealachd, *bain* → eisimeil, *bain*.
eisimeil, *bain*: spleáchas.
eisimeileach, *aid*: spleách.
eisimeileachd, *bain* → eisimeil, *bain*.
eisimplear, *bain* → eisimpleir, *bain*.
eisimpleir, *bain*: sampla.
eisimpleireach, *aid*: samplach.
eisimplir, *bain* → eisimpleir, *bain*.
eisir, *fir*: oisre.
†**eisleineach**, *aid*: doilíosach.
èist, *br*: éist.
èisteach, *bain* → èisteachd, *bain*.
èisteachd, *bain*: éisteacht.
èistear, *bain*: éisteoir.
èiteach, *fir*: eiteach, éitheach.

eitean, *fir*: eithne.
eitheach, *fir*: éitheach.
†**eitig**, *bain*: eitinn.
eitnigeach, *aid*: eitneach.
eleactron, *fir*: leictreon.
eleactronach, *aid* → eileagtronaigeach, *aid*.
eleactrònaich, *aid* → eileagtronaigeach, *aid*.
eo, *fir*: eo.
eòl, *af*: eol.
eòlach, *aid*: eolach.
eòlaiche, *fir*: eolaí.
Eòlaiche, *fir*: Eolaí.
eòlaidheachd, *bain*: eolaíocht.
eòlaire, *fir*: eolaire, comhadlann.
†**eòlanach**, *aid*: ábalta.
eòlas, *fir*: eolas.
eòlas-chinnidhean, *fir*: eitneolaíocht.
eòlas-ciallachais, *fir*: séimeantaic.
eòlas-comainn, *fir*: socheolaíocht.
eòlas-cridhe, *fir*: cairdeolaíocht.
eòlas-diadhachd, *fir*: diagacht.
eòlas-inntinn, *fir*: síceolaíocht.
eòlas-lagha, *fir*: dlí-eolaíocht.
eòlas-leighis, *fir*: leigheas.
eòlas-obrach, *fir*: taithí oibre.
eòrna, *fir*: eorna.
†**eoroipium**, *fir*: eoraipiam.
Eòrpa, *bain*: Eoraip.
Eòrpach, *aid*: Eorpach.
Eòrpach, *fir*: Eorpach.
esan, *for*: seisean, eisean.
Estòinia, *fir* → Eastoinia, *bain*.
Etiopia, *fir*: Aetóip.
eucail, *bain*: éagruas.
eucairdeas, *bain*: eascairdeas.
†**eu-càirdeil**, *aid*: eascairdiúil.
euceart, *fir*: éagóir, éigeart.
euchd, *fir*: éacht.
eu-choltach, *aid* → eu-coltach, *aid*.
eu-cneasdachd, *bain* → eu-cneastachd, *bain*.
†**eu-cneastachd**, *bain*: cruálacht.
eucoir, *bain*: éagóir.
eucoireach, *aid* → eucorach, *aid*.
eucoireach, *fir* → eucorach, *fir*.
eucoirich, *br*: éagóirigh.
eu-coltach, *aid*: neamhchosúil.
†**eu-comas**, *fir*: éagumas.
eu-comasach, *aid*: dodhéanta.
eucorach, *aid*: éagórach.
eucorach, *fir*: mallaitheoir.
†**eu-crìonna**, *aid*: éigríonna.
eud, *fir*: éad.

eudach, *aid*: éadmhar.
eudach, *fir* → aodach, *fir*.
eudail, *bain*: éadáil, stór.
eudmhor, *aid*: éadmhar.
†**eudmhorachd**, *bain*: éadmhaireacht.
eudmhoraiche, *fir*: fanaiceach.
eu-dòchas, *fir*: éadóchas.
eu-dòchasach, *aid*: éadóchasach.
eu-domhainn, *aid*: éadomhain.
eug, *fir*: éag.
eug, *br*: éag.
eug'ais, *bain* → eugmhais, *bain*.
eugmhais, *bain*: éagmais.
eugsamhail, *aid*: éagsúil.
eugsamhlachd, *bain*: éagsúlacht.
eun, *fir*: éan.
eunach, *fir*: eanach, foghlaeireacht.
eunadair, *fir*: éanadóir, foghlaeir.
eunadan, *fir*: éanadán.
†**eun-àir**, *fir*: éan creiche.
†**eun-ciùil**, *fir*: éan ceoil.
eun-creachaidh, *fir*: éan creiche.
†**eun-Frangach**, *fir*: turcaí.
eun-fraoich, *fir*: éan fraoigh.
eunlaith, *bain*: éanlaith.
†**eun-lann**, *fir*: éanlann.
eun-mara, *fir*: éan mara.
eun-raoin, *fir*: éan páirce.
†**eun-tràghad**, *fir*: éan trá.
†**eun-tumaidh**, *fir*: lóma.
eur, *br*: éar.
euradh, *fir*: éaradh.
eusaontas, *fir* → easaontas, *fir*.
euslaint, *bain*: easláinte, tinneas, éagruas.
euslainteach, *aid*: easláinteach.
euslainteach, *fir*: easlán, othar.
euslan, *aid*: easlán.
†**eu-tròcaireach**, *aid*: éadrócaireach.

F

fa, *réamh*: faoi.
fàbhar, *fir*: fabhar.
fàbharach, *aid*: fabhrach.
fabhra, *fir*: fabhra.
†**fabht**, *fir*: fabht.
facal, *fir*: focal.
facal-faire, *fir*: focal faire.
facal-luirg, *fir*: lorgfhocal.
facal-suaicheantais, *fir*: mana.
facal-toisich, *fir*: brollach, réamhrá.
fachach, *fir*: puifín.
†**faclach**, *aid*: foclach.
faclair, *fir*: foclóir.
faclaireachd, *bain*: foclóireacht.
†**faclairiche**, *fir*: foclóirí.
facs, *fir*: facs.
factar, *fir*: fachtóir.
factaraidh, *bain*: monarcha.
fad, *fir*: fad.
fad', *aid* → fada, *aid*.
fàd, *fir*: fód.
fada, *aid*: fada.
fadachadh, *fir*: fadú.
fadachd, *bain*: mífhoighne.
fadadh, *fir*: fadú.
fadaich, *br*: fadaigh.
fadaidh, *br*: adhain, fadaigh.
fadal, *fir*: moill, tuirse.
fadalach, *aid*: mall, déanach.
fadalachd, *bain*: fadálacht.
fad-beatha, *aid* → fad-bheatha, *aid*.
fad-bheatha, *aid*: fadsaoil.
†**fad-fhulang**, *fir*: fadfhulaingt.
†**fad-gheugach**, *aid*: fadghéagach.
†**fadhairt**, *bain*: faghairt.

†**fadhb**, *bain*: fadhb.
fa-dheòidh, *db*: faoi dheireadh.
fadhlainn, *bain*: duirling.
fad is, *cónasc* → fhad's, *cónasc*.
fads, *cónasc* → fhad's, *cónasc*.
fad's, *cónasc* → fhad's, *cónasc*.
fad-ùine, *aid* → fad-ùineach, *aid*.
fad-ùine, *bain*: fadtréimhse.
fad-ùineach, *aid*: fadtéarmach.
fàg, *br*: fág.
†**fagaid**, *bain*: fagóid.
fàgail, *bain*: fágáil.
fagal, *bain* → fàgail, *bain*.
fagas, *aid*: fogas.
fagasachd, *bain*: cóngaracht, gaireacht.
faghinn, *bain* → faighinn, *bain*.
fagus, *aid* → fagas, *aid*.
faic, *br*: feic.
faiceall, *bain*: faichill.
faiceallach, *aid*: faichilleach, cúramach.
faiche, *bain*: faiche, páirc.
faichinn, *bain* → faicinn, *bain*.
faicilleach, *aid* → faiceallach, *aid*.
faicinn, *bain*: feiceáil.
faiciste, *aid* → faicte, *aid*.
faicsinneach, *aid*: infheicthe.
faicsinneachd, *bain*: infheictheacht.
faicte, *aid*: feicthe.
faide, *bain*: faide.
fàidh, *fir*: fáidh.
faidhbhile, *bain*: fáibhile.
fàidheachd, *bain* → fàidheadaireachd, *bain*.
fàidheadaireachd, *bain*: tairngreacht, fáidheadóireacht.
†**faidhear**, *db*: díreach.
faidhle, *fir*: comhad.
faidhle-fiosrachaidh, *fir*: comhad fíricí.
faidhle-fuaim, *fir* → faidhle-fuaime, *fir*.
faidhle-fuaime, *fir*: comhad fuaime.
faidhlig, *br*: comhdaigh.
faigh, *br*: faigh.
faighean, *fir*: faighin.
faighidinn, *bain* → foighidinn, *bain*.
faighidneach, *aid* → foighidneach, *aid*.
faighinn, *bain*: fáil.
faighneach, *aid*: fiafraitheach.
faighneachd, *bain*: fiafraí.
★**faighnich**, *br*: fiafraigh.
faightear, *fir*: faighteoir.
faiginn, *bain* → faighinn, *bain*.
failbheachan, *fir*: fáinne cluaise.
†**failc**, *bain*: failc.
†**failc**, *br*: folc.
†**failceadh**, *fir*: folcadh.

fàile, *fir*: boladh.
faileadh, *fir* → fàile, *fir*.
faileas, *fir*: scáth.
faileasach, *aid*: scáthach, lonrach.
fàilidh, *aid*: fáilí.
fàilig, *br* → fàilnich, *br*.
faillean, *fir*: péacán.
faillich, *br* → fairtlich, *br*.
fàillig, *br* → fàilnich, *br*.
fàilligeadh, *fir* → fàilneachadh, *fir*.
fàillinn, *bain*: faillí, locht.
failm, *bain*: stiúir.
†**failmean**, *fir*: pláitín.
failmhe, *bain*: foilmhe.
fail-mhuc, *bain*: fail muice.
fàilneachadh, *fir*: teip.
fàilnich, *br*: teip.
failt, *bain* → fàilte, *bain*.
failt', *bain* → fàilte, *bain*.
fàilte, *bain*: fáilte.
Fàilte, *bain*: Fáilte.
fàilteach, *aid*: fáilteach.
fàilteachadh, *fir*: fáiltiú.
fàilteachas, *fir*: fáiltiú.
fàiltich, *br*: fáiltigh.
fainear, *db*: faoi deara.
faing, *bain* → fang, *fir*.
fainne, *bain*: fainne.
fàinne, *bain*: fáinne.
fàinne, *fir* → fàinne, *bain*.
fàinneach, *aid*: fáinneach.
fàinne-cluaise, *bain*: fáinne cluaise.
†**fàinne-solais**, *bain*: fáinne solais.
fàirdean, *fir*: feoirling.
faire, *bain*: faire.
fàire, *bain*: fíor na spéire, spéirlíne.
faireachadh, *fir*: aireachtáil.
faireachdain, *bain* → faireachdainn, *bain*.
★**faireachdainn**, *bain*: mothú, mothúchán.
faireachdan, *bain* → faireachdainn, *bain*.
fàireag, *bain*: faireog.
†**fàireagach**, *aid*: faireogach.
fairge, *bain*: farraige.
Fairge, *bain*: Farraige.
fairich, *br*: airigh.
fairsingeach, *aid* → farsaing, *aid*.
fairtleachadh, *fir*: teip.
fairtleadh, *fir* → fairtleachadh, *fir*.
fairtlich, *br*: teip.
faisg, *aid*: cóngarach.
fàisg, *br*: fáisc.
faisge, *bain*: foisceacht.

faisgeachd, *bain*: foisceacht.
fàisgeadh, *fir*: fáscadh.
fàisgte, *aid*: fáiscthe.
†**fàisneachail**, *aid*: fáistineach.
fàisneachd, *bain*: fáistine, tairngreacht.
fàisnich, *br*: fáistinigh.
fàistinn, *bain*: fáistine.
fàistinneachd, *bain* → fàisneachd, *bain*.
fàistneachd, *bain* → fàisneachd, *bain*.
faite, *bain*: cotadh, gáire.
†**faiteas**, *fir*: faitíos.
faite-gàire, *bain* → faite-ghàire, *bain*.
†**faite-ghàire**, *bain*: gáire faiteach, miongháire.
fàitheam, *fir*: fáithim.
fàl, *fir*: fál.
Fàl, *fir*: Fál.
falach, *fir*: folach.
falachan, *fir*: folachán.
falachd, *bain*: fala.
falaich, *br*: folaigh.
falaichte, *aid*: folaithe.
†**fàlair**, *fir*: falaire.
†**fàlaireachd**, *bain*: falaireacht.
falamh, *aid*: folamh.
falamhachd, *bain*: foilmhe, folús.
falamhaich, *br* → falmhaich, *br*.
falamhantas, *fir* → falamhachd, *bain*.
★**falbh**, *bain*: imeacht.
★**falbh**, *br*: imigh.
falbhanach, *aid*: fánach.
fa leth, *db*: ar leith, faoi leith.
fallain, *aid*: folláin.
fallaineachd, *bain*: folláine.
fallaing, *bain*: fallaing.
fallainn, *bain* → fallaing, *bain*.
fallas, *fir*: allas.
fallasach, *aid*: allasúil.
fallsa, *aid*: falsa, fealltach.
fallsachd, *bain*: falsacht.
fallus, *fir* → fallas, *fir*.
falmadair, *fir*: stiúir, halmadóir.
falmhachadh, *fir*: folmhú.
falmhaich, *br*: folmhaigh.
falt, *fir*: gruaig, folt.
†**faltanas**, *fir*: faltanas.
famhair, *fir*: fathach, arracht.
famhalan, *fir*: vól.
fan, *br*: fan.
fanachd, *bain*: fanacht.
fanaid, *bain*: fonóid.
fanaideach, *aid*: fonóideach, magúil.
†**fanan**, *fir*: fánán.
fànas, *fir*: spás.
fànas-adhair, *fir*: aeraspás.

fanear / fathunn

fanear, *db* → fainear, *db*.
fa'near, *db* → fainear, *db*.
fang, *fir*: fanca.
fann, *aid*: fann.
fannaich, *br*: meathlaigh.
†**fannan**, *fir*: leoithne.
fanoid, *bain* → fanaid, *bain*.
fanoideach, *aid* → fanaideach, *aid*.
fantail, *bain* → fantainn, *bain*.
fantainn, *bain*: fanacht.
faobhar, *fir*: faobhar.
†**faobharaich**, *br*: faobhraigh.
faochadh, *fir*: faoiseamh.
faochag, *bain*: faocha.
faod, *br*: féad.
faoil, *aid* → fialaidh, *aid*.
faoil, *bain* → fial, *bain*.
faoileag, *bain*: faoileán.
faoileann, *bain*: faoileán.
faoilidh, *aid* → fialaidh, *aid*.
faoilinn, *bain* → fadhlainn, *bain*.
Faoilleach, *fir* → Faoilteach, *fir*.
Faoilteach, *fir*: Eanáir.
☙**faoin**, *aid*: áiféiseach, baoth.
†**faoin-chainnt**, *bain*: baothchaint.
faoineag, *bain*: fanaile.
faoineas, *fir*: amaidí.
faoinsgeul, *fir*: finscéal.
†**faoisgeag**, *bain*: faoisceog.
†**faoisid**, *bain*: faoistin.
faoisidich, *br*: admhaigh.
faol, *fir*: faol.
faolchù, *fir*: faolchú.
faondradh, *fir*: fuaidreamh.
★**faotainn**, *bain*: fáil.
faothachadh, *fir* → faochadh, *fir*.
faothchadh, *fir* → faochadh, *fir*.
faotuinn, *bain* → faotainn, *bain*.
far, *cónasc*: mar.
Fàrach, *aid*: Faró.
†**farachan**, *fir*: farcha.
†**farad**, *fir*: farad.
faradh, *fir*: táille.
fàradh, *fir* → àradh, *fir*.
far-ainm, *fir*: leasainm.
faram, *fir*: torann, gleo.
faramach, *aid*: torannach, callánach.
faraon, *db* → araon, *db*.
farasda, *aid* → furasta, *aid*.
farasta, *aid* → furasta, *aid*.
farastachd, *bain* → furastachd, *bain*.
†**farcan**, *fir*: fadharcán.
farchluais, *bain*: cúléisteacht.
fàrdach, *bain*: bothán, áras.

farlas, *fir*: forléas.
farmad, *fir*: formad, éad.
farmadach, *aid*: formadach.
Fàrothach, *aid*: Faróch.
Fàrothach, *fir*: Faróch.
★**farpais**, *bain*: comórtas.
farpais-cheist, *bain*: tráth na gceist, quiz.
farpaiseach, *fir*: iomaitheoir.
farpuis, *bain* → farpais, *bain*.
†**farrach**, *fir*: forrach.
†**farragan**, *fir*: fargán.
farraid, *bain*: fiafraí.
farraid, *br*: fiafraigh.
farraidich, *br* → farraid, *br*.
†**farranaich**, *br*: cráigh, buair.
farsaing, *aid*: fairsing.
farsaingeach, *aid* → farsaing, *aid*.
farsaingeachd, *bain*: fairsinge.
farsainn, *aid* → farsaing, *aid*.
farspag, *bain* → arspag, *bain*.
farsuing, *aid* → farsaing, *aid*.
farsuinn, *aid* → farsaing, *aid*.
farum, *fir* → faram, *fir*.
fàs, *aid*: fásúil.
fàs, *fir*: fás.
fàs, *br*: fás.
fàsach, *fir*: fásach, gaineamhlach.
†**fasachd**, *bain*: fáise.
fàsaich, *br*: bánaigh.
fàsaichte, *aid*: bánaithe.
fàsail, *aid*: bánaithe, uaigneach.
fasan, *fir*: faisean, nós.
fasanta, *aid*: faiseanta.
fàs-bheairt, *bain*: orgánach.
fàs-bheatha, *bain*: fásra.
fasdadh, *fir* → fastadh, *fir*.
fasgach, *aid*: faoi fhoscadh.
fasgadh, *fir*: foscadh.
fàsgadh, *fir*: fáscadh.
fasgain, *br*: foscain.
†**fasganadh**, *fir*: foscnamh.
fa sgaoil, *db*: saor.
fàsmhor, *aid*: fásmhar.
fàsmhorachd, *bain*: fásra, glasra.
fastachd, *bain*: fostaíocht.
fastadh, *fir*: fostú.
fastaiche, *fir*: fostóir.
fastaidh, *br*: fostaigh.
fastaidhear, *fir*: fostóir.
fàth, *fir*: fáth.
fathan, *fir*: adhann.
fathann, *fir*: ráfla.
fathasd, *db* → fhathast, *db*.
fathast, *db* → fhathast, *db*.
fathunn, *fir* → fathann, *fir*.

feabhas, *fir*: feabhas.
feach, *fir*: feac.
feach, *br* → feuch, *br*.
†feachaireachd, *bain*: bobaireacht.
feachd, *bain*: arm, fórsa.
feachd-mara, *bain*: cabhlach.
feachd-phoilis, *bain*: fórsa póilíneachta.
fead, *bain*: fead.
fead, *br*: fead.
feadag, *bain*: feadóg.
feadail, *bain*: feadaíl.
feadaireachd, *bain*: feadaíl.
feadalaich, *bain* → feadail, *bain*.
feadan, *fir*: seamsúr, feadán.
feadanach, *aid*: feadánach.
feadarail, *aid*: feidearálach.
feadaraileachd, *bain*: feidearálachas.
feadh, *fir*: feadh.
feadhain, *bain* → feadhainn, *bain*.
feadhainn, *bain*: dream, feadhain.
feadhann, *bain* → feadhainn, *bain*.
feagal, *fir* → eagal, *fir*.
†feagha, *bain*: feá.
feairt, *bain* → feart, *bain*.
feala-dhà, *bain* → fealla-dhà, *bain*.
feall, *bain*: feall, calaois.
fealladh, *fir*: fealladh.
fealla-dhà, *bain*: súgradh, greann, magadh.
feall-fhalach, *fir*: luíochán.
feallsamhnach, *fir* → feallsanach, *fir*.
feallsanach, *fir*: fealsamh.
feallsanachail, *aid*: fealsúnach.
feallsanachd, *bain*: fealsúnacht.
feallsanaiche, *fir* → feallsanach, *fir*.
fealltach, *aid*: fealltach, calaoiseach.
feamainn, *bain*: feamainn.
†feamainn-bhalgain, *bain*: feamainn bhoilgíneach.
†feamainn-bhuidhe, *bain*: feamainn bhuí.
†feamainn-dearg, *bain*: feamainn dhearg.
feamainn-dubh, *bain*: feamainn dhubh.
†feaman, *fir*: feam.
†fèamar, *fir*: féimear.
feann, *br*: feann.
feannag, *bain*: feannóg, préachán.
feanntag, *bain* → deanntag, *bain*.
feansa, *bain*: fál, fonsa.
†feansa-tèarainteachd, *bain*: claí slándála.
fear, *fir*: fear, ceann.
fear, *for*: ceann.
Fear, *fir*: Fear.

†fearachas, *fir*: fearúlacht.
fearachdainn, *bain* → faireachdainn, *bain*.
fearail, *aid*: fearúil.
fear-aithris, *fir*: iriseoir.
fearalachd, *bain*: fearúlacht.
fearan, *fir*: feairín.
fearann, *fir*: fearann, talamh, tír.
fearann-coillteach, *fir*: coillearnach.
fearas, *fir*: ealaín.
†fearas-bogha, *fir*: boghdóireacht.
fearas-chuideachd, *fir*: caitheamh aimsire.
fearas-feise, *fir*: homaighnéasacht.
fearas-mhòr, *fir*: éirí in airde.
fear-bainnse, *fir*: buachaill óg.
fear-brèige, *fir*: fear bréige.
fear-bùtha, *fir*: fear siopa.
fear-cathrach, *fir*: fear cathrach.
fear-ceàird, *fir*: ceardaí.
†fear-chungaidh, *fir*: poitigéir.
fear-ciùil, *fir*: fear ceoil.
fear-cluiche, *fir*: fear seó.
†fear-cruidh, *fir*: aoire.
fear-cuideachaidh, *fir*: cuiditheoir.
fear-cùirn, *fir*: eisreachtaí.
fear-dàimh, *fir*: fear muinteartha.
fear-deasachaidh, *fir*: eagarthóir.
fear-ealain, *fir*: fear ealaíne, ealaíontóir.
feareigin, *fir*: fear éigin.
fearg, *bain*: fearg.
feargach, *aid*: feargach.
†feargaich, *br*: feargaigh.
fear-gleidhidh, *fir*: caomhnóir, maor.
fear-gnothaich, *fir*: fear gnó.
fear-labhairt, *fir*: fear labhartha, urlabhraí.
†feàrlag, *bain*: luch fhéir.
fear-lagh, *fir* → fear-lagha, *fir*.
fear-lagha, *fir*: dlíodóir, aturnae.
fear-mìneachaidh, *fir*: fear mínithe.
feàrna, *bain*: fearnóg.
fear-naidheachd, *fir*: fear nuachta.
†fear-poileataics, *fir*: polaiteoir.
fear-poileataigs, *fir* → fear-poileataics, *fir*.
†fear-poilis, *fir*: garda.
fear-pòsta, *fir*: fear pósta.
fearrann, *fir* → fearann, *fir*.
†fear-reul, *fir*: réalteolaí, spásaire.
fear-riaghlaidh, *fir*: fear ceannais, maor.
†fear-sàbhalaidh, *fir*: fear sábhála.
fearsaid, *bain*: fearsaid.
†Fearsaid, *bain*: Fearsaid.
fear-saoraidh, *fir*: slánaitheoir.

fear-seòlaidh — fiaclach

fear-seòlaidh, *fir*: treoraí.
fear-siubhail, *fir*: fear siúil.
†**fear-smàlaidh**, *fir*: fear dóiteáin.
fear-stiùiridh, *fir*: stiúrthóir.
feart, *bain*: aird.
feart, *fir*: gné.
†**feartag**, *bain*: rabhán.
fear-taighe, *fir*: fear tí.
fear-tàileisg, *fir*: fear fichille.
fear-teagaisg, *fir*: múinteoir.
†**feart-mholadh**, *fir*: adhmholadh.
fear-togail, *fir*: tógálaí.
★**feasgar**, *fir*: tráthnóna.
feasgaran, *fir*: easparta.
fèath, *fir*: aimsir chiúin.
fèatha, *bain* → fèath, *fir*.
†**fèathach**, *aid*: ciúin, féithchiúin.
†**fèicheanas**, *fir*: féichiúnas.
†**fèichear**, *fir*: féichiúnaí, fiachóir.
fèile, *fir* → fèileadh, *fir*.
fèileadh, *fir*: filleadh.
fèileadh-beag, *fir* → fèileadh, *fir*.
fèill, *bain*: féile, éileamh, ráchairt.
Fèill, *bain*: Féile.
fèill-reic, *bain*: ceant.
fèin, *db*: féin.
fèin-aithne, *bain*: féinaitheantas.
fèin-chùiseach, *aid*: féinchúiseach.
†**fèin-dhìonachd**, *bain*: féinchosaint.
Fèin-Dhìonachd, *bain*: féinchosaint.
féineachas, *fir* → fèineachd, *bain*.
fèineachd, *bain*: féiniúlacht.
fèin-eachdraidh, *bain*: dírbheathaisnéis.
fèineag, *bain*: féinphic.
fèineil, *aid*: féinchúiseach, leithleach.
fèin-fhiosrachadh, *fir*: taithí.
fèin-leasachadh, *fir*: féinfhorbairt.
fèin-mharbhadh, *fir* → fèin-mhurt, *fir*.
fèin-mheas, *fir*: féinmheas.
fèin-mheasadh, *fir*: féinmheasúnú.
fèin-mhisneachd, *bain*: féinmhuinín.
fèin-mholadh, *fir*: féinmholadh.
fèin-mhurt, *fir*: féinmharú.
fèin-obrachail, *aid*: uathoibríoch.
fèin-riaghailteach, *aid* → fèin-riaghlach, *aid*.
fèin-riaghlach, *aid*: féinrialaitheach.
fèin-riaghladh, *fir*: féinriail.
†**fèin-smachd**, *bain*: féinsmacht.
†**fèin-stiùir**, *bain*: féinstiúradh.
†**feircin**, *fir*: feircín.
†**feirmium**, *fir*: feirmiam.
feis, *bain*: gnéas.
fèis, *bain*: feis.
fèisd, *bain* → fèist, *bain*.

†**feiseileachd**, *bain*: gnéasacht.
fèist, *bain*: cóisir, féasta.
feith, *br*: fan.
fèith, *bain*: féith.
fèitheach, *aid*: féitheach.
feitheamh, *fir*: feitheamh, fanacht.
†**fèithlean**, *fir*: féithleann.
feòil, *bain*: feoil.
feòil-itheach, *aid*: feoiliteach.
feòirling, *bain*: feoirling.
feòlmhor, *aid*: feolmhar.
feòlmhorachd, *bain*: feolmhaireacht, collaíocht.
feòrachadh, *fir*: fiafraí.
feòrachail, *aid*: fiosrach.
feòrag, *bain*: iora.
feòraich, *br*: fiafraigh.
†**feòran**, *fir*: feorán.
feuch, *br*: féach.
feuchainn, *bain*: iarraidh.
feudail, *bain* → eudail, *bain*.
feum, *bain*: feidhm.
★**feum**, *br*: caith.
feumach, *aid*: ganntarach, uireasach.
feumachadh, *fir*: iarraidh.
feumaich, *br* → feum, *br*.
★**feumail**, *aid*: úsáideach, riachtanach, áisiúil.
feumalachd, *bain*: riachtanas.
feur, *fir*: féar.
feurach, *aid*: féarmhar.
feurach, *fir*: féarach.
†**feursann**, *bain*: péarsla.
feusag, *bain*: féasóg.
feusagach, *aid*: féasógach.
feusgan, *fir*: diúilicín.
feusgan-neamhnaid, *fir*: diúilicín péarla.
fhadhast, *db* → fhathast, *db*.
fhad is, *cónasc* → fhad's, *cónasc*.
fhads, *cónasc* → fhad's, *cónasc*.
fhad's, *cónasc*: fad is.
fhathasd, *db* → fhathast, *db*.
fhathast, *db*: fós, go fóill.
fhéi', *db* → fhèin, *db*.
fhèin, *db*: féin.
fhin, *db* → fhèin, *db*.
†**fho**, *réamh*: faoi.
fiabhras, *fir*: fiabhras.
fiacail, *bain*: fiacail.
fiacaill, *bain* → fiacail, *bain*.
fiach, *aid*: fiú.
fiach, *fir*: fiach.
fiach, *br* → feuch, *br*.
fiachainn, *bain* → feuchainn, *bain*.
fiaclach, *aid*: fiaclach.

fiaclair, *fir*: fiaclóir.
fiaclaire, *fir* → fiaclair, *fir*.
fiaclaireachd, *bain*: fiaclóireacht.
fiadh, *fir*: fia.
fiadhach, *fir*: fiach.
fiadhaich, *aid*: fiáin, allta, fíochmhar.
fiadhain, *aid* → fiadhaich, *aid*.
fiadh-bheatha, *bain*: fiabheatha.
fiadh-chat, *fir*: fia-chat.
fial, *aid* → fialaidh, *aid*.
fial, *bain*: féile.
fialaidh, *aid*: flaithiúil, fial.
fialaidheachd, *bain*: féile, flaithiúlacht.
fiamh, *fir*: eagla, uamhan, dath.
fiamhach, *aid* → fiamhail, *aid*.
fiamhaidh, *aid* → fiamhail, *aid*.
†**fiamhail**, *aid*: eaglach, faiteach.
fiamh-gàire, *fir* → fiamh-ghàire, *bain*.
fiamh-ghàire, *bain*: meangadh, miongháire.
fianais, *bain*: fianaise.
†**fianaisich**, *br*: fianaigh.
fianuis, *bain* → fianais, *bain*.
fiar, *aid*: fiar.
fiar, *br*: fiar.
fiarach, *aid* → fiar, *aid*.
fiaradh, *fir*: fiaradh.
fiar-shùileach, *aid*: fiarshúileach.
fiathachadh, *fir*: cuireadh.
fiathaich, *br*: fáiltigh.
fichead, *uimhir*: fiche.
fichead, *fir*: fiche.
ficheadamh, *fir*: fichiú.
ficheadamh, *uimhir*: fichiú.
ficsean, *fir*: ficsean.
ficseanail, *aid*: ficseanach.
ficsean-saidheans, *fir*: ficsean eolaíochta.
fideach, *fir*: dumhach.
†**fideiseach**, *aid*: corrthónach.
†**fidhcheall**, *fir*: ficheall.
fidheall, *bain*: fidil.
fidhill, *bain* → fidheall, *bain*.
fidhlear, *fir*: fidléir.
fidhlearachd, *bain*: fidléireacht.
Fìdi, *bain*: Fidsí.
fidir, *br*: airigh, mothaigh, braith.
fidreadh, *fir*: mothú.
fidrich, *br* → fidir, *br*.
fige, *bain*: fige.
figear, *fir*: figiúr.
figh, *br*: figh, cniotáil.
fighe, *bain*: fí, cniotáil.
figheadair, *fir*: fíodóir.
figheadaireachd, *bain*: fíodóireacht.

fighte, *aid*: fite.
†**filead**, *bain*: filléad.
fileanta, *aid*: líofa.
fileantach, *fir*: cainteoir líofa.
fileantachd, *bain*: líofacht.
fileantas, *fir* → fileantachd, *bain*.
filidh, *fir*: file.
filidheachd, *bain*: filíocht.
Filipineach, *aid*: Filipíneach.
fill, *br*: fill.
filleadh, *fir*: filleadh.
filleag, *bain*: fillteog.
fillte, *aid*: fillte.
film, *fir*: scannán.
filmeadair, *fir*: scannánóir.
filmeadaireachd, *bain*: scannánaíocht.
filmeadh, *fir*: scannánaíocht.
fine, *bain*: fine.
Fine, *bain*: Fine.
fineadair, *fir*: scaglann.
fineag, *bain*: fíneog.
†**fineal**, *fir*: finéal.
finealta, *aid*: fíneálta.
†**finealtachd**, *bain*: fíneáltacht.
fiodh, *fir*: adhmad.
†**fiodh-snodhaich**, *fir*: sú-adhmad.
fiogair, *fir* → fioghair, *fir*.
fiogais, *bain* → fige, *bain*.
†**fioghair**, *fir*: fíor.
fioghuir, *fir* → fioghair, *fir*.
†**fiolan**, *fir*: cruimh.
fiolm, *fir* → film, *fir*.
fiolmadh, *fir* → filmeadh, *fir*.
fion, *fir*: fíon.
fionan, *fir*: fíniúin.
fion-dhearc, *bain*: fíonchaor.
fion-fhogharadh, *fir*: fómhar an fhíona.
fion-geur, *fir*: fínéagar.
Fionlainn, *bain* → Fionnlainn, *bain*.
fion-lios, *fir*: fíonghort.
fionn, *aid*: fionn.
fionnach, *aid*: fionnaitheach.
fionnadh, *fir*: fionnadh.
fionnairidh, *bain*: tráthnóna, faire na hoíche.
fionnan-feòir, *fir*: dreoilín teaspaigh, criogar féir.
fionnar, *aid*: fionnuar.
fionnarachd, *bain*: fionnuaire.
†**fionnaradair**, *fir*: fuaraitheoir, cuisneoir.
fionnaraich, *br*: fionnuaraigh.
Fionnlainn, *bain*: Fionlainn.
Fionnlannach, *aid*: Fionlannach.
Fionnlannach, *fir*: Fionlannach.

fionnsgeul   **fodhcha**

fionnsgeul, *fir*: finscéal.
fionnsgeulach, *aid*: finscéalach.
†**fion-poirt**, *fir*: pórtfhíon.
fior, *aid*: fíor.
fior-àireamh, *bain*: réaduimhir.
fior-dhealbh, *bain*: léaráid.
fior-eun, *fir* → fír-eun, *fir*.
fior-ghlan, *aid*: fíorghlan.
fior-mhath, *aid*: fíormhaith.
fior-uisge, *fir*: fíoruisce.
fios, *fir*: fios.
fiosachd, *bain*: fáistine.
fiosaiche, *fir*: fáistineach.
fiosaig, *bain*: fisic.
fiosaigeach, *aid*: fisiceach.
fiosaigiche, *fir*: fisiceoir.
fiosaigs, *bain* → fiosaig, *bain*.
fioscalach, *aid*: fioscach.
fiosd, *fir* → fios, *fir*.
fios-naidheachd, *fir*: preaseisiúint.
fiosrach, *aid*: eolach, feasach.
fiosrachadh, *fir*: faisnéis, fiosrú.
fiosrachail, *aid* → fiosrach, *aid*.
fiosraich, *br*: fiosraigh.
fiost, *fir* → fios, *fir*.
†**firead**, *bain*: fíréad.
firean, *fir*: fíréan.
fireanachadh, *fir*: fíréanú.
fireanaich, *br*: fíréanaigh.
fireann, *aid*: fireann.
fireannach, *aid*: fireannach.
fireannach, *fir*: fireannach.
fireanta, *aid*: fíréanta.
fireantachd, *bain*: fíréantacht.
†**fir-eun**, *fir*: iolar fíréan.
firinn, *bain*: fírinne.
firinneach, *aid*: fírinneach.
firionnach, *aid* → fireannach, *aid*.
fitheach, *fir*: fiach.
fiù, *db*: fiú.
fiù, *fir*: fiú.
fiùdalach, *aid*: feodach.
†**fiùdalachd**, *bain*: feodachas.
†**fiuga**, *fir*: fúg.
fiughair, *bain*: súil.
fiùghanta, *aid* → fiùghantach, *aid*.
fiùghantach, *aid*: fial.
fiughar, *bain* → fiughair, *bain*.
fius, *db* → fiù, *db*.
fiùs, *fir* → fiùsa, *fir*.
†**fiùsa**, *fir*: fiús.
flaitheanas, *fir*: flaithiúnas.
flaitheas, *fir*: flaitheas.
†**flana**, *fir*: flan.

†**flanainn**, *bain*: báinín, flainín.
†**flann-dearg**, *aid*: flanndearg.
†**flasg**, *bain*: fleasc.
flasg, *fir* → flasg, *bain*.
flasga, *bain* → flasg, *bain*.
flat, *fir*: árasán.
flath, *fir*: flaith.
flathail, *aid*: flaithiúil.
flathalachd, *bain*: flaithiúlacht.
fleadh, *fir*: fleá.
fleadhach, *aid*: fleách.
fleadhachas, *fir*: féastaíocht.
fleasg, *bain*: fleasc.
†**fleòdrachd**, *bain*: snámhacht.
fleòdradh, *fir*: foluain, snámh.
†**fleodragan**, *fir*: snámhán.
†**flichead**, *bain*: fliche.
flichneachd, *fir*: flichshneachta.
flin, *fir*: flichne.
fline, *fir* → flin, *fir*.
fliodh, *fir*: fliodh.
fliuch, *aid*: fliuch.
fliuch, *br*: fliuch.
†**fliuchain**, *bain*: fliuchán.
†**fliuchras**, *fir*: fliuchras.
fliùiteag, *bain*: fliúiteog.
†**fluaraid**, *bain*: fluairíd.
fluich, *aid* → fliuch, *aid*.
†**fluoiridich**, *br*: fluairídigh.
fluoraid, *bain* → fluaraid, *bain*.
fluorid, *bain* → fluaraid, *bain*.
flùr, *fir*: bláth, bláithín, plúr.
flùranach, *aid*: bláthach.
†**flusg**, *fir*: flosc.
fo, *réamh*: faoi.
fo-àlach, *fir*: fo-thacar.
fo-bhaile, *fir*: fo-bhaile.
focal, *fir* → facal, *fir*.
fòcas, *fir*: fócas.
fòcasadh, *fir* → fòcas, *fir*.
fochaid, *bain*: fochaid, magadh.
fo-cheum, *fir* → fo-cheumnaiche, *fir*.
fo-cheumnach, *aid*: fochéime.
fo-cheumnaiche, *fir*: fochéimí.
fo-chomataidh, *bain*: fochoiste.
fo-chreag, *bain*: buncharraig.
fod, *sealbh*: faoi do.
fòd, *bain*: fód.
fodar, *fir*: fodar.
fodha, *réamh*: faoi.
fodhad, *réamh*: fút.
†**fodhaibh**, *réamh*: fúibh, fút.
fodhainn, *réamh*: fúinn.
fodham, *réamh*: fúm.
fodhcha, *réamh* → fodhpa, *réamh*.

73

fo-dhearg, *aid*: fodhearg.
fodhpa, *réamh*: fúthu.
fo-fhilleadh, *fir*: foshraith.
fògair, *br*: díbir.
fògairt, *bain*: díbirt.
fògarrach, *fir*: deoraí, teifeach.
foghain, *br*: fóir.
foghainteach, *aid*: fóinteach, cumasach, láidir, cróga.
foghanta, *aid* → foghainteach, *aid*.
foghantach, *aid* → foghainteach, *aid*.
foghar, *fir*: foghar, fómhar.
†**fogharachd**, *bain*: fóineolaíocht.
fogharadh, *fir*: fómhar.
†**fo-ghiùlanair**, *fir*: leathsheoltóir.
†**fòghladh**, *fir*: foghlú.
foghlaim, *br*: foghlaim.
foghlam, *fir*: oideachas, léann.
fòghlamaichte, *aid*: foghlamtha.
foghlam-ciùird, *fir*: ceardoideachas.
foghlum, *fir* → foghlam, *fir*.
fòghnadh, *fir*: dóthain.
foghnan, *fir* → fòthannan, *fir*.
fògradh, *fir*: deoraíocht.
fòid, *bain* → fòd, *bain*.
foidhche, *réamh* → foipe, *réamh*.
foidhe, *réamh* → foipe, *réamh*.
foidhpe, *réamh* → foipe, *réamh*.
foighidinn, *bain*: foighne.
foighidneach, *aid*: foighneach.
foighneach, *aid* → faighneach, *aid*.
foighneachd, *bain* → faighneachd, *bain*.
foighnich, *br* → faighnich, *br*.
foileag, *bain*: bocaire.
foill, *bain*: feall.
†**foilleireachd**, *bain*: caimiléireacht.
foillseachadh, *fir*: foilsiú, foilseachán.
foillseachair, *fir* → foillsichear, *fir*.
foillsich, *br*: foilsigh.
foillsicheadh, *fir* → foillseachadh, *fir*.
foillsichear, *fir*: foilsitheoir.
foipe, *réamh*: fúithi.
fòir, *bain*: fóir.
†**foircheumnachadh**, *fir*: forchéimniú.
foireann, *fir*: foireann.
foireann-ciùil, *fir*: ceolfhoireann.
foirfe, *aid*: foirfe.
foirfeach, *fir*: seanóir.
foirfeachd, *bain*: foirfeacht.
†**foirlionach**, *aid*: forlíontach.
foirlionadh, *fir*: forlíonadh.
foirm, *fir*: foirm.
foirmealachd, *bain*: foirmiúlacht.

foirmeil, *aid*: foirmiúil.
foirmeileachd, *bain* → foirmealachd, *bain*.
foirm-iarrtais, *fir*: foirm iarratais.
foirmle, *bain*: foirmle.
fòirneart, *fir*: foréigean, forneart.
fòirneartach, *aid*: forneartach.
†**fòirneartaich**, *br*: coisc, cloígh.
foir-shealladh, *fir*: foramharc.
fois, *bain*: suaimhneas, faoiseamh, sos.
foiseil, *aid*: suaimhneach.
folach, *fir* → falach, *fir*.
folaich, *br* → falaich, *br*.
folaichte, *aid* → falaichte, *aid*.
folbh, *bain* → falbh, *bain*.
follais, *bain*: follasacht.
follaiseach, *aid*: follasach, soiléir.
follaiseachd, *bain*: poiblíocht.
follasach, *aid* → follaiseach, *aid*.
fom, *sealbh*: faoi mo.
fom, *réamh*: faoin.
fon, *sealbh*: faoina.
fon, *réamh*: faoin.
fo'n, *réamh* → fon, *réamh*.
fòn, *fir*: fón, guthán, teileafón.
fòn, *br*: fónáil.
fo na b', *cop*: faoinarbh.
fònadh, *fir*: fónáil.
fonaigs, *bain*: fónaic.
fon do, *réamh*: faoinar.
fon is, *cop*: faoinar, faoinarb.
fòn-làimhe, *fir*: fón póca.
fonn, *fir*: fonn.
fonnmhor, *aid*: fonnmhar.
fòn-teacsa, *fir*: téacs.
fopa, *réamh* → fodhpa, *réamh*.
for, *fir*: tuairisc.
for, *sealbh*: faoinár.
forachair, *aid* → furachail, *aid*.
forair, *fir*: foraire.
fòram, *fir*: fóram.
forc, *bain*: forc.
forca, *bain* → forc, *bain*.
†**for-chàin**, *bain*: forcháin.
for-cheum, *aid*: iarchéime.
†**for-chraiceann**, *fir*: forchraiceann.
fo-reachdas, *fir*: foreachtaíocht.
†**foreignear**, *fir*: éigneoir.
fòrladh, *fir*: saoire.
forman, *fir*: formán.
fo-roinn, *bain*: foroinn.
fòrsa, *fir*: fórsa.
forsaireachd, *bain*: foraoiseacht.
fortan, *fir*: fortún, ádh.
fortanach, *aid*: fortúnach, ádhúil.

fortunach   fuar

fortunach, *aid* → fortanach, *aid*.
fòs, *db*: fós.
fosadh, *fir*: fosadh.
fosail, *bain*: iontaise.
†**fosfor**, *fir*: fosfar.
fosgail, *br*: oscail.
fosgailt, *aid* → fosgailte, *aid*.
fosgailte, *aid*: oscailte.
fosgailteachd, *bain*: oscailteacht.
fosgarra, *aid*: oscailte.
fosgarrach, *aid* → fosgarra, *aid*.
fosgarrachd, *bain*: oscailteacht.
fosgladh, *fir*: oscailt.
fosglair, *fir*: osclóir.
fo-sgrìobhadh, *fir*: síntiús.
fo-stuth, *fir*: díorthach.
†**fothach**, *fir*: fothach.
fo-thaghadh, *fir*: fothoghchán.
fo-thalamh, *aid*: faoi thalamh.
†**fòthannan**, *fir*: feochadán.
fo-thiotal, *fir*: fotheideal.
fo-thropaig, *bain*: fothrópaic.
fradharc, *fir*: radharc.
fradharcach, *aid*: radharcach.
fraidhig, *br*: frioch.
fraighig, *br* → fraidhig, *br*.
fraineach, *bain* → raineach, *bain*.
Fraing, *bain*: Frainc.
Fraingeach, *aid* → Frangach, *aid*.
Fraingeach, *fir* → Frangach, *fir*.
Fraingeis, *bain* → Fraingis, *bain*.
Fraingis, *bain*: Fraincis.
†**fraingium**, *fir*: frainciam.
Frangach, *aid*: Francach.
Frangach, *fir*: Francach.
Frangais, *bain* → Fraingis, *bain*.
fraoch, *fir*: fraoch.
†**fraochag**, *bain*: fraochán.
fras, *bain*: fras, cith.
frasach, *aid*: frasach.
frasadh, *fir*: frasaíl, spraeáil.
frasair, *fir*: cithfholcadán.
freagair, *br*: freagair.
freagaireach, *aid* → freagarrach, *aid*.
freagairt, *bain*: freagra.
freagarach, *aid* → freagarrach, *aid*.
⚵**freagarrach**, *aid*: oiriúnach, feiliúnach.
freagarrachd, *bain*: oiriúnacht, feiliúnacht.
freagrach, *aid* → freagarrach, *aid*.
frèam, *fir*: fráma.
frèam-obrach, *fir*: creatlach.
freasdal, *fir* → freastal, *fir*.

Freaslannach, *aid* → Frìoslannach, *aid*.
Freaslannach, *fir* → Frìoslannach, *fir*.
freastail, *br*: freastail.
freastal, *fir*: freastal.
freiceadan, *fir*: garda.
freumh, *fir*: fréamh.
freumhaich, *br*: fréamhaigh.
†**freumhail**, *aid*: fréamhaí.
frids, *fir*: cuisneoir.
frionasach, *aid*: cantalach, goilliúnach.
Frìoslann, *bain*: an Fhreaslainn.
†**Frìoslannach**, *aid*: Freaslannach.
†**Frìoslannach**, *fir*: Freaslannach.
Frìoslannais, *bain*: Freaslainnis.
Frisealach, *aid*: Frisealach.
Frisealach, *fir*: Frisealach.
frìth, *bain*: fáistine, coill.
frith-chosamhlachd, *bain*: frithchosúlacht.
frithealachd, *bain*: freastal.
frithealadh, *fir*: freastal, friotháil.
frithealaiche, *fir*: freastalaí.
fritheil, *br*: freastail, friotháil.
frithig, *br* → fraidhig, *br*.
frith-rathad, *fir*: bóithrín, aicearra, cosán.
frogail, *aid*: breá, aigeanta.
†**frogaire**, *fir*: frogaire.
†**fructos**, *fir*: fruchtós.
fuachd, *bain*: fuacht.
†**fuachdan**, *fir*: fuachtán.
fuadach, *fir*: díshealbhú.
fuadachadh, *fir*: ruaigeadh, díbirt.
⚵**fuadaich**, *br*: ruaig, díbir.
fuadain, *aid*: coimhthíoch, saorga, bréige.
fuaidhte, *aid* → fuaighte, *aid*.
fuaigheal, *fir*: fuáil.
fuaigheil, *br*: fuaigh.
fuaighte, *aid*: fuaite.
fuaim, *bain*: fuaim.
fuaimealas, *fir*: fuaimfhoclaíocht.
fuaimneach, *aid*: fuaimneach.
fuaimneachadh, *fir*: fuaimniú.
fuaimnich, *br*: fuaimnigh.
fuaimreag, *bain*: guta.
fuairead, *fir*: fuaire.
†**fual**, *fir*: fual.
†**fualan**, *fir*: fualán.
†**fual-bhrosnach**, *aid*: fualbhrostach.
†**fual-bhrosnach**, *fir*: fualbhrostach.
fuamhair, *fir* → famhair, *fir*.
fuamhaire, *fir* → famhair, *fir*.
fuar, *aid*: fuar.

fuarachd **furtachd**

fuarachd, *bain*: fuaraíocht.
fuaradair, *fir*: cuisneoir.
fuaradh, *fir*: taobh na gaoithe.
fuaraich, *br*: fuaraigh.
fuaraidh, *aid*: fuar, fuarga.
fuaran, *fir*: fuarán, tobar.
†**fuar-chràbhach**, *aid*: fuarchráifeach, fimíneach.
†**fuar-chràbhaiche**, *fir*: fimíneach.
fuasgail, *br*: fuascail, scaoil, réitigh.
fuasgailteachd, *bain*: scaoilteacht.
fuasgladh, *fir*: réiteach, fuascailt.
fuath, *bain* → fuath, *fir*.
fuath, *fir*: fuath.
fuathaich, *br*: fuathaigh.
fuathasach, *aid*: uafásach.
fuathmhor, *aid*: fuafar.
†**fuc**, *uaill*: foc.
fùc, *br*: úc.
†**fucair**, *fir*: focaire.
†**fucte**, *aid*: focáilte.
fùdar, *fir* → pùdar, *fir*.
fùdarach, *aid* → pùdarach, *aid*.
fuidheall, *fir*: fuíoll.
fuigheall, *fir* → fuidheall, *fir*.
fuighleach, *fir*: fuílleach.
fuil, *bain*: fuil.
fuiling, *br*: fulaing.
†**fuil-mìos**, *bain*: fuil mhíosta.
fuilteach, *aid*: fuilteach.
†**fuilteachas**, *fir*: fuilteacht.
fuin, *br*: fuin.
fuincsean, *fir*: feidhm.
fuine, *bain*: fuineadh.
fuinneadair, *fir*: fuinteoir.
fuireach, *fir*: fanacht, fuireach.
fuireachd, *bain* → fuireach, *fir*.
fuirich, *br*: fan.
fùirneis, *bain*: foirnéis.
fulag, *bain*: ulóg.
fulaing, *br* → fuiling, *br*.
fulang, *fir*: fulaingt.
fulangach, *aid*: fulangach.
†**fulangachd**, *bain*: fulangacht.
fulangaiche, *fir*: fulangaí.
fulangas, *fir*: fulaingt.
fulmair, *fir*: fulmaire.
†**fulscap**, *fir*: leathphraitinn.
func, *fir*: func.
fungas, *fir*: fungas.
fur, *sealbh*: faoi bhur.
furachail, *aid*: aireach.
furachair, *aid* → furachail, *aid*.
furachas, *fir*: fuireachas.
furan, *fir*: fáilte, beannú.

furasd, *aid* → furasta, *aid*.
furasda, *aid* → furasta, *aid*.
furasdaich, *br* → furastaich, *br*.
furasta, *aid*: éasca.
†**furastachd**, *bain*: fusacht.
furastaich, *br*: éascaigh.
furm, *fir*: forma.
†**furmailteachd**, *bain*: síodúlacht.
furtachd, *bain*: faoiseamh, fóirithint, sólás.

G

'g, *réamh* → ag, *réamh*.
g', *cónasc* → gu, *cónasc*.
g', *réamh* → gu, *réamh*.
g' → gu, .
ga, *sealbh*: á.
'ga, *sealbh* → ga, *sealbh*.
g'a, *sealbh* → ga, *sealbh*.
gabh, *br*: glac, gabh.
gabhadan, *fir*: gabhdán.
gàbhadh, *fir*: baol, contúirt, gátar.
gàbhaidh, *aid*: contúirteach, baolach, uafásach.
gabhail, *fir*: gabháil, glacadh.
gabhal, *fir* → gabhail, *fir*.
gabhaltach, *aid*: gabhálach.
gabhaltachd, *bain*: gabhálacht.
gabhaltas, *fir*: gabháltas.
gabhar, *bain* → gobhar, *bain*.
gabhar, *fir* → gobhar, *bain*.
gabhlan, *fir*: sead.
gabhte, *aid*: gafa.
gach, *aid*: gach.
gach duine, *fir*: gach duine.
gad, *fir*: gad.
gad, *sealbh*: do do.
'gad, *sealbh* → gad, *sealbh*.
gadachd, *bain* → gadaigheachd, *bain*.
gadaiche, *fir*: gadaí.
†gadaigheachd, *bain*: gadaíocht.
gadhar, *fir*: gadhar.
†Gaeláras, *fir*: Gaeláras.
Gael-Linn, *af*: Gael-Linn.
Gaeltachd, *bain* → Gàidhealtachd, *bain*.
†gafann, *fir*: gafann.
gàg, *bain*: gág.

gagach, *aid*: stadach.
†gàgach, *aid*: gágach.
†gagaiche, *fir*: stadaire.
gàgail, *bain*: gogalach.
Gàidheal, *fir*: Gael.
Gàidhealach, *aid*: Gaelach.
Gàidhealtachd, *bain*: Gaeltacht.
Gàidhlig, *bain*: Gàidhlig.
gàidsear, *fir*: géigéir.
gail, *br* → guil, *br*.
gailbheach, *aid*: gailbheach.
gailearaidh, *fir*: gailearaí.
gaileis, *bain*: gealas.
gailleann, *bain*: stoirm, gála, gailfean.
gaillionn, *bain* → gailleann, *bain*.
†gaillium, *fir*: gailliam.
Gaimbia, *bain*: Gaimbia.
†Gaimbitheach, *aid*: Gaimbiach.
†Gaimbitheach, *fir*: Gaimbiach.
gainbheach, *bain* → gainmheach, *bain*.
gaineamh, *bain* → gainmheach, *bain*.
gaineamhach, *aid*: gainmheach.
gainmheach, *bain*: gaineamh.
gainne, *bain*: gainne.
†gàinne, *bain*: gáinne.
gainnead, *fir*: ganntanas.
gainneamh, *bain* → gainmheach, *bain*.
gàir, *fir*: gáir.
gàir, *br* → gàirich, *br*.
gairbhe, *bain*: gairbhe.
gairbhead, *fir*: gairbhe.
†gairbhseach, *bain*: gairbhseach.
gàirdeachas, *fir*: gairdeas.
gàirdean, *fir*: géag, lámh, uillinn.
†gàirdeanach, *aid*: bracach.
†gàirdich, *br*: gairdigh.
gàire, *bain*: gáire.
gàire, *fir* → gàire, *bain*.
gàireachdaich, *bain* → gàireachdainn, *bain*.
gàireachdain, *bain* → gàireachdainn, *bain*.
gàireachdainn, *bain*: gáire.
†gairgeann, *fir*: broigheall.
gàirich, *br*: gáir.
gairisinn, *fir*: samhnas, déistin.
gairm, *bain*: glao, glaoch, gairm.
gairm, *br*: glaoigh, gair.
Gairmailt, *bain* → Gearmailt, *bain*.
gairmeach, *aid*: gairmeach.
†gairm-èiginn, *bain*: glao éigeandála.
†gairm-fòin, *bain*: glao gutháin, glao teileafóin.

gàirnealachd   geadadh

gàirnealachd, *bain* → gàirnealaireachd, *bain*.
gàirnealair, *fir*: garraíodóir, gairneoir.
gàirnealaireachd, *bain*: garraíodóireacht.
†**gàirneid**, *bain*: gairnéad.
gàirneileachd, *bain* → gàirnealaireachd, *bain*.
gàirneilear, *fir* → gàirnealair, *fir*.
gàirneilearachd, *bain* → gàirnealaireachd, *bain*.
gaiseadh, *fir*: smoladh, dúchan, fabht.
gaisge, *bain*: gaisce.
gaisgeach, *fir*: gaiscíoch, laoch.
gaisgeachd, *bain*: gaiscíocht.
gaisgeil, *aid*: gaisciúil.
gal, *fir*: gol.
galais, *bain* → gaileis, *bain*.
galan, *fir*: galún.
galar, *fir*: galar.
galarach, *aid*: galrach-a.
galar neasgaideach, *fir*: eachma.
Galicia, *bain*: an Ghailís.
gall, *fir*: Gall.
Gall, *fir*: Gall.
galla, *bain*: bitseach.
gallag, *bain*: bitseach.
gallan, *fir*: stócach.
†**gallantachd**, *bain*: galántacht.
†**gall-chnò**, *bain*: gallchnó.
gallda, *aid*: gallda.
Gallda, *aid*: Gallda.
Galldachd, *bain*: Galltacht.
†**gall-ghamhlas**, *fir*: seineafóibe.
†**gallòglach**, *fir*: gallóglach.
gallta, *aid* → gallda, *aid*.
Galltachd, *bain* → Galldachd, *bain*.
gam, *sealbh*: do mo, á.
'**gam**, *sealbh* → gam, *sealbh*.
gàmag, *bain*: céim fhada.
†**gaman**, *fir*: gambún.
Gambia, *bain* → Gaimbia, *bain*.
gamhainn, *fir*: gamhain.
gamhlas, *fir*: naimhdeas, mioscais, díoltas.
gamhlasach, *aid*: gangaideach, calaoiseach, díoltasach.
gamhnach, *bain*: gamhnach.
gan, *sealbh*: á.
'**gan**, *sealbh* → gan, *sealbh*.
ga'n, *réamh* → gan, *sealbh*.
Gana, *fir*: Gána.
†**Gànach**, *aid*: Gánach.
†**Gànach**, *fir*: Gánach.
†**gandal**, *fir*: gandal.
gann, *aid*: gann.

gànraich, *bain*: callán.
gànraich, *br*: salaigh, galraigh.
gaoid, *bain*: smál, máchail.
gaoir, *bain*: gáir, deann, crith.
gaoisid, *bain*: gaoisid.
†**gaoisnean**, *fir*: ribe.
gaoistean, *fir* → gaoisnean, *fir*.
†**gaoisteanach**, *aid*: gaoisideach.
gaoiteach, *aid* → gaothach, *aid*.
⓶ **gaol**, *fir*: grá.
gaolach, *aid*: ceanúil, muirneach, grámhar.
gaorr, *fir*: garr.
gaoth, *bain*: gaoth.
Gaoth, *bain*: Gaoth.
gaothach, *aid*: gaothach.
†**gaothaire**, *fir*: béalóg, gaotaire.
†**gaothaireachd**, *bain*: gaofaireacht.
gaotharan, *fir*: fean, gaothrán.
†**gaothmhor**, *aid*: gaofar.
gaothran, *fir* → gaotharan, *fir*.
gar, *sealbh*: dár.
gar, *br*: gor.
'**gar**, *sealbh* → gar, *sealbh*.
gàradaireachd, *bain*: garraíodóireacht.
garadh, *fir*: goradh, pluais.
gàradh, *fir*: balla, gairdín, garraí.
garaids, *bain*: garáiste.
garbh, *aid*: garbh.
garg, *aid*: garg, borb, fíochmhar.
ga rireabh, *db* → dha-rìribh, *db*.
ga rìribh, *db* → dha-rìribh, *db*.
gàrlach, *fir*: garlach.
†**garrach**, *fir*: craosaire.
gàrradaireachd, *bain* → gàradaireachd, *bain*.
gàrradh, *fir*: gairdín, garraí.
gàrradh-fìona, *fir*: fíonghort.
gartan, *fir*: ceartán.
gas, *bain*: gas.
gas, *fir*: gás.
gasa, *fir* → gas, *fir*.
gasda, *aid* → gasta, *aid*.
⓶ **gasta**, *aid*: deas, cineálta, dathúil, galánta, breá.
gath, *fir*: ga.
gathachd, *bain*: gathaíocht, radaíocht.
gathaich, *br*: gathaigh, radaigh.
†**gathaiche**, *fir*: raideolaí.
†**gath-solais**, *fir*: léas, ga solais.
ge, *cónasc*: cé.
geac, *fir* → iac, *fir*.
geadadh, *fir*: bearradh.

geadas, *fir*: geadas, liús.
gèadh, *bain*: gé.
gèadh, *fir* → gèadh, *bain*.
gèaim, *fir* → geama, *fir*.
geal, *aid*: geal.
gealach, *bain*: gealach.
gealag, *bain*: gealóg.
gealagan, *fir*: gealacán.
gealag bhuidhe, *bain*: siscín.
gealaich, *br*: geal, bánaigh.
gealbhan, *fir*: teallach.
gealbhonn, *fir*: gealbhan.
geall, *fir*: geall.
geall, *br*: geall.
gealladh, *fir*: gealltanas, gealladh.
gealladh-pòsaidh, *fir*: cleamhnas.
†**geall-dùbhlain**, *fir*: trófaí.
gealltainn, *bain*: gealladh.
gealltanach, *aid*: geallúnach.
gealltanas, *fir*: gealltanas.
gealtach, *aid*: faiteach, meata.
gealtair, *fir* → gealtaire, *fir*.
gealtaire, *fir*: cladhaire, meatachán.
geam, *fir* → geama, *fir*.
geama, *fir*: cluiche.
geamair, *fir*: maor géim.
geamhrachail, *aid* → geamhradail, *aid*.
geamhradail, *aid*: geimhriúil.
geamhradh, *fir*: geimhreadh.
geamhraich, *br*: geimhrigh.
geamhrail, *aid* → geamhradail, *aid*.
geamhranta, *aid* → geamhradail, *aid*.
geamnaidh, *aid*: geanmnaí.
†**geamnaidheachd**, *bain*: geanmnaíocht.
gean, *fir*: aoibh.
geanail, *aid*: geanúil.
†**geanmchnò**, *bain*: geanmchnó.
†**geannaireachd**, *bain*: orlaíocht.
geansaidh, *fir*: geansaí.
gèar, *bain* → giodhar, *bain*.
gearain, *br*: gearán.
gearan, *fir*: gearán.
gearanach, *aid*: gearánach.
gearanaiche, *fir*: gearánaí.
gearastan, *fir*: garastún, dún.
geàrd, *fir*: garda.
Gearmailt, *bain*: Gearmáin.
Gearmailteach, *aid*: Gearmánach.
Gearmailteach, *fir*: Gearmánach.
Gearmailtis, *bain*: Gearmáinis.
†**gearmainium**, *fir*: gearmáiniam.
geàrr, *aid*: gearr, gairid.

geàrr, *bain*: giorria.
geàrr, *br*: gearr.
gearradh, *fir*: gearradh.
geàrr-ainm, *fir*: acrainm.
†**gearra-leum**, *fir*: léim ar leathchois.
†**gearra-leum**, *br*: léim.
gearran, *fir*: gearrán.
Gearran, *fir*: Feabhra.
†**geàrr-analach**, *aid*: gearranálach.
†**gearrbhall**, *fir*: falcóg mhór.
†**geàrr-bhreithneachail**, *aid*: gearrbhreathnaitheach.
geàrr-chunntas, *fir*: achoimre.
geàrr-iomradh, *fir*: gearrchuntas.
geàrr-liosta, *bain*: gearrliosta.
geàrrte, *aid*: gearrtha.
geas, *bain*: geis.
geasachd, *bain*: geasadóireacht.
geasadair, *fir*: geasadóir.
geasag, *bain*: geasróg.
geasagach, *aid*: geasrógach.
geat, *bain* → gheat, *bain*.
geata, *fir*: geata.
ged, *cónasc*: cé.
ged-tà, *db*: áfach.
ged-tha, *db* → ged-tà, *db*.
†**gèibhinn**, *bain*: géibheann.
gèidh, *aid*: aerach.
gèidse, *bain*: tomhsaire.
geilb, *bain* → gilb, *bain*.
gèile, *fir*: gála.
gèill, *br*: géill.
gèilleadh, *fir*: géilleadh.
geilleagar, *fir*: geilleagar.
geilt, *bain*: eagla, uafás.
geimheal, *fir*: geimheal.
geimhleag, *bain*: gró.
geimhlich, *br*: geimhligh.
geinn, *fir*: ding.
†**geinsear**, *fir*: sinséar.
geir, *bain*: geir.
gèire, *bain*: géire.
geisde, *bain* → gèidse, *bain*.
genre, *bain*: seánra.
geòcach, *aid*: craosach.
geòcaire, *fir*: craosaire.
geòcaireachd, *bain*: craosaireacht.
geodha, *bain* → geodha, *fir*.
geodha, *fir*: cuan.
geoimeatrach, *aid*: geoiméadrach, céimseatúil.
geoimeatraidh, *fir*: céimseata, geoiméadracht.
geoimeatras, *fir* → geomatras, *fir*.

geo-iomadachd, *bain*: geo-éagsúlacht.
†Geoirgianach, *aid*: Seoirseach.
†Geoirgianach, *fir*: Seoirseach.
geòla, *bain*: geál.
geòlaiche, *fir*: geolaí.
geòlas, *fir*: geolaíocht.
geòlasach, *aid*: geolaíoch.
geomatraidh, *fir* → geomatras, *fir*.
geomatras, *fir*: céimseata, geoiméadracht.
geo-phàirc, *bain*: geopháirc.
Georgia, *bain* → Cairtbheil, *bain*.
ge-ta, *db* → ged-tà, *db*.
geug, *bain*: géag, craobh.
geugach, *aid*: géagach.
geum, *fir*: géim.
geum, *br*: géim.
geumnaich, *bain*: géimneach.
geur, *aid*: géar.
geur, *fir*: géire.
geurachadh, *fir*: géarú.
geuraich, *br*: géaraigh.
geur-amharc, *fir*: stánadh.
geurchuiseach, *aid*: géarchúiseach.
geur-dhàn, *fir*: eipeagram.
geur-leanmhainn, *fir*: géarleanúint.
geur-leanmhuinn, *fir* → geur-leanmhainn, *fir*.
†geur-oisinn, *bain*: géaruillinn.
gheat, *bain*: luamh.
ghlè, *db*: an-.
giall, *bain*: giall.
gibeach, *aid*: gliobach, sciobalta.
†gibeileis, *bain*: gibiris.
gìbht, *bain*: bronntanas, bua.
Giblean, *fir*: Aibreán.
Giblinn, *bain* → Giblean, *fir*.
gidh, *db* → gidheadh, *db*.
gidheadh, *db*: áfach.
gil, *bain*: altán.
gilb, *bain*: siséal.
gile, *bain*: gile.
gilead, *fir*: gile.
gilidheachd, *bain*: giollacht.
gille, *fir*: buachaill.
gille-coise, *fir*: giolla coise.
Gille-Coise, *fir*: Giolla.
gille-feadaig, *fir*: breacóg.
†gimleid, *bain*: gimléad.
gin, *br*: gin.
gine, *bain*: géin.
gineadair, *fir*: gineadóir.
ginealach, *fir*: ginealach, glúin.
ginean, *fir*: féatas.
†ginearalaich, *br*: ginearálaigh.

†gineom, *fir*: géanóm.
ginideach, *aid*: ginideach.
ginidh, *fir*: gine.
ginidich, *br*: gin.
†Ginitheach, *aid*: Guineach.
†Ginitheach, *fir*: Guineach.
ginteil, *aid*: géiniteach.
gintinn, *fir*: giniúint.
gintinneachd, *bain*: géineolaíocht.
giobach, *aid*: giobach.
giodar, *fir*: sciodar.
giodh, *db* → gidheadh, *db*.
†gìodhar, *bain*: giar.
giollachd, *bain* → giullachd, *bain*.
giomach, *fir*: gliomach.
gionach, *aid*: gionach.
giopsam, *fir*: gipseam.
†gioragach, *aid*: geiteach, giongach.
giorna-giùirne, *db*: ar caorthainn chárthainn.
giorna-gùirne, *db* → giorna-giùirne, *db*.
giorrachadh, *fir*: giorrú, giorrúchán.
giorrad, *fir*: giorracht.
giorraich, *br*: giorraigh.
†giort, *bain*: tarrghad.
gìosg, *fir*: díoscán.
gìosg, *br*: díosc.
†gìosgail, *bain*: díoscán.
giotàr, *fir*: giotár.
giùlain, *br*: iompair.
giùlan, *fir*: giúlán, iompar.
giullachd, *bain*: próiseáil, cóireáil.
giùran, *fir*: geolbhach, giúrann.
giùsach, *bain* → giùthsach, *bain*.
giuthas, *fir*: giúis.
giuthas Lochlannach, *fir*: sprús.
giùthsach, *bain*: giúsach.
glac, *bain*: glac.
glac, *br*: glac.
glacadair, *fir*: glacadóir.
†glacadaireachd, *bain*: glacadóireacht.
glacadh, *fir*: glacadh.
glacta, *aid* → glacte, *aid*.
glacte, *aid*: glactha.
glag, *fir* → clag, *fir*.
glagadaich, *bain*: gliogarnach.
glagair, *fir*: gaotaire, raicéad.
glagan, *fir*: gligín, cnagaire.
glaghaic, *bain* → gloidhc, *bain*.
glaic, *bain* → glac, *bain*.
glàichd, *bain* → gloidhc, *bain*.
glaine, *bain*: glaine.
glaineachd, *bain* → glaine, *bain*.
glainne, *bain*: gloine.
glais, *br*: glasáil.

glaise, *bain*: glaise.
glaiste, *aid*: faoi ghlas.
glamh, *br*: alp.
†**glamradh**, *fir*: bís.
glan, *aid*: glan.
glan, *db*: glan.
glan, *br*: glan.
glanadh, *fir*: glanadh.
glaodh, *fir*: glao, gliú.
glaodh, *br*: glaoigh, béic, scread.
glaodhach, *aid*: glaeúil.
glaodhach, *fir* → glaodhaich, *fir*.
glaodhaich, *fir*: glaoch.
glaodhaire, *fir*: callaire.
glaoic, *bain* → gloidhc, *bain*.
glas, *aid*: glas.
glas, *bain*: glas.
glas, *br* → glais, *br*.
glasach, *fir*: léana.
glasadh, *fir*: glasáil.
glasan, *fir*: glasán.
Glaschu, *fir*: Glaschú.
glasraich, *bain*: glasra.
glè, *db*: an-.
gleac, *fir*: gleic, iomrascáil.
gleac, *br*: spairn.
gleachd, *bain*: gleic.
gleadhar, *fir*: buille.
gleadhrach, *aid*: gleadhrach.
gleadhraich, *bain*: gleadhradh, raic, gleo.
gleann, *fir*: gleann.
Gleann, *fir*: Gleann.
gleannan, *fir*: gleanntán.
gleans, *fir*: snas, drithle.
gleansach, *aid*: dealraitheach.
gleicean, *fir*: eiteán.
★**glèidh**, *br*: coinnigh, coimeád.
gleidheadh, *fir*: coinneáil, cosaint.
gleidheil, *bain* → gleidheadh, *fir*.
glèidhte, *aid*: ar cosaint, in áirithe.
glèidhteachas, *fir*: caomhnú.
glè mhath, *aid*: an-mhaith.
glè mhòr, *aid*: an-mhór.
†**gleò**, *fir*: gleo.
gleoc, *fir*: clog.
gleog, *fir* → gleoc, *fir*.
†**gleòrann**, *fir*: gleorán.
gleus, *bain*: gléas.
gleus, *br*: tiúin.
gleusadh, *fir*: tiúnadh.
gleusta, *aid*: gléasta, cliste.
†**gleustachd**, *bain*: gléastacht.
glic, *aid*: críonna, cliste, éirimiúil, glic.
†**glicerin**, *fir*: glicrín.
gliocas, *fir*: gaois, críonnacht, eagna.

gliog, *fir*: clic, gliog.
gliog, *br* → cliog, *br*.
gliogadaich, *bain*: gliogar.
gliogan, *fir*: gliogar.
gliong, *fir*: cling.
†**gliongach**, *aid*: clingeach.
gliongar, *fir* → gliong, *fir*.
gliongarsaich, *bain* → gliongartaich, *fir*.
gliongartaich, *fir*: clagarnach, gliogarnach.
†**gliostar**, *fir*: gliostaire.
†**glocail**, *bain*: glógarsach.
glogadaich, *bain* → glagadaich, *bain*.
gloic, *bain* → gloidhc, *bain*.
gloich, *bain* → gloidhc, *bain*.
gloichd, *bain* → gloidhc, *bain*.
gloidhc, *bain*: amadán, óinseach.
gloine, *bain* → glainne, *bain*.
†**gloineadair**, *fir*: gloineadóir.
†**gloinich**, *br*: gloinigh.
gloinne, *bain* → glainne, *bain*.
glòir, *bain*: glóir.
glòireachadh, *fir* → glòrachadh, *fir*.
glòir-mhiann, *fir*: glóirmhian.
glòir-mhiannach, *aid*: glóirmhianach.
glòrachadh, *fir*: glóiriú.
glòraich, *br*: glóirigh.
glòrmhor, *aid*: glórmhar.
gluais, *bain*: gléas.
gluais, *br*: gluais, bog, corraigh.
†**gluaiseachd**, *bain*: gluaiseacht.
gluasad, *fir*: gluaiseacht, corraí, bogadh.
gluasadach, *aid*: soghluaiste.
glùcos, *fir*: glúcós.
glugan, *fir*: glugarnach.
glùig, *bain* → gloidhc, *bain*.
glùin, *bain* → glùn, *bain*.
glùn, *bain*: glúin.
†**glutair**, *fir*: glutaire.
gnà, *aid* → gnàth, *aid*.
gnàth, *aid*: gnách.
gnàth, *fir*: gnáth.
gnàthach, *aid*: gnách.
gnàthachas, *fir*: gnás.
gnàthaich, *br*: gnáthaigh, saincheap.
gnàthaichte, *aid*: saincheaptha.
gnàthas, *fir*: gnás.
gnàthasach, *aid*: nádúrtha.
gnàthas-cainnt, *fir*: cor cainte.
†**gnàth-chomataidh**, *bain*: buanchoiste.
gnàth-chùrsa, *fir*: gnáthchúrsa.
gnàth-eòlas, *fir*: cleachtadh, taithí.
gnàth-riaghailt, *bain*: buanordú.
gnàths, *fir*: gnás.

gnàth-shìde, *bain*: aeráid.
gnè, *bain*: seánra, cineál, gné.
gnèitheach, *aid*: ginearálta.
gnìomh, *fir*: gníomh.
gnìomhacas, *fir* → gnìomhachas, *fir*.
gnìomhach, *aid*: gníomhach.
gnìomhachadh, *fir*: gníomhachtú.
gnìomhachail, *aid*: tionsclaíoch.
↻ **gnìomhachas**, *fir*: gnó, tionsclaíocht, tráchtáil.
gnìomhachasail, *aid* → gnìomhachail, *aid*.
gnìomhachd, *bain*: gníomhaíocht.
gnìomhadh, *fir*: gníomhú, próiseáil.
gnìomhaiche, *fir*: feidhmeannach, gníomhaire.
gnìomhaichte, *aid*: feidhmeach.
gnìomhair, *fir*: briathar.
gnìomhaireach, *aid*: briathartha.
gnìomhas, *fir*: gníomhas.
gnog, *br*: cnag.
gnogadh, *fir*: cnagadh, cnag.
†**gnoigeach**, *aid*: gruama.
gnòsadaich, *bain*: gnúsachtach.
gnòsail, *bain* → gnòsadaich, *bain*.
gnòstaich, *bain* → gnòsadaich, *bain*.
gnòstail, *bain* → gnòsadaich, *bain*.
gnothach, *fir*: gnó.
gnothachas, *fir*: gnó.
gnothuch, *fir* → gnothach, *fir*.
†**gnù**, *aid*: gruama.
†**gnugach**, *aid*: grugach.
†**gnùig**, *bain*: gruig.
gnùis, *bain*: gnúis.
gnùsad, *bain* → gnòsadaich, *bain*.
gnùsadaich, *bain* → gnòsadaich, *bain*.
gnùstaich, *bain* → gnòsadaich, *bain*.
gnùstail, *bain* → gnòsadaich, *bain*.
go, *cónasc* → gu, *cónasc*.
go → gu, .
gò, *fir*: locht.
gob, *fir*: gob.
gobach, *aid*: gobach.
gobag, *bain*: gobach, laiste.
gobaireachd, *bain*: geabaireacht.
gobha, *fir*: gabha.
gobhal, *fir*: gabhal.
gobhar, *bain*: gabhar.
Gobhar, *bain*: Gabhar.
gobhar fhiadhaich, *bain*: fiaghabhar.
gobhlach, *aid*: gabhlach.
gobhlachan, *fir*: foitheach mór.
gobhlag, *bain*: gabhlóg.
gobhlan, *fir*: gabhlán.
†**gobhlan-gainmhich**, *fir*: gabhlán gainimh.
goc, *fir*: sconna, coca.
gocaireachd, *bain*: turas góidrisc.
gocan, *fir*: caislín aitinn.
gog, *fir*: gog.
gogail, *bain*: gogal.
gogan, *fir*: gogán.
goid, *bain*: goid.
goid, *br*: goid.
↻ **goil**, *bain*: gal, fiuchadh.
↻ **goil**, *br*: fiuch.
goile, *bain*: goile.
goileach, *aid*: galach.
goileadair, *fir*: gaileadán.
goilear, *fir* → goileadair, *fir*.
goilf, *fir*: galf.
goilfear, *fir*: galfaire.
goineach, *aid* → guineach, *aid*.
gòinneach, *aid* → guineach, *aid*.
goir, *br*: gair, glaoigh.
goireas, *fir*: gaireas, acmhainn, uirlis.
goireasach, *aid*: cóngarach.
goirid, *db*: go gairid.
goirid, *aid*: gairid.
goiriola, *fir*: goraille.
†**goirmean-searradh**, *fir*: goirmín searraigh.
↻ **goirt**, *aid*: nimhneach, géar, searbh, tinn.
goirt, *bain* → gort, *bain*.
goirteachadh, *fir*: gortú.
goirtich, *br*: gortaigh.
goistidheachd, *bain*: urraíocht.
golf, *fir* → goilf, *fir*.
gòmadaich, *bain*: urlacan.
gonadh, *fir*: goin.
gòrach, *aid*: amaideach, áiféiseach, seafóideach, bómánta.
†**gòrachd**, *bain*: amaideacht.
gorm, *aid*: gorm.
gorm, *fir*: gorm.
gorman, *fir*: gormán.
gort, *bain*: gorta.
gort, *fir*: gort.
Gort, *bain*: Gort.
gorta, *bain* → gort, *bain*.
gortachadh, *fir* → goirteachadh, *fir*.
gortaich, *br* → goirtich, *br*.
Gotach, *aid*: Gotach.
gràbhail, *br*: grábháil.
gràbhaladh, *fir*: grábháil.

gràbhalaiche-cloiche   gribheag

†**gràbhalaiche-cloiche**, *fir*: gràbhálaí cloiche.
†**gràbhal-cloiche**, *fir*: liteagraf.
†**grabhat**, *fir*: carbhat.
grabhataidh, *bain*: imtharraingt.
grad, *aid*: grod, tobann, tapa.
†**gradan**, *fir*: greadán.
gràdh, *fir*: grá.
gràdhach, *aid*: grámhar.
gràdhaich, *br*: gráigh.
gràdh-daonna, *fir*: daonchairdeas.
graf, *fir*: graf.
grafaigeach, *aid*: grafach.
grafaigeachd, *bain*: grafaic.
†**gràgail**, *bain*: grágaíl.
graifit, *bain*: graifít.
gràin, *bain*: gráin, fuath, déistin.
gràin-chinnidh, *bain*: ciníochas.
†**gràin-chinnidheach**, *aid*: ciníoch.
gràin-cinnidh, *bain* → gràin-chinnidh, *bain*.
gràineag, *bain*: gráinneog.
gràinealachd, *bain*: gráiniúlacht.
gràineil, *aid*: gráiniúil.
gràineileachd, *bain* → gràinealachd, *bain*.
†**gràinich**, *br*: gráinigh.
gràinne, *bain*: gráinne.
†**gràinneach**, *aid*: gráinneach.
gràinnean, *fir*: gráinnín.
†**gràinnseach**, *bain*: gráinseach.
gràisg, *bain*: slua, gráscar.
gràisgeil, *aid*: gráisciúil.
gram, *fir*: gram.
grama, *fir* → gram, *fir*.
†**gramafon**, *fir*: gramafón.
gramaiche, *fir*: greamán.
gramail, *aid* → greimeil, *aid*.
gràmar, *fir*: gramadach.
†**gramataigeach**, *aid*: gramadúil.
gràn, *fir*: grán.
grànda, *aid*: gránna.
grannda, *aid* → grànda, *aid*.
grànndachd, *bain*: gránnacht.
grant, *fir*: deontas.
gràn-ubhal, *fir*: gránúll.
Graonlainn, *bain*: Graonlainn.
Graonlainnis, *bain* → Graonlannais, *bain*.
Graonlann, *bain* → Graonlainn, *bain*.
†**Graonlannach**, *aid*: Graonlannach.
†**Graonlannach**, *fir*: Graonlannach.
†**Graonlannais**, *bain*: Graonlainnis.
graosdachd, *bain* → graostachd, *bain*.
†**graostachd**, *bain*: graostacht.

gràs, *fir*: grásta.
gràsmhor, *aid*: grástúil.
greabhal, *fir*: gairbhéal.
gread, *br*: gread.
greadadh, *fir*: greadadh.
greadhnach, *aid*: greadhnach.
greadhnachas, *fir*: mórdháil, gairdeas.
greagag, *bain* → grìogag, *bain*.
†**Greanàda**, *bain*: Greanáda.
†**greanmhor**, *aid*: grianmhar.
②**greann**, *fir*: strainc.
greannach, *aid*: greannach, gruama.
greas, *br*: brostaigh, deifrigh.
greasad, *fir*: deifriú.
†**grèata**, *fir*: gráta.
greideal, *bain*: grideall.
grèidh, *br*: gread, leasaigh, tóstáil.
grèidheadh, *fir*: greadadh, leasú, tóstáil.
Grèig, *bain* → Greug, *bain*.
Grèigeach, *aid* → Greugach, *aid*.
Grèigeach, *fir* → Greugach, *fir*.
greigh, *bain*: graí.
grèim, *fir*: greim.
†**greimeachan**, *fir*: greamachán.
†**greimeil**, *aid*: daingean.
greimich, *br*: greamaigh.
greimiche, *fir*: pionsúr, braiteog.
greimire, *fir*: greamaire.
†**grèim-mionaich**, *fir*: aipindicíteas.
greis, *bain*: tamall.
grèis, *bain*: bróidnéireacht, gréas.
grèis, *br*: gréasaigh, bróidnigh.
grèis-bhrat, *fir*: taipéis.
†**grèiseadh**, *fir*: gréasú.
greiseag, *bain*: scaitheamh, seal, tamall.
greis-ghnìomhachais, *bain*: socrúchán oibre.
greis-gnìomhachais, *bain* → greis-ghnìomhachais, *bain*.
Grenada, *bain* → Greanàda, *bain*.
Greug, *bain*: Gréig.
Greugach, *aid*: Gréagach.
Greugach, *fir*: Gréagach.
Greugais, *bain*: Gréigis.
greus, *bain* → grèis, *bain*.
†**greusachd**, *bain*: gréasaíocht.
greusaiche, *fir*: gréasaí.
grian, *bain*: grian.
grianach, *aid*: grianach, grianmhar.
grianan, *fir*: grianán.
grianmhor, *aid* → grianach, *aid*.
griannach, *aid* → grianach, *aid*.
grian-stad, *fir*: grianstad.
gribheag, *bain* → griobhag, *bain*.

grìbhean / gum

grìbhean, *fir*: gríobh.
grifeag, *bain* → griobhag, *bain*.
grìgeag, *bain* → grìogag, *bain*.
grile, *fir*: greille.
grinn, *aid*: grinn, breá, gleoite, snasta, séimh, álainn.
†**grinneachd**, *bain*: cruinneas, grinneas.
grinneal, *fir*: talamh, grinneall.
grinneas, *fir*: galántacht, cuannacht.
†**griob**, *br*: creim.
grìob, *fir*: creig.
grìoba, *fir* → grìob, *fir*.
†**griobhag**, *bain*: fuadar, griobach.
griod, *fir*: greille.
grìogag, *bain*: coirnín.
Griogarach, *aid* → Griogorach, *aid*.
Griogarach, *fir* → Griogorach, *fir*.
Grioglachan, *fir*: Pléadach.
†**Griogorach**, *aid*: Greagórach.
†**Griogorach**, *fir*: Griogorach.
Griomasach, *aid*: Griomasach.
Griomasach, *fir*: Griomasach.
Grionlainn, *bain* → Graonlainn, *bain*.
grìos, *fir*: gríscín.
grìosach, *bain*: gríosach.
grìosachadh, *fir*: impí, gríosú.
grìosaich, *br*: impigh, gríosaigh.
grisgean, *fir*: gríscín.
†**griùlach**, *bain*: bruitíneach.
griùrach, *bain* → griùlach, *bain*.
griùthach, *bain* → griùlach, *bain*.
griùthlach, *bain* → griùlach, *bain*.
griùthrach, *bain* → griùlach, *bain*.
gròban, *fir*: liathlus.
grod, *aid*: lofa, uafásach, bréan.
grod, *br*: lobh.
gròileagan, *fir* → cròileagan, *fir*.
†**gròiseid**, *bain*: spíonán.
grosair, *fir*: grósaeir.
grosaireachd, *bain*: grósaeireacht.
grot, *aid* → grod, *aid*.
gruag, *bain*: gruaig.
gruagach, *aid*: gruagach.
★**gruagach**, *bain*: cailín.
gruagaire, *fir*: gruagaire.
gruagaireachd, *bain*: gruagaireacht.
gruaidh, *bain*: grua.
gruaim, *bain*: gruaim.
gruamach, *aid*: gruama.
gruamachd, *bain*: gruamacht.
grùdaire, *fir*: grúdaire.
grùdaireachd, *bain*: grúdaireacht.
grùid, *bain*: dríodar.
★**grunn**, *fir*: scata, roinnt.

grunnaich, *br* → grunndaich, *br*.
grunnan, *fir*: roinnt.
†**grunnasg**, *bain*: grúnlas.
grunnd, *fir*: grinneall.
†**grunndaich**, *br*: spágáil.
grunnsgal, *fir* → grùnsgal, *fir*.
grùnsgal, *fir*: drannadh.
grùpa, *fir*: grúpa.
gruth, *fir*: gruth.
†**gruthach**, *aid*: gruthach.
grùthan, *fir*: ae.
gu, *cónasc*: go.
gu, *réamh*: go, chuig.
gu go.
†**Guadalupach**, *aid*: Guadalúpach.
†**Guadalupach**, *fir*: Guadalúpach.
guais, *bain*: guais.
gual, *fir*: gual.
†**gualadair**, *fir*: gualadóir.
gualainn, *bain* → gualann, *bain*.
†**gualaisg**, *fir*: carbaihiodráit.
gualan, *fir*: carbón.
gualann, *bain*: gualainn.
gual-fiodha, *fir*: fioghual.
†**guàna**, *fir*: guanó.
guanach, *aid*: guanach, guagach.
†**guasachdach**, *aid*: guaiseach.
Guatamala, *bain*: Guatamala.
Guatemala, *bain* → Guatamala, *bain*.
gu bitheanta, *db*: go minic.
gu bràth, *db*: go brách, go deo.
gud, *sealbh*: chun do.
gu deimhinne, *db*: go deimhin.
guga, *fir*: gainéad.
guidh, *br*: guigh.
guidhe, *bain*: guí.
†**guidheach**, *aid*: guítheach.
†**guidheach**, *fir*: guítheach.
guil, *br*: goil.
★**guilbneach**, *bain*: crotach.
†**guim**, *fir*: gúm.
guin, *fir*: goin.
guin, *br*: goin.
guineach, *aid*: goineach.
guir, *br*: gor.
guitàr, *fir* → giotàr, *fir*.
†**guitear**, *fir*: gáitéar.
gul, *fir*: gol, caoineadh.
gu lèir, *db*: go léir.
gu leòr, *db*: go leor.
gu leòr, *aid*: go leor.
gu leth, *db*: go leith.
gum, *cónasc*: go.
gum, *sealbh*: chun mo.

gum, *réamh*: chun an.
gu'm, *cónasc* → gum, *cónasc*.
†**Gúm**, *fir*: Gúm.
gun, *cónasc*: go.
gun, *sealbh*: chun a.
gun, *réamh*: gan.
gu'n, *cónasc* → gun, *cónasc*.
gùn, *fir*: gúna.
gun do, *cónasc*: gur.
gun fhiosta, *db*: i ngan fhios.
gunna, *fir*: gunna.
gunnair, *fir*: gunnadóir.
gunna-làimhe, *fir*: gunna láimhe.
gùn-oidhche, *fir*: gúna oíche.
gur, *fir*: gor.
gur, *sealbh*: do bhur.
gur, *cop*: gur.
gus, *cónasc*: go.
gus, *réamh*: chun.
'gus, *cónasc* → agus, *cónasc*.
†**gùt**, *fir*: gúta.
guth, *fir*: guth, glór.
†**guth-innealta**, *fir*: guth saorga.
†**guth-thàmh**, *fir*: cogar.

hù-bhitheil, *bain*: clampar.
huist, *uaill* → ist, *uaill*.

H

hàbad, *fir*: hobad.
hadron, *fir*: hadrón.
haidhp, *bain*: áibhéil.
†**Haidhteach**, *aid*: Háítíoch.
†**Haidhteach**, *fir*: Háítíoch.
hàidraidean, *fir* → haidridean, *fir*.
haidridean, *fir*: hidrigin.
†**haifnium**, *fir*: haifniam.
†**halaigin**, *fir*: halaigin.
hallo, *uaill*: haló.
halo, *uaill* → hallo, *uaill*.
hama, *bain*: liamhás.
†**hamag**, *bain*: ámóg.
hamstair, *fir*: hamstar.
hangair, *fir* → hangar, *fir*.
hangar, *fir*: haingear.
heactair, *fir*: heicteár.
Hearach, *aid*: Hearach.
Hearach, *fir*: Hearach.
heileacoptair, *fir*: héileacaptar.
heileacoptar, *fir* → heileacoptair, *fir*.
†**heillium**, *fir*: héiliam.
†**Heiseanach**, *aid*: Heiseánach.
†**Heiseanach**, *fir*: Heiseánach.
hidrigin, *fir* → haidridean, *fir*.
†**hiodrocarbon**, *fir*: hidreacarbón.
Hiortach, *aid*: Hiortach.
Hiortach, *fir*: Hiortach.
hocaidh, *fir*: haca.
hogaidh, *fir* → hocaidh, *fir*.
hoigh, *uaill*: haigh.
†**hoilmium**, *fir*: hoilmiam.
Hondùras, *bain*: Hondúras.
†**hormon**, *fir*: hormón.
hòro-gheallaidh, *bain*: cóisir.

I

i, *for*: sí, í.
iac, *fir*: geac.
iad, *for*: siad, iad.
iadh, *br* → iath, *br*.
iadhaire, *fir* → iathaire, *fir*.
iadh-shlat, *bain* → iath-shlat, *bain*.
iadsan, *for*: siadsan, iadsan.
Iaimeuca, *bain* → Iameuga, *bain*.
Iaimeucach, *aid* → Iameugach, *aid*.
Iaimeucach, *fir* → Iameugach, *fir*.
iall, *bain*: iall.
ialtag, *bain*: ialtóg.
Iameuga, *bain*: Iamáice.
†**Iameugach**, *aid*: Iamácach.
†**Iameugach**, *fir*: Iamácach.
Iapan, *fir* → Seapan, *bain*.
Iapanach, *aid* → Seapanach, *aid*.
Iapanach, *fir* → Seapanach, *fir*.
Iapanais, *bain* → Seapainis, *bain*.
Iapanaise, *bain* → Seapainis, *bain*.
iar, *bain*: iarthar.
Iar, *bain*: Iarthar.
Iarac, *bain* → Ioràc, *bain*.
Iaracach, *aid* → Ioràcach, *aid*.
Iaracach, *fir* → Ioràcach, *fir*.
Iarag, *bain* → Ioràc, *bain*.
Iarain, *bain* → Iaran, *fir*.
Iaran, *fir*: an Iaráin.
iarann, *fir*: iarann.
†**Iarann-aois**, *bain*: Iarannaois.
iar-cheumnach, *aid*: iarchéime.
iar-cheumnach, *fir*: iarchéimí.
iar-chuairt, *bain*: cluiche leathcheannais.
iar-dheas, *bain*: iardheisceart.

iargail, *bain* → iorghail, *bain*.
iargain, *bain*: caoineadh, uaigneas, cumha, brón.
iargall, *bain* → iorghail, *bain*.
iargalt, *aid* → iargalta, *aid*.
iargalt', *aid* → iargalta, *aid*.
iargalta, *aid*: gairgeach, doicheallach, bagrach.
iarguil, *bain* → iorghail, *bain*.
iarla, *fir*: iarla.
Iarla, *fir*: Iarla.
iarlachd, *bain*: iarlacht.
iarlas, *fir* → àirleas, *fir*.
iar-leasach, *fir* → iar-leasachan, *fir*.
iar-leasachan, *fir*: iarmhír.
iarmad, *fir*: iarmhar.
iarmaillt, *bain* → iarmailt, *bain*.
iarmailt, *bain*: spéir, firmimint.
†**iarmart**, *fir*: iarmhairt.
†**iarnaich**, *br*: iarnáil.
iarnaig, *br* → iarnaich, *br*.
†**iarnair**, *fir*: iarnóir.
iar-ogha, *fir*: iarmhó.
iarr, *br*: iarr.
†**iarradair**, *fir*: iarrthóir.
iarraidh, *bain*: iarraidh.
iarraigh, *bain* → iarraidh, *bain*.
iarrann, *fir* → iarann, *fir*.
iarratas, *fir* → iarrtas, *fir*.
iarridh, *bain* → iarraidh, *bain*.
†**iarrtair**, *fir*: iarratasóir.
iarrtas, *fir*: iarratas.
iarruidh, *bain* → iarraidh, *bain*.
†**iar-sheannsalair**, *fir*: leas-seansailéir.
iar-sheansalair, *fir* → iar-sheannsalair, *fir*.
Iar-Sheansalair, *fir*: Leas-Seansailéir.
iarsmadh, *fir*: iarsma.
†**iarspealadh**, *fir*: athfhéar.
iar-thuath, *bain*: iarthuaisceart.
iarunn, *fir* → iarann, *fir*.
Iarusalem, *bain*: Iarúsailéim.
iasad, *bain*: iasacht.
iasadachd, *bain*: iasacht.
†**iasadaiche**, *fir*: iasachtóir.
†**iasan**, *fir*: cantal.
iasg, *fir*: iasc.
iasgach, *fir*: iascach, iascaireacht.
iasgachd, *bain*: iascaireacht.
iasgaich, *br*: iasc.
iasgair, *fir*: iascaire.
iasgaireachd, *bain*: iascaireacht.
iasg geal, *fir*: faoitín, iasc geal.
iath, *br*: timpeallaigh, ciorclaigh.

†**iathaire**, *fir*: aeróg, adharcán.
†**iath-shlat**, *bain*: féithleann.
ìbhri, *bain*: eabhar.
†**iceach**, *aid*: íceach.
ideòlach, *aid*: idé-eolaíoch.
②**idir**, *db*: ar chor ar bith.
†**idrisgeach**, *aid*: éideimhin.
ifrinn, *bain*: ifreann.
ighean, *bain* → nighean, *bain*.
ìleach, *aid*: Íleach.
ìleach, *fir*: Íleach.
im, *fir*: im.
imcheist, *bain*: aincheist, imní, mearbhall.
imeachd, *bain*: imeacht.
imich, *br*: imigh.
imleabhar, *fir* → iom-leabhar, *fir*.
imlich, *br*: ligh.
imnidh, *bain* → iomnaidh, *bain*.
†**imnidheach**, *aid*: imníoch.
ìmpidh, *bain*: impí.
impidheach, *aid*: impíoch.
impidheach, *fir*: impíoch.
impire, *fir* → ìompaire, *fir*.
impireachd, *bain* → ìompaireachd, *bain*.
impireil, *aid*: impiriúil.
impis, *bain*: ar tí.
imrich, *bain*: imirce, aistriú.
imrich-a-steach, *fir*: inimirce.
inbh, *bain* → inbhe, *bain*.
inbh', *bain* → inbhe, *bain*.
②**inbhe**, *bain*: céim, stádas, leibhéal.
inbheach, *aid*: fásta.
inbheach, *fir*: duine fásta.
inbheachd, *bain*: aosacht, aibíocht.
†**inbhidheachd**, *bain*: caithreachas.
inbhir, *fir*: inbhear, fotha.
Inbhir Nis, *fir*: Inbhir Nis.
inc, *bain*: dúch.
Indo-Eòrpach, *aid*: Ind-Eorpach.
ìne, *bain* → ionga, *bain*.
ìneach, *aid*: ingneach.
in-ghabhail, *bain*: ionclúid.
†**in-ghabhalachd**, *bain*: cuimsitheacht.
inghean, *bain* → nighean, *bain*.
†**in-ichte**, *aid*: inite.
†**Inid**, *bain*: Inid.
in-imrich, *bain*: inimirce.
in-imriche, *fir*: inimirceach.
in-mhalairt, *bain*: iompórtáil.
Innd-Eòrpach, *aid* → Indo-Eòrpach, *aid*.
inneach, *fir*: inneach.
inneal, *fir*: inneall, gléas.

innealach, *aid*: inneallach, meicniúil.
†**inneal-analachaidh**, *fir*: análaitheoir.
inneal-ciùil, *fir*: gléas ceoil.
†**inneal-clàir**, *fir*: inneall cláir.
†**inneal-claisneachd**, *fir*: áis éisteachta.
†**inneal-dealain**, *fir*: gineadóir.
†**inneal-fighe**, *fir*: seol.
†**inneal-fionnarachaidh**, *fir*: cuisneoir.
†**inneal-measgachaidh**, *fir*: meascthóir.
inneal-nighe, *fir*: inneall níocháin.
†**inneal-pronnaidh**, *fir*: brúiteoir.
innealradh, *fir*: innealra.
innealta, *aid*: innealta, oilte.
inneal tomhais aimsir, *fir*: anaróideach.
innean, *fir*: inneoin.
innear, *bain*: aoileach.
innidh, *bain*: inne.
innis, *bain*: inis.
innis, *br* → inns, *br*.
Innis, *bain*: Inis.
†**Innis-Tìleach**, *aid*: Íoslannach.
†**Innis-Tìleach**, *fir*: Íoslannach.
innleachd, *bain*: beart.
innleachdach, *aid*: seiftiúil.
innleachdail, *aid*: intleachtach.
innleachdas, *fir*: intleachtacht.
innleadair, *fir*: innealtóir.
innleadaireachd, *bain*: innealtóireacht.
†**innleadh**, *fir*: ceapadh.
innlich, *br*: ceap.
innlìon, *fir*: inlíon.
inns, *br*: inis.
inns', *bain* → innse, *bain*.
inns', *br* → inns, *br*.
innse, *bain*: insint.
innseach, *aid*: oileánach, inseach.
innseadh, *fir* → innse, *bain*.
innseag, *bain*: insín.
Innseanach, *aid*: Indiach.
Innseanach, *fir*: Indiach.
innsrumaid, *bain* → ionnsramaid, *bain*.
innt, *réamh* → innte, *réamh*.
innt', *réamh* → innte, *réamh*.
innte, *réamh*: inti.
innteanach, *aid* → inntinneach, *aid*.
innteannach, *aid* → inntinneach, *aid*.
innteart, *bain*: iontráil.
inntineach, *aid* → inntinneach, *aid*.
inntinn, *bain*: intinn.
②**inntinneach**, *aid*: suimiúil, spéisiúil.
inntinneachd, *bain*: spéisiúlacht, suimiúlacht.
inntinneil, *aid*: intinne.
†**inntinn-eòlaiche**, *fir*: meitifisiceoir.

inntleachd, *bain*: intleacht.
inntleachdail, *aid*: intleachtach.
inntrig, *br*: rochtaigh.
inntrigeadh, *fir*: rochtain.
†**insgne**, *bain*: inscne.
institiùd, *bain*: institiúid.
intinneach, *aid* → inntinneach, *aid*.
iobair, *br*: íobair.
iobairt, *bain*: íobairt.
iobairteach, *aid*: íobartach.
iobairteach, *fir*: íobartach.
iobradh, *fir*: íobairt.
ioc, *fir*: íoc.
ioc, *br*: íoc.
iocadh, *fir*: íoc.
iocaidh, *fir*: íocaí.
iochd, *bain*: taise, trua.
†**iochdalachd**, *bain*: trócaire.
iochdar, *fir*: íochtar.
iochdarach, *aid*: íochtarach.
iochdaran, *fir*: íochtarán.
†**iochdaranachd**, *bain*: íochtaránacht.
iochdmhor, *aid*: íochtmhar, trócaireach.
iochdmhorachd, *bain*: íocht, trócaire.
iochdrach, *aid* → ìochdarach, *aid*.
iochdshlaint, *bain* → íocshlaint, *bain*.
†**ioclann**, *bain*: íoclann.
iocshlaint, *bain*: íocshláinte.
iodhal, *fir*: íol.
iodhlann, *bain*: iothlainn.
†**iòga**, *fir*: geoga.
iogart, *fir*: iógart.
ioghantach, *aid* → iongantach, *aid*.
ioghnadh, *fir* → iongnadh, *fir*.
iognadh, *fir* → iongnadh, *fir*.
iolach, *bain*: iolach, scréach, liú, callán.
iolair, *bain* → iolaire, *bain*.
iolaire, *bain*: iolar.
iolaire-mhara, *bain*: iolar mara.
†**iolarach**, *aid*: iolartha.
iol-chomasach, *aid*: ilchumasach.
†**iol-ghnèitheach**, *aid*: ilghnéitheach.
iolla, *fir* → ealla, *fir*.
iolra, *aid*: iolra.
iolra, *fir*: iolra.
ioma, *aid* → iomadh, *aid*.
ioma-chànanach, *aid*: ilteangach.
ioma-chuimseach, *aid*: cuimsitheach.
iomad, *aid* → iomadh, *aid*.
iomad, *fir*: iolraí.
iomadach, *aid*: iomaí, a lán.
iomadach, *fir*: a lán, go leor.
iomadachadh, *fir*: iolrú.
iomadachd, *bain*: éagsúlacht.
iomadaidh, *bain*: iomad, iliomad.

iomadaidheachd, *bain* → iomadaidh, *bain*.
iomadalachd, *bain*: iomadúlacht.
iomadh, *aid*: iomaí.
ioma-dhathach, *aid*: ildathach.
iomadh-fhillte, *aid* → iom-fhillte, *aid*.
iomadh-fhillteach, *aid* → iom-fhillte, *aid*.
ioma-fhillte, *aid* → iom-fhillte, *aid*.
iomagain, *bain*: imní.
iomagaineach, *aid*: imníoch.
ioma-ghaoth, *bain*: iomghaoth.
ioma-ghnèitheachd, *bain*: iolrachas.
iomaguin, *bain* → iomagain, *bain*.
iomaidheachd, *bain* → iomadachd, *bain*.
iomain, *bain*: iomáin.
iomain, *br*: tiomáin.
†**iomainiche**, *fir*: tiománaí.
iomainn, *bain* → iomain, *bain*.
iomair, *br*: rámhaigh, iomair.
iomaire, *fir*: iomaire.
†**iomairiche**, *fir*: iomróir.
★**iomairt**, *bain*: feachtas, tionscnamh.
Iomairt, *bain*: Iomairt.
iomall, *fir*: imeall.
iomallach, *aid*: imeallach, iargúlta.
iomallachd, *bain*: imeallachas.
ioma-mheadhan, *fir*: ilmheán.
ioma-mheadhanach, *aid*: ilmheánach, il-mheán.
iomanaiche, *fir* → iomainiche, *fir*.
†**ioma-nòmach**, *aid*: iltéarmach.
†**ioma-nòmaiche**, *fir*: iltéarmach.
†**iomarachd**, *bain*: iomarcaíocht.
†**iomarat**, *fir*: éimíríocht.
Iomarat, *fir*: Éimíríocht.
iomarcach, *aid*: iomarcach.
iomarra, *aid*: iolra.
ioma-thaobhach, *aid*: iltaobhach.
iomchaidh, *aid*: oiriúnach, cuí, ábhartha, iomchuí.
iomchaidheachd, *bain*: oiriúnacht, iomchuibheas.
iomchair, *br*: iompair.
iomchar, *fir*: iompar.
iomchuidh, *aid* → iomchaidh, *aid*.
iom-fhillte, *aid*: casta.
iom'-fhillte, *aid* → iom-fhillte, *aid*.
†**iom-ghlan**, *br*: íonghlan.
iomhadh, *fir*: éad.
iomhaigh, *bain*: íomhá, dealbh.
iomhaigheach, *aid*: íomháineach, samhailteach.
iomhaigheachd, *bain*: íomháineachas.
iomlaid, *bain*: malairt, malartú.
iomlaideachadh, *fir*: iomalartú, malartú.

iomlaidich, *br*: iomalartaigh, iomlaoidigh, malartaigh.
iomlan, *aid*: iomlán.
iomlan, *fir*: iomlán.
iomlanachadh, *fir*: iomlánú.
iomlanachd, *bain*: iomláine.
iomlanaich, *br*: iomlánaigh.
†**iom-leabhar**, *fir*: imleabhar.
iomnaidh, *bain*: imní.
†**iom-oibreachadh**, *fir*: imoibriú.
iompachadh, *fir*: tiontú, iompú.
iompaich, *br*: tiontaigh, iompaigh.
ìompaire, *fir*: impire.
ìompaireachd, *bain*: impireacht.
†**iomrachan**, *fir*: eileatram.
iomradh, *fir*: tuairisc, cuntas.
iomraiteach, *aid*: cáiliúil, iomráiteach.
iomrall, *fir*: iomrall, seachrán.
iomrallach, *aid*: iomrallach.
iomramh, *fir*: iomramh.
iomsgaradh, *fir*: imscaradh, codarsnacht.
iom-tharraing, *bain*: imtharraingt.
iom-thionndadh, *fir*: inbhéartú.
ionad, *fir*: ionad.
Ionad, *fir*: Ionad.
ionadach, *aid*: ionadach.
ionadach, *fir*: ionadaí.
ionadaich, *br*: ionadaigh.
★**ionadail**, *aid*: áitiúil.
ionadal, *aid* → ionadail, *aid*.
ionad-cluiche, *fir*: staid.
†**Ionad-Cluiche**, *fir*: Staid.
ionad-fàilte, *fir*: ionad fáiltithe.
ionad-fiosrachaidh, *fir*: ionad eolais.
†**ionad-inntrigidh**, *fir*: pointe iontrála.
ionad-mheasaidh, *fir*: ionad tástála.
ionad-obrach, *fir*: ionad oibre.
ionad-sgithidh, *fir*: ionad sciála.
ionad-slàinte, *fir*: ionad sláinte.
ionad-spòrs, *fir*: ionad spóirt.
ionad-tadhail, *fir*: ionad cuairteoirí.
†**ionaghailt**, *bain*: innilt.
†**ion-àirmhichte**, *aid*: ináirithe.
†**ion-àitichte**, *aid*: ináitrithe.
ionaltair, *br*: iníor.
ionaltradh, *fir*: iníor, innilt.
ionann, *db*: ionann.
ionann, *aid*: ionann.
ionannachd, *bain*: comhionannas, ionannas.
†**ionannas**, *fir*: lagmheasarthacht.
†**ionarbhadh**, *fir*: ionnarbadh.
iondail, *aid* → ionadail, *aid*.
ion-dhèanta, *aid*: indéanta.

iondrainn, *bain* → ionndrainn, *bain*.
ionga, *bain*: ionga.
iongantach, *aid*: iontach.
iongantas, *fir*: iontas.
iongnadh, *fir*: ionadh, iontas.
iongnantach, *aid* → iongantach, *aid*.
†**iongrachadh**, *fir*: brachadh.
ionlasda, *aid* → ionlasta, *aid*.
†**ionlasta**, *aid*: inlasta.
†**ion-leighis**, *aid*: inleighis.
ionmhainn, *aid*: maith, ionúin.
†**ion-mhaithte**, *aid*: inmhaite.
ionmhalta, *aid* → ionmholta, *aid*.
ionmhas, *bain* → ionmhas, *fir*.
ionmhas, *fir*: airgeadas, ciste, taisce.
ionmhasail, *aid*: airgeadais.
ionmhasair, *fir*: cisteoir.
†**ion-mheasail**, *aid*: inmheasta.
ion-mhiannaichte, *aid*: inmhianaithe.
†**ion-mholaidh**, *aid*: inmholta.
ionmholta, *aid*: inmholta.
ionmhuinn, *aid* → ionmhainn, *aid*.
ionnad, *réamh* → annad, *réamh*.
ionnaibh, *réamh* → annaibh, *réamh*.
ionnainn, *réamh* → annainn, *réamh*.
ionnairidh, *bain* → fionnairidh, *bain*.
ionnam, *réamh* → annam, *réamh*.
ionnan, *db* → ionann, *db*.
ionnan, *aid* → ionann, *aid*.
ionnanachd, *bain*: ionannas.
ionnas, *db*: ionas.
ionndrain, *bain* → ionndrainn, *bain*.
ionndrainn, *bain*: cronú.
ionndrainn, *br*: cronaigh.
ionnlad, *fir*: ionladh.
ionnlaid, *br*: ionnail.
ionnracan, *fir* → ionracan, *fir*.
★**ionnsachadh**, *fir*: foghlaim.
ionnsachadh-cànain, *fir*: foghlaim teanga.
ionnsachamh, *fir* → ionnsachadh, *fir*.
★**ionnsaich**, *br*: foghlaim.
ionnsaichte, *aid*: foghlamtha.
ionnsaidh, *bain* → ionnsaigh, *bain*.
ionnsaigh, *bain*: ionsaí.
ionnsaigh, *fir* → ionnsaigh, *bain*.
ionnsaigheach, *aid*: ionsaitheach.
ionnsaigheach, *fir*: ionsaitheoir.
ionnsaigheil, *aid* → ionnsaigheach, *aid*.
ionnsramaid, *bain*: ionstraim.
ionnsramaideach, *aid*: ionstraimeach.
ionnstramaid, *bain* → ionnsramaid, *bain*.
ionnsuidh, *bain* → ionnsaigh, *bain*.
ionnta, *réamh* → annta, *réamh*.
ionnus, *db* → ionnas, *db*.

†**ion-phòsta**, *aid*: inphósta.
ionracan, *fir*: fíréan.
ionracas, *fir*: ionracas.
ionraic, *aid*: ionraic.
†**ion-roghnachd**, *bain*: incháilitheacht.
†**ion-shamhlaichte**, *aid*: insamhlaithe.
Ioràc, *bain*: an Iaráic.
†**Ioràcach**, *aid*: Iarácach.
†**Ioràcach**, *fir*: Iarácach.
Ioràn, *fir* → Iaran, *fir*.
Iorc, *fir*: Eabhrac.
Iòrdan, *fir*: an Iordáin.
†**Iòrdanach**, *aid*: Iordánach.
†**Iòrdanach**, *fir*: Iordánach.
iorgail, *bain* → iorghail, *bain*.
iorgal, *fir* → iorghail, *bain*.
iorgall, *bain* → iorghail, *bain*.
iorghail, *bain*: imreas, clampar.
iorgull, *bain* → iorghail, *bain*.
†**iorna**, *fir*: íorna.
ioronas, *fir*: íoróin.
iorram, *fir*: amhrán iomartha.
Ìosa, *fir*: Íosa.
Iosaid, *fir*: Íosánach.
ìosal, *aid*: íseal.
Iosarail, *bain* → Israel, *bain*.
Iosaraileach, *aid* → Israelach, *aid*.
Iosaraileach, *fir* → Israelach, *fir*.
iosban, *fir* → isbean, *fir*.
iosgaid, *bain*: ioscaid.
†**Ìoslannach**, *aid*: Íoslannach.
†**Ìoslannach**, *fir*: Íoslannach.
†**iosop**, *bain*: íosóip.
†**iosotop**, *bain*: iseatóp.
Iosrael, *bain* → Israel, *bain*.
Iosraeleach, *aid* → Israelach, *aid*.
Iosraeleach, *fir* → Israelach, *fir*.
Iosralach, *aid* → Israelach, *aid*.
Iosralach, *fir* → Israelach, *fir*.
iotadh, *fir*: tart, íota.
ir', *bain* → ìre, *bain*.
Irac, *bain* → Ioràc, *bain*.
Iran, *fir* → Iaran, *fir*.
★**ìre**, *bain*: leibhéal, céim.
iriosal, *aid*: uiríseal.
irioslachd, *bain*: uirísle.
irioslaich, *br*: uirísligh.
iris, *bain*: iris, eagrán.
†**irisire**, *fir*: iriseoir.
irisireachd, *bain*: iriseoireacht.
irisleabhar, *fir*: irisleabhar.
is, *cónasc*: is.
is, *cop*: is.
'is, *cónasc* → is, *cónasc*.
is', *for* → ise, *for*.

isbean, *fir*: ispín.
ise, *for*: sise, ise.
ìseal, *aid* → ìosal, *aid*.
isean, *fir*: éinín.
isleachadh, *fir*: ísliú.
isleachd, *bain*: ísle, ísleacht.
islich, *br*: ísligh.
Israel, *bain*: Iosrael.
Israelach, *aid*: Iosraelach.
Israelach, *fir*: Iosraelach.
ist, *uaill*: fuist.
ite, *bain*: cleite, eite.
iteach, *aid*: eiteach.
iteach, *fir*: eiteach.
iteachan, *fir*: eiteán.
iteag, *bain*: eiteog.
iteagach, *aid*: cleiteach.
iteal, *fir* → itealaich, *bain*.
itealaich, *bain*: eitilt.
itealaich, *br*: eitil.
itealan, *fir*: eitleán.
†**itealan-poileis**, *fir*: eitleán póilíní.
iteileag, *bain*: eitleog.
†**iteirbium**, *fir*: itéirbiam.
ith, *br*: ith.
ith', *fir* → ithe, *fir*.
ithe, *fir*: ithe.
itheadair, *fir*: iteoir.
Itiop, *bain* → Etiopia, *fir*.
†**itrium**, *fir*: itriam.
iubailidh, *bain*: iubhaile.
iubhar, *fir*: iúr.
iuchair, *bain*: eochair.
Iuchair, *fir* → Iuchar, *fir*.
Iuchar, *fir*: Iúil.
Iùdhach, *aid*: Giúdach.
Iùdhach, *fir*: Giúdach.
Iùdhais, *bain*: Giúdais.
Iùgoslabh, *bain* → Iùgoslàibhia, *fir*.
Iùgo-Slàbhia, *bain* → Iùgoslàibhia, *fir*.
Iùgoslàibhia, *fir*: an Iúgslaiv.
iùil-tharraing, *bain*: maighnéadas.
†**iùil-tharraingeach**, *aid*: maighnéadach.
iùl, *fir*: treoir.
iùnais, *bain* → aonais, *bain*.
Iupatar, *fir*: Iúpatar.
†**iurpais**, *bain*: íorpais.
iutharna, *bain*: ifreann.

J

jazz, *fir*: snagcheol.

L

là, *fir*: lá.
Làbarach, *aid*: an Lucht Oibre.
Làbarach, *fir*: ball de Pháirtí an Lucht Oibre.
làbha, *bain*: laibhe.
labhair, *br*: labhair.
labhairt, *bain*: labhairt.
labhairteach, *aid*: labhartha.
labhar, *aid* → labhrach, *aid*.
labhrach, *aid*: glórach, fuaimneach.
†**labhrachd**, *bain*: labharthacht.
labhradh, *fir*: labhairt.
labhraiche, *fir*: urlabhraí.
labhras, *fir*: labhras.
Laborach, *aid* → Làbarach, *aid*.
Laborach, *fir* → Làbarach, *fir*.
lach, *bain*: lacha.
lachan, *fir*: gáire.
lachanaich, *bain*: gáire.
lachan-gàire, *bain*: scolgháire, scairteadh gáire.
†**lachdadh**, *fir*: lachtadh.
lachdann, *aid*: donnbhuí, crón.
†**lachdannach**, *aid*: mulatach.
†**lachdas**, *fir*: lachtós.
làdach, *fir*: rois, eitleog, ultach.
Ladainn, *fir* → Laideann, *fir*.
ladar, *fir*: ladar.
ladarna, *aid*: dána.
ladarnas, *fir*: dánacht.
ladhar, *fir*: ladhar, crúb.
†**ladhrach**, *aid*: ladhrach, crúbach.
lag, *aid*: lag.
lag, *bain*: log.
lagach, *fir*: lagar.

lagachadh, *fir*: lagú.
lagaich, *br*: lagaigh.
†**lagais**, *bain*: carn aoiligh.
lagan, *fir*: logán.
lag-chridheach, *aid*: lagchroíoch.
lagchuiseach, *aid*: lagchroíoch.
lagh, *fir*: dlí.
Lagh, *fir*: Dlí.
laghach, *aid*: deas, lách, cneasta, cairdiúil.
laghadh, *fir* → lagh, *fir*.
laghail, *aid*: dleathach, dlíthiúil.
laghaileachd, *bain*: dlíthiúlacht.
laghairt, *bain*: laghairt.
laghalachd, *bain*: dlíthiúlacht.
†**lagh-chleachdach**, *aid*: dlíthiúil.
†**làib**, *fir*: láib.
Laideann, *fir*: Laidin.
Laideannach, *aid*: Laidineach.
laidh, *br* → laigh, *br*.
laidhe, *bain* → laighe, *bain*.
Laidinneach, *aid* → Laideannach, *aid*.
làidir, *aid*: láidir.
†**làidireachd**, *bain*: láidreacht.
làidrich, *br*: láidrigh.
laige, *bain*: laige.
laigh, *br*: luigh.
laighe, *bain*: luí.
laighe, *fir* → laighe, *bain*.
laigheachan, *fir*: luíochán.
laigse, *bain*: laige.
làimh, *db*: lámh.
†**làimh-inneach**, *fir*: láimhíneach, ochtapas.
làimhseachadh, *fir*: láimhseáil, próiseáil.
làimhsich, *br*: láimhseáil, próiseáil.
laimrig, *bain*: caladh, lamairne.
lainnir, *bain*: loinnir.
lainnireach, *aid*: lonrach.
lainns, *fir*: seoladh.
lainntear, *fir*: laindéar.
lainntir, *fir* → lainntear, *fir*.
làir, *bain*: láir.
†**làir-bhreabaidh**, *bain*: capall luascáin.
†**làir-mhaide**, *bain*: capall corrach.
†**laisgeanta**, *aid*: loisceanta.
laiste, *aid*: lasta.
Laitbhe, *bain*: Laitvia.
†**Laitbheach**, *aid*: Laitviach.
†**Laitbheach**, *fir*: Laitviach.
Laitbheis, *bain*: Laitvis.
Laitbhis, *bain* → Laitbheis, *bain*.
làitheil, *aid*: laethúil.
làithreach, *aid*: reatha, láithreach.
†**laitis**, *bain*: laitís.

làmh — làthr

làmh, *bain*: lámh.
làmhach, *aid*: deaslámhach.
làmhach, *fir* → làmhachd, *bain*.
làmhachas-làidir, *fir*: lámh láidir, foréigean.
†**làmhachd**, *bain*: lámhach, caitheamh.
làmhadh, *fir* → làmhagh, *bain*.
làmhag, *bain* → làmhagh, *bain*.
làmhagh, *bain*: tua dhóide.
làmhainn, *bain*: lámhainn.
làmh-an-uachdair, *bain*: lámh in uachtar.
†**làmhchair**, *aid*: deaslámhach.
làmh-choille, *bain*: banlámh.
làmh-dhèanta, *aid*: lámhdhéanta.
†**làmhnan**, *fir*: lamhnán.
làmh-sgrìobhadh, *fir*: lámhscríbhneoireacht.
làmh-sgrìobhainn, *bain*: lámhscríbhinn.
lampa, *bain*: lampa.
†**lamprag**, *bain*: lampróg.
làn, *aid*: lán.
làn, *fir*: lán.
lànachd, *bain*: láine.
lanaig, *bain*: lána.
†**làn-chumhachdach**, *aid*: lánchumhachtach.
†**làn-chumhachdach**, *fir*: lánchumhachtóir.
làn-fhiosrachadh, *fir*: cinntiú.
làn-fhiosraich, *br*: cinntigh.
langa, *bain*: langa.
langaid, *bain*: laincis.
langan, *fir*: búireach, glamaíl, géimneach.
langanaich, *bain*: búireach, glamaíl, géimneach.
langasaid, *bain*: tolg.
làn-mara, *fir*: lán mara.
lann, *bain*: lann.
lannach, *aid*: lannach.
†**lannachadh**, *fir*: lannú.
lannaich, *br*: lannaigh.
lann-cluiche, *bain*: staid, staidiam.
†**làn-nòta**, *fir*: lán-nóta.
lannsa, *bain*: lansa.
lannsair, *fir*: lansaí.
lannsaireachd, *bain*: máinliacht.
lanntair, *fir* → lainntear, *fir*.
†**làn-stad**, *fir*: lánstad.
†**lantanum**, *fir*: lantanam.
làn-thaic, *bain*: lántacaíocht.
làn-thìde, *aid*: lánaimseartha.
làn-ùine, *aid*: lánaimseartha.
là-obrach, *fir*: lá oibre.
laoch, *fir*: laoch.
laochail, *aid*: laochta.
laochan, *fir*: laoch.
laogh, *fir*: lao.
laoidh, *bain*: iomann.
laoidheadair, *fir*: cumadóir iomann.
laom, *fir*: laom.
laomadh, *fir*: sceitheadh.
lapach, *aid*: lag.
Laplannach, *fir*: Laplannach.
làr, *fir*: urlár, talamh.
làrach, *bain*: láthair, suíomh, láithreán.
†**làrach-chorraige**, *bain*: méarlorg.
làrach-lìn, *bain*: suíomh.
làrach-linn, *bain* → làrach-lìn, *bain*.
làrach-sgudail, *bain*: láithreán bruscair.
làraidh, *bain*: leoraí.
larbha, *bain*: larbha.
†**larbhach**, *aid*: larbhach.
làrna-mhàireach, *db*: lá arna mhárach.
las, *br*: las.
lasachadh, *fir*: maolú, lascaine.
lasadair, *fir*: lastóir, lasán.
lasadh, *fir*: lasadh.
lasaich, *br*: maolaigh.
lasair, *bain*: lasair.
la-saor, *fir* → saor-latha, *fir*.
lasarra, *aid*: lasartha.
lasgaire, *fir*: gaige.
lasgan, *fir*: racht.
†**lasganaich**, *bain*: béicíl.
lasrach, *aid*: lasrach.
lastaig, *aid*: leaisteach.
lastaig, *bain*: leaistic.
Latbhia, *bain* → Laitbhe, *bain*.
lath, *fir* → là, *fir*.
lath, *br*: préach.
lath', *fir* → là, *fir*.
latha, *fir* → là, *fir*.
latha-breith, *fir*: breithlá.
làthach, *bain*: clábar, lathach, puiteach.
latha-fèille, *fir*: lá fhéile.
latha-fosglaidh, *fir*: lá tionscnaimh.
làthaich, *bain* → làthach, *bain*.
làthail, *aid*: laethúil.
làthair, *bain*: láthair.
làthaireach, *aid*: láithreach.
làthaireachd, *bain*: láithreacht.
làthaireil, *aid* → làthaireach, *aid*.
latha-obrach, *fir* → là-obrach, *fir*.
latheigin, *db*: lá éigin.
†**Làthosach**, *aid*: Laosach.
†**Làthosach**, *fir*: Laosach.
†**Làthosais**, *bain*: Laoisis.
làthr, *bain* → làthair, *bain*.

le, *réamh*: le.
leaba, *bain* → leabaidh, *bain*.
leabachadh, *fir*: leabú.
lèabag, *bain*: leadhbóg.
leabaich, *br*: leabaigh.
leabaidh, *bain*: leaba.
leabhar, *fir*: leabhar.
†**leabhar-cheangladh**, *fir*: leabharcheangal.
leabhar-chlàr, *fir*: clár leabhar, leabharliosta.
leabhar-d, *fir*: ríomhleabhar.
leabhar-eachdraidh, *fir*: leabhar staire.
leabhar-fhreagairt, *fir*: freagarleabhar.
leabhar-freagairt, *fir* → leabharfhreagairt, *fir*.
leabhar-iùil, *fir*: treoirleabhar.
leabhar-là, *fir* → leabhar-latha, *fir*.
leabhar-làimhe, *fir*: lámhleabhar.
leabharlann, *fir*: leabharlann.
leabharlannaiche, *fir*: leabharlannaí.
leabhar-latha, *fir*: dialann.
leabhar-lìn, *fir*: blag.
leabhar-nòtaichean, *fir*: leabhar nótaí.
leabhar-obrach, *fir*: leabhar oibre.
leabhar-raoin, *fir*: leabhar nótaí.
†**leabhar-seòlaidh**, *fir*: leabhar seoltaí, eolaire.
leabhar-sgrìobhaidh, *fir*: breacleabhar.
leabhar-sheicichean, *fir*: seicleabhar.
leabhrachan, *fir*: paimfléad, leabhrán.
leabhran, *fir*: leabhrán.
leabuidh, *bain* → leabaidh, *bain*.
leac, *bain*: leac.
leacach, *aid*: leacach.
leacag, *bain*: leacán, leacóg, tíl.
†**leacanaich**, *br*: leacaigh.
leac-croise, *bain*: crosleac.
leachd, *bain* → leac, *bain*.
leac-uaighe, *bain*: leac uaighe.
leadaidh, *bain*: bean.
†**leadaig**, *bain*: leadóg.
leag, *br*: leag.
†**leagaid**, *fir*: leagáid.
leagail, *bain*: leagan.
leagan, *fir* → leagail, *bain*.
leagh, *br*: leáigh.
leaghadair, *fir*: leádóir.
leaghadh, *fir*: leá.
leaghte, *aid*: leáite.
leagta, *aid* → leagte, *aid*.
leagte, *aid*: leagtha.
leam, *réamh*: liom.
lèama, *fir*: leama.
leamh, *aid*: leamh.

leamhaich, *br*: ciap, cráigh.
leamhan, *fir*: leamhán.
†**leamhnagan**, *fir*: sleamhnán.
†**leamur**, *bain*: léamar.
lean, *br*: lean.
leanabachas, *fir* → leanabachd, *bain*.
leanabachd, *bain*: leanbaíocht.
leanabaidheachd, *bain* → leanabachd, *bain*.
leanabail, *aid*: leanbaí.
leanabalachd, *bain* → leanabachd, *bain*.
leanaban, *fir*: naíonán, leanbh.
leanabanachd, *bain* → leanabachd, *bain*.
leanabas, *fir* → leanabachd, *bain*.
leanabh, *fir*: naíonán, leanbh.
lèanag, *bain*: léana.
†**leanaich**, *br*: leacaigh.
leanailteach, *aid*: greamaitheach, díograiseach, leanúnach.
leanailteachd, *bain* → leantainneachd, *bain*.
leanmhainn, *fir* → leantainn, *bain*.
leanmhainneach, *aid*: leantach.
leanmhainneachd, *bain* → leantainneachd, *bain*.
leanmhuinn, *bain* → leantainn, *bain*.
leann, *fir*: leann, beoir.
†**leannaich**, *br*: athlas.
leannan, *fir*: leannán.
leannanachd, *bain*: leannántacht, suirí.
leann-dubh, *fir*: lionn dubh, dúlionn.
leanntain, *bain* → leantainn, *bain*.
leanntainn, *bain* → leantainn, *bain*.
leansgeul, *fir*: sraithscéal.
leantach, *aid*: leantach.
leantail, *bain* → leantainn, *bain*.
leantaileach, *aid* → leantainneach, *aid*.
leantaileachd, *bain* → leantainneachd, *bain*.
leantain, *bain* → leantainn, *bain*.
leantainn, *bain*: leanúint.
leantainneach, *aid*: leanúnach.
leantainneachd, *bain*: leanúnachas.
†**leantair**, *fir*: leantóir.
leantalach, *aid*: leanúnach, ainsealach.
leantalachas, *fir* → leantainneachd, *bain*.
leantalachd, *bain* → leantainneachd, *bain*.
leantanas, *fir* → leantainneachd, *bain*.
leantuinn, *bain* → leantainn, *bain*.
leapaidh, *bain* → leabaidh, *bain*.
†**learag**, *bain*: learóg.
learg, *bain*: learg, lóma.
leas, *fir*: leas.

leasachadh   leòr

leasachadh, *fir*: forbairt.
†**leasachadh-fala**, *fir*: fuilaistriú.
leasachair, *fir* → leasaiche, *fir*.
leasaich, *br*: leasaigh, feabhsaigh, réitigh, forbair.
leasaiche, *fir*: teiripeoir.
leasaichte, *aid*: leasaithe, feabhsaithe.
leas-ainm, *fir*: leasainm.
leasan, *fir*: ceacht.
leasbach, *aid*: leispiach.
leasbach, *fir*: leispiach.
leas-oifigear, *fir*: leasoifigeach.
†**Leasotach**, *aid*: Leosótach.
†**Leasotach**, *fir*: Leosótach.
Leasoto, *bain*: Leosóta.
leasradh, *fir*: leasrach.
leas-rìgh, *fir*: leasrí.
leas-stiùiriche, *fir*: leas-stiúrthóir.
leat, *réamh*: leat.
leatas, *fir*: leitís.
leath', *réamh* → leatha, *réamh*.
leatha, *réamh*: léi.
leathad, *fir*: fána.
leathan, *aid* → leathann, *aid*.
leathann, *aid*: leathan.
leathar, *fir*: leathar.
leatrom, *fir*: leatrom.
leatromach, *aid*: leatromach, torrach.
lebaidh, *bain* → leabaidh, *bain*.
Lebanon, *bain*: an Liobáin.
led, *sealbh*: le do.
leibh, *réamh*: libh, leat.
leibheil, *bain*: leibhéal.
leibideach, *aid*: leibideach.
leifteanant, *fir*: leifteanant.
leig, *br*: lig.
lèige, *bain*: léig.
leigeadh, *fir*: ligean.
leigeal, *bain* → leigeil, *bain*.
leigeil, *bain*: ligean.
lèigh, *fir*: lia.
leigheas, *fir*: leigheas.
leigheas-inntinn, *fir*: síciatracht.
lèigheil, *aid*: leighis.
†**lèigh-eòlas**, *fir*: míochaine.
leighis, *br*: leigheas.
†**lèigh-lann**, *bain*: lialann, obrádlann.
lèigh-losgadh, *fir*: forloscadh.
†**leigian**, *fir*: léigiún.
lèine, *bain*: léine.
lèineag, *bain*: léinteog.
†**lèine-aifrinn**, *bain*: léine Aifrinn, ailb.
†**lèine-mharbh**, *bain*: taisléine.
lèine-T, *bain*: t-léine.

leinn, *réamh*: linn.
lèir, *aid*: léir.
lèir, *br*: céas.
lèir-chlaistinneach, *aid*: closamhairc.
†**lèireachadh**, *fir*: léiriú.
lèireas, *fir*: infheictheacht.
lèirmheas, *fir*: léirmheas.
lèirmheasaiche, *fir*: léirmheastóir.
lèirsgrios, *fir*: léirscrios.
lèirsgrios, *br*: léirscrios.
lèir-shealbhachd, *bain*: monaplacht.
lèirsinn, *bain*: léargas, radharc.
lèirsinneach, *aid*: radharcach.
lèirsinneachd, *bain*: léirstean.
leis, *réamh*: leis.
leis, *réamh*: leis.
leisbeach, *aid* → leasbach, *aid*.
leisbeach, *fir* → leasbach, *fir*.
leisg, *aid*: leisciúil, falsa.
leisge, *bain*: leisce.
leisgeadair, *fir*: leisceoir.
leisgean, *fir*: leisceoir.
leisgeul, *fir*: leithscéal.
†**leiteachas**, *fir*: leatrom.
†**leitheach-slighe**, *db*: leath slí, leath bealaigh.
leithid, *bain*: leithéid.
†**lèithne**, *bain*: leithne.
†**leithnich**, *br*: leathnaigh.
leitir, *bain*: leitir.
lem, *sealbh*: le mo.
lem, *réamh*: leis an.
le'm, *sealbh* → lem, *sealbh*.
len, *sealbh*: lena.
len, *réamh*: leis an.
le'n, *sealbh* → len, *sealbh*.
leo, *réamh* → leotha, *réamh*.
leòbag, *bain* → lèabag, *bain*.
Leòdhas, *fir*: Leòdhas.
Leòdhasach, *aid*: Leòdhasach.
Leòdhasach, *fir*: Leòdhasach.
leòinte, *aid* → leònte, *aid*.
†**leòinteach**, *fir*: taismeach.
leòm, *bain*: uabhar.
leòmach, *aid*: bródúil.
leòman, *fir*: leamhan.
leòmann, *fir* → leòman, *fir*.
leòmhan, *fir* → leòmhann, *fir*.
leòmhann, *fir*: leon.
†**leòmhann-mara**, *fir*: mór-rón.
leòn, *fir*: leonadh, díobháil.
leòn, *br*: leon, gortaigh.
leònadh, *fir*: leonadh.
leònte, *aid*: leonta.
leòr, *aid*: leor.

leòr, *bain*: leor.
leòsan, *fir*: pána, gloine.
leotha, *réamh*: leo.
ler, *sealbh*: lenár.
le'r, *sealbh* → ler, *sealbh*.
leth, *fir*: leath.
leth-aon, *fir*: leathchúpla.
lethbhreac, *fir*: cóip.
lethbhreac-glèidhidh, *fir*: cúltaca.
leth-bhreith, *bain*: leithcheal.
lethbhreitheachd, *bain* → leth-bhreith, *bain*.
†**leth-bhruich**, *br*: cnagbhruith.
†**leth-bhruicheadh**, *fir*: cnagbhruith.
leth-chadal, *fir*: leathchodladh.
leth-chaman, *fir*: leathchamán.
†**lethchar**, *db*: ábhairín, pas beag.
leth-chas, *bain*: leathchos.
lethcheann, *fir*: leiceann.
leth-chearcall, *fir*: leathchiorcal.
leth-cheud, *fir*: leathchéad, caoga.
lethchiallach, *fir*: leathdhuine.
†**leth-chothrom**, *fir*: faill na feannóige.
leth-chruinne, *bain*: leathchruinne.
†**leth-chrùn**, *fir*: leathchoróin.
leth-chuairt, *bain*: leathchiorcal.
†**leth-dhorcha**, *aid*: leathdhorcha.
leth-dhorchadas, *fir*: leathdhorchadas.
letheach, *aid*: leath.
leth-eilean, *fir*: leithinis.
leth-fhacal, *fir*: leathfhocal.
lethid, *bain* → leithid, *bain*.
leth-innis, *bain*: leithinis.
†**leth-làmh**, *bain*: leathlámh.
leth-marathon, *fir* → leth-mharaton, *fir*.
leth-mharathon, *fir* → leth-mharaton, *fir*.
†**leth-mharaton**, *fir*: leathmharatón.
leth-mharbh, *aid*: leathmharbh.
leth-mhìle, *fir*: leathmhìle.
leth-mhillean, *fir*: leathmhilliún.
lethoireach, *aid*: leithliseach.
†**lethoireachd**, *bain*: leithlisiú.
leth-phinnt, *fir*: leathphionta.
†**leth-phunnd**, *fir*: leathphunt.
lethrann, *bain*: leatrann.
lethsgeul, *fir* → leisgeul, *fir*.
leth-shùil, *bain*: leathshúil.
leth-taobh, *fir*: leataobh.
leth-uair, *bain*: leathuair.
leud, *fir*: leithead.
leudachadh, *fir*: leathnú, síneadh.
leudachd, *bain*: raon.
leudaich, *br*: leathnaigh.
leudaichte, *aid*: leathnaithe.
†**leud-bainne**, *fir*: bandaleithead.

leug, *bain*: seoid.
leugach, *aid*: seodmhar.
†**leugart**, *fir*: léigear.
leugh, *br*: léigh.
leughadair, *fir*: léitheoir.
leughadar, *fir* → leughadair, *fir*.
leughadh, *fir*: léamh.
leum, *bain*: léim.
leum, *br*: léim.
leumadaich, *bain*: léimneach.
leumadair, *fir*: léimneoir.
leum droma, *bain*: lumbágó.
leumnaich, *bain* → leumadaich, *bain*.
†**leumnaiche**, *fir*: léimneoir.
leus, *fir*: léas.
leusair, *fir*: léasar.
Lewisianach, *aid*: Leodhaiseach.
lì, *bain* → lith, *bain*.
liac, *br*: smear.
liacradh, *fir*: smearadh.
liagh, *bain*: bos, liach.
Liam, *fir*: Liam.
†**liasag**, *bain*: dias.
liath, *aid*: liath.
liath, *br*: liath.
liath-reothadh, *fir*: liathreo.
Lib-Deamach, *aid*: Daonlathach Liobrálach.
Lib-Deamach, *fir*: Daonlathaí Liobrálach.
libearalach, *aid*: liobrálach.
libearalach, *fir*: liobrálaí.
Libéir, *bain* → Libiria, *bain*.
†**Libèireach**, *aid*: Libéarach.
†**Libèireach**, *fir*: Libéarach.
Libeiria, *bain* → Libiria, *bain*.
liberalach, *aid* → libearalach, *aid*.
liberalach, *fir* → libearalach, *fir*.
Liberia, *bain* → Libiria, *bain*.
libh, *réamh* → leibh, *réamh*.
★**lìbhrig**, *br*: seachaid.
lìbhrigeadh, *fir*: seachadadh.
Libia, *fir*: an Libia.
†**Libiria**, *bain*: an Libéir.
lic, *bain* → leac, *bain*.
†**licear**, *fir*: licéar.
†**Lichtenstein**, *fir*: Lichtinstéin.
lide, *fir*: siolla.
lideadh, *fir* → lide, *fir*.
Liechtenstein, *fir* → Lichtenstein, *fir*.
lìg, *bain* → liog, *bain*.
lighich, *fir* → lighiche, *fir*.
lighiche, *fir*: lia, dochtúir.
lighiche-inntinn, *fir*: síciatraí.
lilidh, *bain*: lile.
†**lìneachadh**, *fir*: líniú.

lìnich / lochan

lìnich, *br*: línigh.
lìnig, *br*: líneáil.
lìnigeadh, *fir*: líneáil.
linn, *bain*: linn, aois.
linn, *réamh* → leinn, *réamh*.
linne, *bain* → linn, *bain*.
†**liobarnach**, *aid*: liobarnach.
liobasta, *aid*: liobarnach.
†**liodraig**, *br*: leadair.
lioft, *fir*: síob, ardaitheoir.
lìog, *bain*: sraith.
†**lìogach**, *aid*: slítheánta.
†**Liogùrach**, *aid*: Ligiúrach.
†**Liogùrach**, *fir*: Ligiúrach.
liom, *réamh* → leam, *réamh*.
liomaid, *bain*: líomóid.
lìomh, *bain*: snas.
lìomh, *br*: líomh, snasaigh.
†**lìomhachd**, *bain*: líofacht.
†**lìomhadair**, *fir*: líomhadóir.
lìomhadh, *fir*: líomhadh.
†**lìomhan**, *fir*: líomhán.
lìomharra, *aid*: snasta, líofa.
lìon, *fir*: líon.
lìon, *br*: líon.
lìonadh, *fir*: líonadh.
†**lìonadh-beàrn**, *fir*: barrsceach.
lìonanach, *aid*: scannánach.
lìonanach, *fir*: glasán.
lìoncs, *fir*: lincse.
lìonmhoireachd, *bain* → lìonmhorachd, *bain*.
lìonmhor, *aid*: líonmhar.
lìonmhorachd, *bain*: líonmhaireacht.
lionn, *fir*: lionn, leacht.
lionn-dubh, *fir*: lionn dubh.
lìonra, *fir*: líonra.
lìonradh, *fir* → lìonra, *fir*.
lìonra-rèile, *fir*: gréasán iarnród.
liopa, *fir* → liopag, *bain*.
†**liopag**, *bain*: liopa.
liopard, *fir*: liopard.
lios, *bain*: garraí, gairdín.
lìos, *fir*: léas.
Liosach, *aid*: Liosach.
Liosach, *fir*: Liosach.
liosdachd, *bain* → liostachd, *bain*.
liost, *bain* → liosta, *bain*.
liosta, *aid*: liosta.
liosta, *bain*: liosta.
liosta-bucaid, *bain*: liosta buicéid.
†**liostachd**, *bain*: liostacht.
†**liosta-chiùil**, *bain*: seinmliosta.
liostadh, *fir*: liosta.

liostaich, *br*: liostaigh.
liotach, *aid*: briotach.
†**liotaiche**, *fir*: briotaire.
liotair, *fir*: lítear.
†**liotan**, *fir*: liodán.
liotmas, *fir*: litmeas.
Liotuàinia, *fir* → Lituàinia, *fir*.
lip, *bain*: liopa.
†**lipeag**, *bain*: lipéad.
†**lìrean**, *fir*: alga.
liric, *bain*: liric.
liriceach, *aid*: liriceach.
†**liriceachd**, *bain*: liriceacht.
lista, *bain* → liosta, *bain*.
lite, *bain*: leite.
litearail, *aid* → litireil, *aid*.
litearra, *aid*: liteartha.
litearrachd, *bain*: litearthacht.
litearras, *fir* → litearrachd, *bain*.
lith, *bain*: lí.
litir, *bain*: litir.
litireachd, *bain* → litearrachd, *bain*.
litireil, *aid*: litriúil.
litir-naidheachd, *bain*: nuachtlitir.
litreachadh, *fir*: litriú.
litreachail, *aid*: liteartha.
litreachas, *fir*: litríocht.
litrich, *br*: litrigh.
Lituàinia, *fir*: an Liotuáin.
liubhair, *br*: tabhair, bronn, seachaid.
liubhairt, *bain*: seachadadh.
liùdhag, *bain*: bábóg.
liùg, *br*: sleamhnaigh.
liùgach, *aid*: táiríseal, cithréimeach.
†**liùgh**, *bain*: mangach.
liugha, *aid* → lugha, *aid*.
liut, *bain*: bua.
liuthad, *db*: oiread.
lobaidh, *bain*: forsheomra.
lobh, *br*: lobh.
lobhadh, *fir*: lobhadh.
lobhar, *fir*: lobhar.
†**lobharach**, *aid*: lobhrach.
lobhrach, *aid* → lobharach, *aid*.
lobht, *fir* → lobhta, *fir*.
lobhta, *fir*: lochta.
lobhte, *aid*: lofa.
locair, *bain*: locar.
locair, *br*: locair.
†**locas**, *fir*: lócas.
locast, *fir*: lócaiste.
loch, *bain*: loch.
Loch, *bain*: Loch.
†**lochal**, *fir*: lochall.
lochan, *fir*: lochán.

lochd — luaidh

lochd, *fir*: locht.
lochdach, *aid*: lochtach.
lochdan, *fir*: néal codlata.
Lochlann, *bain*: Lochlainn.
Lochlannach, *aid*: Lochlannach.
Lochlannach, *fir*: Lochlannach.
Lochlannais, *bain*: Lochlainnis.
loch-mara, *fir*: loch mara.
lòchran, *fir*: lóchrann.
loco, *fir*: traein.
†**locradh**, *fir*: locrú.
lòd, *fir*: lód.
lodan, *fir*: lodán.
lof, *bain*: builín.
loga, *fir*: loga.
logadh, *fir*: logáil.
logaidh, *fir*: glib.
†**loghadh**, *fir*: logha, loghadh.
lòghmhor, *aid*: lonrach, soilseach.
†**loichead**, *fir*: lóchrann.
loidhne, *bain*: líne.
loidhneach, *aid*: líneach.
loidhne-rèile, *bain*: líne iarnróid.
loidhne-thilgidh, *bain*: líne theilgeach.
loidhne-trama, *bain*: trambhealach.
loidse, *bain*: lóiste.
loidseadh, *fir*: lóistín.
loidsear, *fir*: lóistéir.
loidsig, *bain*: loighic.
loidsigeach, *aid*: loighciúil.
loighne, *bain* → loidhne, *bain*.
†**loiliopop**, *fir*: líreacán.
†**lòineag**, *bain*: calóg shneachta.
loingeas, *fir*: loingeas.
loingseach, *fir*: loingseach.
loinid, *bain*: loine.
lòinidh, *bain*: réamatacht.
loinn, *bain*: áilleacht, galántacht, cuannacht.
loinne, *bain*: loinnir.
†**loinnear**, *fir*: loinnir.
loinneil, *aid*: galánta.
loinnreach, *aid*: lonrach.
†**loireach**, *aid*: salach.
loireag, *bain*: pancóg, síofra uisce.
loisg, *br*: loisc.
loisgeach, *aid*: loiscneach.
†**loisgire**, *fir*: loisceoir.
loisgte, *aid*: loiscthe, dóite.
†**loistean**, *fir*: lóistín.
lom, *aid*: lom.
lom, *br*: lom.
†**lomadair**, *fir*: lomaire.
lomadh, *fir*: lomadh.
lomair, *br*: lomair.

†**lomaire**, *fir*: lomaire.
loma-làn, *aid*: lomlán.
†**lomhainn**, *bain*: lomhain.
lom-làn, *aid* → loma-làn, *aid*.
lomnochd, *aid*: lomnocht.
lomnochd, *bain*: lomnochtacht.
†**lomrach**, *aid*: lomrach.
lomradh, *fir*: lomairt.
lon, *fir*: lon.
lòn, *fir*: lón, lochán.
lon-dubh, *fir*: lon dubh.
long, *bain*: long.
long-bhriseadh, *fir*: longbhriseadh.
long-chogaidh, *bain*: long chogaidh.
long-fànais, *bain*: spáslong.
long-fo-mhuir, *bain*: fomhuireán.
†**long-lann**, *bain*: longlann.
lorg, *bain*: lorg, cuardach.
lorg, *br*: aimsigh.
lorgair, *fir*: lorgaire.
†**lorgaireachd**, *bain*: bleachtaireacht, spiaireacht, lorgaireacht.
lorg-coise, *bain*: lorg coise.
los, *cónasc*: chun.
lòsan, *fir* → leòsan, *fir*.
losg, *br* → loisg, *br*.
losgadh, *fir*: loscadh.
losgadh-bràghad, *fir*: loscadh daighe.
losgadh na grèine, *fir*: loscadh gréine.
losgann, *fir*: frog, loscann.
losg-bhra-teine, *bain*: sciotairín uisce.
lot, *bain*: gabháltas.
lot, *fir*: lot.
lot, *br*: loit.
loth, *bain*: searrach.
luach, *fir*: luach.
†**luachadair**, *fir*: luachálaí.
luachadh, *fir*: luacháil.
luachaich, *br*: luacháil.
luachair, *bain*: luachair.
luachaireachd, *bain* → luachmhorachd, *bain*.
luach-leasaichte, *aid*: breisluacha.
Luach-Leasaichte, *aid*: Breisluacha.
luachmhoireachd, *bain* → luachmhorachd, *bain*.
luachmhor, *aid*: luachmhar.
†**luachmhorachd**, *bain*: luachmhaireacht.
luadh, *fir*: úcadh.
luadhadh, *fir*: úcadh.
luaghsaich, *br* → lùdhaig, *br*.
luaidh, *fir*: lua, trácht, athfhriotal.
luaidh, *br*: luaigh.

luaidhe   lus a' chalmain

luaidhe, *bain*: luaidhe.
luaidrean, *fir*: fánaí.
luaineach, *aid*: luaineach.
luaineachd, *bain*: luaineacht.
luaireag, *bain*: gearr róid.
luaisg, *br*: luasc.
luaisgeach, *aid*: luascach.
luaisgeanach, *aid*: corrthónach.
†**luaisgeanair**, *fir*: ascaltóir, luascaire.
luaithead, *fir*: luaithe.
luaithre, *bain*: luaithreach.
luaithreach, *aid*: luaithriúil.
luamhan, *fir*: luamhán.
luas, *fir* → luaths, *fir*.
luasaich, *br* → lùdhaig, *br*.
luasgadh, *fir*: luascadh.
luasgan, *fir*: luascadh.
luath, *aid*: luath, mear, gasta, sciobtha.
luathaich, *br*: luathaigh, luasghéaraigh.
luathaireach, *aid*: luath.
luathas, *fir* → luaths, *fir*.
luathas-teichidh, *fir* → luaths-teichidh, *fir*.
luathghair, *fir* → lùghair, *fir*.
luaths, *fir*: luas.
luathsaich, *br* → lùdhaig, *br*.
†**luaths-teichidh**, *fir*: treoluas éalaithe.
lùb, *bain*: lúb, cuar.
lùb, *br*: lúb.
lùbach, *aid*: lúbach.
†**lùbachd**, *bain*: lúbacht.
lùbadh, *fir*: lúbadh.
lùban, *fir*: lúbán.
lùbte, *aid*: lúbtha, cuartha.
luch, *bain*: luch.
luchag, *bain*: luch.
lùchairt, *bain*: pálás.
†**lucharan**, *fir*: lucharachán.
luchd, *fir*: lucht.
luchdachadh, *fir*: luchtú.
†**luchdachadh-a-nuas**, *fir*: íosluchtú.
luchdadh, *fir* → luchdachadh, *fir*.
luchdaich, *br*: luchtaigh.
†**luchdair**, *fir*: lastóir.
luchdmhor, *aid*: luchtmhar.
†**luch-fheòir**, *bain*: luch fhéir.
Lucsamburg, *bain* → Lugsamburg, *fir*.
lùdach, *fir*: lúdrach.
lùdag, *bain*: inse, lúidín.
lùdan, *fir* → lùdag, *bain*.
lùdhaig, *br*: lig, ceadaigh.
luga, *bain*: lugach.
lugh', *aid* → lugha, *aid*.

lugha, *aid*: lú.
lughad, *bain*: laghad.
lùghaich, *br* → lùdhaig, *br*.
†**lùghair**, *fir*: lúcháir.
lughasaich, *br* → lùdhaig, *br*.
lùghdachadh, *fir*: laghdú.
lùghdaich, *br*: laghdaigh.
Lugsamburg, *fir*: Lucsamburg.
†**Lugsamburgach**, *aid*: Lucsamburgach.
†**Lugsamburgach**, *fir*: Lucsamburgach.
luib, *bain* → lùb, *bain*.
luibh, *bain*: luibh.
luibheanach, *aid*: luibhe, luibheach.
luibheanach, *fir*: luifearnach.
luibh-eòlaiche, *fir*: luibheolaí.
luibh-eòlas, *fir*: luibheolaíocht.
luibhre, *bain*: lobhra.
luid, *bain*: luid.
luideach, *aid*: míshlachtmhar, giobach.
luideag, *bain*: giodal, luideog.
luidh, *br* → laigh, *br*.
luidhe, *bain* → laighe, *bain*.
luidhear, *bain*: simléar.
lùig, *br*: iarr.
luigheachd, *bain*: luaíocht.
luigheasaich, *br* → lùdhaig, *br*.
luighig, *br* → lùdhaig, *br*.
luim, *fir*: seift.
luime, *bain*: loime.
†**luimneach**, *fir*: luimneach.
Luimneach, *fir*: Luimneach.
luingearachd, *bain*: loingseoireacht, mairnéalacht.
luingeas, *fir* → loingeas, *fir*.
Luinneach, *aid*: Luinneach.
Luinneach, *fir*: Luinneach.
luinneag, *bain*: loinneog, amhrán.
lùireach, *bain*: lúireach.
luirg, *bain*: lorga.
luis, *bain*: luis.
luma-làn, *aid* → loma-làn, *aid*.
†**luman**, *fir*: luman.
lumha-làn, *aid* → loma-làn, *aid*.
Lunasdal, *fir* → Lùnastal, *fir*.
Lùnastal, *fir*: Lúnasa.
Lunnainn, *bain*: Londain.
lunndair, *fir*: leisceoir.
lur, *sealbh*: le bhur.
lurach, *aid*: álainn, deas, breá.
lurc, *fir*: roc.
lurg, *bain* → luirg, *bain*.
lurgann, *bain*: lorga.
lus, *fir*: lus.
†**lusach**, *aid*: lusach.
lus a' chalmain, *fir*: lus an choilm.

lus a' chrom-chinn, *fir*: lus an chrom-chinn.
lus an leanna, *fir*: leannlus.
lus an rìgh, *fir*: lus mhic rí.
†**lusgair**, *fir*: uaimheach.
†**lusgaireach**, *aid*: uaimheach.
lus-iteach, *fir*: cleiteach mhara.
†**lus-itheadair**, *fir*: luibhiteoir.
lus na Fraing, *fir*: franclus.
lus na gealaich, *fir*: luanlus.
lus nam ban-sìth, *fir*: lus na mban sí.
lus nan cluas, *fir*: buachaill tí, mionán.
lus nan coinnlean gorma, *fir*: bú.
lus nan laogh, *fir*: lus na lao.
lusrach, *fir*: lusra.
lùth, *fir*: fuinneamh, lúth.
luthaig, *br* → lùdhaig, *br*.
†**lùthaireachd**, *bain*: lúfaireacht, aclaíocht.
luthasaich, *br* → lùdhaig, *br*.
lùth-chleas, *fir*: lúthchleas.
lùth-chleasachd, *bain*: lúthchleasaíocht.
lùth-chleasaiche, *fir*: lúthchleasaí.
lùthmhor, *aid*: lúfar.
lùths, *fir*: lúth, fuinneamh.

M

'm, *alt* → am, *alt*.
†m', *sealbh*: mo.
ma, *cónasc*: má.
ma, *sealbh*: faoina.
m'a, *sealbh* → ma, *sealbh*.
màb, *br*: cáin.
mabach, *aid*: stadach.
màbte, *aid*: loite, réabtha.
mac, *fir*: mac.
Macadoin, *bain* → Masadon, *bain*.
mac-alla, *fir* → mac-talla, *fir*.
mac-allaidh, *fir* → mac-talla, *fir*.
mac-an-aba, *fir*: mac an daba.
mac-an-duine, *fir*: mac an duine.
macanta, *aid*: ceansa.
macantachd, *bain*: ceansacht.
macaroni, *fir*: macarón.
mac bràthar, *fir*: mac dearthár.
mach, *db* → a-mach, *db*.
'mach, *db* → a-mach, *db*.
machair, *bain*: machaire, gort.
machlag, *bain*: broinn, maclog, útaras.
mac-meanmainn, *fir* → mac-meanmna, *fir*.
mac-meanmna, *fir*: samhlaíocht.
mac-meanmnach, *aid*: samhailteach, samhlaíoch.
mac-mic, *fir*: garmhac.
†macnasach, *aid*: macnasach.
mac peathar, *fir*: mac deirféar.
mac-samhail, *fir*: macasamhail.
mac-samhlachadh, *fir*: macasamhlú.
mac-talla, *fir*: macalla.
madadh, *fir*: madra.
madadh-allaidh, *fir*: madra alla, mac tíre, faolchú.
madadh-ruadh, *fir*: madra rua.
Madagascar, *bain* → Madagasgar, *bain*.
†Madagasgar, *bain*: Madagascar.
†Madagasgarach, *aid*: Madagascrach.
†Madagasgarach, *fir*: Madagascrach.
madainn, *bain*: maidin.
màdar, *fir*: madar.
ma dheidhinn, *réamh* → mu dheidhinn, *réamh*.
maduinn, *bain* → madainn, *bain*.
maerl, *fir*: méarla.
mag, *br*: spoch.
magadh, *fir*: magadh.
magail, *aid*: magúil.
†magair, *fir*: magadóir.
magairle, *bain*: magairle.
màgaran, *fir*: lámhacán.
magh, *fir*: magh, má.
maghar, *fir*: maghar.
magma, *fir*: magma.
†magnaiteachd, *bain*: maighnéadas.
†mahoganaidh, *fir*: mahagaine.
†maicreasgop, *fir*: micreascóp.
†maicreasgopach, *aid*: micreascópach.
maide, *fir*: maide.
†maide-tarsainn, *fir*: maide trasna.
maidinn, *bain* → madainn, *bain*.
maids, *fir* → maidse, *fir*.
maids, *br*: meaitseáil.
maidse, *fir*: meaits, cluiche.
màidsear, *fir*: maor.
Màigh, *bain*: Bealtaine.
maighdeann, *bain*: maighdean.
maighdeannas, *fir*: maighdeanas.
maighdeann-mhara, *bain*: maighdean mhara, murúch.
†maighdeann-phòsaidh, *bain*: cailín coimhdeachta.
maigheach, *bain*: giorria.
maighistir, *fir* → maighstir, *fir*.
maighistireachd, *bain* → maighstireachd, *bain*.
maighre, *fir*: maighre, bradán.
maighstir, *fir*: máistir.
maighstireachd, *bain*: máistreacht.
maighstir-sgoile, *fir*: máistir scoile.
màileid, *bain*: mála.
†Màilitheach, *aid*: Mailíoch.
†Màilitheach, *fir*: Mailíoch.
maille, *bain*: moill, moille.
maille, *réamh*: maille.
màille, *bain*: máille.
maillich, *br*: moilligh.

mainear / **maoiniche**

mainear, *fir*: mainéar.
mainistir, *fir*: mainistir.
mainnir, *bain*: mainnear.
mainnsear, *bain*: mainséar.
mair, *br*: mair.
mairbhteach, *aid* → marbhtach, *aid*.
Máire, *bain*: Máire.
maireach, *db* → a-màireach, *db*.
'màireach, *db* → a-màireach, *db*.
maireachdainn, *bain* → mairsinn, *bain*.
maireann, *aid*: beo, marthanach.
maireannach, *aid*: síoraí, buan.
mairg, *aid*: mairgiúil.
mairg, *bain*: mairg.
Máirín, *bain*: Máirín.
màirneal, *fir*: moill.
mairnealach, *fir*: mairnéalach.
màirnealach, *aid*: fadálach, mall.
màirnealachd, *bain*: moilleadóireacht.
mairsinn, *bain*: maireachtáil.
mairsinneach, *aid*: síoraí, buan.
mairtfheòil, *bain*: mairteoil.
mairtireach, *fir*: mairtíreach.
mais', *bain* → maise, *bain*.
maise, *bain*: maise.
maiseach, *aid*: sciamhach, maisiúil, breá, álainn.
maiseachadh, *fir*: maisiú.
maisealachd, *bain*: maisiúlacht.
maisich, *br*: maisigh.
†**maistidh**, *fir*: maistín.
maistreadh, *fir*: maistreadh.
maith, *br* → math, *br*.
maitheanas, *fir* → mathanas, *fir*.
maitheas, *fir* → mathas, *fir*.
màithreil, *aid* → màthaireil, *aid*.
†**maithteach**, *aid*: maiteach.
màl, *fir*: cíos.
mala, *bain*: mala.
màla, *fir*: mála.
Malabhaidh, *bain*: an Mhaláiv.
†**Malabhaidheach**, *aid*: Malávach.
†**Malabhaidheach**, *fir*: Malávach.
†**Maladaibheach**, *aid*: Maildíveach.
†**Maladaibheach**, *fir*: Maildíveach.
†**Malaidheach**, *aid*: Malaeisiach.
†**Malaidheach**, *fir*: Malaeisiach.
Malaidhsea, *bain*: an Mhalaeisia.
Malaidhsia, *bain* → Malaidhsea, *bain*.
malairt, *bain*: malairt, tráchtáil.
malairteach, *aid*: tráchtálach.
malairtich, *br*: malartaigh.
Malaysia, *bain* → Malaidhsea, *bain*.
màlda, *aid*: mánla.

màldachd, *bain*: mánlacht.
màl dubh, *fir*: dúmhál.
mall, *aid*: mall.
mallachadh, *fir*: mallachtach, mallacht.
mallachd, *bain*: mallacht.
mallachdach, *aid*: mallaithe.
mallaich, *br*: mallaigh.
mallaichte, *aid*: mallaithe.
†**Màlta**, *bain*: Málta.
†**Màltach**, *aid*: Máltach.
†**Màltach**, *fir*: Máltach.
màm, *bain*: mám.
màm, *fir*: mám.
mamaidh, *bain*: mamaí.
mamal, *fir*: mamach.
màm-slèibhe, *fir* → maoim-shlèibhe, *bain*.
man, *réamh* → mar, *réamh*.
m'an, *réamh* → mun, *réamh*.
ma'n, *sealbh* → mun, *sealbh*.
manach, *fir*: manach.
manachainn, *bain*: mainistir.
manadh, *fir*: tuar, taibhse.
manaidsear, *fir*: bainisteoir.
Manainn, *bain*: Manainn.
Manainneach, *aid*: Manannach.
Manainneach, *fir*: Manannach.
mandat, *fir*: sainordú.
mandrag, *bain*: mandrác.
mang, *bain*: oisín.
manndal, *fir* → mantal, *fir*.
manntal, *fir* → mantal, *fir*.
mànran, *fir*: séis, dordán.
†**mànranach**, *aid*: dordánach, siansánach.
mansa, *fir*: mansa.
†**mantag**, *bain*: mantóg.
†**mantal**, *fir*: matal.
maodal, *bain*: bolg, méadail.
maoidh, *br*: bagair.
maoidheadh, *fir*: bagairt.
maoidhean, *fir*: tionchar.
maoil, *bain*: éadan.
maoile, *bain*: maoile.
maoim, *bain*: maidhm.
maoim-shlèibhe, *bain*: maidhm shléibhe.
maoim-slèibhe, *bain* → maoim-shlèibhe, *bain*.
maoim-sneachda, *bain*: maidhm shneachta.
maoin, *bain*: maoin, sócmhainn.
maoineachadh, *fir*: maoiniú.
maoineachas, *fir*: airgeadas.
maoinich, *br*: maoinigh.
maoiniche, *fir*: airgeadaí.

maoireachd

maoireachd, *bain*: maoirseacht.
†**Maoiris**, *bain*: Maorais.
†**maoiseach**, *bain*: mósáic.
†**maoithneas**, *fir*: maoithneas.
maol, *aid*: maol.
maol, *bain*: ceann tíre.
maol, *br* → maolaich, *br*.
†**maolag**, *bain*: maoilín.
maolaich, *br*: maolaigh.
maol-oisean, *bain* → maol-oisinn, *bain*.
†**maol-oisinn**, *bain*: maoluillinn.
maor, *fir*: maor.
maorach, *fir*: maorach, sliogiasc.
maor-cladaich, *fir*: garda cósta.
Maori, *bain* → Maoiris, *bain*.
maoth, *aid*: maoth, bog.
†**maothadair**, *fir*: maothadóir.
maothaich, *br*: maothaigh.
†**maothalach**, *aid*: maothlach.
maothan, *fir*: maothán.
map, *fir* → mapa, *fir*.
mapa, *fir*: mapa.
mapadh, *fir*: mapáil.
mar, *cónasc*: mar.
mar, *sealbh*: faoinár.
mar, *réamh*: mar.
marag, *bain*: maróg.
maraiche, *fir*: maraí, mairnéalach.
maraireachd, *bain*: mairnéalacht.
mar-aon, *db*: mar aon.
mar-aon, *aid*: comhuaineach.
marasgal, *fir*: marascal.
†**marasglachadh**, *fir*: bainistiú, rialú.
marathon, *fir* → maraton, *fir*.
maraton, *fir*: maratón.
marbh, *aid*: marbh.
marbh, *fir*: marbh.
marbh, *br*: maraigh.
marbhadh, *fir*: marú.
marbhan, *fir*: marbhán.
†**marbh-dhraoidheachd**, *bain*: marbh-dhraíocht.
†**mar-bhith**, *bain*: locht.
†**marbh-lann**, *bain*: marbhlann.
†**marbhnach**, *fir*: marbhna.
marbhphaisg, *bain*: marbhfháisc.
marbhrann, *fir*: marbhna.
marbhtach, *aid*: marfach.
marcachd, *bain*: marcaíocht.
marcaich, *br*: marcaigh.
marcaiche, *fir*: marcach.
marcais, *fir*: marcas.
marcshluagh, *bain*: marcshlua.
margadh, *fir*: margadh.
margaid, *bain*: margadh.

mathas

margaideachd, *bain*: margaíocht.
margaidheachd, *bain* → margaideachd, *bain*.
margarain, *fir*: margairín.
†**màrla**, *fir*: marla.
marmalaid, *bain*: marmaláid.
màrmor, *fir*: marmar.
Maroco, *fir* → Moroco, *fir*.
màrsail, *bain*: máirseáil.
màrsaladh, *fir* → màrsail, *bain*.
marsanta, *fir*: ceannaí, trádálaí.
marsantach, *aid*: marsantach.
marsantachd, *bain*: marsantacht, marsantas, trádáil.
mart, *fir*: mart, bó.
Màrt, *fir*: Márta.
†**martanach**, *fir*: mairtíneach.
†**martarachd**, *bain*: mairtíreacht.
mar-thà, *db*: cheana féin.
†**martraich**, *br*: martraigh.
Marxachd, *bain*: Marxachas.
mas, *cop*: más.
ma's, *cop* → mas, *cop*.
màs, *fir*: más.
Masadoinia, *bain* → Masadon, *bain*.
†**Masadon**, *bain*: Macadóin.
Masadonia, *bain* → Masadon, *bain*.
mas-fhìor, *db*: mar dhea, más fíor.
masg, *fir*: masc.
maslach, *aid*: maslach.
masladh, *fir*: masla.
maslaich, *br*: maslaigh.
†**masurca**, *fir*: masúrca.
mata, *db* → ma-thà, *db*.
matamataic, *fir* → matamataig, *fir*.
matamataig, *fir*: matamaitic.
matamataigeach, *aid*: matamaiticiúil.
matamataigs, *fir* → matamataig, *fir*.
math, *aid*: maith.
math, *db*: maith.
math, *fir*: maith.
math, *br*: maith.
ma-thà, *db*: mar sin.
mathachadh, *fir*: leasú.
mathachas, *fir*: cothaitheach.
mathaich, *br*: leasaigh.
mathaid, *db*: féidir.
màthair, *bain*: máthair.
màthair-chèile, *bain*: máthair chéile.
màthaireachd, *bain*: máithreachas.
màthaireil, *aid*: máithriúil, dúchais, dhúchais.
mathan, *fir*: béar.
mathanas, *fir*: maithiúnas, pardún.
mathas, *fir*: maitheas, cáilíocht.

math dh'fhaodte, *cónasc*: seans.
màth'r, *bain* → màthair, *bain*.
meaban, *fir*: rógaire.
meacan, *fir*: meacan.
meacanaig, *fir*: meicnic.
meacanaigeach, *aid*: meicniúil.
meacan-ruadh, *fir*: raidis.
meadaigeach, *aid* → meidigeach, *aid*.
meadair, *fir* → meatair, *fir*.
†**meadhail**, *bain*: áthas, ríméad.
meadhain-ùine, *bain* → meadhan-ùine, *bain*.
meadhan, *fir*: lár, meán.
meadhanach, *aid*: cuibheasach, measartha.
meadhan-aois, *bain*: meánaois.
Meadhan-Aois, *bain*: Meánaois.
meadhan-aoiseach, *aid* → meadhan-aoiseil, *aid*.
meadhan-aoiseil, *aid*: meánaoiseach.
meadhan-chearcall, *fir*: meánchiorcal.
†**meadhan-chriosach**, *aid*: meánchriosach.
Meadhan-Chriosach, *aid*: meánchriosach.
meadhan-là, *fir*: meán lae.
meadhan-oidhche, *fir*: meán oíche.
†**meadhan-sheachnach**, *aid*: lártheifeach.
meadhan-ùine, *bain*: meántéarma.
meadh-bhlàth, *aid*: bogthe.
meadhon, *fir* → meadhan, *fir*.
meadhonach, *aid* → meadhanach, *aid*.
meadhon-aoiseil, *aid* → meadhan-aoiseil, *aid*.
meadhrach, *aid*: meidhreach.
meadrach, *aid*: méadrach.
meadrachd, *bain*: meadaracht.
Meagsago, *bain*: Meicsiceo.
meal, *br*: gráigh, adhair, bain sult as.
meal-a-naidheachd, *bain*: comhghairdeas.
meal-an-naidheachd, *bain* → meal-a-naidheachd, *bain*.
†**meal-bhuc**, *bain*: mealbhacán.
meall, *fir*: meall.
meall, *br*: meall.
meallach, *aid*: meallacach.
mealladh, *fir*: mealladh.
meallan, *fir*: millín.
†**meall-sgòrnain**, *fir*: meall brád.
meallta, *aid*: meallta.
mealltach, *aid*: mealltach.
mealltachd, *bain*: mealltacht.
mealltair, *fir*: mealltóir.

mealltaireachd, *bain*: mealltóireacht.
mealtainn, *fir*: grá, adhradh.
meamhair, *bain*: meabhair.
meamhran, *fir* → meamran, *fir*.
meamran, *fir*: scannán, veilleam.
mean, *aid* → mion, *aid*.
mèanan, *fir* → mèaran, *fir*.
mèananaich, *bain* → mèaranaich, *bain*.
meanbh, *aid*: bídeach.
†**meanbhan**, *fir*: díspeagadh.
meanbh-bhus, *fir*: mionbhus.
meanbh-chlàr, *fir*: dlúthdhiosca.
meanbhchuileag, *bain*: míoltóg.
meanbh-fhrìde, *bain*: feithid.
meanbh-rèile, *bain*: mion-iarnród.
mean-fhàs, *fir*: éabhlóid.
meang, *bain*: cáim.
meangan, *fir* → meanglan, *fir*.
meanglan, *fir*: craobh.
meanmna, *fir*: meanma.
meanmnach, *aid*: meanmnach.
meann, *fir*: meannán.
meannt, *fir*: miontas.
meantor, *fir*: meantóir.
meantraig, *br*: leomh.

✍ **mear**, *aid*: meidhreach.
mèar, *fir*: méara.
†**mearach**, *aid*: meidhreach.
mearachadh, *fir*: aimliú, mearú.
mearachd, *bain*: botún, earráid, meancóg.
mearachdach, *aid*: earráideach, mícheart.
mearag, *bain*: meieóg.
mèaran, *fir*: méanfach.
mèaranaich, *bain*: méanfach.
mearcar, *fir*: mearcair.
mèarrs, *br*: máirseáil.
mearrsadh, *fir* → màrsail, *bain*.
mèarsail, *bain* → màrsail, *bain*.
meas, *fir*: toradh, meas.
meas, *br*: meas.
measadh, *fir*: measúnacht.
measail, *aid*: ceanúil, measúil.
†**measaire**, *fir*: meastóir.
measan, *fir*: measán.
measarra, *aid*: measartha.
measarrachd, *bain*: measarthacht.
measg, *fir*: measc.
measg, *br* → measgaich, *br*.
measgachadh, *fir*: meascán, meascadh.
measgadh, *fir* → measgachadh, *fir*.
measgaich, *br*: measc.
measgaichear, *fir*: meascthóir.

measrachadh   miathalaich

†**measrachadh**, *fir*: measrú.
measraich, *br*: measraigh.
measte, *aid*: measta.
meata, *aid*: faiteach, eaglach, meata.
†**meatabalachd**, *bain*: meitibileacht.
meatafor, *fir*: meafar.
meataich, *br*: meathlaigh.
meatailt, *aid*: miotalach.
meatailt, *bain*: miotal.
meatair, *fir*: méadar.
meataireachd, *bain* → meadrachd, *bain*.
meatan, *fir*: meatán.
meatar, *fir* → meatair, *fir*.
meath, *fir*: meath.
meath, *br*: meath.
†**meathach**, *aid*: meata.
†**meathach**, *fir*: meathán.
†**meathachan**, *fir*: meathán.
†**meath-chridhe**, *fir*: meatacht.
†**mèathlachd**, *bain*: méathras.
†**meathras**, *fir*: méathras.
meatro, *fir*: meitreo.
†**meicnic**, *bain*: meicnic.
†**meicnigeil**, *aid*: meicniúil.
meidh, *bain*: meá.
Meidh, *bain*: Meá.
meidigeach, *aid*: leighis.
meigeadaich, *bain*: meigeallach, méileach.
meil, *br*: meil.
mèil, *br*: tá ag méileach.
meile, *bain*: meile.
meileabhaid, *bain*: veilbhit.
meilich, *br*: préach.
mèilich, *bain*: méileach.
†**meiltear**, *fir*: meilteoir.
mèinn, *bain*: mianach.
mèinn, *br*: tochail.
mèinneach, *aid* → mèinneil, *aid*.
mèinneadair, *fir*: mianadóir.
mèinneadh, *fir*: mianadóireacht.
mèinnear, *fir*: mianadóir, mianra.
mèinnearach, *aid*: mianrach.
mèinnearachd, *bain*: mianadóireacht.
†**mèinneil**, *aid*: mianrach.
mèinnir, *fir* → mèinnear, *fir*.
mèinnireach, *aid* → mèinnearach, *aid*.
meirbh, *br*: díleáigh.
†**meirbheadh**, *fir*: díleá.
meirealach, *aid*: goirt.
†**meireang**, *fir*: meireang.
meirg, *bain*: meirg.
meirg, *br*: meirgigh.
meirgeach, *aid*: meirgeach.
meirghe, *bain*: meirge.

mèirle, *bain*: gadaíocht, meirleachas.
mèirleach, *fir*: gadaí, bithiúnach, robálaí, meirleach.
mèith, *aid*: méith.
menu, *fir*: roghchlár.
meomhair, *bain*: meabhair.
meòmhrachan, *fir* → meòrachan, *fir*.
meòmhraich, *br* → meòraich, *br*.
meòrachadh, *fir*: machnamh.
meòrachail, *aid*: machnamhach.
meòrachan, *fir*: meabhrán, leabhar nótaí.
meòraich, *br*: machnaigh, meabhraigh.
metafor, *fir* → meatafor, *fir*.
metair, *fir* → meatair, *fir*.
meud, *fir*: méid.
meudachadh, *fir*: méadú.
meudachd, *bain*: méid.
meudaich, *br*: méadaigh.
meug, *fir*: meadhg.
meur, *bain*: méar.
†**meurag**, *bain*: méaróg.
meuran, *fir*: méaracán.
meur-chlàr, *fir*: méarchlár.
meur-loidhne, *bain*: craobhlíne.
†**meur-lorg**, *bain*: méarlorg.
mhain, *db* → a-mhàin, *db*.
'mhàin, *db* → a-mhàin, *db*.
mhì, *for* → mi, *for*.
mhis', *for* → mise, *for*.
mhise, *for* → mise, *for*.
mi, *for*: mé.
mì-àbhaisteach, *aid*: neamhchoitianta.
miad, *fir* → meud, *fir*.
†**miadan**, *fir*: míodún.
miadhail, *aid*: ceanúil.
†**miag**, *br*: meamhlaigh.
†**miagail**, *bain*: meamhlach.
mial, *bain*: míol.
†**mialaich**, *bain*: meamhlach.
†**mial-chòsach**, *fir*: céadchosach.
†**mial-chù**, *fir*: míolchú.
miann, *bain*: mian.
miannach, *aid*: ceanúil.
miannachadh, *fir*: iarraidh.
miannachd, *bain* → miann, *bain*.
miannaich, *br*: mianaigh, iarr.
miannasach, *aid*: santach.
miarbhaileach, *aid* → mìorbhaileach, *aid*.
mias, *bain*: mias, báisín.
miastadh, *fir* → miastradh, *fir*.
miastair, *fir*: bradmharcach.
†**miastradh**, *fir*: diabhlaíocht.
miathalaich, *bain* → mialaich, *bain*.

†**mì-bheusach**, *aid*: míbhéasach.
mì-bheusachd, *bain*: míbhéas.
†**mì-bhreithnich**, *br*: mímheas.
†**mì-bhuidheach**, *aid*: míbhuíoch.
mì-bhuidheachas, *fir*: míbhuíochas.
mì-chàilear, *aid*: míthaitneamhach.
†**mì-chàirdeil**, *aid*: míchairdiúil.
Mìcheál, *fir*: Mícheál.
mì-cheart, *aid*: mícheart.
mì-cheartas, *fir*: aincheart.
†**mì-chèillidh**, *aid*: mícheíllí.
mì-chiatach, *aid*: míchuibhiúil, gránna.
mì-chinnt, *bain*: éiginnteacht.
mì-chinnteach, *aid*: éiginnte.
mì-chliù, *fir*: míchlú.
†**mì-chliùthaich**, *br*: aithisigh, clúmhill.
mì-chofhurtail, *aid*: míchompordach.
mì-chomhfhurtail, *aid* → mì-chofhurtail, *aid*.
†**mì-chòrd**, *br*: easaontaigh.
†**mì-chothrom**, *aid*: míchothrom.
†**mì-chothrom**, *fir*: míchothrom.
mì-chothromach, *aid* → mì-chothrom, *aid*.
mì-chreideamh, *fir*: míchreideamh.
†**mì-chuimhne**, *bain*: díchuimhne.
†**mì-chuimseach**, *aid*: éaguimseach.
†**mì-chumadh**, *fir*: míchuma.
mì-chùramach, *aid*: míchúramach.
microfòn, *fir*: micreafón.
microwave, *fir*: micreathonnán.
†**mì-dhaonnachd**, *bain*: mídhaonnacht.
†**mì-dhìleas**, *aid*: mídhílis.
mì-dhìlseachd, *bain*: mídhílseacht.
mì-dhòigh, *bain*: mímhodh.
mì-dhòigheil, *aid*: mí-ordúil.
†**mì-fhaiceallach**, *aid*: neamhfhaichilleach.
mì-fhallain, *aid*: mífholláin.
mì-fhoighidneach, *aid*: mífhoighneach.
mì-fhoirmeil, *aid*: neamhfhoirmiúil.
mì-fhortan, *fir*: mífhortún.
mì-fhortanach, *aid*: mífhortúnach.
mì-fhortunach, *aid* → mì-fhortanach, *aid*.
mì-fhreagarrach, *aid*: mí-oiriúnach, mífhreagrach.
mì-ghean, *fir*: míghean.
†**mì-gheanmnaidh**, *aid*: mígheanmnaí.
mì-ghnàthachadh, *fir*: mí-úsáid.
mì-ghnàthaich, *br*: bain mí-úsáid as.
mì-ghoireasach, *aid*: míchóngarach.
†**mìgrim**, *fir*: méigrim.
†**mì-innteanach**, *aid*: leadránach, neamhshuimiúil.

†**mì-iomairt**, *bain*: mí-úsáid.
mì-iomchaidh, *aid*: mí-oiriúnach.
†**mì-iomchaidheachd**, *bain*: mí-oiriúnacht.
†**mì-iomradh**, *fir*: athiomrá.
†**mì-ionraic**, *aid*: mí-ionraic.
mil, *bain*: mil.
mì-laghail, *aid*: neamhdhleathach.
†**mì-laghalachd**, *bain*: neamhdhleathacht.
mile, *fir* → mìle, *bain*.
mìle, *uimhir*: míle.
mìle, *bain*: míle.
mìle-bliadhna, *bain*: mílaois.
†**mìlegram**, *fir*: milleagram.
mileid, *bain*: muiléad.
†**mìleliotair**, *fir*: millilítear.
†**mìlemeatair**, *fir*: milliméadar.
milis, *aid*: milis, binn.
mill, *br*: mill.
milleadh, *fir*: milleadh.
millean, *uimhir*: milliún.
millean, *fir*: milliún.
†**milleanair**, *fir*: milliúnaí.
millteach, *aid*: millteach.
†**milneach**, *fir*: dealg, bóidicín.
†**mì-loinneil**, *aid*: neamhghalánta.
milseachd, *bain*: milseacht.
milseag, *bain*: milseog.
milsean, *fir*: milseán.
†**milseanaiche**, *fir*: sólaisteoir.
milsich, *br*: milsigh.
†**mì-mhaiseach**, *aid*: mímhaiseach.
mì-mheas, *fir*: mímheas.
mì-mhisneachadh, *fir*: mímhisniú.
mì-mhisneachail, *aid*: mímhisniúil.
mì-mhisnich, *br*: mímhisnigh.
mì-mhodh, *fir*: drochiompar, mímhúineadh.
mì-mhodhail, *aid*: drochmhúinte, mímhúinte.
min, *bain*: min.
mìn, *aid*: mín.
mì-nàdarrach, *aid*: mínádúrtha.
†**mì-nàireach**, *aid*: mínáireach.
min-choirce, *bain*: min choirce.
mìneachadh, *fir*: míniú.
mìneachd, *bain*: mínineacht.
mìnead, *fir*: míne.
minic, *aid* → minig, *aid*.
mìnich, *br*: mínigh.
minig, *aid*: minic.
minig, *br*: mínigh.
†**minigeachd**, *bain*: minicíocht.
ministear, *fir*: aire, ministir.

Ministear, *fir*: Aire.
ministeireach, *aid* → ministreil, *aid*.
ministreachd, *bain* → ministrealachd, *bain*.
ministrealachd, *bain*: ministreacht, aireacht.
ministreil, *aid*: aireachta.
mìoca, *bain*: míoca.
miocroscop, *fir* → maicreasgop, *fir*.
miocroscopach, *aid* → maicreasgopach, *aid*.
miocrosgop, *fir* → maicreasgop, *fir*.
miocrosgopach, *aid* → maicreasgopach, *aid*.
miodal, *fir*: plámás.
miog, *bain*: míog.
mion, *aid*: mion.
mionach, *fir*: bolg, meanach.
mionaid, *bain*: nóiméad.
mionaideach, *aid*: cruinn.
mionaideachd, *bain*: beachtas, cruinneas.
†**mion-aoiseach**, *aid*: mionaoiseach.
mion-aoiseach, *fir* → mion-aoisear, *fir*.
†**mion-aoisear**, *fir*: mionaoiseach.
mì-onarach, *aid*: easonórach.
mionc, *fir*: minc.
mion-chànan, *bain*: mionteanga.
mion-cheasnachadh, *fir*: mioncheistiú.
†**mionchuid**, *bain*: mionchuid.
mion-chunntas, *bain*: mionchuntas.
†**mion-dhealachadh**, *fir*: miondealú.
mion-eòlach, *aid*: láneolach, mioneolach.
mion-fhiosrachadh, *fir*: mionsonraí.
†**mion-ghadaidheachd**, *bain*: mionghadaíocht.
mionnachadh, *fir*: mionnú.
mionnaich, *br*: mionnaigh.
mionnaichte, *aid*: mionnaithe.
mionnan, *fir*: mionn.
mions, *fir*: mionra.
mion-sgrùd, *br*: mionscrúdaigh, miondealaigh.
miorailteach, *aid* → mìorbhaileach, *aid*.
mìorbhail, *bain*: míorúilt.
mìorbhaileach, *aid*: iontach, míorúilteach.
mìorbhailleach, *aid* → mìorbhaileach, *aid*.
mìorbhailteach, *aid* → mìorbhaileach, *aid*.
mìorbhallach, *aid* → mìorbhaileach, *aid*.
miorbhuileach, *aid* → mìorbhaileach, *aid*.
miortal, *bain*: miortal.
mìos, *bain*: mí.
miosa, *aid*: measa.
†**mìosach**, *aid*: míosúil.
†**mìosachadh**, *fir*: míostrú.
mìosachan, *fir*: féilire.
miosad, *bain*: donacht, olcas.
mìosail, *aid*: míosúil.
miosg, *fir* → measg, *fir*.
†**miosgainn**, *bain*: mioscais.
†**miosgainneach**, *aid*: mioscaiseach.
miotag, *bain*: miotóg, lámhainn.
miotas, *fir*: miotas.
miotasach, *aid*: miotasach.
†**miotosas**, *fir*: miotóis.
†**mì-phroifeiseanta**, *aid*: míghairmiúil.
mìr, *fir*: mír.
mire, *bain*: spraoi, meidhir, macnas.
mirean, *fir*: mír.
†**mìreanaich**, *br*: mionaigh.
mì-reusanta, *aid*: míréasúnta.
mì-riaghailt, *bain*: mírialtacht.
mì-riaghailteach, *aid*: mírialta.
mì-rian, *bain*: mí-ord.
†**mì-rianachd**, *bain*: míriaradh.
mì-rianail, *aid*: mí-ordúil.
mì-riaraichte, *aid*: míshásta.
†**mirle**, *bain*: mirle.
†**mirleag**, *bain*: mirlín.
mì-rùn, *fir*: mírún, mioscais.
mì-rùnach, *aid*: mírúnach.
mis, *for* → mise, *for*.
mis', *for* → mise, *for*.
misde, *aid* → miste, *aid*.
mise, *for*: mise.
misean, *fir*: misean.
miseanaraidh, *fir*: misinéir.
misg, *bain*: meisce.
misgear, *fir*: meisceoir.
†**misgeireachd**, *bain*: meisceoireacht.
mì-sgiobalta, *aid*: míshlachtmhar.
mì-shealbh, *fir*: mí-ádh, drochrath.
mì-shealbhach, *aid*: mí-ámharach.
mì-shìobhalta, *aid*: míshibhialta.
mì-shocair, *bain*: míshocracht.
mì-shona, *aid*: míshona.
†**mì-shuaimhneach**, *aid*: míshuaimhneach.
†**mì-shuaimhneas**, *fir*: míshuaimhneas.
misneach, *bain* → misneachd, *bain*.
misneachail, *aid*: misniúil.
misneachd, *bain*: misneach.
misnich, *br*: misnigh.
†**mì-stà**, *fir*: damáiste.

miste, *aid*: miste.
†**mì-stiùireadh**, *fir*: místiúradh.
†**mì-thaingealachd**, *bain*: míbhuíochas.
mì-thaingeil, *aid*: míbhuíoch.
mì-thaitneach, *aid*: míthaitneamhach.
mithich, *bain*: mithid.
mì-thlachdmhor, *aid*: míthaitneamhach.
mì-thoileachas, *fir*: míshásamh.
mì-thoilichte, *aid*: míshásta.
†**mì-thorrachas**, *fir*: neamhthorthúlacht.
mì-thuarail, *aid*: mílítheach.
mì-thuig, *br*: bain míthuiscint as.
mì-thuigse, *bain*: míthuiscint.
mì-thuigsinn, *bain*: míthuiscint.
mo, *sealbh*: mo.
mocais, *bain*: mocaisín.
moch, *aid*: moch.
mocheirigh, *bain*: mochóirí.
★**mòd**, *fir*: tionól.
modail, *bain*: samhail.
†**mòdail**, *aid*: módúil.
†**mòdaileachd**, *bain*: módúlacht.
modal, *fir*: modúl.
mòdam, *fir*: móideim.
†**modarra**, *aid*: modartha.
modh, *bain*: modh.
modhail, *aid*: modhúil, béasach, múinte.
modhalachd, *bain*: modhúlacht.
modh-obrach, *bain*: modh oibre.
modh-obrachaidh, *bain* → modh-obrach, *bain*.
modh-teagaisg, *bain*: modh teagaisc.
mogal, *fir*: mogall.
mogan, *fir*: mogán.
moileasg, *bain*: moileasc.
moileciuil, *fir*: móilín.
moille, *bain* → maille, *bain*.
mòine, *bain*: móin.
mòinteach, *bain*: móinteach.
†**mòinteachail**, *aid*: móinteach.
mointich, *bain* → mòinteach, *bain*.
†**Moiriseasach**, *aid*: Muiríseach.
†**Moiriseasach**, *fir*: Muiríseach.
moirt, *bain*: moirt.
†**moirtear**, *fir*: moirtéar, moirtéal.
moit, *bain*: mórtas, bród.
moiteil, *aid*: mórtasach, maíteach, uaibhreach, bródúil.
†**moitif**, *fir*: móitíf.
mol, *fir*: duirling.
mol, *br*: mol.
molach, *aid*: mosach, mothallach, garbh.
moladh, *fir*: moladh.
molag, *bain*: púróg.
†**Moldobhach**, *aid*: Moldávach.

†**Moldobhach**, *fir*: Moldávach.
moll, *fir*: lóchán.
mollachd, *bain*: mallacht.
molldair, *fir*: múnla.
molt, *fir*: molt.
moltach, *aid*: moltach.
mòmaid, *bain*: nóiméad.
†**Monacach**, *aid*: Monacach.
†**Monacach**, *fir*: Monacach.
monadail, *aid*: sléibhtiúil.
monadh, *fir*: sliabh, móinteach, caorán.
†**monaiseach**, *aid*: réchúiseach.
monarc, *fir*: monarc.
monarcachd, *bain*: monarcacht.
†**mongus**, *fir*: mongús.
monmhar, *fir*: monabhar.
†**monolog**, *bain*: monalóg.
mòr, *aid*: mór.
†**mòrachadh**, *fir*: móradh, méadú.
mòrachd, *bain*: mórgacht.
mòraich, *br*: mór, méadaigh.
†**mòr-aigeantachd**, *bain*: móraigeantacht.
mòrail, *aid*: maorga.
morair, *fir*: tiarna.
†**moraireachd**, *bain*: tiarnas.
mòralachd, *bain*: maorgacht.
moralta, *aid*: morálta.
moraltachd, *bain*: moráltacht.
mòran, *db*: mórán.
mòran, *fir*: mórán.
Moratain, *bain* → Moratàinea, *bain*.
†**Moratàinea**, *bain*: an Mháratáin.
†**Moratàineach**, *aid*: Máratánach.
†**Moratàineach**, *fir*: Máratánach.
Moratainia, *bain* → Moratàinea, *bain*.
mòr-bhaile, *fir* → baile-mòr, *fir*.
mòr-bhùth, *bain*: ollmhargadh.
mòr-chòrdte, *aid*: móréilimh.
mòr-chuanach, *aid*: aigéanach.
mòrchuid, *bain*: formhór, mórchuid.
mòrchuis, *bain*: mórchúis.
mòrchuiseach, *aid*: mórchúiseach.
†**mòr-chuisle**, *bain*: artaire.
mòr-dhail, *fir*: mórdháil.
morgadh, *fir*: morgadh.
morgaids, *fir* → morgaidse, *fir*.
morgaidse, *fir*: morgáiste.
morghan, *fir*: gairbhéal.
†**mòr-ghath**, *fir*: ga.
mòr-ghil, *bain*: altán.
†**mòr-ghleus**, *fir*: mórghléas.
†**mormanta**, *fir*: mormónta.
mòr-mhiann, *fir*: meanmarc.
mòr-mhiannach, *aid*: mianaidhme.

Moroco · mun

Moroco, *fir*: Maracó.
mòr-rathad, *fir*: mórbhealach.
mòr-roinn, *bain*: mór-roinn.
Mòr-Roinn, *bain*: Mór-Roinn.
mòr-shluagh, *fir*: mórshlua, pobal.
mort, *br*: maraigh.
mòr-thìr, *bain*: mórthír.
mòr-thìreach, *aid*: mór-roinneach.
mòr-thìreach, *fir*: tíreánach.
†**mòr-thraoidhtearachd**, *bain*: ardtréas.
mosach, *aid*: gránna, salach.
Mòsaimbic, *bain*: Mósaimbíc.
†**Mòsaimbiceach**, *aid*: Mósaimbíceach.
†**Mòsaimbiceach**, *fir*: Mósaimbíceach.
Mosambìog, *bain* → Mòsaimbic, *bain*.
moscìoto, *fir* → mosgìoto, *fir*.
Moscobha, *fir* → Mosgo, *fir*.
mosg, *fir*: mosc.
mosgaid, *bain* → mosgìoto, *fir*.
mosgaideach, *aid*: tuaiplisiúil.
mosgail, *br*: múscail.
Mosgbha, *fir* → Mosgo, *fir*.
mosgìoto, *fir*: muiscít.
mosgladh, *fir*: múscailt.
Mosgo, *fir*: Moscó.
motar, *fir*: mótar.
mothachadh, *fir*: mothú.
mothachail, *aid*: eolach.
mothachainn, *bain* → mothachadh, *fir*.
mothaich, *br*: mothaigh.
mothar, *fir*: racht, éagnach.
mu, *réamh*: faoi.
muc, *bain*: muc.
mùch, *br*: múch.
mùchadh, *fir*: múchadh.
†**mùchan**, *fir*: múchán.
mu choinneamh, *réamh*: os comhair, in aghaidh.
mùchte, *aid*: múchta.
mu chuairt, *db*: timpeall.
†**muclach**, *fir*: muclach.
muc-mhara, *bain*: míol mór.
mud, *sealbh*: faoi do.
mu dheidheinn, *réamh* → mu dheidhinn, *réamh*.
mu dheidhinn, *réamh*: faoi.
mu dheireadh, *db*: faoi dheireadh, deireanach.
muga, *fir*: muga.
mùgach, *aid*: gruama.
muicfheòil, *bain*: muiceoil.
muidhe, *fir*: cuinneog, muí.
†**mùig**, *fir*: múig.
muigh, *db*: amuigh.
muilceann, *fir* → muilicheann, *fir*.

muilchinn, *fir* → muilicheann, *fir*.
Muileach, *aid*: Muileach.
Muileach, *fir*: Muileach.
muileann, *bain*: muileann.
muileid, *fir*: miúil.
muile-mhàg, *bain*: buaf.
muilicheann, *fir*: muinchille.
muilichinn, *fir* → muilicheann, *fir*.
muilinn, *bain* → muileann, *bain*.
muillean, *fir* → millean, *fir*.
muillear, *fir*: muilleoir.
muillearachd, *bain*: muilleoireacht.
†**muiltfheòil**, *bain*: caoireoil, maiteoil.
muime, *bain*: buime.
muin, *bain*: muin, barr.
muin, *br*: mún.
mùin, *br*: mún.
†**muince**, *bain*: muince.
muinchill, *fir* → muilicheann, *fir*.
muineal, *fir*: muineál.
muing, *bain*: moing.
muinicheall, *fir* → muilicheann, *fir*.
muinichill, *fir* → muilicheann, *fir*.
muinighin, *bain*: muinín.
muinntearas, *fir* → muinntireas, *fir*.
muinntir, *bain*: muintir.
muinntireas, *fir*: seirbhís.
muintir, *bain* → muinntir, *bain*.
muir, *bain*: muir, farraige.
†**muir-bhuachaille**, *fir*: lóma mór.
Muire, *bain*: Muire.
muireach, *fir*: muirí.
muireil, *aid*: muirí.
†**muir-ghèadh**, *bain*: síolghé.
†**muirichinn**, *bain*: muirín.
†**muirineach**, *fir*: muiríneach.
mùirn, *bain*: muirn, grá.
mùirneach, *aid*: muirneach.
†**mùirnin**, *br*: muirnigh.
muirsgian, *bain*: scian mhara.
muir-thìreach, *fir*: amfaibiach, débheathach.
mùiteach, *aid*: inbhéartach.
mulad, *fir*: brón.
muladach, *aid*: brónach, gruama, truamhéalach.
mulan, *fir*: mullán.
mullach, *fir*: mullach, barr.
mum, *cónasc*: sula.
mum, *sealbh*: faoi mo, faoina.
mu'm, *sealbh* → mum, *sealbh*.
Mumhain, *bain*: Mumhain.
mun, *cónasc*: sula.
mun, *sealbh*: faoina.
mun, *réamh*: faoin.

mu'n, *sealbh* → mun, *sealbh*.
mu'n, *réamh* → mun, *réamh*.
mùn, *fir*: mún.
mu na b', *cop*: faoinarbh.
†**munachas**, *fir*: rathúnas.
munadh, *fir*: múineadh.
mùnadh, *fir*: mún.
munadh, *fir* → monadh, *fir*.
muncaidh, *fir*: moncaí.
mun cuairt, *db*: timpeall.
mun do, *réamh*: faoinar.
mun is, *cop*: faoinar, faoinarb.
mur, *cónasc*: mura.
mur, *sealbh*: faoi bhur.
mùr, *fir*: múr.
mura, *cónasc*: mura.
†**murachan**, *fir*: maoin.
muran, *fir*: muiríneach.
†**murdachan**, *fir*: murúch.
†**murghadh**, *fir*: muirgha.
murt, *fir*: marú, dúnmharú.
murt, *br*: dúnmharaigh.
murtadh, *fir*: dúnmharú.
†**murtaidh**, *aid*: meirbh.
murtair, *fir*: dúnmharfóir, murdaróir, feallmharfóir.
mus, *cónasc*: sula.
mus an, *cónasc*: sula.
mu seach, *db*: i ndiaidh a chéile.
†**musgadair**, *fir*: muscaedóir.
mu sgaoil, *db*: amach, saor.
†**musium**, *fir*: músaem.
Muslamach, *aid*: Moslamach.
Muslamach, *fir*: Moslamach.
mustar, *fir*: mustar.
mustard, *fir*: mustard.
†**mùtan**, *fir*: mufa.
mùth, *br*: athraigh.
mùthadh, *fir*: athrú.
†**mùthaigineachd**, *bain*: só-ghineacht.
mu thimcheall, *réamh*: timpeall.
mu thràth, *db*: cheana.

N

'n, *alt* → an, *alt*.
na, *alt*: na.
na, *cónasc*: ná.
na, *sealbh*: ina.
na, *réamh*: ina, inar.
na ná.
'na, *sealbh* → na, *sealbh*.
nàbachd, *bain*: comharsanacht.
nàbaidh, *fir*: comharsa.
†Nabhru, *bain*: Nárú.
nach, *cónasc*: nach.
nach, *aid*: nach.
nach, *cop*: nach.
nach do, *cónasc*: nár.
nad, *sealbh*: i do.
'nad, *sealbh* → nad, *sealbh*.
na'd, *sealbh* → nad, *sealbh*.
nàdar, *fir*: nádúr.
nàdar-fheallsanachd, *bain*: fisic.
nadarra, *aid* → nàdarrach, *aid*.
nàdarrach, *aid*: nádúrtha.
nàdarrachd, *bain*: nádúrthacht.
nàdur, *fir* → nàdar, *fir*.
nadurra, *aid* → nàdarrach, *aid*.
nàdurrach, *aid* → nàdarrach, *aid*.
naidheachd, *bain*: scéal, nuacht.
naidheachdair, *fir*: iriseoir, nuachtóir.
naidheachdas, *fir*: iriseoireacht, nuachtóireacht.
naidhlean, *fir*: níolón.
naigheachd, *bain* → naidheachd, *bain*.
naimhdeach, *aid* → nàimhdeil, *aid*.
nàimhdeas, *fir*: naimhdeas.
nàimhdeil, *aid*: naimhdeach.
Naimibia, *bain*: an Namaib.

nàir, *bain* → nàire, *bain*.
nàir', *bain* → nàire, *bain*.
nàire, *bain*: náire.
nàireach, *aid*: náireach.
nàirich, *br* → nàraich, *br*.
nàisean, *fir*: náisiún.
nàiseanachd, *bain* → nàiseantachd, *bain*.
nàiseanta, *aid*: náisiúnta.
nàiseantach, *aid*: náisiúnach.
nàiseantach, *fir*: náisiúnaí.
nàiseantachd, *bain*: náisiúntacht, náisiúnachas.
naisg, *br*: nasc.
nall, *db* → a-nall, *db*.
nam, *alt*: na.
nam, *cónasc*: dá.
nam, *sealbh*: i mo, ina.
'nam, *sealbh* → nam, *sealbh*.
nàmh, *fir* → nàmhaid, *fir*.
nàmhaid, *fir*: namhaid.
Namibia, *bain* → Naimibia, *bain*.
nan, *alt*: na.
nan, *cónasc*: dá.
nan, *sealbh*: ina.
'nan, *sealbh* → nan, *sealbh*.
na'n, *sealbh* → nan, *sealbh*.
naochad, *fir*: nócha.
naodh, *fir* → naoi, *fir*.
naodhamh, *fir*: naoú.
naodhamh, *uimhir*: naoú.
naodhnar, *fir* → naoinear, *fir*.
naoi, *uimhir*: naoi.
naoi, *fir*: naoi.
naoi-deug, *uimhir*: naoi déag.
naoidheamh, *uimhir* → naodhamh, *uimhir*.
naoidhean, *fir*: naíonán.
naoinear, *fir*: naonúr.
naomh, *aid*: naomh, naofa.
naomh, *fir*: naomh.
naomhachd, *bain*: naofacht.
naomhag, *bain*: naomhóg.
naomhaich, *br*: naomhaigh, coisric.
†naomh-aithris, *bain*: naomhaithis.
naonar, *fir* → naoinear, *fir*.
naosg, *fir*: naoscach.
nar, *sealbh*: inár.
'nar, *sealbh* → nar, *sealbh*.
nàr, *aid*: náireach.
nàrach, *aid*: náirithe, cotúil.
nàraich, *br*: náirigh.
nàraichte, *aid*: náirithe.
nas, *db*: níos.
n'as, *db* → nas, *db*.
na's, *db* → nas, *db*.

Nàsach, *aid*: Naitsíoch.
Nàsach, *fir*: Naitsí.
nasg, *fir*: nasc.
nasgadh, *fir*: nascadh.
†**nasgair**, *fir*: nascaire.
nathair, *bain*: nathair.
nathair-mhara, *bain*: nathair mhara.
nathair-nimhe, *bain*: nathair nimhe.
Nàtsach, *aid* → Nàsach, *aid*.
Nàtsach, *fir* → Nàsach, *fir*.
Nauru, *bain* → Nabhru, *bain*.
'n-diugh, *db* → an-diugh, *db*.
neach, *fir*: duine.
†**neach-adhbharachais**, *fir*: agnóisí.
neach-adhraidh, *fir*: adhraitheoir.
neach-aideachaidh, *fir*: admhálaí.
neach-ainmichte, *fir*: ainmnitheach.
neach-àiteachaidh, *fir*: áitritheoir.
neach-aithris, *fir*: tráchtaire.
neach-amais, *fir*: éisteoir.
neach-amhairc, *fir*: breathnóir.
neach-amharais, *fir*: díol amhrais.
neach-amharc, *fir* → neach-amhairc, *fir*.
neach-àrainneachd, *fir*: comhshaolaí, imshaolaí.
neach-baidhsagail, *fir*: rothaí.
neach-baidhsagal, *fir* → neach-baidhsagail, *fir*.
neach-bhòtaidh, *fir*: vótálaí.
neach-bratha, *fir*: ollbhrathadóir.
neach-brathaidh, *fir*: spiaire.
neach-brèige, *fir*: duine bréige.
neach-bruidhinn, *fir*: cainteoir.
neach-bruidhne, *fir* → neach-bruidhinn, *fir*.
neach-buannachaidh, *fir*: buaiteoir.
neach-caitheimh, *fir*: tomhaltóir.
neach-camara, *fir*: grianghrafadóir.
neach-casaid, *fir*: cúisitheoir, ionchúisitheoir.
neach-catalog, *fir*: catalógaí.
neach-cathrach, *fir*: cathaoirleach.
†**neach-ceada**, *fir*: ceadúnaí.
neach-ceàird, *fir* → neach-ceàirde, *fir*.
neach-ceàirde, *fir*: ceardaí.
neach-ceannach, *fir* → neach-ceannaich, *fir*.
neach-ceannachd, *fir* → neach-ceannaich, *fir*.
neach-ceannaich, *fir*: ceannaitheoir, custaiméir.
neach-ceasnachaidh, *fir*: ceistitheoir.
neach-ceuma, *fir*: céimí.
neach-ceumnachaidh, *fir*: céimí.

neach-chleachdaidh, *fir* → neach-cleachdaidh, *fir*.
neach-ciùil, *fir*: ceoltóir.
neach-ciùird, *fir*: ceardaí.
neach-clàraidh, *fir*: cláraitheoir.
neach-clàrcaidh, *fir*: cléireach.
neach-cleachdaidh, *fir*: úsáideoir.
neach-cloinne, *fir*: páiste.
neach-cluiche, *fir*: oirfideach.
neach-coimhead, *fir* → neach-coimhid, *fir*.
neach-coimhid, *fir*: coimhéadaí.
neach-coiseachd, *fir*: siúlóir.
†**neach-coiteachaidh**, *fir*: brústocaire.
neach-comhairle, *fir*: comhairleoir.
neach-comhairleachaidh, *fir*: comhairleoir.
neach-comharrachaidh, *fir*: marcálaí.
neach-còmhnaidh, *fir*: cónaitheoir.
neach-compàirt, *fir*: comhpháirtí.
neach-conaltraidh, *fir*: teagmhálaí.
neach-cosnaidh, *fir*: fostaí.
neach-cruinneachaidh, *fir*: cnuasaitheoir.
neach-cuideachaidh, *fir*: cuiditheoir.
neach-cunntais, *fir*: cuntasóir.
neach-cùraim, *fir*: cúramóir.
neach-dàimh, *fir*: gaol.
neachdar, *for*: neachtar.
neach-dealachaidh, *fir*: easaontóir.
neach-dèanadais, *fir*: gníomhaíoch.
neach-deasachaidh, *fir*: eagarthóir.
neach-deilbh, *fir*: dearthóir.
neach-dèilige, *fir*: cliant.
neach de shliochd, *fir*: sliochtach.
neach-dìona, *fir*: cosantóir.
neach-diùraidh, *fir*: giúróir.
neach-dràma, *fir*: aisteoir.
neach-dreuchd, *fir*: fostaí.
neach-dùthcha, *fir*: comhthíreach.
neach-eachdraidh, *fir*: staraí.
neach-ealain, *fir*: ealaíontóir.
neacheigin, *fir*: duine éigin.
neach-èisdeachd, *fir* → neach-èisteachd, *fir*.
neach-eisimeil, *fir*: cleithiúnaí.
neach-èisteachd, *fir*: éisteoir.
neach-eòlais, *fir*: duine aitheantais.
†**neach-faireachdainn**, *fir*: aeistéit.
neach-fastaidh, *fir*: fostóir.
neach-fhreagairt, *fir* → neach-freagairt, *fir*.
neach-fianais, *fir*: finné.
neach-fianaise, *fir* → neach-fianais, *fir*.
neach-film, *fir*: scannánóir.

neach fo amharas — **nèapaigin**

neach fo amharas, *fir*: díol amhrais.
neach-foghlaim, *fir*: foghlaimeoir.
neach-foillseachaidh, *fir*: foilsitheoir.
neach-fòirneirt, *fir*: cloíteoir.
neach-freagairt, *fir*: freagróir.
neach-frithealaidh, *fir*: freastalaí, friothálaí.
neach-fuathais, *fir*: sceimhlitheoir.
neach-fulaing, *fir*: fulangaí.
neach-gabhail, *fir*: gabhálaí.
neach-gairm, *fir*: tionólaí.
neach-gearain, *fir*: gearánach.
neach-gèidh, *fir*: duine aerach.
neach-ghairm, *fir* → neach-gairm, *fir*.
neach-gleidhidh, *fir*: caomhnóir, maor.
neach-glèidhteachais, *fir*: caomhantóir.
neach-gnìomh, *fir* → neach-gnìomha, *fir*.
neach-gnìomha, *fir*: feidhmeannach.
neach-gnìomhachais, *fir*: duine gnó.
neach-gnothaich, *fir*: duine gnó.
neach-iarrtais, *fir*: iarratasóir.
neach-imrich, *fir*: imirceach.
neach-inneil, *fir*: meaisíneoir.
neach-iomairt, *fir*: feachtasóir.
neach-ionaid, *fir*: ionadaí, gníomhaire.
neach-ionnsachadh, *fir* → neach-ionnsachaidh, *fir*.
neach-ionnsachaidh, *fir*: foghlaimeoir.
neach-ionnsaigh, *fir*: ionsaitheoir.
neach-iùil, *fir*: treoraí.
neach-labhairt, *fir*: cainteoir.
†**neach-lachdann**, *fir*: mulatach.
neach-lagha, *fir*: dlíodóir, aturnae.
neach-leanmhainn, *fir* → neach-leantainn, *fir*.
neach-leanmhuinn, *fir* → neach-leantainn, *fir*.
neach-leantail, *fir* → neach-leantainn, *fir*.
neach-leantainn, *fir*: leantóir.
neach-leasachaidh, *fir*: forbróir.
neach-leughaidh, *fir*: léitheoir.
neach-malairt, *fir*: trádálaí.
neach-maoineachaidh, *fir*: maoinitheoir.
neach-measaidh, *fir*: meastóir.
neach-naidheachd, *fir*: tuairisceoir.
neach-obrach, *fir*: oibrí.
neach-obrachaidh, *fir*: oibreoir.
neach-obraich, *fir* → neach-obrach, *fir*.
neach-oibre, *fir* → neach-obrach, *fir*.
neach-oide, *fir*: múinteoir.
neach-pàirteachaidh, *fir*: rannpháirtí.
neach-pàrlamaid, *fir*: parlaiminteoir.
neach-poileasaidh, *fir*: duine déanta polasaí.
neach-poileataics, *fir* → neach-poilitigs, *fir*.
neach-poileataigs, *fir* → neach-poilitigs, *fir*.
neach-poilitigs, *fir*: polaiteoir.
neach-rannsachaidh, *fir*: taighdeoir.
neach-reic, *fir*: reacaire, díoltóir.
neach-riaghlaidh, *fir*: rialtóir.
neach-rianachd, *fir*: riarthóir.
†**neach-Ròmanaidh**, *fir*: Romach.
†**neach-rùpa**, *fir*: ceantálaí.
neach-sàbhalaidh, *fir*: tarrthálaí.
neach-saidheans, *fir*: eolaí.
neach-saothrachaidh, *fir*: déantóir.
neach-seilbh, *fir* → neach-seilbhe, *fir*.
neach-seilbhe, *fir*: úinéir.
neach-seinn, *fir*: amhránaí.
neach-sgrìobhaidh, *fir*: scríbhneoir.
neach-sgrùdaidh, *fir*: iniúchóir, cigire.
neach-siubhail, *fir*: paisinéir, taistealaí.
neach-sleagha, *fir*: sleádóir.
neach-smàlaidh, *fir*: duine dóiteáin.
neach-smaoin, *fir*: smaointeoir.
neach-solair, *fir*: soláthraí.
neach-stiùiridh, *fir*: stiúrthóir, bainisteoir.
neach-tadhail, *fir*: cuairteoir.
neach-taghaidh, *fir*: toghthóir.
neach-tagraidh, *fir*: abhcóide.
neach-taic, *fir* → neach-taice, *fir*.
neach-taice, *fir*: tacadóir.
neachtar, *fir* → neactar, *fir*.
neach-tàrrsainn, *fir*: marthanóir.
neach-tasgaidh, *fir*: infheisteoir.
neach-teagaisg, *fir*: múinteoir.
neach-teagasg, *fir* → neach-teagaisg, *fir*.
neach-togail, *fir*: tógálaí.
neach-tòiseachaidh, *fir*: tosaitheoir.
neach-trèanaidh, *fir*: traenálaí.
neach-treòrachaidh, *fir*: treoraí.
neach-trusaidh, *fir*: bailitheoir, cruinnitheoir, riarthóir.
neach-tuineachaidh, *fir*: lonnaitheoir.
neach-turais, *fir*: turasóir.
neach-ùidh, *fir* → neach-ùidhe, *fir*.
neach-ùidhe, *fir*: páirtí leasmhar.
neactar, *fir*: neachtar.
nead, *bain*: nead.
nead, *fir* → nead, *bain*.
neadaich, *br*: neadaigh.
nèamh, *fir*: neamh, flaitheas.
nèamhaidh, *aid*: neamhaí.
neamhnaid, *bain*: néamhann, péarla.
neamhuidh, *aid* → nèamhaidh, *aid*.
nèapaigin, *bain*: ciarsúr, naipcín.

†**Neapàlach**, *aid*: Neipealach.
†**Neapàlach**, *fir*: Neipealach.
†**Neapàlais**, *bain*: Neipeailis.
nèapraig, *fir* → nèapaigin, *bain*.
neapraigear, *fir* → nèapaigin, *bain*.
†**neaptuinium**, *fir*: neiptiúiniam.
nearbh, *bain*: néaróg.
nearbhach, *aid* → nearbhasach, *aid*.
nearbhasach, *aid*: neirbhíseach.
†**nearòis**, *bain*: néaróis.
neart, *fir*: neart.
neartachadh, *fir*: neartú.
neartaich, *br*: neartaigh.
neart-gèile, *aid*: fórsa gála.
neartmhor, *aid*: neartmhar.
neas, *fir*: eas.
†**neas-abhag**, *bain*: fíréad.
neasgaid, *bain*: neascóid.
nèibhi, *fir* → nèibhidh, *fir*.
nèibhidh, *fir*: cabhlach.
neo, *cònasc*: nó.
†**neo-abaich**, *aid*: neamhaibí.
neo-àbhaisteach, *aid*: neamhghnách, eisceachtúil, neamhchoitianta.
neo-àicheil, *aid*: neamhdhiúltach.
†**neo-aire**, *bain*: neamh-aire.
neo-aireil, *aid*: neamh-aireach.
neo-airidh, *aid*: neamhfhiúntach.
†**neo-aisigeach**, *aid*: neamh-aistreach.
neo-aithnichte, *aid*: anaithnid.
†**neo-amharasach**, *aid*: neamhamhrasach.
neo-ar-thaing, *aid*: in ainneoin.
†**neo-ar-thaingeil**, *aid*: neamhbhuíoch.
neo-bhàsmhor, *aid*: neamhbhásmhar.
neo-bhàsmhorachd, *bain*: neamhbhásmhaireacht.
neo-bhrìgh, *bain*: neamhbhrí.
†**neo-bhrìghich**, *br*: neamhbhailigh.
†**neo-bhrìoghmhorachd**, *bain*: neamhbhrí.
†**neo-bhuairte**, *aid*: neamhbhuartha.
neo-bhuan, *aid*: neamhbhuan.
neo-chaochlaideach, *aid*: dochlaochlaithe.
†**neo-charthannach**, *aid*: neamhcharthanach.
neo-cheadaichte, *aid*: neamhcheadaithe.
neo-cheart, *aid*: neamhcheart.
neo-chinnteach, *aid*: neamhchinnte, éiginnte.
neo-chinnteachd, *bain*: neamhchinnteacht.
neochiontach, *aid* → neoichiontach, *aid*.

neo-chiontachd, *bain* → neoichiontachd, *bain*.
neochiontas, *fir* → neoichiontachd, *bain*.
neo-chlaon, *aid*: neamhchlaon.
neo-chlaonachd, *bain*: neamhchlaontacht.
†**neo-chleachdach**, *aid*: neamhchoitianta.
†**neo-chleachdta**, *aid*: neamhchleachtach.
neo-chneasda, *aid* → neo-chneasta, *aid*.
†**neo-chneasta**, *aid*: dochreidte.
neo-choileanta, *aid*: neamhfhoirfe, neamhchríochnaithe.
neo-choimeirsealta, *aid*: neamhthráchtála.
neochoireach, *aid*: neamhchoireach.
neo-chomas, *fir*: éagumas.
neo-chomasach, *aid*: neamhchumasach.
†**neo-chomasachd**, *bain*: neamhchumas.
neo-chorporra, *aid*: neamhchorpartha.
†**neo-chosmhail**, *aid*: neamhchosúil.
neo-chràbhach, *aid*: neamhchráifeach.
neo-chràiteach, *aid*: gan phian.
neo-chreidsinneach, *aid*: neamhdhóchúil.
neo-chrìochnach, *aid*: éigríochta, infinideach.
neo-chrìochnaichte, *aid*: neamhchríochnaithe.
†**neo-chruinn**, *aid*: neamhchruinn.
†**neo-chruinne**, *bain*: neamhchruinneas.
neo-chuimseach, *aid*: neamhchuimseach.
neo-chumanta, *aid*: neamhchoitianta.
†**neo-chumantachd**, *bain*: neamhchoitiantacht.
†**neo-chùmhnantach**, *aid*: neamhchoinníollach.
neo-chunbhalach, *aid*: neamhsheasmhach.
neo-chunbhalachd, *bain*: neamhchomhsheasmhacht.
†**neo-chùram**, *fir*: neamhchúram.
neo-chùramach, *aid*: neamhchúramach.
†**neo-dhàicheil**, *aid*: neamhdhóchúil.
†**neo-dhiadhachd**, *bain*: aindiachas.
neo-dhiadhaire, *fir*: aindiachaí.
neo-dhìlseachd, *bain*: mídhílseacht.
neo-dhìreach, *aid*: neamhdhíreach.
†**neo-dhlighealachd**, *bain*: neamhdhlisteanacht.
neo-dhreuchdail, *aid*: amaitéarach.
neo-dhruim-altachan, *fir*: inveirteabrach.

neo-dhùthchasach, *aid*: neamhdhúchasach.
†**neodrachd**, *bain*: neodracht.
†**neo-eagalach**, *aid*: neamheaglach.
†**neo-èifeachd**, *bain*: neamhéifeacht.
neo-èifeachdach, *aid*: neamhéifeachtach.
neo-eiseamalachd, *bain* → neo-eisimeileachd, *bain*.
neo-eiseimleachd, *bain* → neo-eisimeileachd, *bain*.
neo-eisimealach, *aid* → neo-eisimeileach, *aid*.
neo-eisimealachd, *bain* → neo-eisimeileachd, *bain*.
neo-eisimeil, *aid* → neo-eisimeileach, *aid*.
neo-eisimeileach, *aid*: neamhspleách.
neo-eisimeileachd, *bain*: neamhspleáchas.
neo-eisimileach, *aid* → neo-eisimeileach, *aid*.
neo-eisimileachd, *bain* → neo-eisimeileachd, *bain*.
neo-eisimleachd, *bain* → neo-eisimeileachd, *bain*.
neo-eismeileachd, *bain* → neo-eisimeileachd, *bain*.
†**neo-eòlach**, *aid*: neamheolach.
†**neo-fhallsa**, *aid*: ionraic.
neo-fhasanta, *aid*: neamhfhaiseanta.
†**neo-fhèinealachd**, *bain*: neamhleithleachas.
†**neo-fhoghainteach**, *aid*: neamhéifeachtach.
neo-fhoillsichte, *aid*: neamhfhoilsithe.
†**neo-fhoirfe**, *aid*: neamhfhoirfe.
neo-fhoirmeil, *aid*: neamhfhoirmiúil.
†**neo-fhoirmeileachd**, *bain*: neamhfhoirmiúlacht.
neo-fhreagarrach, *aid*: neamhfhreagrach.
†**neoghlaine**, *bain*: neamhghlaine.
neòghlan, *aid*: neamhghlan.
neo-ghlic, *aid*: aimhghlic.
neòghloine, *bain* → neoghlaine, *bain*.
†**neo-ghnàithte**, *aid*: neamhchleachtach.
neo-ghnìomhach, *aid*: neamhghníomhach.
neo-ghoirtichte, *aid*: slim.
neoichiontach, *aid*: neamhchiontach, soineanta.
neoichiontachd, *bain*: neamhchiontacht, soineantacht.
neòinean, *fir*: nóinín.

neòinean-grèine, *fir*: nóinín na gréine.
neo-iomchaidh, *aid*: míchuí.
neo-iomlan, *aid*: neamhiomlán.
neo-ionann, *aid*: neamhionann.
neo-ionannachd, *bain*: neamhionannas.
neo-làthaireachd, *bain*: neamhláithreacht.
†**neo-leantainneach**, *aid*: neamhleanúnach.
neo-litireachd, *bain*: neamhlitearthacht.
neo-lochdach, *aid*: neamhurchóideach, neamhlochtach.
†**neo-loisgear**, *fir*: aispeist.
neo-mhaireannach, *aid*: neamhbhuan.
neo-mhearachdach, *aid*: neamhearráideach.
†**neo-mheasarra**, *aid*: neamhmheasartha.
†**neo-mheasarrachd**, *bain*: neamhmheasarthacht.
neo-mhoralachd, *bain*: mímhoráltacht.
neònach, *aid*: aisteach, ait.
neoni, *bain*: neamhní.
neonitheachd, *bain*: neamhní.
neo-oifigeil, *aid*: neamhoifigiúil.
neo-organach, *aid*: neamhorgánach.
neo-phàirteach, *aid*: neodrach.
neo-phàirteachd, *bain*: neodracht.
neo-phearsanta, *aid*: neamhphearsanta.
†**neo-phragtaigeach**, *aid*: neamhphraiticiúil.
neo-phrothaid, *aid*: neamhbhrabúis.
neo-rèidh, *aid*: aimhréidh.
neo-riaghailteach, *aid*: neamhrialta.
neo-riaghailteachd, *bain*: neamhrialtacht.
†**neo-riaghlaichte**, *aid*: neamhrialaithe.
neo-riatanach, *aid*: neamhriachtanach.
†**neo-sgrùbach**, *aid*: neamhscrupallach.
neo-shaoghalta, *aid*: neamhshaolta.
neo-sheachanta, *aid*: dosheachanta.
neo-sheargte, *aid*: bithbheo.
neo-sheasmhach, *aid*: neamhsheasmhach.
†**neo-shocair**, *aid*: neamhshocair.
†**neo-shoilleireachd**, *bain*: míshoiléireacht.
neo-shoirbheachail, *aid*: mírathúil.
neo-shuimeil, *aid*: neamh-aireach.
†**neo-thàbhach**, *aid*: neamhthábhachtach.
neo-tharbhach, *aid*: neamhthairbheach.
neo-thoileach, *aid*: neamhthoilteanach.
neo-thorach, *aid*: neamhthorthúil.
neo-thorrach, *aid*: neamhthorthúil.

†**neo-thràthail**, *aid*: neamhthráthúil.
neo-thruacanta, *aid*: neamhthrócaireach.
neo-thruaillichte, *aid*: neamhthruaillithe.
†**neo-urchaideach**, *aid*: neamhurchóideach.
neul, *fir*: néal, scamall.
neulach, *aid*: néaltach.
nì, *fir*: ní.
†**niadhachd**, *bain*: niachas.
niar, *db* → an-iar, *db*.
'**niar**, *db* → an-iar, *db*.
Nicaragua, *bain* → Niocaragua, *bain*.
†**niceil**, *fir*: nicil.
†**nicoitin**, *fir*: nicitín.
nì-eigin, *fir*: rud éigin.
Nìgeir, *bain*: an Nígir.
Nìgeiria, *bain*: an Nigéir.
Nigeria, *bain* → Nìgeiria, *bain*.
nigh, *br*: nigh.
nighe, *bain* → nighe, *fir*.
nighe, *fir*: ní.
nigheachan, *fir* → nighe, *fir*.
†**nigheadair**, *fir*: níteoir.
nigheadaireachd, *bain*: níochán.
†**nigheadair-shoithichean**, *fir*: miasniteoir.
nigheadh, *fir* → nighe, *fir*.
nighean, *bain*: iníon, cailín.
nigheann, *bain* → nighean, *bain*.
nìghneag, *bain*: cailín.
nimh, *fir*: nimh.
†**nimhealachd**, *bain*: nimheadas.
nimheil, *aid*: nimhiúil.
†**Niocaragach**, *aid*: Nicearaguach.
†**Niocaragadh**, *fir*: Nicearaguach.
Niocaragua, *bain*: Nicearagua.
†**nioibium**, *fir*: niaibiam.
nìon, *fir* → nìtheon, *fir*.
nìos, *db* → a-nìos, *db*.
niosgaid, *bain* → neasgaid, *bain*.
†**niotrat**, *fir*: níotráit.
Nirribheach, *aid*: Ioruach.
Nirribheach, *fir*: Ioruach.
Nirribhidh, *bain*: an Iorua.
Nirribhis, *bain*: Ioruais.
nis, *db* → a-nis, *db*.
ni's, *db* → nas, *db*.
nisd, *db* → a-nis, *db*.
nisde, *db* → a-nis, *db*.
nise, *db* → a-nis, *db*.
Niseach, *aid*: Niseach.
Niseach, *fir*: Niseach.

nist, *db* → a-nis, *db*.
niste, *db* → a-nis, *db*.
nitheigin, *for*: rud éigin.
†**nìtheon**, *fir*: neon.
†**nitrigin**, *fir*: nítrigin.
niùclach, *aid* → niùclasach, *aid*.
niùclas, *fir*: núicléas.
niùclasach, *aid*: núicléach.
niucleasach, *aid* → niùclasach, *aid*.
no, *cónasc*: nó.
†**nobailium**, *fir*: nóbailiam.
nobhail, *bain*: úrscéal.
nochadh, *fir* → nochdadh, *fir*.
nochd, *br*: nocht.
nochda, *fir* → nochdadh, *fir*.
nochdadh, *fir*: nochtadh.
nochdte, *aid* → nochte, *aid*.
nochte, *aid*: nochta.
nòdachadh, *fir*: nódú.
nodha, *aid*: nua.
†**nodhachadh**, *fir*: nuachóiriú.
†**noibhiseach**, *fir*: nóibhíseach.
nòin, *fir*: nóin.
nòisean, *fir*: nóisean.
Nollaig, *bain*: Nollaig.
†**nòrmalachd**, *bain*: normáltacht.
Normanach, *aid*: Normannach.
Normanach, *fir*: Normannach.
†**Nòrmandaidh**, *bain*: an Normainn.
norradaich, *bain*: míogarnach, néalfartach.
norradh, *fir*: néal.
norrag, *bain*: néal.
nòs, *fir*: nós.
nòsach, *aid*: nósmhar.
nota, *bain*: nóta, punt.
nòta, *fir* → nota, *bain*.
notachadh, *fir*: anótáil.
notaich, *br*: anótáil.
nòtair, *fir*: nótaire.
†**nuadarra**, *aid*: smuilceach.
nuadarrach, *aid* → nuadarra, *aid*.
nuadh, *aid*: nua.
nuadhachadh, *fir*: athchóiriú.
nuadhaich, *br*: athnuaigh.
nuadh-aimsireachd, *bain*: nua-aimseartacht.
nuadh-aois, *bain*: nua-aois.
nuadharra, *aid* → nuadarra, *aid*.
nuadh-bhàrdachd, *bain*: nuafhilíocht.
nuadh-eòlas, *fir*: nualéann.
nuadh-phrògram, *fir*: clár nua.
nua-fhacal, *fir*: nuafhocal.
nuair, *cónasc*: nuair.
'**nuair**, *cónasc* → nuair, *cónasc*.

nuall, *fir*: uaill.
nuallaich, *bain* → nuallanaich, *bain*.
†**nuallanaich**, *bain*: uallfartach.
nuar, *cónasc* → nuair, *cónasc*.
nuas, *db* → a-nuas, *db*.
null, *db* → a-nall, *db*.
nur, *sealbh*: in bhur.
'nur, *sealbh* → nur, *sealbh*.
nurs, *bain*: banaltra.

O

o, *cónasc*: ó.
o, *sealbh*: óna.
o, *réamh*: ó.
Ò, *uaill*: Ó.
ob, *br*: ob.
òb, *fir*: cuan.
obadh, *fir*: obadh.
†**obainne**, *bain*: tobainne.
obair, *bain*: obair, post.
obair-càraidh, *bain* → obair-chàraidh, *bain*.
obair-chàraidh, *bain*: obair dheisiúcháin, obair athchóirithe.
†**obair-chlèireachd**, *bain*: obair chléireachais.
obair-chùrsa, *bain*: obair chúrsa.
obair-ciùird, *bain*: obair cheardaíochta.
obair-dachaigh, *bain*: obair bhaile.
obair-dhachaigh, *bain* → obair-dachaigh, *bain*.
obair-ealain, *bain*: obair ealaíne.
obair-ghrèis, *bain*: obair shnáthaide.
obair-iarainn, *bain*: obair iarainn.
obair-làimhe, *bain*: obair láimhe.
obair-latha, *bain*: obair lae.
obair-leasachaidh, *bain*: obair forbartha.
obair-rannsachaidh, *bain*: taighde.
obair-sgoile, *bain*: obair scoile.
obair-sgrùdaidh, *bain*: obair scrúdaithe.
obair-taighe, *bain*: obair tí.
òban, *fir*: camas.
obann, *aid*: tobann.
obh, *uaill*: ó.
†**obo**, *fir*: óbó.
obrachadh, *fir*: oibriú.

obrachail, *aid*: éifeachtach.
†**obrachd**, *bain*: oibre.
obraich, *br*: oibrigh.
obraiche, *fir* → oibriche, *fir*.
obraiche-drùise, *fir*: gnéasoibrí.
†**obraiche-siubhail**, *fir*: oibrí allamuigh.
och, *uaill*: och.
ochanaich, *bain*: ochadh.
ochd, *uimhir*: ocht.
ochd, *fir*: ocht.
†**ochdach**, *aid*: ochtnártha.
†**ochdach**, *fir*: ochtach.
ochdad, *fir*: ochtó.
ochdamh, *fir*: ochtú.
ochdamh, *uimhir*: ochtú.
ochdan, *fir*: ochtagán.
ochdar, *fir* → ochdnar, *fir*.
†**ochd-cheàrnach**, *fir*: ochtagán.
ochd-deug, *uimhir*: ocht déag.
ochdnar, *fir*: ochtar.
o chionn, *réamh*: ó.
ochòin, *uaill*: ochón.
ocrach, *aid* → acrach, *aid*.
†**ocsid**, *bain*: ocsaíd.
od, *sealbh*: ó do.
odhar, *aid*: odhar.
†**odhar-bhuidhe**, *aid*: odharbhuí.
†**odhrmanachd**, *bain*: basaíocht.
ofrail, *bain*: ofráil.
òg, *aid*: óg.
†**ògail**, *aid*: óigeanta.
†**ogalachd**, *bain*: óigeantacht.
ògan, *fir*: síológ.
òganach, *fir*: leanbh, ógánach.
ogha, *fir*: garleanbh.
ogham, *fir*: ogham.
òglach, *fir*: seirbhíseach, ógánach, giolla.
Ògmhìos, *fir*: Meitheamh.
ogsaid, *bain*: ocsaíd.
ogsaidean, *fir*: ocsaigin.
oibreachadh, *fir*: oibriú.
oibrich, *br*: oibrigh.
oibriche, *fir*: oibrí.
oidche, *bain* → oidhche, *bain*.
oide, *fir*: oide, leasathair.
oideachadh, *fir*: teagasc.
oideachail, *aid*: teagascach.
oideachas, *fir*: oideachas.
oideachd, *bain*: oideas.
oidhch, *bain* → oidhche, *bain*.
oidhch', *bain* → oidhche, *bain*.
oidhche, *bain*: oíche.
Oidhche, *bain*: Oíche.
oidhearp, *bain* → oidhirp, *bain*.
oidhirp, *bain*: iarracht.

oifig   onghail

oifig, *bain* → oifis, *bain*.
oifigeach, *fir*: oifigeach.
Oifigeach, *fir*: Oifigeach.
oifigeal, *aid* → oifigeil, *aid*.
oifigear, *fir* → oifigeach, *fir*.
oifigear-riaghlaidh, *fir*: oifigeach ceannais.
Oifigear-riaghlaidh, *fir*: Oifigeach ceannais.
oifigeil, *aid*: oifigiúil.
†**oifigeileachd**, *bain*: maorlathas.
oifis, *bain*: oifig.
Oifis, *bain*: Oifig.
òige, *bain*: óige.
Òige, *bain*: Óige.
†**òigeachd**, *bain*: óigeantacht.
òigear, *fir*: ógfhear.
òigh, *bain*: bruinneall, maighdean, ógh.
òigheachd, *bain*: maighdeanas, ócht.
oighre, *fir*: oidhre.
†**oighreachail**, *aid*: oidhreachtúil.
oighreachd, *bain*: oidhreacht.
òigridh, *bain*: ógra.
oilbhastair, *fir* → oillbhastair, *fir*.
oilbheum, *fir*: oilbhéim.
oilbheumach, *aid*: tarcaisneach, urghránna, oilbhéimeach.
†**oil-chumhachd**, *bain*: ollchumhacht.
oilean, *fir*: oiliúint.
oileanach, *fir*: mac léinn.
oileanachadh, *fir*: oiliúint.
Oilimpeach, *aid*: Oilimpeach.
Oilimpigeach, *aid* → Oilimpeach, *aid*.
oilisgin, *bain*: ola-éadach.
†**oillbhastair**, *fir*: albastar.
oillt, *bain*: sceimhle, eagla, uafás.
oillteil, *aid*: gránna, fuafar, uafásach.
oilltich, *br*: scanraigh.
oilthigh, *fir*: ollscoil.
Oilthigh, *fir*: Ollscoil.
oimn, *réamh* → oirnn, *réamh*.
†**òinid**, *bain*: óinmhid.
òinseach, *bain*: óinseach.
oir, *cónasc*: óir.
oir, *bain*: fóir.
oirbh, *réamh*: oraibh, ort.
†**oirceadal**, *fir*: foirceadal.
†**oirchill**, *bain*: oirchill.
òirdhearc, *aid* → òirdheirc, *aid*.
òirdheirc, *aid*: oirirc, maorga.
†**oireachdas**, *fir*: oireachtas.
†**Oireachdas**, *fir*: Oireachtas.
oirfideach, *aid*: oirfideach.
oirfideach, *fir*: oirfideach.

oirfideas, *fir*: oirfide.
oirinn, *réamh* → oirnn, *réamh*.
òirleach, *bain*: orlach.
oirn, *réamh* → oirnn, *réamh*.
oirnn, *réamh*: orainn.
oirp, *bain* → oidhirp, *bain*.
oirr', *réamh* → oirre, *réamh*.
oirre, *réamh*: uirthi.
oirrn, *réamh* → oirnn, *réamh*.
†**oirsceart**, *fir*: oirthear.
†**Oirsceart**, *fir*: Oirthear.
oirthir, *bain*: cósta.
oirthireach, *aid*: oirthearach.
oirthireach, *fir*: oirthearach.
oisean, *fir*: cúinne, coirnéal.
Oiseanach, *aid*: Oisíneach.
oisinn, *bain* → oisean, *fir*.
†**oisinneach**, *aid*: cúinneach, uilleach.
†**oismium**, *fir*: oismiam.
oiteag, *bain*: feothan, leoithne, séideán.
oitir, *bain*: oitir.
òl, *fir*: ól.
òl, *br*: ól.
ola, *bain*: ola.
ola, *fir* → ola, *bain*.
oladh, *bain* → ola, *bain*.
olaich, *br*: olaigh.
Olaind, *bain*: Ollainn.
olann, *bain*: olann.
òlar, *aid*: ólta.
olc, *aid*: olc.
olc, *fir*: olc.
olcas, *fir*: olcas.
ollamh, *fir*: ollamh.
Ollamh, *fir*: Ollamh.
ollamhachd, *bain*: ollúnacht.
olthigh, *fir* → oilthigh, *fir*.
Olumpaigeach, *aid* → Oilimpeach, *aid*.
om, *sealbh*: ó mo.
om, *réamh*: ón.
†**Omànach**, *aid*: Ómanach.
†**Omànach**, *fir*: Ómanach.
òmar, *fir*: ómra.
ombudsman, *fir*: ombudsman.
omhanach, *aid*: uanach.
†**omrann**, *bain*: rannán.
on, *réamh*: ón.
o'n, *réamh* → on, *réamh*.
on a, *cónasc*: ó.
onair, *bain*: onóir.
ònar, *fir* → aonar, *fir*.
onarach, *aid*: onórach.
onaraich, *br*: onóraigh.
onfhadh, *fir*: anfa.
onghail, *bain*: callán, clampar.

120

onnchon   òtrach

†**onnchon**, *fir*: onchú.
onoir, *bain* → onair, *bain*.
onorach, *aid* → onarach, *aid*.
ònrachd, *bain*: aonaracht, uaigneas.
opairèisean, *fir*: obráid.
opara, *bain*: ceoldráma.
opera, *bain* → opara, *bain*.
†**oposam**, *fir*: apasam.
opra, *bain* → opara, *bain*.
or, *sealbh*: ónár.
o'r, *sealbh* → or, *sealbh*.
òr, *fir*: ór.
òrach, *aid*: órga, óir.
òradh, *fir*: órú.
oragan, *fir*: oragán.
òraid, *bain*: óráid.
†**òraideireachd**, *bain*: óráidíocht.
òraidiche, *fir*: léachtóir, óráidí.
òrail, *aid* → òrach, *aid*.
orainds, *aid* → orains, *aid*.
oraindsear, *fir* → orainsear, *fir*.
orainnsear, *fir* → orainsear, *fir*.
orains, *aid*: oráiste.
orainsear, *fir*: oráiste.
†**orains-sàbhailteachd**, *bain*: oráiste sábháilteachta.
oraisd, *aid* → orains, *aid*.
òraist, *bain* → orainsear, *fir*.
òran, *fir*: amhrán.
Òran, *fir*: Amhrán.
òranaiche, *fir*: amhránaí.
òr-bhuidhe, *aid*: órbhuí.
orcastra, *bain*: ceolfhoireann.
òr-cheàrd, *fir*: órcheardaí.
òrd, *fir*: ord.
Òrd, *fir*: Ord.
òrdachadh, *fir*: ordú.
òrdag, *bain*: ordóg.
òrdagh, *fir* → òrdugh, *fir*.
òrdaich, *br*: ordaigh.
òrdail, *aid*: ordúil.
†**òrdair**, *fir*: orlaí.
òrdan, *fir*: ordú.
òrdanas, *fir*: ordanás.
òrdha, *aid* → òrach, *aid*.
òrdugh, *fir*: ordú, ord.
orduich, *br* → òrdaich, *br*.
òrgan, *fir*: orgán.
organach, *aid*: orgánach.
òr-iasg, *fir*: iasc órga.
orm, *réamh*: orm.
†**ornaich**, *br*: ornaigh.
ornaid, *bain*: ornáid.
†**ornaideach**, *aid*: ornáideach.
orr, *réamh* → orra, *réamh*.

orr', *réamh* → orra, *réamh*.
orra, *réamh*: orthu.
òr-ruadh, *aid*: ór-rua.
ort, *réamh*: ort.
ortha, *bain*: ortha.
os, *réamh*: os.
osag, *bain*: feothan, leoithne, séideán.
osan, *fir*: osán.
osanachd, *bain*: osánacht.
†**osanaiche**, *fir*: góiséir.
osann, *bain* → osna, *bain*.
oscarach, *aid* → osgarra, *aid*.
oscardha, *aid* → osgarra, *aid*.
oscarra, *aid* → osgarra, *aid*.
oscartha, *aid* → osgarra, *aid*.
os cionn, *réamh*: os cionn.
osda, *aid* → òsta, *aid*.
osdail, *bain* → ostail, *bain*.
†**os-fhuaimneach**, *aid*: ultrafhuaime.
osgarra, *aid*: inchloiste, láidir, oscartha.
os ìosal, *db*: os íseal.
os làimh, *db*: do láimh.
osna, *bain*: osna.
os-nàdarra, *aid* → os-nàdarrach, *aid*.
os-nàdarrach, *aid*: osnádúrtha.
osnadh, *bain* → osna, *bain*.
osnaich, *bain*: osnaíl.
òson, *fir*: ózón.
ospadal, *fir*: ospidéal.
ospag, *bain*: snag, ochlán, uspóg.
òsta, *aid*: ósta.
ostail, *bain*: brú.
ostail-òigridh, *bain*: brú óige.
Ostair, *bain*: Ostair.
òstair, *fir*: óstach.
Ostaireach, *aid*: Ostarach.
Ostaireach, *fir*: Ostarach.
†**os-tilgeadair**, *fir*: osteilgeoir.
othail, *bain*: clampar, rírá, gleo.
othaisg, *bain*: athfhóisc.
†**othar**, *fir*: othras.
òtrach, *fir*: carn aoiligh, otrach.

P

pac, *br* → pacaig, *br*.
paca, *fir*: paca.
pacaid, *bain*: paicéad, pacáiste.
pacaig, *br*: pacáil.
pacaigeadh, *fir*: pacáil.
†**pacair**, *fir*: pacálaí.
†**pacaireachd**, *bain*: pacaireacht.
†**paclach**, *fir*: asclán.
pàganach, *aid*: págánta.
pàganach, *fir*: págánach.
pàganachd, *bain*: págántacht.
Pagastàn, *fir*: an Phacastáin.
pàidh, *fir*: píóg.
paidhear, *fir* → paidhir, *bain*.
pàidhear, *bain* → paidhir, *bain*.
paidhir, *bain*: péire.
paidhleat, *fir* → pìleat, *fir*.
paidirean, *fir*: paidrín.
†**paidreag**, *bain*: paiste.
paidse, *bain*: paiste.
pàigh, *br*: íoc.
pàigheadh, *fir*: íoc, íocaíocht, pá.
pàillean, *fir*: pailliún.
pàilliun, *fir* → pàillean, *fir*.
paillt, *aid* → pailt, *aid*.
pailm, *bain*: pailm.
pailt, *aid*: flúirseach.
pailteas, *fir*: flúirse, cuid mhór.
†**paimhleid**, *bain*: paimfléad.
†**painntear**, *fir*: paintéar.
†**painntin**, *bain*: paitín.
pàipear, *fir*: páipéar.
†**pàipearachadh**, *fir*: páipéarú.
pàipearachd, *bain*: páipéarachas.
†**pàipearaich**, *br*: páipéaraigh.

†**pàipearaiche**, *fir*: páipéaraí.
pàipear-bhòtaidh, *fir*: páipéar ballóide.
pàipear-gainmhich, *fir*: greanpháipéar, páipéar gainimh.
pàipear-naidheachd, *fir*: nuachtán.
pàipear-naidheachdan, *fir* → pàipear-naidheachd, *fir*.
pàipear-taice, *fir*: aguisín.
pàipeir, *aid*: páipéir.
†**paipin**, *fir*: poipín.
pàirc, *bain*: páirc.
pàirc, *br*: páirceáil.
Pàirc, *bain*: Páirc.
pàirc chàraichean, *bain*: carrchlós.
pàirce, *bain* → pàirc, *bain*.
pàirceadh, *fir*: páirceáil.
pàircich, *br* → pàirc, *br*.
paireafain, *fir*: pairifín.
pairilis, *fir*: pairilis.
pàirt, *fir*: páirt.
pàirteachadh, *fir*: páirtiú.
pàirteachas, *fir*: páirteachas.
pàirtich, *br*: páirtigh.
pàirtidh, *fir* → pàrtaidh, *bain*.
pàirt-ùine, *aid*: páirtaimseartha.
pais, *bain*: páis.
†**Pais**, *bain*: Páis.
pàisde, *fir* → pàiste, *fir*.
pàisdealachd, *bain* → pàistealachd, *bain*.
pàisdeil, *aid* → pàisteil, *aid*.
paisean, *fir*: paisean.
paisg, *br*: fill.
paisgte, *aid*: fillte.
pàiste, *fir*: páiste.
†**pàistealachd**, *bain*: páistiúlacht.
†**pàisteil**, *aid*: páistiúil.
†**paistiuraich**, *br*: paistéar.
pait, *bain*: pait.
pàiteach, *aid*: tartmhar.
†**paitrisg**, *bain*: patraisc.
Pakistan, *fir* → Pagastàn, *fir*.
†**pàlas**, *fir*: pálás.
pallaidium, *fir*: pallaidiam.
pana, *fir*: panna.
panail, *bain* → pannal, *fir*.
panal, *fir* → pannal, *fir*.
Panama, *fir*: Panama.
Panamach, *aid*: Panamach.
Panamach, *fir*: Panamach.
panda, *fir*: panda.
†**pannagan**, *fir*: pancóg.
pannal, *fir*: painéal.
pannal-comhairleachaidh, *fir*: painéal comhairleach.
†**pantraidh**, *fir*: pantrach.

pàp, *fir* → pàpa, *fir*.
pàpa, *fir*: pápa.
Pàpa, *fir*: Pápa.
†**pàpachd**, *bain*: pápacht.
pàpanach, *aid*: pápánta.
Pàpanach, *aid*: Pápánta.
Pàpanach, *fir*: Pápaire.
†**parabal**, *fir*: parabal.
parachute, *fir* → paraisiut, *fir*.
paradocs, *fir*: paradacsa.
paragraf, *fir*: paragraf, alt.
Paraguaidh, *fir*: Paragua.
parailealogram, *fir*: comhthreomharán.
Parailimpeach, *aid*: Parailimpeach.
paraimeadar, *fir* → paraimeatair, *fir*.
paraimeatair, *fir*: paraiméadar.
paraisiut, *fir*: paraisiút.
paraiste, *fir*: paróiste.
pàrant, *fir*: tuismitheoir.
†**pardag**, *bain*: pardóg.
pàrlamaid, *bain*: parlaimint.
Pàrlamaid, *bain*: Parlaimint.
pàrlamaideach, *aid*: parlaiminteach.
†**paròil**, *bain*: parúl.
†**parraisteach**, *aid*: paróisteach.
†**parraisteach**, *fir*: paróisteach.
pàrras, *fir*: parthas.
parsail, *fir*: beartán.
pàrtaidh, *bain*: páirtí, cóisir.
Pàrtaidh, *bain*: Páirtí.
partan, *fir*: portán.
pas, *fir*: pas.
pasaig, *br*: pasáil.
pasgadh, *fir*: filleadh.
pasgan, *fir*: beart, burla, pacáiste, fillteán.
pasta, *fir*: pasta.
pastra, *bain*: pastae.
†**pata**, *fir*: patachán.
Patagòinia, *bain*: an Phatagóin.
Patagonia, *bain* → Patagòinia, *bain*.
pathadh, *fir*: tart.
†**patrainmeach**, *aid*: sinsearachta.
pàtran, *fir*: patrún.
†**pàtranachd**, *bain*: pátrúnacht.
P-Ceilteach, *aid*: P-Ceilteach.
peaca, *fir* → peacadh, *fir*.
peacach, *aid*: peacach.
peacach, *fir*: peacach.
peacadh, *fir*: peaca.
peacaich, *br*: peacaigh.
peall, *fir*: peall.
peallach, *aid* → piullach, *aid*.
peanas, *fir*: pionós.
peanasaich, *br*: pionósaigh.

peann, *fir*: peann.
†**peannair**, *fir*: peannaire.
peansail, *fir*: pionsail, peann luaidhe.
peant, *fir*: péint.
peant, *br*: péinteáil.
peantadh, *fir*: péinteáil.
peantair, *fir*: péintéir.
peapag, *bain*: puimcín.
peapog, *bain* → peapag, *bain*.
pearraid, *bain*: pearóid.
pearsa, *fir*: pearsa, duine.
Pearsach, *aid*: Peirseach.
Pearsach, *fir*: Peirseach.
pearsanachadh, *fir*: pearsantú.
pearsanaich, *br*: pearsantaigh.
pearsanta, *aid*: pearsanta.
pearsantachd, *bain*: pearsantacht.
pears-eaglais, *fir*: pearsa eaglaise, eaglaiseach.
pearsonachadh, *fir* → pearsanachadh, *fir*.
Pearù, *fir*: Peiriú.
†**Pearùthach**, *aid*: Peiriúch.
†**Pearùthach**, *fir*: Peiriúch.
peasair, *bain*: pis, piseán.
peasan, *fir*: soibealtán.
peas-ghadaiche, *fir*: peasghadaí.
peata, *fir*: peata.
†**peatarnachd**, *bain*: peataireacht.
†**peata-ruaidh**, *fir*: puifín.
peatrail, *fir*: peitreal.
peatral, *fir* → peatrail, *fir*.
peatroil, *fir* → peatrail, *fir*.
peatrol, *fir* → peatrail, *fir*.
†**peic**, *fir*: peic.
†**pèidse**, *fir*: péitse.
peighinn, *bain*: pingin.
peile, *fir*: paol.
pèileag, *bain*: muc mhara.
peileagan, *fir*: peileacán.
peilear, *fir*: urchar, piléar.
pein, *db* → fhèin, *db*.
†**pèin-dlighe**, *fir*: péindlí.
peinnsean, *fir*: pinsean.
†**peinnseanachadh**, *fir*: aoisliúntas.
†**peinntealta**, *aid*: pointeáilte.
peirceall, *fir*: preiceall, giall.
†**Peirse**, *bain*: an Pheirs.
†**pèirse**, *bain*: péirse.
peirsill, *bain*: peirsil.
pèist, *bain*: péist.
†**peisteal**, *fir*: peisteal.
peitean, *fir*: veist.
peitseag, *bain*: péitseog.

Persia, *bain* → Peirse, *bain*.
Peru, *fir* → Pearù, *fir*.
peucag, *bain*: péacóg.
peur, *bain*: piorra.
Phairiseach, *fir* → Pharasach, *fir*.
Pharasach, *aid*: Fairisíneach.
Pharasach, *fir*: Fairisíneach.
Philisteach, *aid*: Filistíneach.
Philisteach, *fir*: Filistíneach.
pian, *bain*: pian.
pian, *br*: pian.
piàna, *fir*: pianó.
pianail, *aid* → piantach, *aid*.
†**pian-mhùchan**, *fir*: pianmhúchán.
piàno, *fir* → piàna, *fir*.
†**piantach**, *aid*: pianmhar.
piantail, *aid* → piantach, *aid*.
pic, *bain*: pic.
pic, *fir*: geaifil.
pic, *br*: pic.
pìc, *bain*: píce.
picead, *fir*: picéad.
picil, *bain*: picil.
picil, *br*: picil.
†**picleadh**, *fir*: picilt.
picnic, *fir*: picnic.
pige, *fir*: pigín.
pigheann, *fir*: pióg, toirtín, cáca.
pile, *bain*: piollaire.
†**pìle**, *fir*: píle.
pileat, *fir*: píolóta.
†**pilibean**, *fir*: pilibín.
pilleadh, *fir* → tilleadh, *fir*.
pillean, *fir*: pillín.
†**pillsear**, *fir*: pilséar.
pinc, *aid*: pinc, bándearg.
pinc, *fir*: pinc, bándearg.
†**pincean**, *fir*: pincín.
pinne, *fir*: pionna.
pinnt, *fir*: pionta.
pìob, *bain*: píb, píopa.
pìobair, *fir*: píobaire.
pìobaire, *fir* → pìobair, *fir*.
pìobaireachd, *bain*: píobaireacht.
pìoban, *fir*: píobán.
piobar, *fir*: piobar.
†**pìob-ealaidh**, *bain*: siofón.
pìob-mhòr, *bain*: píob mhór.
piobrachadh, *fir*: broideadh, tathant.
piobraich, *br*: broid, prioc.
†**pìob-sheirbheis**, *bain*: píosa seirbhíse.
pioc, *br*: pioc.
piocach, *fir*: saián.
Piocach, *aid*: Piochtach.
Piocach, *fir*: Piocht.

piocadh, *fir*: piocadh.
piocaid, *bain*: piocóid.
†**piochan**, *fir*: piachán.
pioghaid, *bain*: meaig, snag breac.
piolaid, *bain*: piolóid.
pìolait, *fir* → pileat, *fir*.
pìolat, *fir* → pileat, *fir*.
pioramaid, *bain*: pirimid.
piorbhaig, *bain*: peiriúic.
piorna, *bain*: eiteán.
†**piorradh**, *fir*: siorradh.
pìos, *fir*: píosa.
†**piostal**, *fir*: piostal.
piotsa, *fir*: píotsa.
piseach, *bain*: biseach.
piseag, *bain*: piscín, puisín.
†**piseagach**, *aid*: piseogach.
pit, *bain*: pit.
†**piteanta**, *aid*: piteogach.
pithean, *fir* → pigheann, *fir*.
pitheid, *bain* → pioghaid, *bain*.
†**piullach**, *aid*: peallach.
piuthar, *bain*: deirfiúr.
Piuthar, *bain*: Deirfiúr.
†**piuthar-athar**, *bain*: deirfiúr athar.
piuthar-màthar, *bain*: deirfiúr máthar.
plabach, *aid* → plubach, *aid*.
†**plabair**, *fir*: plobaire.
†**plabaireachd**, *bain*: plobaireacht.
plaide, *bain*: pluid.
plàigh, *bain*: plá.
plana, *fir*: plean.
plàna, *fir*: plána.
planadh, *fir*: pleanáil.
planaid, *bain*: pláinéad.
planaid-dhachaigh, *bain*: pláinéad baile.
planaig, *br*: pleanáil.
planaigeadh, *fir*: pleanáil.
planctan, *fir*: planctón.
†**plang**, *fir*: cianóg.
plangaid, *bain*: blaincéad, pluid.
plannt, *fir*: planda.
planntachadh, *fir*: plandáil.
†**planntair**, *fir*: plandóir.
†**plannt-lann**, *bain*: plandlann.
plaosg, *fir*: blaosc.
plaosgadh, *fir*: pléascadh, oscailt.
plàst, *fir*: plástar.
plàst, *br*: plástráil.
plàstaich, *br* → plàst, *br*.
plastaig, *aid*: plaisteach.
plastaig, *bain*: plaisteach.
†**plàstair**, *fir*: pláistéir.
plàstair, *fir* → plàst, *fir*.

plastar

plastar, *fir* → plàst, *fir*.
platapas, *fir*: platapas.
pleadhag, *bain*: stibhín.
†**pleadhagaich**, *br*: caibeáil.
†**pleadhairt**, *bain*: achainí.
plèan, *fir* → plèana, *fir*.
plèana, *fir*: eitleán.
plèastair, *br* → plèastraig, *br*.
plèastar, *fir*: plástar.
†**plèastraig**, *br*: plástráil.
†**plèastraigeadh**, *fir*: plástráil.
pleata, *fir*: paiste, pláta, pléata.
pleatach, *aid*: trilseach.
†**pleatadh**, *fir*: plátáil.
pleidhe, *fir*: sos.
pleun, *fir* → plèana, *fir*.
ploc, *fir*: fód, dartán.
ploc, *br*: brúigh.
†**plocadh**, *fir*: brú.
†**plocaireachd**, *bain*: mangaireacht.
plocan, *fir*: brúiteoir, tuairgnín.
plosg, *br*: preab.
plosgadh, *fir*: preabadh.
plosgartaich, *bain* → plosgadh, *fir*.
plub, *fir*: plab.
plub, *br*: plab.
†**plubach**, *aid*: plobartha.
plubadaich, *bain*: plobarnach.
†**plubair**, *fir*: plobaire.
plubaireachd, *bain* → plubraich, *bain*.
†**plubarsaich**, *bain*: plobarnach.
plubartaich, *bain* → plubraich, *bain*.
plubraich, *bain*: plobarnach.
plucan, *fir*: paiteog, plocóid, goirín.
pluga, *fir*: pluga.
pluic, *bain*: pluc.
pluiceach, *aid*: plucach.
†**plumadaich**, *bain*: titim, iomlasc.
plumadair, *fir* → plumair, *fir*.
plumair, *fir*: pluiméir.
†**plumais**, *bain*: pluma.
plùranach, *aid* → flùranach, *aid*.
†**Pluta**, *fir*: Plútón.
Pluto, *fir* → Pluta, *fir*.
pobal, *fir* → poball, *fir*.
poball, *fir*: pobal.
poballach, *aid* → poblach, *aid*.
poblach, *aid*: poiblí.
†**poblachail**, *aid*: poblachtach.
poblachd, *bain*: poblacht.
Poblachd, *bain*: Poblacht.
poblachdach, *aid*: poblachtach.
poblachdach, *fir*: poblachtach.
poblachdas, *fir*: poblachtachas.
pobull, *fir* → poball, *fir*.

Pòlach

poca, *fir*: mála.
pòca, *fir* → pòcaid, *bain*.
poca-cadail, *fir*: mála codlata.
poca-dhroma, *fir* → poca-droma, *fir*.
poca-droma, *fir*: mála droma.
pòcaid, *bain*: póca.
†**pòcair**, *fir*: priocaire.
†**pòcairich**, *br*: prioc.
†**poca-plastaig**, *fir*: mála plaisteach.
pod-chraoladh, *fir*: podchraoladh.
pòg, *bain*: póg.
pòg, *br*: póg.
poibleach, *aid* → poblach, *aid*.
poiblidh, *aid* → poblach, *aid*.
poidhle, *bain*: carn, píle.
poidhlead, *fir* → pìleat, *fir*.
poidhleat, *fir* → pìleat, *fir*.
poidsear, *fir*: póitseálaí.
†**poidsig**, *br*: póitseáil.
†**pòigean**, *fir*: póigín.
pòile, *fir* → pòla, *fir*.
poileagan, *fir*: polagán.
poilean, *fir*: pailín.
poileanaich, *br*: pailnigh.
poileas, *fir*: garda.
Poileas, *fir*: Garda.
poileasaidh, *fir*: polasaí.
poileasman, *fir* → poileas, *fir*.
poileatagach, *aid* → poileataigeach, *aid*.
poileataiceach, *aid* → poileataigeach, *aid*.
poileataics, *bain*: polaitíocht.
poileataigeach, *aid*: polaitiúil.
poileataigs, *bain* → poileataics, *bain*.
poiliteagach, *aid* → poileataigeach, *aid*.
poiliteags, *bain* → poileataics, *bain*.
poiliticeach, *aid* → poileataigeach, *aid*.
poilitigeach, *aid* → poileataigeach, *aid*.
poilitigs, *bain* → poileataics, *bain*.
pòir, *fir*: póir.
poirdse, *bain*: póirse.
poirdse, *fir* → poirdse, *bain*.
†**pois**, *aid*: galánta.
poit, *bain*: pota.
†**pòite**, *bain*: póit.
†**pòiteadh**, *fir*: póitéis.
poitean, *fir*: poitín.
pòitear, *fir*: pótaire.
poit tì, *bain*: taephota.
pòla, *fir*: cuaille.
Pòla, *fir*: Mol.
Pòlach, *aid* → Pòlainneach, *aid*.
Pòlach, *fir* → Pòlainneach, *fir*.

Pòlainn   Prìomhair

Pòlainn, *bain*: Polainn.
Pòlainneach, *aid*: Polannach.
Pòlainneach, *fir*: Polannach.
Pòlais, *bain*: Polainnis.
pòlarach, *aid*: polach.
polas, *fir* → poileas, *fir*.
polasaidh, *fir* → poileasaidh, *fir*.
polasman, *fir* → poileas, *fir*.
politigeach, *aid* → poileataigeach, *aid*.
poll, *fir*: poll, clàbar, láib.
pollag, *bain*: pollóg.
†**pollair**, *fir*: polláire.
pollan, *fir*: pollán.
poll-mònach, *fir*: poll móna.
polo, *fir*: póló.
pònaidh, *fir*: pónaí, capaillín.
pònair, *fir*: pónaire.
pong, *fir*: nóta, ponc.
pongail, *aid*: cruinn, poncúil.
pongalachd, *bain*: poncúlacht, cruinneas.
pòr, *fir*: pór, síol.
†**pòrach**, *aid*: póiriúil.
†**pòrasachd**, *bain*: póiriúlacht.
†**pòr-chochallach**, *aid*: léagúmach.
†**porfaor**, *fir*: porfaire.
port, *fir*: port.
Port, *fir*: Port.
port-a-beul, *fir*: port an bhéil.
port-adhair, *fir*: aerfort.
port-adhar, *fir* → port-adhair, *fir*.
Portagail, *bain*: Portaingéil.
Portagaileach, *aid*: Portaingéalach.
Portagaileach, *fir*: Portaingéalach.
Portagailis, *bain*: Portaingéilis.
portair, *fir*: póirtéir, pórtar.
†**portas**, *fir*: portús.
port-mara, *fir*: port mara.
Portugal, *bain* → Portagail, *bain*.
pòs, *br*: pós.
pòsadh, *fir*: pósadh.
†**posaid**, *bain*: posóid.
pòsd, *aid* → pòsta, *aid*.
pòsd', *aid* → pòsta, *aid*.
pòsda, *aid* → pòsta, *aid*.
post, *fir*: post.
post, *br*: postáil.
pòst', *aid* → pòsta, *aid*.
posta, *fir* → post, *fir*.
pòsta, *aid*: pósta.
postachd, *bain*: postas.
post-adhair, *fir*: aerphost.
postair, *fir*: póstaer.
†**postas**, *fir*: postas.
post-d, *fir*: ríomhphost.

post-dealain, *fir*: ríomhphost.
post-oifis, *fir*: oifig an phoist.
prab, *fir*: sram.
praban, *fir*: síbín.
prab-shùileach, *aid*: brachshúileach.
practaigeach, *aid*: praiticiúil.
†**pragmatach**, *aid*: pragmatach.
pragtaigeach, *aid* → practaigeach, *aid*.
praidhig, *br* → fraidhig, *br*.
prais, *bain*: pota.
pràis, *bain*: prás.
praiseach, *bain*: praiseach.
pràiseach, *aid*: prásach.
pram, *fir*: pram.
†**pràmhach**, *aid*: támhach.
prataigeach, *aid* → practaigeach, *aid*.
†**preach**, *bain*: portach.
preantas, *fir*: printíseach.
preas, *fir*: prios, tom, roc.
preas, *br*: roc.
preasa, *fir* → preas, *fir*.
preasach, *aid*: rocach.
preasant, *fir* → preusant, *fir*.
preasantadh, *fir*: cur i láthair.
preasantair, *fir*: láithreoir.
preas-aodaich, *fir*: prios éadaigh.
preasarnach, *bain*: scrobarnach.
prèiridh, *bain*: fásach féir.
preseantadh, *fir* → preasantadh, *fir*.
preseantair, *fir* → preasantair, *fir*.
presentair, *fir* → preasantair, *fir*.
preusant, *fir*: bronntanas.
†**priachan**, *fir*: préachán.
prìbheideach, *aid* → prìobhaideach, *aid*.
pribhleid, *bain*: pribhléid.
prìne, *fir*: pionna, biorán.
priob, *br*: preab.
priobadh, *fir*: preabadh, caochadh.
prìobhaid, *bain*: príobháid, príobháideacht.
prìobhaideach, *aid*: príobháideach.
prìobhaideachd, *bain*: príobháideacht.
prìobhaiteach, *aid* → prìobhaideach, *aid*.
†**prioc**, *br*: prioc.
prìomh, *aid*: príomh.
prìomhachas, *fir*: tosaíocht.
†**prìomhachd**, *bain*: príomhaíocht.
†**prìomhadh**, *fir*: príomhach.
prìomh adhbhar, *fir*: príomhábhar.
prìomhaid, *fir*: príomhach.
prìomhail, *aid*: príomhúil.
prìomh ainm, *fir*: príomhainm.
prìomhair, *fir*: príomh-aire.
Prìomhair, *fir*: Príomh-Aire.

126

prìomhaire   **prìomh thargaid**

prìomhaire, *fir* → prìomhair, *fir*.
prìomh àite, *fir*: príomháit.
prìomh àm, *fir*: príomh-am.
prìomh amas, *fir*: príomhaidhm.
prìomh àrainn, *bain*: príomhchampas, príomhghnáthóg.
prìomh àros, *fir*: ceannáras.
prìomh-athair, *fir*: príomhathair.
prìomh-baile, *fir* → prìomh-bhaile, *fir*.
prìomh-bhaile, *fir*: príomhbhaile.
prìomh bhàrd, *fir*: príomhfhile.
prìomh bhiadh, *fir*: príomhbhia.
prìomh bhuidheann, *bain*: príomheagras.
prìomh bhunait, *bain*: príomhbhunús.
prìomh cànan, *fir* → prìomh chànan, *fir*.
prìomh chànan, *fir*: príomhtheanga.
prìomh charactar, *fir*: príomhcharachtar.
prìomh cheist, *bain*: príomhcheist.
prìomh chlas, *fir*: príomhrang.
prìomh chomataidh, *bain*: príomhchoiste.
prìomh chomharra, *fir* → prìomh chomharradh, *fir*.
prìomh chomharradh, *fir*: príomhchomhartha.
prìomh chompanaidh, *bain*: príomhchomhlacht.
prìomh chùis, *bain*: príomhchúis.
prìomh chùmhnant, *fir*: príomhchonradh.
prìomh chuspair, *fir*: príomhchuspóir.
prìomh dhath, *fir*: príomhdhath.
prìomh dheasaiche, *fir*: príomheagarthóir.
†**prìomh-dhiùc**, *fir*: ard-diúc.
prìomh dhleastanas, *fir*: príomhchúram.
prìomh dhòigh, *bain*: príomhbhealach.
prìomh dhoras, *fir*: príomhdhoras.
prìomh dhreuchd, *bain*: príomhfheidhm.
prìomh dhuais, *bain*: príomhdhuais.
prìomh dhùbhlan, *fir*: príomhdhúshlán.
prìomh-dhuilleag, *bain*: príomhleathanach.
prìomh duais, *bain* → prìomh dhuais, *bain*.
prìomh eaglais, *bain*: príomheaglais.
prìomh eileamaid, *bain*: príomheilimint.
prìomh fheart, *fir*: príomhghné.
prìomh fhèill, *bain*: príomhfhéile.
prìomh fhèis, *bain*: príomhfheis.
prìomh fhòcas, *fir*: príomhfhócas.
prìomh ghearastan, *fir*: príomhdhún.
prìomh gheata, *fir*: príomhgheata.

prìomh ghnè, *bain*: príomhghné.
prìomh ghnìomh, *fir*: príomhghníomh.
prìomh ghoireas, *fir*: príomhacmhainn.
prìomh iomairt, *bain*: príomhfheachtas.
prìomh ionad, *fir*: príomhionad.
prìomh ionnsramaid, *bain*: príomhionstraim.
prìomh làrach, *bain*: príomháit.
prìomh liog, *bain*: príomhshraith.
prìomh loidhne, *bain*: príomhlíne.
prìomh luchd, *fir*: príomhlucht.
prìomh mhaoineachadh, *fir*: bunmhaoiniú.
prìomh-mhinistear, *fir*: príomh-aire.
Prìomh Mhinistear, *fir*: Príomh-Aire.
prìomh neach, *fir*: príomhdhuine.
prìomh obair, *bain*: príomhobair.
†**prìomh-oifigear**, *fir*: príomhoifigeach.
prìomh-oifis, *bain*: príomhoifig.
†**Prìomh-Oifis**, *bain*: Príomh-Oifig.
prìomh òraid, *bain*: príomhóráid.
prìomh òraidiche, *fir*: príomhchainteoir.
prìomh phàirt, *fir*: príomhpháirt.
prìomh phannal, *fir*: príomhphainéal.
prìomh phàrtaidh, *bain*: príomhpháirtí.
prìomh phoileasaidh, *fir*: príomhpholasaí.
prìomh phort, *fir*: príomhphort.
prìomh phrionnsabal, *fir*: príomhphrionsabal.
prìomh phuing, *bain*: príomhphointe.
prìomh raon, *fir*: príomhraon.
prìomh rathad, *fir*: príomhbhóthar.
prìomh roinn, *bain*: príomhrannóg.
prìomh rud, *fir*: príomhrud.
prìomh rùm, *fir*: príomhsheomra.
prìomh rùn, *fir*: príomhaidhm.
prìomh seòrsa, *fir* → prìomh sheòrsa, *fir*.
prìomh sgil, *bain*: príomhscil.
prìomh sgioba, *bain*: príomhfhoireann.
prìomh sgìre, *bain*: príomhcheantar.
prìomh sgrìobhainn, *bain*: príomhcháipéis.
prìomh sheòrsa, *fir*: príomhchineál.
prìomh shlighe, *bain*: príomhbhealach.
prìomh shràid, *bain*: príomhshráid.
prìomh sràid, *bain* → prìomh shràid, *bain*.
†**prìomh-stèidh**, *bain*: príomhbhunús.
prìomh stèisean, *fir*: príomhstáisiún.
prìomh thachartas, *fir*: príomhimeacht.
prìomh thagraiche, *fir*: príomhiarrthóir.
prìomh thalla, *fir*: príomh-halla.
prìomh thargaid, *bain*: príomhchuspóir.

prìomh theachdaireachd — puthail

prìomh theachdaireachd, *bain*: príomhtheachtaireacht.
prìomh thogalach, *fir*: príomhfhoirgneamh.
prìomh uallach, *fir*: príomhchúram.
prionnsa, *fir*: prionsa, flaith.
Prionnsa, *fir*: Prionsa.
prionnsabal, *fir* → prionnsapal, *fir*.
†**prionnsachd**, *bain*: prionsacht.
prionnsapal, *fir*: prionsabal.
priosam, *fir* → prism, *fir*.
prìosan, *fir*: príosún.
prìosanach, *fir*: príosúnach.
†**prìosanachd**, *bain*: príosúnacht.
prìosanaich, *br*: príosúnaigh.
prìs, *bain*: praghas.
prìseil, *aid*: luachmhar.
†**prism**, *fir*: priosma.
†**probhadh**, *fir*: turgnamh, promhadh.
pròbhaist, *fir*: propast.
†**procadair**, *fir*: prócadóir.
profaisean, *bain* → proifeasan, *bain*.
prògam, *fir* → prògram, *fir*.
†**proghan**, *fir*: dríodar.
prògram, *fir*: clár, feidhmchlár, ríomhchlár.
prògramachadh, *fir* → prògramadh, *fir*.
prògramadh, *fir*: ríomhchlárú.
proifeasair, *fir*: ollamh.
proifeasan, *bain*: proifisiún.
proifeasan, *fir* → proifeasan, *bain*.
proifeasanta, *aid* → proifeiseanta, *aid*.
proifeiseanta, *aid*: proifisiúnta.
proifeiseantach, *aid* → proifeiseanta, *aid*.
proifeiseantach, *fir*: proifisiúnach.
pròifil, *bain*: próifíl.
proipeilear, *fir*: lián.
pròis, *bain*: bród.
pròis, *br*: achainigh.
pròiseact, *bain*: tionscadal.
proiseactair, *fir* → proiseactar, *fir*.
†**proiseactar**, *fir*: teilgeoir.
†**pròiseadh**, *fir*: plámás.
pròiseas, *fir*: próiseas.
pròiseil, *aid*: bródúil, mórtasach.
pronn, *aid*: brúite.
pronn, *br*: brúigh.
pronnach, *bain*: smúsach.
pronnadh, *fir*: brú, batráil, meilt.
pronnasg, *fir*: ruibh.
†**pronnfheòil**, *bain*: mionfheoil.
propailear, *fir* → proipeilear, *fir*.
prosbaig, *bain*: teileascóp.

Pròstanach, *aid*: Protastúnach.
Pròstanach, *fir*: Protastúnach.
†**pròtacal**, *fir*: prótacal.
protain, *fir*: próitéin.
prothaid, *bain*: brabús.
prothaideach, *aid*: brabúsach.
prothaidich, *br*: tairbhigh.
protocal, *fir* → pròtacal, *fir*.
proton, *fir*: prótón.
†**protoplasma**, *fir*: prótaplasma.
†**protractair**, *fir*: uillinntomhas.
Prùis, *bain*: Prúis.
Pruisia, *bain* → Prùis, *bain*.
†**prùn**, *fir*: prúna.
pùball, *fir*: puball.
†**pucaid**, *bain*: puchóid.
pùdar, *fir*: púdar.
†**pùdarach**, *aid*: púdrach.
pùdaraich, *br*: púdraigh.
†**pudhar**, *fir*: taisme.
puicean, *fir*: púicín.
†**puidse**, *fir*: púitse, póca.
puimcean, *fir*: puimcín.
puing, *bain*: ponc, pointe.
puingeil, *aid* → pongail, *aid*.
puinnsean, *fir*: nimh.
puinnseanaich, *br*: nimhigh.
puinnseanta, *aid*: nimheanta.
†**puinse**, *fir*: puins.
†**puiseag**, *bain*: puisín.
pulaidh, *bain*: bulaí.
†**pulsar**, *fir*: pulsár.
pump, *fir* → pumpa, *fir*.
pump, *br*: pumpáil.
pumpa, *fir*: pumpa.
pumpadh, *fir*: pumpáil.
punc, *fir*: punc.
puncair, *fir*: punc.
†**punnan**, *fir*: punann.
punnd, *fir*: punt.
pupaid, *fir*: puipéad.
purgadair, *fir*: purgadóir.
purgaid, *bain*: purgóid.
†**purgaideach**, *aid*: purgóideach.
purpaidh, *aid*: corcra.
purpar, *aid* → purpaidh, *aid*.
†**purradair**, *fir*: amasán.
put, *br*: brúigh.
†**puta**, *fir*: baoi.
putadh, *fir*: brú.
putag, *bain*: putóg.
†**putagan**, *fir*: putóg, domplagán.
putair, *fir*: ceartaitheoir.
putan, *fir*: cnaipe.
†**puthail**, *bain*: puthaíl.

puthar, *fir*: cumhacht.

Q

Q-Ceilteach, *aid*: Q-Ceilteach.
Quechua, *bain* → Ceatsua, *bain*.

R

'r, *sealbh* → ur, *sealbh*.
r', *réamh* → ri, *réamh*.
r'a, *sealbh* → ri, *sealbh*.
rabaid, *bain*: coinín.
rabaidh, *fir*: raibí.
†rabhach, *aid*: rabhach.
†rabhachan, *fir*: rabhchán.
rabhadh, *fir*: rabhadh.
†ràbhan, *fir*: rabhán.
†ràbhanach, *aid*: roscach.
rabhd, *fir*: rabhán.
rabhdair, *fir*: éigsín.
ràc, *fir*: bardal, ráca.
ràc, *br*: rácáil.
†ràcadh, *fir*: rácáil.
racaid, *bain*: racán, raicéad.
ràcan, *fir*: bardal, ráca.
ràc an t-sìl, *fir*: traonach.
rach, *br*: téigh.
radaigeach, *aid*: radacach.
†radaigeachd, *bain*: radacachas.
radan, *fir*: francach.
ràdh, *fir*: rá.
radha, *fir* → ràdh, *fir*.
ràdhainn, *bain* → ràdh, *fir*.
radharc, *fir*: radharc.
radio, *fir* → rèidio, *fir*.
Radio, *af*: Raidió.
rag, *aid*: righin.
rag, *br*: righnigh.
ragadh, *fir*: righniú.
ragaireachd, *bain*: rógaireacht.
rag-mhuinealach, *aid*: ragmhuineálach.
raib, *bain*: ráib.

ràidh, *bain* → ràithe, *bain*.
†raidhc, *bain*: réice.
raidhfil, *bain*: raidhfil.
†raidium, *fir*: raidiam.
raige, *bain*: righne.
†raighd, *br*: rothaigh.
†raighdeadh, *fir*: rothaíocht.
railidh, *bain*: railí.
†raimhdeas, *fir*: raimhre.
raineach, *bain*: raithneach.
rainteach, *bain* → raineach, *bain*.
raip, *bain*: bréantas.
ràith, *bain* → ràithe, *bain*.
ràithe, *bain*: ráithe.
ràitheachan, *fir*: ráitheachán.
ràitheil, *aid*: ráithiúil.
rallaidh, *bain* → railidh, *bain*.
†ramas, *fir*: rómáns.
ràmh, *fir*: rámh.
†ràmhlong, *bain*: rámhlong.
†rampair, *fir*: rampar.
ran, *sealbh* → rin, *sealbh*.
r'an, *sealbh* → rin, *sealbh*.
ràn, *fir*: scread.
rànaich, *bain*: caoineadh, gol.
rànail, *bain* → rànaich, *bain*.
rang, *fir*: rang.
rangachadh, *fir*: rátáil, rangú.
rangachd, *bain*: ordlathas.
rangaich, *br*: rangaigh, rátáil.
†rang-gabhail, *fir*: rangabháil.
rann, *bain*: véarsa, rann.
rannachd, *bain* → rannaigheachd, *bain*.
rannaigheachd, *bain*: rannaíocht.
†rannair, *fir*: rannadóir, rannaire.
rannaschadh, *fir* → rannsachadh, *fir*.
†rann-phàirt, *bain*: rannpháirt.
†rann-phàirtiche, *fir*: rannpháirtí.
★rannsachadh, *fir*: fiosrú, taighde, cuardach.
rannsachair, *fir*: taiscéalaí.
★rannsaich, *br*: cuardaigh, fiosraigh.
rannsaiche, *fir* → rannsachair, *fir*.
raoir, *db* → a-raoir, *db*.
raon, *fir*: raon, réimse, páirc.
raon-chluiche, *fir* → raon-cluiche, *fir*.
raon-cluiche, *fir*: páirc imeartha.
raon-goilf, *fir*: galfchúrsa.
†raon-itealan, *fir*: rúidbhealach.
raon-laighe, *fir*: rúidbhealach.
raon-obrach, *fir*: ionad oibre.
raon ola, *fir*: olacheantar.
†raon-rocaid, *fir*: raon roicéad.
raon-ùghdarrais, *fir*: sainchúram.
rap, *fir*: rapcheol.

†**rapach**, *aid*: salach.
ràsair, *fir*: rásúr.
ràsal, *fir* → ràstal, *fir*.
rasan, *fir*: rosán.
ràsanach, *aid*: leadránach.
ràsdal, *fir* → ràstal, *fir*.
†**rasgail**, *fir*: rascail.
ràstal, *fir*: rastal.
ràta, *fir*: ráta.
rath, *fir*: rath, ádh.
ràth, *fir*: rafta, ráth.
rathad, *fir*: bóthar, bealach, ród.
rathad-iarainn, *fir*: iarnród.
rathad-iarann, *fir* → rathad-iarainn, *fir*.
rathad-iarrainn, *fir* → rathad-iarainn, *fir*.
rathad-iaruinn, *fir* → rathad-iarainn, *fir*.
rathad-mòr, *fir*: mórbhealach.
rathad-seachnaidh, *fir*: seachbhóthar.
rathad-teichidh, *fir*: bealach éalaithe.
rathail, *aid*: rathúil.
Ratharsach, *aid*: Ratharsach.
Ratharsach, *fir*: Ratharsach.
†**rathmhor**, *aid*: rafar.
ratreut, *fir*: cúlú.
rè, *bain*: ré.
rè, *réamh*: ar feadh.
†**reaban**, *fir*: pincín.
†**rèaban**, *fir*: féasóg leicinn.
†**rèabhaireachd**, *bain*: gliceas.
rèabhlaid, *bain*: réabhlóid.
reachd, *fir*: reacht.
reachdach, *aid*: reachtach.
†**reachdachd**, *bain*: reachtaíocht.
reachdadair, *fir*: reachtóir.
reachdadaireachd, *bain*: reachtas.
reachdaich, *br*: reachtaigh.
reachdail, *aid*: reachtúil.
reachdaireachd, *bain* → reachdadaireachd, *bain*.
reachdas, *fir*: reachtaíocht.
†**reachd-eaglaise**, *fir*: dlí canónta.
reacòrdair, *fir*: fliúit Shasanach.
reactar, *fir* → readhactar, *fir*.
readhactar, *fir*: imoibreoir.
†**reaf**, *fir*: réiteoir.
†**rèaltachd**, *bain*: réaltacht.
reamhair, *fir*: fánaí.
reamhar, *aid*: ramhar.
reamhrachd, *bain*: raimhre, méithe.
reamhraich, *br*: ramhraigh.
†**reang**, *bain*: reang.
†**reangach**, *aid*: reangach.
reannag, *bain* → rionnag, *bain*.
reasabaidh, *fir*: oideas.
reasgach, *aid*: stuacach.

reat, *fir* → ràta, *fir*.
reic, *fir*: díol, reic.
reic, *br*: díol, reic.
reiceadair, *fir*: díoltóir, reacaire.
†**reiceadaireachd**, *bain*: díoltóireacht, reacaireacht.
rèideas, *fir* → rèidius, *fir*.
rèidh, *aid*: réidh, cothrom.
rèidh, *fir*: ré.
rèidhleach, *fir*: féarmhá.
rèidhlean, *fir*: réileán, plásóg.
rèididheachd, *bain*: radaíocht.
rèidio, *fir*: raidió.
rèidio-beò, *aid*: radaighníomhach.
†**rèidiografaidh**, *fir*: radagrafaíocht.
†**rèidium**, *fir*: raidiam.
rèidius, *fir*: ga.
reifreann, *fir*: reifreann.
rèile, *bain*: iarnród.
rèilig, *bain*: reilig.
†**rèiltean**, *fir*: réiltín.
rèim, *bain*: réim.
†**reinium**, *fir*: réiniam.
rèir réir.
rèis, *bain*: rás.
rèis, *br*: rásáil.
rèisd, *db* → a-rèist, *db*.
†**rèiseachd**, *bain*: rásaíocht.
rèiseadh, *fir*: rásaíocht, rásáil.
reiseamaid, *bain* → rèisimeid, *bain*.
rèisimeid, *bain*: reisimint.
rèist, *db* → a-rèist, *db*.
rèite, *bain*: réiteach.
rèiteach, *fir*: réiteach.
rèiteachadh, *fir*: cumraíocht, réiteach.
reithe, *fir*: reithe.
Reithe, *fir*: Reithe.
rèitich, *br*: réitigh.
rèitire, *fir*: réiteoir.
rèoite, *aid* → reòthte, *aid*.
reòiteag, *bain*: uachtar reoite.
reòiteag-uisge, *bain*: soirbéad.
†**reò-sheargte**, *aid*: siocdhóite.
reòta, *aid* → reòthte, *aid*.
reòth, *br*: reoigh.
reothadair, *fir*: reoiteoir.
reothadh, *fir*: sioc, reo.
reothart, *fir*: rabharta.
reòthta, *aid* → reòthte, *aid*.
†**reòthtach**, *aid*: reoiteach.
reòthte, *aid*: reoite.
reub, *br*: réab, stróic.
reubadh, *fir*: réabadh.
reubainn, *bain*: gadaíocht.
reubainnear, *fir* → reubaire, *fir*.

reubair

reubair, *fir* → reubaire, *fir*.
reubaire, *fir*: gadaí, ropaire.
reubaltach, *fir*: reibiliúnaí.
reubanair, *fir* → reubaire, *fir*.
reubte, *aid*: réabtha.
†**reudan**, *fir*: réadán.
reudar, *fir*: radar.
reul, *bain*: réalta.
reuladair, *fir*: réalteolaí.
reuladaireachd, *bain*: réalteolaíocht.
†**reulagach**, *aid*: réaltach.
reul chearbach, *bain*: cóiméad.
reul-chrios, *fir*: réaltra.
reul-chuairt, *bain*: fithis.
reul-eòlaiche, *fir*: réalteolaí.
reul-eòlas, *fir*: réalteolaíocht.
reul-iùil, *bain*: réalta eolais.
reull, *bain* → reul, *bain*.
reult, *bain* → reul, *bain*.
reultag, *bain*: réiltín.
†**reultagach**, *aid*: réaltógach.
†**reultaichte**, *aid*: bocóideach.
†**reult-bhuidheann**, *bain*: réaltbhuíon.
†**reum**, *bain*: réama.
†**reumach**, *aid*: réamach.
reusan, *fir*: réasún.
reusanachadh, *fir*: réasúnú.
†**reusanachas**, *fir*: réasúnachas.
†**reusanachd**, *bain*: réasúnacht.
reusanaich, *br*: réasúnaigh.
reusanta, *aid*: réasúnta.
reusonachadh, *fir* → reusanachadh, *fir*.
reusonta, *aid* → reusanta, *aid*.
ri, *sealbh*: lena.
ri, *réamh*: le.
riabh, *db* → a-riamh, *db*.
riabhach, *aid*: riabhach.
riabhag, *bain*: riabhóg.
riadh, *fir*: ús.
riagh, *fir*: riabh.
riaghail, *br*: rialaigh.
riaghailt, *bain*: riail.
riaghailtas, *fir* → riaghaltas, *fir*.
riaghailteach, *aid*: rialta.
†**riaghailteachadh**, *fir*: rialú.
riaghailteachd, *bain*: rialtacht.
†**riaghailtearachd**, *bain*: riarachán.
riaghal, *fir* → riaghailt, *bain*.
riaghaladh, *fir* → riaghladh, *fir*.
riaghaltas, *fir*: rialtas.
riaghlach, *aid* → riaghailteach, *aid*.
riaghladair, *fir*: rialtóir.
riaghladh, *fir*: rialú.
riaghlaichte, *aid*: rialaithe.
riaghltas, *fir* → riaghaltas, *fir*.

ri'n

riamh, *db* → a-riamh, *db*.
rian, *fir*: meabhair, córas, ord.
rianachadh, *fir*: bainistiú, riar.
rianachail, *aid*: riarthach.
rianachd, *bain*: riarachán.
rianadair, *fir*: riarthóir.
rianaich, *br*: bainistigh, riar.
rianail, *aid*: rianúil.
rianaire, *fir*: riarthóir.
†**rianaireachd**, *bain*: riarachán.
riarachadh, *fir*: riar, sásamh.
†**riarachair**, *fir*: riarthóir.
riaraich, *br*: sásaigh.
†**riaraiche**, *fir*: riarthóir.
riaraichte, *aid*: sásta.
†**riaraiste**, *fir*: riaráiste.
riasg, *fir*: riasc.
riasgail, *aid*: riascach.
riaslach, *aid*: broidiúil.
riasladh, *fir*: réabadh.
riatanach, *aid*: riachtanach.
riatanas, *fir*: riachtanas.
rib, *bain* → ribe, *bain*.
ribe, *bain*: ribe.
ribe, *fir* → ribe, *bain*.
ribeach, *aid*: ribeach.
ribeag, *bain*: ribeog.
ribean, *fir* → rioban, *fir*.
ribh, *réamh*: libh, leat.
ribheid, *bain*: feag.
rìbhinn, *bain*: cailín.
rid, *sealbh*: le do.
ri'd, *sealbh* → rid, *sealbh*.
†**rideal**, *fir*: rideal.
ridhil, *fir*: ríl.
ridhil, *br*: tochrais.
rìdhle, *fir* → ridhil, *fir*.
ridhleadh, *fir*: tochras.
ridire, *fir*: ridire.
ridireachd, *bain*: ridireacht.
rìgh, *fir*: rí.
rìgh-chathair, *bain*: ríchathaoir.
rìghich, *br* → rìoghaich, *br*.
rìghinn, *aid*: righin, crua.
†**rìghneas**, *fir*: righneas.
rìghnich, *br*: righnigh.
†**rillean**, *fir*: rilleán.
rim, *sealbh*: le mo, lena.
rim, *réamh*: leis an.
ri'm, *sealbh* → rim, *sealbh*.
rin, *sealbh*: lena.
rin, *réamh*: leis an.
ri'n, *sealbh* → rin, *sealbh*.

rinc　　　　　　　　　　　　　　　　　　　　　　　　　　　　　　　　roille

†rinc, *fir*: rinc.
rinc-deighe, *fir*: oighear-rinc.
rinn, *fir*: rinn.
rinn, *réamh*: linn.
rioban, *fir*: ribín.
riochd, *fir*: riocht.
★riochdachadh, *fir*: léiriú, ionadú.
riochdachail, *aid*: ionadaíoch.
riochdadh, *fir* → riochdachadh, *fir*.
★riochdaich, *br*: léirigh, ionadaigh.
riochdail, *aid*: de facto.
riochdair, *fir*: forainm.
riochdaire, *fir*: léiritheoir, ionadaí.
riochdaireachd, *bain*: ionadaíocht.
riochdaire-ciùil, *fir*: léiritheoir ceoil.
†riochdalachd, *bain*: réaltacht.
riochd-chluich, *fir*: rólghlacadh.
riochd-cluich, *fir* → riochd-chluich, *fir*.
†riofag, *bain*: friofac.
rìoghachd, *bain*: ríocht.
rìoghaich, *br*: rialaigh.
rìoghail, *aid*: ríoga.
rìoghair, *fir*: ríogaí.
rìomhach, *aid*: álainn, galánta.
†rìomhachas, *fir*: galántacht.
rìomhadh, *fir*: maisiú.
riomhair, *br*: ríomh.
riomhaireachd, *bain*: comhaireamh.
rionc, *fir* → rinc, *fir*.
rionnach, *fir*: ronnach.
†rionnachas, *fir*: rionnaíocht.
rionnag, *bain*: réalta, réiltín.
†rionnagach, *aid*: réaltach, reannach.
†rionnaidh, *fir*: rionnaí.
rir, *sealbh*: lenár.
ris, *aid*: leis.
ris, *réamh*: leis.
ris, *réamh*: leis.
rìs, *fir*: rís.
ri taobh, *réamh*: le taobh.
rith', *réamh* → rithe, *réamh*.
rithe, *réamh*: léi.
rithim, *bain*: rithim.
†rithimeach, *aid*: rithimeach.
rithist, *db* → a-rithist, *db*.
'rithist, *db* → a-rithist, *db*.
riu, *réamh* → riutha, *réamh*.
riubh, *réamh* → ribh, *réamh*.
riucha, *réamh* → riutha, *réamh*.
rium, *réamh*: liom.
riut, *réamh*: leat.
riuth', *réamh* → riutha, *réamh*.
riutha, *réamh*: leo.
ro, *sealbh*: roimh a.

ro, *réamh*: roimh.
†ro-ainmichte, *aid*: réamhráite.
ro-aithris, *bain*: réamhaisnéis.
ro-aithris, *br*: tabhair réamhaisnéis ar.
ro-analachadh, *fir*: réamhanálú.
†ròb, *fir*: róba.
robach, *aid*: gioblach, cáidheach.
robair, *fir*: robálaí, gadaí.
robot, *fir* → robotair, *fir*.
robotair, *fir*: róbat.
roc, *bain*: roc, rac.
roc, *fir* → roc, *bain*.
roc, *br*: roc.
ròc, *fir*: rac.
rocach, *aid*: rocach.
rocaich, *br* → roc, *br*.
rocaid, *bain*: roicéad.
rocaid-bathair, *bain* → rocaid-bhathair, *bain*.
rocaid-bhathair, *bain*: roicéad lastais.
rocail, *br*: téigh in achrann.
ròcail, *bain*: grágaíl.
ròcais, *bain* → ròcas, *fir*.
†rocan, *fir*: rocán.
ròcas, *fir*: préachán, rúcach.
ro-chraiceann, *fir* → for-chraiceann, *fir*.
ro-chudthromach, *aid*: barrthábhachtach.
†rocladh, *fir*: caithreáil.
rod, *sealbh*: roimh do.
†ròdair, *fir*: ródaí.
rodan, *fir* → radan, *fir*.
ro-eachdraidh, *bain*: réamhstair.
ro-eachdraidheil, *aid*: réamhstairiúil.
†ro-fharpais, *bain*: réamhbhabhta.
rogaire, *fir*: rógaire.
rogha, *bain* → roghainn, *bain*.
roghainn, *bain*: rogha.
roghainneil, *aid*: roghnach.
roghnach, *aid*: roghnach.
roghnachadh, *fir*: roghnú.
roghnaich, *br*: roghnaigh.
roghnaichear, *fir*: roghnóir.
roi, *réamh* → ro, *réamh*.
roi-bhriathar, *fir*: dobhriathar.
roid, *bain*: rúid.
†roidium, *fir*: róidiam.
roi-innleachd, *bain* → ro-innleachd, *bain*.
roi-innleachdail, *aid* → ro-innleachdail, *aid*.
roile, *bain*: rolla, rollóg.
roilear, *fir*: rollóir.
roilig, *br*: roll, roithleag.
roiligeadh, *fir*: rolladh.
†roille, *bain*: roille.

roimh — ruagadh

roimh, *réamh* → ro, *réamh*.
Ròimh, *bain*: Róimh.
roimh-chéile, *db* → troimh-a-chèile, *db*.
roimhe, *db*: roimhe.
roimhe, *réamh* → roimhe.
roimhear, *fir*: réamhfhocal.
roimhearach, *aid*: réamhfhoclach.
roimhe-chéile, *db* → troimh-a-chèile, *db*.
roimhibh, *réamh* → romhaibh, *réamh*.
roimhid, *db* → roimhe, *db*.
roimhn, *réamh* → ro, *réamh*.
roimhpe, *réamh*: roimpi.
roimpe, *réamh* → roimhpe, *réamh*.
roineach, *bain* → raineach, *bain*.
ròineag, *bain*: ribe.
roinn, *bain*: réigiún, earnáil, roinn.
roinn, *br*: roinn.
†**roinn-bhathair**, *bain*: roinn lastais.
roinneil, *aid*: réigiúnach.
Roinn Eòrpa, *bain*: Eoraip.
roinniche, *fir*: roinnteoir.
ro-innleachd, *bain*: straitéis.
ro-innleachdach, *aid* → ro-innleachdail, *aid*.
ro-innleachdail, *aid*: straitéiseach.
roinn-pàrlamaid, *bain* → roinn-phàrlamaid, *bain*.
roinn-phàrlamaid, *bain*: toghcheantar.
†**roinn-phutaidh**, *bain*: roinn sá.
ro-innse, *bain*: tairngreacht.
ro-innseach, *aid*: réamhaithriseach.
roinn-seòrsa, *bain*: catagóir.
roinn-taghaidh, *bain*: toghcheantar.
roinn-tìde, *bain*: crios ama.
†**roipear**, *fir*: ráipéar.
ròiseid, *bain*: roisín.
ròist, *br*: róst.
†**ròistean**, *fir*: róistín.
†**roithleagan**, *fir*: roithleagán.
roithlean, *fir*: rothán.
ròl, *fir*: ról.
rola, *fir* → roile, *bain*.
roladh, *fir*: rolladh.
rolag, *bain*: rollóg.
ro-làimh, *db*: roimh ré.
ròlaist, *fir*: áibhéil, ráisteachas.
ròlaisteach, *aid*: áibhéalach.
†**rolan**, *fir*: rollán.
ro-leasachan, *fir*: réimír.
rom, *sealbh*: roimh mo, roimh a.
rom, *réamh*: roimh an.
ròmach, *aid*: mosach.
†**ròmagach**, *aid*: mosach.
Romàinia, *fir*: an Rómáin.
†**Romàinianach**, *aid*: Rómánach.
†**Romàinianach**, *fir*: Rómánach.
Ròmanach, *aid*: Rómhánach.
Ròmanach, *fir*: Rómhánach.
romansach, *aid*: rómánsach.
romansachd, *bain*: rómáns.
rombas, *fir*: rombas.
romhad, *réamh*: romhat.
romhaibh, *réamh*: romhaibh, romhat.
romhainn, *réamh*: romhainn.
romham, *réamh*: romham.
ro-mheasadh, *fir*: réamh-mheastachán.
ro-mhòr, *aid*: rómhór.
romhpa, *réamh*: rompu.
rompa, *réamh* → romhpa, *réamh*.
ron, *sealbh*: roimh a.
ron, *réamh*: roimh an.
ròn, *fir*: rón.
ro-naomh, *aid*: rónaofa.
†**rondo**, *fir*: rondó.
†**rong**, *bain*: runga.
rongach, *aid*: lagbhríoch.
rongas, *fir*: runga.
ronn, *fir*: seile.
†**ro-oifigealachd**, *bain*: rómhaorlathas.
ròp, *fir* → rùp, *fir*.
ròpa, *fir*: rópa, téad.
ror, *sealbh*: roimh ár.
ro-ràdh, *fir*: réamhrá.
ros, *fir*: ros.
ròs, *fir*: rós.
rosg, *fir*: rosc, prós.
ro-sgoil, *bain*: réamhscoil.
rosgrann, *fir*: abairt.
†**ro-shealladair**, *fir*: réamhamharcóir.
ro-shealladh, *fir*: réamhamharc.
ròsta, *aid*: rósta.
ròsta, *fir*: rósta.
ròstadh, *fir*: róstadh.
roth, *bain*: roth.
†**rothachadh**, *fir*: rothlú, rolladh.
rothaich, *br*: roll.
rothaiche, *fir*: rothaí.
rothaidheachd, *bain* → rothaireachd, *bain*.
rothaig, *br*: fill.
rothair, *fir* → rothar, *fir*.
rothaireachd, *bain*: rothaíocht.
rothar, *fir*: rothar.
†**ro-tharraing**, *bain*: rótharraingt.
ro-thoilichte, *aid*: ríméadach.
ro-threun, *aid*: róláidir.
†**rua-bhàrr**, *fir*: rúbarb.
ruadh, *aid*: rua.
ruadh, *bain*: rua.
ruagadh, *fir*: ruaigeadh.

ruagair, *fir*: ruagaire.
ruaidhe, *bain*: rua, ruacht.
ruaig, *bain*: ruaig.
ruaig, *br*: ruaig.
†**ruaimleachd**, *bain*: ruaimneacht.
ruamhair, *br*: rómhair.
ruamhar, *fir*: rómhar.
Ruanda, *fir*: Ruanda.
ruathar, *fir*: ruathar.
rubair, *fir*: rubar.
†**rùban**, *fir*: rúibín.
†**rùbarab**, *fir*: rúbarb.
rubh', *fir* → rubha, *fir*.
rubha, *fir*: rinn, ceann tíre, rubha.
Rubhanda, *fir* → Ruanda, *fir*.
ruc, *fir*: cruach.
rùcail, *bain*: glóraíl, tormáil, ruchtaíl.
†**ruchall**, *fir*: urchall.
rùchd, *fir*: brúcht.
rùchd, *br*: brúcht.
rùchdail, *bain*: brúchtadh, ruchtaíl.
rud, *fir*: rud.
rùda, *fir*: reith.
rùdan, *fir*: murlán.
rud beag, *fir*: rud beag.
†**rud-brèige**, *fir*: rud bréige.
rudeigin, *db*: rud éigin.
rudhadh, *fir*: lasadh, deargadh.
rùdhan, *fir*: cruach.
rùdhrach, *aid* → rùrach, *aid*.
rudigin, *db* → rudeigin, *db*.
ruga, *fir*: ruga.
†**rugaire**, *fir*: meisceoir.
rugbaidh, *fir*: rugbaí.
ruibh, *réamh* → ribh, *réamh*.
ruid, *bain*: rúid.
†**ruideasach**, *aid*: macnasach.
ruideigin, *db* → rudeigin, *db*.
†**ruideis**, *bain*: ruidéis.
ruidh, *br* → ruith, *br*.
ruidhle, *fir* → ridhil, *fir*.
★**ruig**, *br*: sroich.
ruige, *réamh*: dtí, nuige.
ruighe, *bain*: rí.
ruigheachd, *bain*: sroicheadh.
ruighinn, *bain* → ruigsinn, *bain*.
ruigse, *fir*: réimse.
ruigsinn, *bain*: sroicheadh.
ruigsinneach, *aid*: inrochtana.
ruigsinneachd, *bain*: inrochtaineacht.
rùilear, *fir*: rialóir.
ruinn, *réamh* → rinn, *réamh*.
ruis, *bain*: ruis.
Ruis, *bain*: Rúis.
Ruiseach, *aid* → Ruiseanach, *aid*.
Ruiseach, *fir* → Ruiseanach, *fir*.
Ruiseanach, *aid*: Rúiseach.
Ruiseanach, *fir*: Rúiseach.
Ruiseanais, *bain* → Ruisis, *bain*.
Ruiseis, *bain* → Ruisis, *bain*.
rùisg, *br*: lom, rúisc, scamh.
rùisgte, *aid*: nocht, lomnocht, rúiscthe.
Ruisia, *bain* → Ruis, *bain*.
Ruisis, *bain*: Rúisis.
ruit, *réamh* → riut, *réamh*.
ruiteach, *aid*: luisniúil.
†**ruitean**, *fir*: rúitín.
ruith, *bain*: rith.
ruith, *br*: rith.
ruith-bheanntan, *bain*: sliabhraon.
ruitheach, *aid*: reatha.
ruitheam, *fir* → rithim, *bain*.
ruithim, *bain* → rithim, *bain*.
ruithimeach, *aid* → rithimeach, *aid*.
ruithteach, *aid* → ruitheach, *aid*.
rùm, *fir*: spás, seomra.
ruma, *fir*: rum.
Rumach, *aid*: Rumach.
Rumach, *fir*: Rumach.
rùmail, *aid*: fairsing.
†**Rumains**, *bain*: Raeta-Rómáinsis.
Rumantsch, *bain* → Rumains, *bain*.
†**rùmball**, *fir*: eireaball.
rùm-bìdh, *fir*: proinnseomra.
rùm-cadail, *fir*: seomra leapa.
rùm-ionnlaid, *fir*: seomra folctha.
rùm-sgoile, *fir*: seomra scoile.
rùm-sgrìobhaidh, *fir*: seomra scríofa.
rùm-suidhe, *fir*: seomra suí.
rùm-teagaisg, *fir*: seomra ranga.
rùn, *fir*: rún.
rùnach, *aid*: rúnach.
rùnachas, *fir*: rúnaíocht.
rùnaich, *br*: beartaigh.
rùnaire, *fir*: rúnaí.
rùnaireachd, *bain*: rúnaíocht.
rùn-dìomhair, *fir*: rúndiamhair.
†**rùp**, *fir*: ceantáil.
rur, *sealbh*: le bhur, roimh bhur.
rù-rà, *aid*: rírá.
rùrach, *aid*: sirtheach.
rùrach, *fir* → rùrachadh, *fir*.
rùrachadh, *fir*: lorg.
rùraich, *br*: lorg.
rus, *fir*: rís.
rùsg, *fir*: rúsc.
rùsgadh, *fir*: lomadh, rúscadh.
rùsladh, *fir*: ransú.

S

's, *cónasc* → is, *cónasc*.
's, *cop* → is, *cop*.
sa, *réamh*: sa, san.
sa', *réamh* → sa, *réamh*.
⚜ sabaid, *bain*: troid.
sàbaid, *bain*: sabóid.
Sàbaid, *bain*: Sabóid.
sabaidich, *br*: troid.
sàbh, *fir*: sábh.
sàbh, *br*: sábh.
†sàbhadair, *fir*: sábhadóir.
sàbhail, *br*: sábháil.
sàbhailt, *aid* → sàbhailte, *aid*.
sàbhailt', *aid* → sàbhailte, *aid*.
sàbhailte, *aid*: sábháilte.
sàbhailteachd, *bain*: sábháilteacht.
sabhal, *fir*: sabhall.
Sabhal, *fir*: Sabhal.
sàbhaladh, *fir*: sábháil.
†Sabhdach, *aid*: Arabach Sádach.
†Sabhdach, *fir*: Arabach Sádach.
sabhs, *fir*: sabhsa, anlann.
sac, *fir*: sac, mála.
sac-aodach, *fir*: sacéadach.
sàcramaid, *bain*: sacraimint.
†sacsafòn, *fir*: sacsafón.
sad, *br*: caith.
†sàdachas, *fir*: sádachas.
†sàdaiche, *fir*: sádach.
sadail, *fir*: caitheamh.
sàga, *bain*: sága.
sagart, *fir*: sagart.
Sagart, *fir*: Sagart.
sagartachd, *bain*: sagartacht.

†sagartail, *aid*: sagartúil.
Sagsainn, *bain*: an tSacsain.
Sagsainn-Anhalt, *bain*: an tSacsain-Anhalt.
saibearneatach, *aid* → saibeirneatach, *aid*.
saibeirneatach, *aid*: cibirnitice.
†saibhear, *fir*: séarach.
saibhreas, *fir* → saidhbhreas, *fir*.
saideal, *fir*: satailít.
saidh, *bain*: rachtán.
saidhbhir, *aid*: saibhir.
saidhbhreas, *fir*: saibhreas.
saidheans, *fir*: eolaíocht.
saidheansail, *aid*: eolaíoch, eolaíochta.
saidhleafòn, *fir*: xileafón.
saidse, *bain* → saitse, *bain*.
saidse-ruigsinn, *bain* → saitse-ruigsinn, *bain*.
†saifear, *fir*: saifír.
saighdear, *fir*: saighdiúir.
saighdearach, *aid*: míleata.
saighdearachd, *bain*: saighdiúireacht.
saighdear-coise, *fir*: saighdiúir coise.
saighead, *bain*: saighead.
sail, *bain*: sail.
sàil, *bain*: sáil.
sail-chuach, *bain*: sailchuach.
sailead, *fir*: sailéad.
sàilean, *fir*: caolsáile.
saill, *bain*: saill.
saill, *br*: saill.
sàilleabh, *réamh* → tàillibh, *réamh*.
†sailleach, *aid*: sailleach.
sailleadh, *fir*: sailleadh.
sàilleamh, *réamh* → tàillibh, *réamh*.
saillear, *fir*: sáiltéar.
sàillibh, *réamh* → tàillibh, *réamh*.
saillte, *aid*: saillte.
Saimbia, *fir* → Sambia, *fir*.
saimeant, *fir*: suimint.
†sàimhe, *bain*: sáimhe.
sàirdseant, *fir*: sáirsint.
Sàirdseant, *fir*: Sáirsint.
sàisde, *fir* → sàiste, *fir*.
†sàiste, *fir*: sáiste.
†saith, *fir*: cnámh droma.
†sàith, *bain*: sáith.
†saithean, *fir*: sáiteán.
†saitse, *bain*: haiste.
†saitse-ruigsinn, *bain*: haiste rochtana.
sal, *fir*: sail.
sàl, *fir*: sáile.
salach, *aid*: salach.
salaich, *br*: salaigh.

salann   **saothair-ealain**

salann, *fir*: salann.
salchar, *fir*: salachar.
salm, *bain*: salm.
salmadair, *fir*: saltair.
†**salmadaireachd**, *bain*: salmaireacht.
salmaidh, *fir*: salmaire.
salsa, *fir*: salsa.
saltair, *br*: satail.
saltairt, *bain*: satailt.
sam ina.
†**Sàmach**, *aid*: Sámach.
†**Sàmach**, *fir*: Sámach.
Sàmais, *bain*: Sáimis.
Samaria, *bain*: an tSamáir.
†**Sambia**, *fir*: an tSaimbia.
samh, *fir*: bréantas, boladh.
samhach, *bain*: sáfach.
sàmhach, *aid*: ciúin, séimh, suaimhneach.
sàmhachd, *bain* → sàmhchair, *bain*.
samhail, *fir*: samhail.
Samhain, *bain*: Samhain.
Samhainn, *bain* → Samhain, *bain*.
†**samhaircean**, *fir*: sabhaircín.
†**samhaltan**, *fir*: samhaltán.
samhan, *fir*: sabhan.
sàmhchair, *bain*: ciúnas, sáimhe.
samhla, *fir* → samhladh, *fir*.
samhlach, *aid*: samhaltach.
samhlachadh, *fir*: insamhladh, siombalú.
samhlachail, *aid*: siombalach.
samhlachas, *fir*: samhaltas, siombalachas.
samhladh, *fir*: samhail, siombail.
samhlaich, *br*: insamhail, siombalaigh.
samhradh, *fir*: samhradh.
Samhradh, *fir*: Samhradh.
Samoa, *bain* → Samotha, *bain*.
†**Samotha**, *bain*: Samó.
†**Samothach**, *aid*: Samóch.
†**Samothach**, *fir*: Samóch.
†**Samothais**, *bain*: Samóis.
sampall, *fir*: sampla.
san, *réamh*: san, sa.
sanas, *fir*: fógra.
sanasachadh, *fir*: fógraíocht.
sanasachd, *bain*: fógraíocht.
sanasaich, *br*: fógair.
sanasan, *fir*: sanasán.
†**sanasanaiche**, *fir*: sanasaí.
sannt, *fir*: saint.
sanntach, *aid*: santach.
sanntachd, *bain*: santacht.

sanntaich, *br*: santaigh.
saobh, *aid*: saobh.
saobh, *br*: saobh.
saobhadh, *fir*: saobhadh.
saobhaidh, *fir*: brocais.
saobh-chràbhadh, *fir*: saobhchreideamh.
saobh-chreideamh, *fir*: saobhchreideamh.
†**saobh-chreidmheach**, *aid*: saobhchreidmheach.
†**saobh-ghlòr**, *fir*: baothghlóir.
saod, *fir*: aire.
saoghal, *fir*: saol.
Saoghal, *fir*: Saol.
saoghalta, *aid*: saolta.
saoghaltachd, *bain*: saoltacht.
saogh'l, *fir* → saoghal, *fir*.
saoi, *fir* → saoidh, *fir*.
saoibhir, *aid* → saidhbhir, *aid*.
saoibhreas, *fir* → saidhbhreas, *fir*.
saoibhrich, *br*: saibhrigh.
saoidh, *fir*: saoi.
saoil, *br*: síl.
saoilsinn, *bain*: síleadh.
†**saoiread**, *fir*: saoire.
saoirsinneachd, *bain* → saorsainneachd, *bain*.
saoirsneachd, *bain* → saorsainneachd, *bain*.
saoithean, *fir*: saíán.
†**saoitheil**, *aid*: saoithiúil.
saor, *aid*: saor.
saor, *fir*: saor.
saor, *br*: saor.
Saor, *fir*: Saor.
saoradh, *fir*: saoradh.
saoraich, *br* → saor, *br*.
saoranach, *fir*: saoránach.
saoranachd, *bain*: saoránacht.
saor-chlachair, *fir*: máisiún, saor cloiche.
†**saor-ghnothachas**, *fir*: saorfhiontraíocht.
saor-la, *fir* → saor-latha, *fir*.
saor-latha, *fir*: lá saoire.
†**saor-mhargadh**, *fir*: saormhargadh.
†**saor-reic**, *bain*: saor-reic.
saors', *bain* → saorsa, *bain*.
saorsa, *bain*: saoirse.
saorsainn, *bain*: saoirse.
saorsainneachd, *bain*: siúinéireacht.
saorsainneil, *aid*: suaimhneach.
saor-thoil, *bain*: saorthoil.
saor-thoileach, *aid*: deonach.
saothair, *bain*: saothar, tasc.
saothair-ealain, *bain*: saothar ealaíne.

saothar, *bain* → saothair, *bain*.
saothrachadh, *fir*: saothrú.
saothraich, *br*: saothraigh.
sàr, *aid*: sár.
sàr, *fir*: laoch.
sàrachadh, *fir*: sárú.
sàraich, *br*: sáraigh.
sàraichte, *aid*: sáraithe.
sàrdain, *fir*: sairdín.
†**Sàrdainea**, *bain*: an tSairdín.
Sardinia, *bain* → Sàrdainea, *bain*.
sàr-eòlaiche, *fir*: saineolaí.
sàr-ghaisgeach, *fir*: sárlaoch.
sàr-mhaitheas, *fir* → sàr-mhathas, *fir*.
sàr-mhath, *aid*: sármhaith.
sàr-mhathas, *fir*: sármhaitheas.
sàr-obair, *bain*: sárobair.
sàs, *fir*: i bhfostú, i ngreim, i bhfeidhm.
sàsachadh, *fir*: sásamh.
sàsachd, *bain*: sáithiú.
sàsaich, *br*: sásaigh.
sàsaichte, *aid*: sásta.
Sasainn, *bain*: Sasana.
Sasann, *bain* → Sasainn, *bain*.
Sasannach, *aid*: Sasanach.
Sasannach, *fir*: Sasanach.
sàsar, *fir*: sásar.
sàsdachd, *bain* → sàstachd, *bain*.
Sassain, *bain* → Sasainn, *bain*.
Sassanach, *aid* → Sasannach, *aid*.
Sassanach, *fir* → Sasannach, *fir*.
†**sàstachd**, *bain*: sástacht.
sàstas, *fir* → sàstachd, *bain*.
Sasuinn, *bain* → Sasainn, *bain*.
Sasunnach, *aid* → Sasannach, *aid*.
Sasunnach, *fir* → Sasannach, *fir*.
sàth, *fir* → sàith, *bain*.
sàth, *br*: sáigh.
sàthach, *aid*: sách.
sàthadh, *fir*: sá.
sàthaich, *br*: sáithigh.
sàthaichte, *aid*: sáithithe.
Saud-Aràibia, *bain*: an Araib Shádach.
scap, *br* → sgap, *br*.
scapte, *aid* → sgapte, *aid*.
scona, *bain* → sgona, *bain*.
sé, *uimhir* → sia, *uimhir*.
sea, *aid* → seo, *aid*.
sèa, *fir* → sia, *fir*.
seabhag, *bain*: seabhac.
seabhagaireachd, *bain*: seabhcóireacht.
†**seabhaid**, *bain*: seachrán.
seabra, *fir* → sìobra, *fir*.
seac, *br*: searg.
seacaid, *bain*: seaicéad.

Seacais, *bain*: Seicis.
seach, *cónasc*: mar.
seach, *réamh*: in áit.
seachad, *db*: seachad, thart.
seachad, *réamh*: thar.
seachadh, *db* → seachad, *db*.
seachain, *br*: seachain.
seachd, *uimhir*: seacht.
seachd, *fir*: seacht.
seachdad, *fir*: seachtó.
seachdain, *bain*: seachtain.
Seachdain, *bain*: Seachtain.
seachdaineach, *aid*: seachtainiúil.
seachdainn, *bain* → seachdain, *bain*.
seachdamh, *fir*: seachtú.
seachdamh, *uimhir*: seachtú.
seachdan, *bain* → seachdain, *bain*.
seachdar, *fir* → seachdnar, *bain*.
seachd-deug, *uimhir*: seacht déag.
seachdnar, *bain*: seachtar.
seachdnar, *fir* → seachdnar, *bain*.
seachduin, *bain* → seachdain, *bain*.
seachduineach, *aid* → seachdaineach, *aid*.
seachnadh, *fir*: seachaint.
seachran, *fir*: seachrán.
seachranach, *aid*: seachránach.
†**seachranaiche**, *fir*: seachránaí.
seach-rathad, *fir*: seachbhóthar, seachród.
†**Seàd**, *bain*: Sead.
seada, *bain*: seid.
seadag, *bain*: seadóg.
seadh, *db*: sea.
seagal, *fir*: seagal.
seagh, *fir*: ciall.
seaghach, *aid* → seaghail, *aid*.
seaghail, *aid*: praiticiúil.
†**seagsaidh**, *aid*: gnéasach.
seàirdeant, *fir* → sàirdseant, *fir*.
seal, *fir*: seal.
†**seàla**, *bain*: seál.
sealach, *aid*: sealadach.
†**sealaidheachd**, *bain*: sealaíocht.
Sealainn Nuadh, *bain*: Nua-Shéalainn.
sealan, *fir*: tamaillín.
†**sealanta**, *aid*: righin.
sealastair, *fir* → seileastair, *bain*.
②**sealbh**, *fir*: seilbh, ádh.
sealbhach, *aid*: sealbhach, ádhúil.
sealbhachadh, *fir*: sealbhú.
sealbhachd, *bain*: maoin.
sealbhadair, *fir*: úinéir, sealbhóir.
sealbhadair-dachaighean, *fir*: úinéir tí.

sealbhaich, *br*: sealbhaigh.
sealbhan, *fir*: scornach, tréad.
sealg, *bain*: seilg, lorg.
sealg, *br*: seilg.
†**sealgach**, *aid*: sealgach.
sealgair, *fir*: sealgaire.
sealgaireachd, *bain*: sealgaireacht.
★**seall**, *br*: taispeáin, amharc, féach.
sealladair, *fir*: amharcóir, brabhsálaí.
★**sealladh**, *fir*: amharc, radharc.
sealladh-tìre, *fir*: tírdhreach.
sealltain, *bain* → sealltainn, *bain*.
sealltainn, *bain*: breathnú, taispeáint, amharc.
sealltuinn, *bain* → sealltainn, *bain*.
†**sealtag**, *bain*: réaltóg.
Sealtainn, *bain*: Sealtainn.
Sealtainneach, *aid*: Sealtannach.
Sealtainneach, *fir*: Sealtannach.
sèam, *bain*: pionna.
seamastar, *fir* → semeastar, *fir*.
sèamh, *aid*: séimh.
†**sèamhasach**, *aid*: séanmhar.
seamrag, *bain*: seamair, seamróg.
†**seamsanach**, *aid*: moillitheach.
sean, *aid*: sean.
Seán, *fir*: Seán.
seanachas, *fir* → seanchas, *fir*.
†**seanachd**, *bain*: seandacht.
†**seana-chrìonta**, *aid*: seanchríonna.
seanadair, *fir*: seanadóir.
seanadh, *fir*: seanadh, seanad.
Seanadh, *fir*: Seanad.
Seanagal, *fir*: an tSeineagáil.
†**Seanagalach**, *aid*: Seineagálach.
†**Seanagalach**, *fir*: Seineagálach.
†**seanaghal**, *fir*: seanascal.
seanail, *bain*: cainéal.
seanailear, *fir*: ginearál.
Seanailear, *fir*: Ginearál.
seanair, *fir*: seanathair, seanóir.
seanalair, *fir* → seanailear, *fir*.
seanchaidh, *fir*: seanchaí.
seancharra, *aid* → seangarra, *aid*.
seanchas, *fir*: seanchas.
seanfhacal, *fir*: seanfhocal.
seanfhocal, *fir* → seanfhacal, *fir*.
seang, *aid*: seang.
†**seangalachd**, *bain*: seangacht.
seangan, *fir*: seangán.
seangarra, *aid*: seargtha.
Sean-Lochlannais, *bain* → Seann-Lochlannais, *bain*.
seanmhair, *bain*: seanmháthair.
seann, *aid*: sean.

seann abaid, *bain*: seanmhainistir.
seann aimsir, *bain*: seanaimsir.
seann ainm, *fir*: seanainm.
seann aodach, *fir*: seanéadach.
seann aois, *bain*: seanaois.
seann baile, *fir* → seann bhaile, *fir*.
seann bhaile, *fir*: seanbhaile.
seann bhall, *fir*: seanbhall.
seann bhalla, *fir*: seanbhalla.
seann bhàrdachd, *bain*: seanfhilíocht.
seann bhean, *bain*: seanbhean.
seann bhodach, *fir*: seanfhear.
seann bhoireannach, *fir*: seanbhean.
seann bhuidheann, *bain*: seanghrúpa.
seann chailleach, *bain*: seanchailleach.
seann chaisteal, *fir*: seanchaisleán.
seann chànan, *fir*: seanteanga.
seann charaid, *fir*: seanchara.
seann chathair, *bain*: seanchathair.
seann cheann, *fir*: seancheann.
seann cheannard, *fir*: seancheannaire.
seann cheòl, *fir*: seancheol.
seann chlachan, *fir*: seanbhaile.
seann chladh, *fir*: seanreilig.
seann chleachdadh, *fir*: seanchleachtadh.
seann choille, *bain*: seanchoill.
seann chreideamh, *fir*: seanchreideamh.
seann chruth, *fir*: seanchruth.
seann chù, *fir*: seanmhadra.
seann dòigh, *bain*: seandóigh.
seann drochaid, *bain*: seandroichead.
seann dualchas, *fir*: seandúchas.
seann duine, *fir*: seanduine.
seann dùthaich, *bain*: seantír.
seann each, *fir*: seanchapall.
seann eachdraidh, *bain*: seanstair.
seann eaglais, *bain*: seaneaglais.
seann fhacal, *fir*: seanfhocal.
seann fhaclair, *fir*: seanfhoclóir.
seann-fhasanta, *aid*: seanfhaiseanta.
seann fheadhainn, *bain*: seandream.
seann fhear, *fir*: seanfhear.
seann fhèill, *bain*: seanfhéile.
seann fhonn, *fir*: seanamhrán.
seann Ghàidheal, *fir*: Sean-Ghael.
seann Ghàidhealtachd, *bain*: sean-Ghaeltacht.
seann Ghàidhlig, *bain*: sean-Ghàidhlig.
seann iasgair, *fir*: seaniascaire.
seann làrach, *bain*: seanláthair.
seann leabhar, *fir*: seanleabhar.
seann litreachadh, *fir*: seanlitriú.
Seann-Lochlannais, *bain*: Sean-Lochlainnis.

seann loidhne   **seilbheach**

seann loidhne, *bain*: seanlíne.
seann luchd, *fir*: seanlucht.
seann mhaighstir, *fir*: seanmháistir.
seann mheadhan, *fir*: seanlár.
seann mhinistear, *fir*: seanmhinistir.
seann mhuncaidh, *fir*: seanmhoncaí.
seann nòs, *fir*: sean-nós.
seann oileanach, *fir*: iarscoláire.
seann òran, *fir*: seanamhrán.
sean-nòs, *fir* → seann nòs, *fir*.
seann ospadal, *fir*: seanospidéal.
seann Phàrlamaid, *bain*: sean-Pharlaimint.
seann phoileataics, *bain*: seanpholaitíocht.
seann phoiliteags, *bain* → seann phoileataics, *bain*.
seann ràdh, *fir*: seanrá.
seann rathad, *fir*: seanbhóthar.
seann rìoghachd, *bain*: seanríocht.
†**seannsa**, *fir*: seans.
seann sabhal, *fir*: seansabhall.
†**seannsair**, *fir*: seamsúr.
seannsalair, *fir*: seansailéir.
Seannsalair, *fir*: Seansailéir.
†**seannsalaireachd**, *bain*: seansailéireacht.
seann-sgeul, *fir*: seanscéal.
seann sgeulachd, *bain*: seanscéalaíocht.
seann sgoil, *bain*: seanscoil.
seann slighe, *bain*: seanbhealach.
seann stèisean, *fir*: seanstáisiún.
seann stoidhle, *bain*: seanstíl.
seann stuth, *fir*: seanstuif.
seann taigh, *fir*: seanteach.
seann togalach, *fir*: seanfhoirgneamh.
seans, *fir* → seansa, *fir*.
seansa, *fir*: seans.
seansailear, *fir* → seannsalair, *fir*.
seansalair, *fir* → seannsalair, *fir*.
seantans, *fir*: abairt.
†**sèapach**, *aid*: slítheánta.
†**sèapach**, *bain*: slíomadóir.
†**Seapainis**, *bain*: Seapáinis.
Seapan, *bain*: an tSeapáin.
Seapanach, *aid*: Seapánach.
Seapanach, *fir*: Seapánach.
Seapanais, *bain* → Seapainis, *bain*.
†**seaplain**, *fir*: séiplíneach.
sear, *db*: soir, thoir.
searaidh, *fir* → seiridh, *fir*.
searbh, *aid*: searbh.
searbhach, *aid*: searbh.
searbhachd, *bain*: searbhas.
searbhadair, *fir*: tuáille.

searbhag, *bain*: aigéad, searbh.
searbhagach, *aid*: aigéadach.
†**searbhagachd**, *bain*: aigéadacht.
searbhaich, *br*: searbhaigh.
†**searbhan**, *fir*: géaróg.
searbhant, *bain* → searbhanta, *bain*.
searbhanta, *bain*: searbhónta.
searbhas, *fir*: searbhas.
searg, *br*: searg.
seargach, *aid*: seargthach, duillsilteach, díbhoilscitheach.
seargadh, *fir*: seargadh.
seargta, *aid*: seargtha.
seargte, *aid* → seargta, *aid*.
searmon, *fir*: seanmóir.
searmonachadh, *fir*: seanmóireacht.
searmonaich, *br*: seanmóir.
searmonaiche, *fir*: seanmóirí.
searrach, *fir*: searrach.
searrag, *bain*: seithe.
seas, *br*: seas.
seasamain, *bain*: seasmain.
seasamh, *fir*: seasamh.
seasan, *fir*: séasúr.
seasg, *aid*: seasc.
seasgachadh, *fir*: steiriliú.
†**seasgachd**, *bain*: seascacht.
seasgad, *fir*: seasca.
seasgaich, *br*: steiriligh.
seasgair, *aid*: seascair.
seasgann, *fir*: seascann.
†**seasgannach**, *aid*: seascannach.
seasmhach, *aid*: seasmhach.
seasmhachd, *bain*: seasmhacht, cobhsaíocht.
seat, *fir*: seit.
seat, *br*: socraigh.
seata, *fir*: tacar.
seatadh, *fir*: socrú.
seatlaig, *br*: lonnaigh.
secel, *bain*: seiceal.
seic, *bain*: seic.
Seic, *bain*: Seic.
Seiceach, *aid*: Seiceach.
Seiceach, *fir*: Seiceach.
seiche, *bain*: seithe.
Seicis, *bain* → Seacais, *bain*.
sèid, *br*: séid.
sèideach, *aid*: séideánach.
sèideadh, *fir*: séideadh.
†**sèidean**, *fir*: séideadán.
†**sèidrich**, *bain*: seitreach.
†**sèidte**, *aid*: séidte.
seilbh, *bain*: seilbh.
seilbheach, *aid*: sealbhach.

seilbhich   **seun**

seilbhich, *br* → sealbhaich, *br*.
seilcheag, *bain*: seilide.
seile, *fir*: seile.
seileach, *fir*: saileach.
seileafon, *fir* → saidhleafòn, *fir*.
seilear, *fir*: siléar.
seileastair, *bain*: feileastram.
†**seilide**, *bain*: seilide.
seillean, *fir*: beach.
†**seilleanach**, *aid*: guagach.
sèimh, *aid*: séimh.
sèimhe, *bain*: séimhe.
†**sèimheach**, *aid*: séimh.
sèimheachadh, *fir*: séimhiú.
sèimhich, *br*: séimhigh.
seiminear, *fir*: seimineár.
sèine, *bain*: slabhra.
¹**seinn**, *bain*: canadh.
²**seinn**, *br*: can.
seinneadair, *fir*: amhránaí.
seinneadh, *fir*: canadh.
seipeil, *fir*: séipéal.
Sèirb, *bain*: Seirbia.
seirbheis, *bain*: seirbhís.
Seirbheis, *bain*: Seirbhís.
seirbheiseach, *fir*: seirbhíseach, searbhónta.
†**seirbheis-thèarainteachd**, *bain*: seirbhís slándála.
seirbhis, *bain* → seirbheis, *bain*.
seirbhiseach, *fir* → seirbheiseach, *fir*.
Seirbia, *bain* → Sèirb, *bain*.
seirc, *bain*: searc.
†**seiric**, *bain*: seiric, síoda.
†**seiricean**, *fir*: seiriceán.
seiridh, *fir*: seiris.
seirm, *bain*: ceol, ton.
seirm, *br*: cling.
seis, *fir* → seise, *fir*.
¹**seise**, *fir*: comhghleacaí.
†**seiseachd**, *bain*: seiseacht.
seisean, *fir*: seisiún.
seisean-ciùil, *fir*: seisiún ceoil.
seisg, *bain*: seisc.
sèist, *fir*: curfá.
†**sèisteach**, *aid*: séiseach.
sèithear, *fir*: cathaoir.
sèithear-cuibhle, *fir*: cathaoir rothaí.
seit-phlèan, *fir* → seit-phlèana, *fir*.
†**seit-phlèana**, *fir*: scairdeitleán.
semeastar, *fir*: seimeastar.
seo, *aid*: seo.

seo, *for*: seo.
seòclaid, *bain*: seacláid.
seòl, *fir*: seol.
seòl, *br*: seol.
seòladair, *fir*: seoltóir, mairnéalach.
seòladh, *fir*: seoladh.
seòlaid, *bain*: bealach.
seòl-beatha, *fir*: stíl bheatha.
†**seòl-chrann**, *fir*: seolchrann.
seòl-mara, *fir*: taoide.
²**seòlta**, *aid*: glic, cliste, críonna.
seòltachd, *bain*: gliceas, clisteacht.
seòl-tomhais, *fir*: toise, slat tomhais.
seòmar, *fir*: seomra.
Seòmar, *fir*: Seomra.
seòmar-bìdh, *fir*: seomra bia.
seòmar-cadail, *fir*: seomra codlata.
seòmar-chluiche, *fir* → seòmar-cluiche, *fir*.
seòmar-cluiche, *fir*: seomra súgartha.
†**seòmar-coinneimh**, *fir*: seomra cruinnithe.
seòmar-deasbaid, *fir*: seomra díospóireachta.
seòmar-ionnlaid, *fir*: seomra folctha.
seòmar-leapa, *fir*: seomra leapa.
seòmar-sgeadachaidh, *fir*: seomra gléasta.
seòmar-stiùiridh, *fir*: seomra rialaithe.
seòmar-suidhe, *fir*: seomra suí.
seòmar-teagaisg, *fir*: seomra ranga.
seòrs, *br* → seòrsaich, *br*.
seòrs', *fir* → seòrsa, *fir*.
seòrsa, *fir*: cineál, sórt.
seòrsachadh, *fir*: sórtáil, aicmiú, rangú, catagóiriú.
seòrsadh, *fir* → seòrsachadh, *fir*.
seòrsaich, *br*: sórtáil, aicmigh, rangaigh.
seòrsaiche, *fir*: ainmneoir.
seòrsa-obrach, *fir*: sórt oibre, lucht oibre.
seotaire, *fir*: falsóir.
Serbia, *fir* → Sèirb, *bain*.
seud, *fir*: seoid.
seudair, *fir*: seodóir, céadar.
seudair, *fir* → seudar, *fir*.
seudaireachd, *bain*: seodóireacht.
seudar, *fir*: céadar.
seudraidh, *bain*: seodra.
seula, *bain*: séala.
seulaich, *br*: séalaigh.
seumarlan, *fir*: seomradóir.
Seumasach, *aid*: Seacaibíteach.
Seumasach, *fir*: Seacaibíteach.
seun, *fir*: briocht.

seun, *br*: séan, cosain.
†**seunadaireachd**, *bain*: asarlaíocht.
seunadh, *fir*: séanadh, cosaint.
†**seunail**, *aid*: séanmhar.
seunta, *aid*: séanta, draíochtach, cosanta.
seusan, *fir*: séasúr.
†**sgaball**, *fir*: scaball.
†**sgabard**, *fir*: scabaird.
†**sgàbhal**, *fir*: scabhal.
sgadan, *fir*: scadán.
sgafall, *fir*: scafall.
†**sgagadh**, *fir*: scoilteadh.
†**sgagaire**, *fir*: scagaire.
sgàil, *bain*: scáth, scáil.
sgàil, *br*: scáthaigh.
sgailc, *bain*: buille.
sgailc, *br*: buail.
sgàile, *bain* → sgàil, *bain*.
sgàileag, *bain*: scáth.
sgàilean, *fir*: scáileán.
†**sgàilean-grèine**, *fir*: parasól, scáth gréine.
sgàin, *br*: scáin, scoilt.
sgàineadh, *fir*: scáineadh, scoilteadh.
sgainneal, *fir*: scannal.
sgainnealach, *aid*: scannalach.
†**sgainnealaich**, *br*: scannalaigh.
sgaipte, *aid* → sgapte, *aid*.
sgàird, *bain*: buinneach.
sgàirneach, *aid*: scréachach.
sgàirneach, *fir*: scileach.
sgairp, *bain*: scairp.
sgairt, *bain*: scairt.
sgairteach, *aid*: scairteach, glórach.
†**sgairteachadh**, *fir*: scairteach.
sgairteil, *aid*: fíochmhar, bríomhar.
†**sgairtich**, *br*: scairt.
sgait, *bain*: sciata.
sgaiteach, *aid*: géar.
sgal, *fir*: rois, béic.
sgal, *br*: béic.
sgàl, *fir*: tráidire.
sgàla, *fir*: scála.
sgalag, *bain*: scológ.
†**sgalaid**, *bain*: seallóid.
†**sgàldadh**, *fir*: scalladh.
†**sgal-gàire**, *fir*: scolgháire.
†**sgall**, *fir*: maoile, blagaid.
†**sgallach**, *aid*: maol.
†**sgallachd**, *bain*: maoile.
†**Sgalpach**, *aid*: Scalpach.
†**Sgalpach**, *fir*: Scalpach.
†**sgamal**, *bain*: lann.
sgamhach, *aid*: scamhógach.
sgamhan, *fir*: scamhóg.
sgannan, *fir*: scannán.
sgannradh, *fir* → sgànradh, *fir*.
†**sganrach**, *aid*: scanrúil.
sgànradh, *fir*: scanradh.
†**sgànraich**, *br*: scanraigh.
sgaoil, *br*: scaoil.
sgaoileadh, *fir*: scaoileadh.
sgaoilte, *aid*: scaoilte, scaipthe, oscailte.
sgaoilteachd, *bain*: scaoilteacht.
sgaoineal, *aid* → sgoinneil, *aid*.
sgaoth, *fir*: scaoth.
sgap, *br*: scaip.
sgapadh, *fir*: scaipeadh.
sgapte, *aid*: scaipthe.
sgar, *br*: scar.
†**sgarachdaiche**, *fir*: scarúnaí.
sgaradh, *fir*: scaradh, difríocht.
sgaradh-cinnidh, *fir*: cinedheighilt.
sgaradh-pòsaidh, *fir*: colscaradh.
sgaraichte, *aid*: scartha.
sgarbh, *fir*: broigheall.
sgarfa, *bain*: scaif.
sgàrlaid, *aid*: scarlóideach.
sgàrlaid, *bain*: scarlóid.
Sgarpach, *aid*: Scarpach.
Sgarpach, *fir*: Scarpach.
sgath, *fir*: aon.
sgath, *br*: scoith.
sgàth, *fir*: scáth.
sgathadh, *fir*: scoitheadh.
sgàthan, *fir*: scáthán.
sgàthlann, *bain*: scáthlán.
sgathpte, *aid* → sgapte, *aid*.
sgeadachadh, *fir*: maisiú.
sgeadaich, *br*: maisigh.
sgeadaichte, *aid*: maisithe.
sgealb, *bain*: slis, scealp.
sgealbag, *bain*: corrmhéar.
sgeallag, *bain*: sceallagach.
sgealp, *bain*: sceilp.
sgeama, *bain*: scéim.
sgeama, *fir* → sgeama, *bain*.
sgeanail, *aid*: slachtmhar, beoga.
†**sgeann**, *fir*: stánadh.
sgeap, *bain*: coirceog, scib sheileán.
†**sgearaich**, *br*: scaip.
sgeidse, *bain*: sceitse.
sgeig, *bain*: scige.
sgeig, *br*: spoch.
†**sgeigeadh**, *fir*: magadh.
sgeigeil, *aid*: scigiúil.
†**sgeigire**, *fir*: scigire.
sgeilb, *bain*: siséal.
sgèile, *bain*: scála.

†**sgeileid**, *bain*: scilléad.
sgeilp, *bain*: seilf.
sgèimh, *bain*: scéimh.
sgeinnidh, *fir*: scáinne.
sgeir, *bain*: sceir, carraig.
†**sgeirmse**, *bain*: scirmis.
sgeith, *fir*: sceith, urlacan.
sgeith, *br*: sceith, urlaic.
sgèith, *bain*: eitilt.
sgèith, *br*: eitil.
sgeitheadh, *fir*: sceitheadh, urlacan.
†**sgeith-rionnaig**, *fir*: réalta reatha, dreige.
sgeul, *fir*: scéal.
sgeulachd, *bain*: scéal, scéalaíocht.
sgeulaiche, *fir*: scéalaí.
sgeul-rùin, *fir*: scéal rúin, rún.
sgeumhaich, *br* → sgiamhaich, *br*.
†**sgeunach**, *aid*: scéiniúil.
sgi, *bain*: scí.
sgial, *fir* → sgeul, *fir*.
sgialachd, *bain* → sgeulachd, *bain*.
sgiamh, *fir*: sceamh, scréach.
sgiamh, *br*: sceamh, scréach.
sgiamhach, *aid*: sciamhach.
sgiamhaich, *br*: sciamhaigh.
sgiamhail, *bain*: sceamhaíl.
sgian, *bain*: scian.
†**sgianadair**, *fir*: sceanadóir.
†**sgiatan**, *fir*: sciotán.
sgiath, *bain*: sciath, sciathán.
sgiathach, *aid*: sciathánach.
sgiathadh, *fir*: spléachadh.
sgiathaich, *br*: eitil.
†**sgiathalachd**, *bain*: cleitearnach.
sgiathalaich, *bain*: eitilt, cleitearnach.
sgiathan, *fir*: sciathán.
sgiathanach, *aid*: sciathánach.
†**sgibheal**, *fir*: sceimheal.
sgil, *bain*: scil.
sgil, *br*: scil.
sgil-bheatha, *bain*: scil saoil.
sgil-cànain, *bain*: scil teanga.
sgileil, *aid*: sciliúil.
sgillin, *bain* → sgillinn, *bain*.
sgillinn, *bain*: pingin.
†**sginn**, *br*: scinn.
†**sginneadh**, *fir*: scinneadh.
★**sgioba**, *bain*: foireann.
sgiobachd, *bain*: pearsanra.
sgiobadh, *fir* → sgioba, *bain*.
sgiobair, *fir*: captaen, scipéir.
sgiobal, *fir*: scioból.

sgiobalta, *aid*: sciobtha, gasta, tobann, néata, slachtmhar.
sgioba-obrach, *bain*: foireann.
sgioblachadh, *fir*: glanadh, cóiriú.
sgioblaich, *br*: glan, cóirigh, réitigh.
†**sgiodar**, *fir*: sciodar.
†**sgiolcantachd**, *bain*: aclaíocht.
sgiopa, *bain* → sgioba, *bain*.
sgiorradh, *fir*: sciorradh.
†**sgiorrghail**, *bain*: screadach.
sgiort, *bain* → sgiorta, *bain*.
sgiorta, *bain*: sciorta.
sgìos, *bain* → sgìths, *bain*.
sgìre, *bain*: paróiste, ceantar, réigiún.
sgìreachd, *bain* → sgìre, *bain*.
†**sgìreachdail**, *aid*: paróisteach.
†**sgìre-àireamhachd**, *bain*: ceantar áirimh.
sgìr-easbaig, *bain*: deoise.
†**sgìre-croitearachd**, *bain*: ceantar crochtóireachta.
sgìreil, *aid*: réigiúnach.
sgìre-phàrlamaid, *bain*: toghcheantar.
sgith, *bain* → sgi, *bain*.
sgìth, *aid*: tuirseach.
sgitheach, *fir*: sceach.
sgitheadair, *fir*: sciálaí.
sgitheadh, *fir*: sciáil.
†**sgìthealachd**, *bain*: liostacht.
Sgitheanach, *aid*: Sgitheanach.
Sgitheanach, *fir*: Sgitheanach.
sgìtheil, *aid*: tuirsiúil.
sgithich, *br*: sciáil.
sgìthich, *br*: tuirsigh.
sgithinn, *bain* → sgian, *bain*.
sgìths, *bain*: tuirse.
sgiùrs, *br*: sciúrsáil.
†**sgiùrsag**, *bain*: sciúirse.
sgiùrsair, *fir*: sciúrsálaí.
†**sglabhaiche**, *fir*: sclábhaí.
†**sglàbhaidheachd**, *bain*: sclábhaíocht.
†**sglabhart**, *fir*: clabhta.
sglàib, *bain*: plástar.
†**sglàibeadair**, *fir*: pláistéir.
†**sglàibrich**, *br*: plástráil.
†**sglèap**, *bain*: scléip.
sglèat, *fir*: scláta, slinn.
sglèat, *br*: cuir sclátaí ar.
†**sglèatair**, *fir*: scláitéir.
sgleò, *fir*: ceo, smál.
sgleog, *bain*: boiseog, smitín, buille.
sgleòthach, *aid*: sramach.
†**sgliùrach**, *bain*: scliurach.
sglò, *fir* → sgleò, *fir*.

sgobadh, *fir*: sciobadh.
†**sgoch**, *br*: leon.
†**sgochadh**, *fir*: leonadh.
sgòd, *fir*: scód.
†**sgoige**, *bain*: scóig.
sgoil, *bain*: scoil.
sgoil-àraich, *bain*: naíscoil.
sgoil-chiùil, *bain*: scoil cheoil.
sgoil-dubh, *bain*: ealaín dhubh.
sgoilear, *fir*: dalta, scoláire.
sgoilearach, *aid*: scolártha.
sgoilearachd, *bain*: scoláireacht, staidéar.
sgoileireachd, *bain* → sgoilearachd, *bain*.
sgoil-shamhraidh, *bain*: scoil samhraidh.
sgoilt, *br*: scoilt.
sgoilte, *aid*: scoilte.
sgoineil, *aid* → sgoinneil, *aid*.
sgoinneal, *aid* → sgoinneil, *aid*.
sgoinneil, *aid*: iontach.
sgol, *br*: sruthlaigh.
sgoladh, *fir*: sruthlú.
†**sgolag**, *bain*: ológ.
sgolap, *fir*: muirín.
sgolb, *fir*: scolb.
sgoltadh, *fir*: scoilteadh, scoilt.
sgona, *bain*: scóna.
sgonn, *fir*: bloc, smután, meall.
sgonneil, *aid* → sgoinneil, *aid*.
†**sgonnsa**, *fir*: sconsa.
sgor, *fir*: scoilt.
sgòr, *fir*: scór.
sgorach, *aid*: garbh, eangach.
sgoradh, *fir*: scoradh.
sgòradh, *fir*: scóráil.
†**sgoranach**, *fir*: scorach.
†**sgor-fhiacail**, *fir*: starrfhiacail.
sgòrnach, *bain* → sgòrnan, *fir*.
sgòrnan, *fir*: scornach.
†**sgòrnanach**, *aid*: scornúil, broncach.
sgot, *fir*: cliú.
sgoth, *bain*: coite.
sgòth, *bain*: néal, scamall.
sgòthach, *aid*: scamallach.
†**sgothadh**, *fir*: scoitheadh.
sgoth-seòlaidh, *bain*: luamh.
sgraing, *bain*: gruig.
sgrath, *bain*: scraith, fód.
sgrath, *br*: scamh.
†**sgrathach**, *aid*: screamhach.
†**sgrathadh**, *fir*: scamhadh.
sgrathail, *aid*: gránna, uafásach.
sgreab, *bain*: screab, gearb.
†**sgreabhag**, *bain*: screamhóg.

sgread, *fir*: scread.
sgread, *br*: scread.
sgreadach, *aid*: screadach.
sgreadail, *bain*: screadach.
sgreadhail, *bain*: lián.
sgreamh, *fir*: masmas, déistin.
sgreamhachadh, *fir*: déistin.
sgreamhaich, *br*: cuir déistin ar.
sgreamhail, *aid*: déistineach, gráiniúil.
†**sgreapal**, *fir*: scrupall.
sgreataidh, *aid*: suarach, gránna.
sgreuch, *fir*: scréach.
sgreuch, *br*: scréach.
sgreuchadh, *fir*: screadach.
sgreuchail, *bain* → sgreuchadh, *fir*.
sgrìn, *bain*: scáileán.
sgrìob, *bain*: turas, scríob.
sgrìob, *br*: scríob.
sgrìobach, *aid*: scríobach.
sgrìobach, *bain*: tochas.
sgrìobadh, *fir*: scríobadh.
sgrìobag, *bain*: nóta.
sgrìobaire, *fir*: scríobaire.
sgrìoban, *fir*: scríobach.
†**sgrìob-cheangail**, *bain*: fleiscín.
sgrìobh, *br*: scríobh.
sgrìobhach, *fir* → sgrìobhaiche, *fir*.
sgrìobhadair, *fir* → sgrìobhaiche, *fir*.
sgrìobhadh, *fir*: scríobh, scríbhinn.
sgrìobhaiche, *fir*: scríbhneoir.
sgrìobhaiche-ciùil, *fir*: cumadóir ceoil.
sgrìobhainn, *bain*: cáipéis, doiciméad.
sgrìobhte, *aid*: scríofa.
sgriobt, *bain*: script.
sgriobtar, *fir*: scrioptúr.
sgriobtarail, *aid*: scrioptúrtha.
sgrion, *bain* → sgrìn, *bain*.
sgriopt, *bain* → sgriobt, *bain*.
sgrios, *fir*: scrios.
sgrios, *br*: scrios.
sgriosach, *aid* → sgriosail, *aid*.
†**sgriosadair**, *fir*: scriostóir.
sgriosadh, *fir*: scriosadh.
sgriosail, *aid*: uafásach.
sgriosal, *aid* → sgriosail, *aid*.
sgriosan, *fir*: scriosán.
sgriubha, *bain*: scriú.
†**sgriubhadh**, *fir*: scriúáil.
†**sgriubhaig**, *br*: scriúáil.
sgriubhaire, *fir*: scriúire.
sgrìobh, *br* → sgrìobh, *br*.
sgròb, *br*: scríob.
sgròbadh, *fir*: scríobadh.
sgròban, *fir*: spochán.
†**sgrubal**, *fir*: scrupall.

sgrùd, *br*: scrúdaigh.
sgrùdadh, *fir*: scrúdú.
sgrùdair, *fir*: scrúdaitheoir.
†**sgrugaill**, *bain*: scrogall.
sguab, *bain*: scuab.
sguab, *br*: scuab.
sguabadair, *fir*: scuabadóir.
sguabair, *fir* → sguabadair, *fir*.
sguad, *fir*: scuad.
†**sguadron**, *fir*: scuadrún.
sguain, *bain*: triopall.
sguais, *bain*: scuais.
†**sguch**, *br*: scuch.
sgud, *br*: bain.
sgudal, *fir*: bruscar, cacamas, truflais, raiméis.
†**sgugach**, *aid*: tútach, cúthail.
†**sguibhir**, *fir*: scuibhéir.
sguir, *br*: scoir.
†**sgùirt**, *bain*: naprún.
†**sgùm**, *fir*: cúr.
sgunc, *fir*: scúnc.
sgur, *fir*: scor.
sgùr, *br*: sciúr.
sgùradh, *fir*: sciúradh.
sgùrr, *fir*: binn, mullach.
sgurrach, *aid*: beannach.
sheo, *aid* → seo, *aid*.
shin, *aid* → sin, *aid*.
shìos, *db*: thíos.
shuas, *db*: thuas.
sia, *uimhir*: sé.
sia, *fir*: sé.
siab, *br*: caith.
siabadh, *fir*: síobadh, sciorradh, caitheamh.
†**siabair**, *fir*: cuimleoir.
siaban, *fir*: síobán.
siaban, *fir* → siabann, *fir*.
siabann, *fir*: gallúnach.
sia-bheusach, *aid*: heicseatonach.
†**siach**, *br*: leon.
sia-cheàrnach, *aid*: heicseagánach.
sia-cheàrnach, *fir*: heicseagán.
Siad, *bain* → Seàd, *bain*.
sia-deug, *uimhir*: sé déag.
siampù, *bain*: seampú.
sian, *bain*: síon.
†**sianach**, *aid*: stoirmeach.
sianal, *fir* → seanail, *bain*.
sianar, *fir*: seisear.
†**siansadh**, *fir*: siansa.
†**siansan**, *fir*: siansán.
siar, *db*: thiar.
siar, *aid*: thiar.

siarach, *aid*: iartharach.
†**siat**, *fir*: siad.
siathamh, *fir*: séú.
siathamh, *uimhir*: séú.
sib', *for* → sibh, *for*.
sibh, *for*: sibh, tú.
†**sìbhreag**, *bain*: sióg.
sibhs, *for* → sibhse, *for*.
sibhs', *for* → sibhse, *for*.
sibhse, *for*: sibhse, tusa.
side, *bain*: aimsir.
sìdh, *fir* → sìthiche, *fir*.
sìdhiche, *fir* → sìthiche, *fir*.
†**sigeach**, *aid*: slim, sleamhain.
†**sigeanta**, *aid*: abhcach.
sil, *br*: sil.
Sile, *bain*: Síle.
†**Síle**, *bain*: Síle.
sileacon, *fir*: sileacan.
†**sileadan**, *fir*: seileadán.
sileadh, *fir*: sileadh, báisteach, frasaíocht.
sileagan, *fir*: próca.
sìlean, *fir*: gráinne.
silidh, *fir*: subh.
silteach, *aid*: silteach.
†**silteachd**, *bain*: silteacht.
†**Simbabue**, *fir*: an tSiombáib.
simid, *fir*: seimide.
similear, *fir*: simléar.
sìmpleachadh, *fir*: simpliú.
sìmplich, *br*: simpligh.
sìmplidh, *aid*: simplí.
sin, *aid*: sin.
sin, *for*: sin.
sìn, *br*: sín.
Sìn, *fir* → Sìona, *fir*.
sinagog, *bain* → sionagog, *bain*.
sinc, *fir*: sinc.
since, *bain*: doirteal.
sine, *bain*: sine.
sineach, *fir*: sineach.
Sìneach, *aid* → Sìonach, *aid*.
Sìneach, *fir* → Sìonach, *fir*.
sìneadair, *fir*: sínteán.
sìneadh, *fir*: síneadh.
singilte, *aid*: singil, aonair.
Sìnis, *bain* → Sìonais, *bain*.
sinn, *for*: sinn, muid.
sinne, *for*: sinne, muidne.
sinn-seanair, *fir*: sin-seanathair.
sinn-seanmhair, *bain*: sin-seanmháthair.
sinnsear, *fir*: sinsear.
sinnsearachd, *bain*: sinsearacht.

sinnsireachd   sìth-bheò

sinnsireachd, *bain* → sinnsearachd, *bain*.
sinnsireil, *aid*: sinsearach, sinseartha.
sìnte, *aid*: sínte.
†**sìnteachd**, *bain*: sínteacht.
sinteag, *bain*: truslóg.
siobhag, *bain*: fáideog.
sìobhalta, *aid*: síbhialta.
sìobhaltach, *aid*: síbhialtach.
sìobhaltach, *fir* → sìobhaltair, *fir*.
sìobhaltachd, *bain*: síbhialtacht.
†**sìobhaltair**, *fir*: síbhialtach.
sìobhaltas, *fir*: síbhialtacht.
†**sìobhrag**, *bain*: síofra.
†**sìobra**, *fir*: séabra.
siochail, *aid*: ciúin, muinteartha.
siochaint, *bain*: síocháin.
sìochantair, *fir*: síochánaí.
†**sìochantas**, *fir*: síochánachas.
siod, *for* → siud, *for*.
sioda, *fir*: síoda.
†**siodail**, *aid*: síodúil.
†**siogàr**, *fir*: todóg.
siogarait, *bain*: toitín.
sìol, *fir*: síol.
†**sìola**, *fir*: siolla.
sìolachadh, *fir*: síolrú.
sìolachan, *fir*: síothlán.
sìoladair, *fir*: síoladóir.
sìoladh, *fir*: síothlú.
†**sìoladhach**, *aid*: siollach.
siolag, *bain*: spéirlint.
siolaich, *br*: síolaigh.
sìolaidh, *br*: síothlaigh.
siolandair, *fir*: sorcóir.
sìol-chuir, *br*: síolchuir.
sìol-chur, *fir*: síolchur.
†**sìol-ginidh**, *fir*: speirm.
†**siollag**, *bain*: siollóg.
sìolmhor, *aid*: síolmhar, torthúil.
†**sìolmhorachd**, *bain*: síolmhaireacht.
siolp, *br*: mionghoid.
sìolradh, *fir*: síolrach.
sìoltachan, *fir*: síothlán.
sioltron, *fir*: cipe.
sioman, *fir*: súgán.
Sìombab, *bain* → Simbabue, *fir*.
Sìombabue, *bain* → Simbabue, *fir*.
Sìombaibe, *bain* → Simbabue, *fir*.
siompansaidhe, *fir*: simpeansaí.
sion, *fir*: dada, faic, aon rud, a dhath.
Sìona, *fir*: an tSín.
Sìonach, *aid*: Síneach.
Sìonach, *fir*: Síneach.
sionagog, *bain*: sionagóg.
Sìonais, *bain*: Sínis.
†**sioncratachd**, *bain*: sincréatachas.
sionnach, *fir*: sionnach.
†**sionnsar**, *fir*: seamsúr.
siop, *bain*: sip.
Sìophortach, *fir*: Síophortach.
†**siopsach**, *fir*: giofóg.
sìor, *aid*: síor.
sioraf, *fir*: sioráf.
siorap, *bain*: síoróip.
sìor-bheò, *aid*: bithbheo.
siorc, *fir*: siorc.
siorcair, *fir* → sorcair, *fir*.
siorcas, *fir* → soircas, *fir*.
†**siordan**, *fir*: seordán.
sìor-fhàs, *fir*: síorfhás.
sìor-iarr, *br*: síoriarr.
†**sìor-iarraidh**, *bain*: síoriarraidh.
siorrachd, *bain*: contae.
Siorrachd, *bain*: Contae.
siorradh, *fir*: ionsaí.
†**sìorraich**, *br*: síoraigh.
sìorraidh, *aid*: síoraí.
sìorraidheachd, *bain*: síoraíocht.
siorram, *fir*: sirriam.
siorramachd, *bain* → siorrachd, *bain*.
siorruidh, *aid* → sìorraidh, *aid*.
siorruidheachd, *bain* → sìorraidheachd, *bain*.
sìor-uaine, *aid*: síorghlas.
sìos, *db*: síos.
siosar, *fir*: siosúr.
siosarnach, *fir*: siosarnach.
sìos-luchdaich, *br*: íosluchtaigh.
†**siosma**, *fir*: siosma.
siostam, *fir*: córas.
siota, *fir*: bileog, braillín.
sìota, *fir*: síota.
†**sìothalachd**, *bain*: síochántacht.
†**sìothlan**, *fir*: síothlán.
★**sir**, *br*: lorg, cuardaigh, iarr.
Sir, *bain*: Siria.
sireab, *bain* → siorap, *bain*.
sireadh, *fir*: lorg, iarraidh, cuardach.
Siria, *bain*: an tSiria.
Sirianach, *aid*: Siriach.
Sirianach, *fir*: Siriach.
Siridhea, *bain* → Siria, *bain*.
siris, *bain*: silín.
†**sisteal**, *fir*: sistéal.
site, *bain*: síte.
sìth, *aid*: sí.
sìth, *bain*: síocháin, síth.
†**sìth-bheò**, *aid*: bithbheo.

sitheadh / slinn

sitheadh, *fir*: sitheadh, ionsaí, ruathar.
sìthean, *fir*: bláth, sián.
sitheann, *bain*: fiafheoil.
sìtheil, *aid*: suaimhneach, síochánta.
sìthich, *br*: síothaigh, suaimhnigh.
sìthiche, *fir*: sióg.
†**sìth-mhaor**, *fir*: síothmhaor.
sitig, *bain*: carn aoiligh.
sitir, *bain*: seitreach.
sitrich, *bain*: seitreach, sciotaíl.
siubhail, *br*: siúil, taistil.
²**siubhal**, *fir*: siúl, taisteal, aistear, turas.
siubhalach, *aid* → siùbhlach, *aid*.
siubhal-dhaoine, *fir*: mórshiúl.
siùbhlach, *aid*: siúlach, líofa.
siùbhlach, *fir*: siúlóir.
siùcar, *fir*: siúcra.
siud, *for*: siúd.
siùdan, *fir*: luascadh.
siuga, *bain*: crúsca.
siùrsach, *bain*: striapach.
siùrsachd, *bain*: striapachas.
sius, *db* → sìos, *db*.
siùsan, *fir*: siúrsán.
siuthad, *uaill*: ar aghaidh leat.
slabhacan, *fir*: sleabhac.
Slàbhach, *aid*: Slavach.
Slàbhach, *fir*: Slavach.
slabhraidh, *bain*: slabhra.
slac, *br*: gread.
slacadaich, *bain*: bualadh.
slacadh, *fir*: greadadh.
†**slacairt**, *bain*: slacairt.
slacan, *fir*: slacán, máilléad.
slad, *fir*: slad.
slad, *br*: slad.
†**sladachd**, *bain*: sladaíocht.
†**sladaiche**, *fir*: sladaí.
sladaireachd, *bain* → sladachd, *bain*.
†**slàibeach**, *aid*: slabach.
slaic, *bain*: paltóg.
slaic, *br*: gread.
†**slaiceadh**, *fir*: greadadh.
†**slaidse**, *bain*: slais.
slaighd, *br*: sleamhnaigh.
slaighdean, *fir*: slaghdán.
slaightear, *fir*: cladhaire, cneámhaire.
slaightearachd, *bain*: claidhreacht, cneámhaireacht.
slaint, *bain* → slàinte, *bain*.
slàint', *bain* → slàinte, *bain*.
slàinte, *bain*: sláinte.
†**slàinteachail**, *aid*: sláinteach.

slàinteachas, *fir*: sláinteachas.
slàintealachd, *bain*: sláintíocht.
slàinteil, *aid*: sláintiúil.
†**slaiseadh**, *fir*: lascadh.
slam, *fir*: slám.
slam, *br*: slám.
slaman, *fir*: gruth.
slàn, *aid*: slán.
slànachadh, *fir*: slánú, leigheas, cneasú.
slànaich, *br*: slánaigh.
slànaighear, *fir*: slánaitheoir.
slàn-àireamh, *bain*: slánuimhir.
slànuich, *br* → slànaich, *br*.
slanuighear, *fir* → slànaighear, *fir*.
slaod, *fir*: slaod.
slaod, *br*: slaod, tarraing.
²**slaodach**, *aid*: mall.
slaodach, *bain*: míoránach.
slaodadh, *fir*: slaodadh, tarraingt.
†**slaodair**, *fir*: slaodaí.
slaop, *br*: scall.
slaopadh, *fir*: scalladh.
†**slapach**, *aid*: slapach.
slapag, *bain*: slipéar.
slat, *bain*: slat.
Slat, *bain*: Slat.
†**slatach**, *aid*: slatach.
†**slat-shiùdain**, *bain*: luascadán.
slat-tomhais, *bain*: critéar.
†**slat-tomhaiseach**, *aid*: caighdeánach.
sleagh, *bain*: sleá.
sleaghan, *fir*: sleán.
sleamhainn, *aid*: sleamhain.
sleamhnachadh, *fir*: sleamhnú.
sleamhnag, *bain*: sleamhnán.
sleamhnaich, *br*: sleamhnaigh.
†**slèibhteach**, *fir*: sléibhteoir.
sleids, *fir*: carr sleamhnáin.
sleuchd, *br*: sléacht.
sleuchdadh, *fir*: sléachtadh.
sliabh, *fir*: sliabh.
Sliabh, *fir*: Sliabh.
†**sliabhach**, *aid*: sléibhtiúil.
sliamach, *aid*: taisfhuar.
sliasaid, *bain*: sliasaid, ceathrú.
†**slibhisteach**, *aid*: liobarnach.
slige, *bain*: sliogán.
sligeach, *aid*: sliogánach.
sligeanach, *fir*: toirtís.
†**sligeart**, *fir*: slíogart.
slighe, *bain*: slí, bealach.
sligheach, *aid*: slíocach.
slighe-uisge, *bain*: uiscebhealach.
†**slinn**, *fir*: slinn.

slinnean — smugach

slinnean, *fir*: slinneán.
†**slinneanach**, *aid*: slinneánach.
†**slinneanachd**, *bain*: slinneánacht.
slìob, *br*: cuimil, slíoc, slíob.
slìobadh, *fir*: cuimilt, slíocadh, slíobadh.
†**sliobasta**, *aid*: liopasta.
sliochd, *fir*: sliocht.
sliogach, *aid*: slíocach.
†**slioganach**, *aid*: sliogánach.
sliomair, *fir*: slíomadóir.
†**sliopaireach**, *bain*: plobaireacht.
slios, *fir*: slios, cliathán.
sliosda, *aid* → sliosta, *aid*.
†**sliosta**, *aid*: sliosta.
†**sliotan**, *fir*: sliotán.
slis, *bain*: slis, píosa, canta.
sliseag, *bain*: sceallóg.
slisnich, *br*: gearr.
†**sloban**, *fir*: slodán.
Slòbhac, *bain* → Slobhagia, *fir*.
Slòbhacach, *aid*: Slóvacach.
Slòbhacach, *fir*: Slóvacach.
Slobhagia, *fir*: an tSlóvaic.
Slobhàicia, *bain* → Slobhagia, *fir*.
Slòbhain, *bain* → Slobhinia, *fir*.
Slobhèinia, *fir* → Slobhinia, *fir*.
†**Slobhinia**, *fir*: an tSlóivéin.
sloc, *fir*: sloc.
slochd, *bain* → sloc, *fir*.
Sloibhinia, *fir* → Slobhinia, *fir*.
Sloibhìnia, *bain* → Slobhinia, *fir*.
sloinn, *br*: sloinn, ainmnigh, baist.
sloinneadh, *fir*: sloinne.
sloinntearachd, *bain*: sloinnteoireacht.
sluagh, *fir*: slua, muintir.
sluagh-ghairm, *bain*: sluaghairm.
sluagh-iùlach, *aid*: polaitiúil.
sluagh-phoblachd, *bain*: Daonphoblacht.
Sluagh-Phoblachd, *bain*: Daonphoblacht.
sluaisreadh, *fir*: sluaisteáil.
sluasaid, *bain*: sluasaid.
slug, *fir*: slog.
slugadh, *fir*: slogadh.
†**slugaid**, *bain*: slogaide.
†**slugair**, *fir*: slogaire.
slugan, *fir*: scornach.
sluig, *br*: slog.
slum, *fir*: sluma.
sluma, *fir* → slum, *fir*.
†**slup**, *bain*: slúpa.
†**slupraich**, *bain*: slaparnach.
smachd, *bain*: smacht.
smachdachadh, *fir*: smachtú.
smachdaich, *br*: smachtaigh.

smachdail, *aid*: smachtúil.
smachdair, *fir*: smachtaí.
†**smàgaireachd**, *bain*: lámhacán.
smal, *fir*: smál.
smàl, *br*: múch.
smàladair, *fir*: smóladán, múchtóir.
†**smalag**, *bain*: saían.
†**smàlag**, *bain*: smalóg.
†**smalaich**, *br*: smálaigh.
smalan, *fir*: gruaim.
smaoin, *bain*: smaoineamh.
smaoineach, *aid*: smaointeach.
smaoineachadh, *fir*: smaoineamh.
smaoineachail, *aid* → smaoineach, *aid*.
smaoineachdainn, *bain* → smaoineachadh, *fir*.
smaoinich, *br*: smaoinigh.
smaoinntinn, *fir* → smaoineachadh, *fir*.
smaointeachadh, *fir* → smaoineachadh, *fir*.
smaointich, *br* → smaoinich, *br*.
smaointinn, *fir* → smaoineachadh, *fir*.
smàrag, *bain*: smaragaid.
†**smeach**, *fir*: smeach.
†**smeach**, *br*: smeach.
smeagaid, *fir* → smiogaid, *fir*.
smèid, *br*: sméid.
smèideadh, *fir*: sméideadh.
smeòrach, *bain*: smólach.
smeur, *bain*: sméar.
smeur, *br*: smear.
†**smiach**, *fir*: smid.
smid, *bain*: smid.
smig, *bain*: smig.
smigead, *fir* → smiogaid, *fir*.
smiogaid, *fir*: smig.
smior, *fir*: smior.
smiorail, *aid*: smiorúil.
†**smiotach**, *aid*: smiotach.
†**smiste**, *bain*: smíste.
smoc, *br*: caith.
smocadh, *fir*: caitheamh.
smocaig, *br* → smoc, *br*.
smodal, *fir*: bruscar, brocamas.
†**smotan**, *fir*: smután.
smuain, *bain* → smaoin, *bain*.
smuaineach', *fir* → smaoineachadh, *fir*.
smuaineachadh, *fir* → smaoineachadh, *fir*.
smuainich, *br* → smaoinich, *br*.
smuaintich, *br* → smaoinich, *br*.
smuaintinn, *bain* → smaoineachadh, *fir*.
smuanairt, *fir*: tairiscint.
smug, *fir*: smuga.
†**smugach**, *aid*: smugach.

†**smugadaich**, *bain*: seiliú.
smugaid, *bain*: seile.
smùgarraich, *bain* → smùgraich, *bain*.
†**smùgraich**, *bain*: ceobhrán.
smùid, *bain*: toit, smúit.
smuig, *bain*: smut, smaois.
†**smuilceach**, *aid*: smuilceach.
smùirnean, *fir*: cáithnín, dúradán, gráinnín.
†**smùirneanach**, *aid*: cáithníneach.
smùr, *fir*: smúr.
†**smùrach**, *aid*: smúrach.
smùrach, *fir* → smùr, *fir*.
†**smut**, *fir*: smut.
†**smutach**, *aid*: smutach.
sna, *réamh*: sna.
'**sna**, *réamh* → sna, *réamh*.
snag, *bain* → snag, *fir*.
snag, *fir*: snag.
snagadaich, *bain*: cnagadh.
snàgadh, *fir*: snámh, téaltú.
snàgail, *bain* → snàgadh, *fir*.
snàgair, *fir*: snag.
snagan-daraich, *fir*: snag darach.
snaidh, *br* → snaigh, *br*.
snaidheadaireachd, *bain* → snaigheadaireachd, *bain*.
snaidhm, *fir*: snaidhm.
snaidhpear, *fir* → snìpear, *fir*.
snàig, *br*: snámh, snigh, sleamhnaigh.
snàigeach, *aid*: snámhach, téaltaitheach.
snàigeadh, *fir* → snàgadh, *fir*.
†**snàigear**, *fir*: snag.
snaigh, *br*: snoigh.
snaigheadair, *fir*: snoíodóir.
snaigheadaireachd, *bain*: snoíodóireacht.
snaigheadh, *fir*: snoí.
†**snaimeadh**, *fir*: snaidhmeadh.
snàithlean, *fir*: snáithe.
†**snaithnean**, *fir*: snáithe.
snàmh, *fir*: snámh.
snàmh, *br*: snámh.
†**snàmhair**, *fir*: snámhóir.
†**snaoic**, *bain*: sneaic.
snaoim, *fir* → snaidhm, *fir*.
snaoisean, *fir*: snaoisín.
†**snaomanach**, *aid*: snaománach.
†**snapaireachd**, *bain*: snapadh.
snas, *fir*: snas.
snasachadh, *fir*: snasú.
†**snasachd**, *bain*: snasaireacht.
snasail, *aid*: snasta, dathúil.
snasmhor, *aid*: snasta.
snasta, *aid*: snasta.

snàth, *fir*: snáth.
snàthad, *bain*: snáthaid.
snàthainn, *fir*: snáithe.
sneachd, *fir* → sneachda, *fir*.
sneachd', *fir* → sneachda, *fir*.
sneachda, *fir*: sneachta.
sneachdail, *aid*: sneachtúil.
snèap, *bain*: tornapa.
snèip, *bain* → snèap, *bain*.
snigh, *br*: úsc, snigh.
snighe, *fir*: úscadh, sní.
†**snioghag**, *bain*: sniodh.
snìomh, *fir*: sníomh.
snìomh, *br*: sníomh.
†**snìomhaiche**, *fir*: sníomhaí.
snìomhaire, *fir*: druilire.
snìomhan, *fir*: bís.
snìomhte, *aid*: sníofa.
†**snìpear**, *fir*: snípéir.
snodhach, *fir*: súlach.
snodha-gàire, *fir*: gáire.
snog, *aid*: deas.
†**snoidean**, *fir*: snaois.
snot, *br*: smúr.
snòtaireachd, *bain*: cúirtéireacht.
snuadh, *fir*: snua.
snùcair, *fir*: snúcar.
so, *aid* → seo, *aid*.
†**so-aithneach**, *aid*: suaitheanta.
sòbarra, *aid*: sóbráilte.
Sobhiat, *aid* → Sovietach, *aid*.
sòbhrach, *fir*: sabhaircín.
so-bhriste, *aid*: sobhriste.
soc, *fir*: soc.
socach, *aid*: socach.
socaid, *bain* → soicead, *fir*.
socair, *aid*: socair.
socair, *bain*: socracht.
†**socan**, *fir*: socán.
sochair, *bain*: sochar.
sochairich, *br*: tabhair pribhléid do.
sochairichte, *aid*: pribhléideach, faoi phribhléid.
†**so-chaochlaideach**, *aid*: so-athraithe.
socharach, *aid*: saonta, soineanta, cúthail.
†**so-chloiste**, *aid*: sochloiste.
sochraich, *br* → socraich, *br*.
so-chreidsinn, *aid*: sochreidte.
socrach, *aid*: socair.
socrachadh, *fir*: socrú.
socraich, *br*: socraigh.
socruich, *br* → socraich, *br*.
sòda, *bain*: sóid.
sodal, *bain*: miodal.

sodalach, *fir*: plámásaí.
†**sodar**, *fir*: sodar.
†**sodaran**, *fir*: bogshodaire.
so-dhèanta, *aid*: sodhéanta.
so-dhèantachd, *bain*: indéantacht, praiticiúlacht.
sòfa, *bain*: tolg.
sògh, *fir*: só.
sòghail, *aid*: sóúil.
so-ghiùlain, *aid*: soghluaiste.
so-ghluasad, *aid*: soghluaiste.
†**so-ghnìomhaichte**, *aid*: inrite.
†**so-ghointe**, *aid*: soghonta.
†**soicead**, *fir*: soicéad.
soidhne, *fir*: comhartha.
soidhneadh, *fir*: síniú.
soidhnich, *br* → soidhnig, *br*.
soidhnig, *br*: sínigh.
†**soidium**, *fir*: sóidiam.
†**soifiostaigeach**, *aid*: sofaisticiúil.
†**soigh**, *bain*: soith.
soighlear, *fir*: séiléir.
soighne, *fir* → soidhne, *fir*.
soilire, *fir*: soilire.
soillear, *aid* → soilleir, *aid*.
soillearachadh, *fir* → soilleireachadh, *fir*.
soilleir, *aid*: soiléir.
soilleireachadh, *fir*: soiléiriú, léiriú.
soilleireachd, *bain*: soiléireacht.
soilleirich, *br*: soiléirigh.
†**soilleirse**, *bain*: soiléirse.
soills', *bain* → soillse, *bain*.
soillse, *bain*: soilse.
soillseach, *aid*: soilseach, solasmhar.
soillseachadh, *fir*: soilsiú, taitneamh.
soillsich, *br*: soilsigh.
soindath, *fir*: tondath.
soineannta, *aid*: soineanta.
soineanntachd, *bain*: soineantacht.
soirbh, *aid*: soirbh, éasca.
soirbheachadh, *fir*: rath, soirbhiú.
soirbheachail, *aid*: rathúil.
soirbheachas, *fir* → soirbheas, *fir*.
soirbheas, *fir*: soirbheas.
soirbhich, *br*: éirigh, soirbhigh.
soirbhicheil, *aid* → soirbheachail, *aid*.
†**soircas**, *fir*: sorcas.
soirceas, *fir* → soircas, *fir*.
sòisealach, *aid*: sóisialach.
sòisealach, *fir*: sóisialaí.
sòisealachd, *bain*: sóisialachas.
sòisealta, *aid*: sóisialta.
sòisealtas, *fir*: sochaí.
soisgeul, *fir*: soiscéal.
Soisgeul, *fir*: Soiscéal.

soisgeulach, *aid*: soiscéalach.
soisgeulach, *fir* → soisgeulaiche, *fir*.
soisgeulaich, *br*: soiscéalaigh.
soisgeulaiche, *fir*: soiscéalaí.
so-ithe, *aid*: inite, so-bhlasta.
soitheach, *bain*: soitheach.
soitheach, *fir* → soitheach, *bain*.
soitheach-fànais, *bain*: spáslong.
†**soitheach-luaithre**, *bain*: luaithreadán.
soitheach-sgudail, *fir*: bosca bruscair.
†**soitheach-sìl**, *fir*: soitheach síl.
soitheamh, *aid*: ceansa.
†**so-laghach**, *aid*: solathach.
sòlaimte, *aid*: sollúnta.
solair, *br*: soláthair.
solar, *fir*: soláthar.
solarach, *aid*: soláthrach.
solarachadh, *fir*: soláthar.
solarachd, *bain*: soláthar.
solaradh, *fir*: soláthar.
solaraich, *br*: soláthair.
solaraiche, *fir*: soláthraí.
solas, *fir*: solas.
sòlas, *fir*: sólás.
sòlasach, *aid*: sólásach.
solas-dealain, *fir*: solas leictreach.
†**solasmhor**, *aid*: solasmhar.
solas-stad, *fir*: solas tráchta.
†**so-leaghadh**, *aid*: soleáite.
†**so-leigheas**, *aid*: inleighis.
so-leòinte, *aid* → so-leònte, *aid*.
so-leòntachd, *bain*: soghontacht.
so-leònte, *aid*: soleonta.
†**so-leughadh**, *aid*: soléite.
†**so-loisgeach**, *aid*: soloiscthe.
solt, *aid* → solta, *aid*.
solta, *aid*: ceansa.
so-lùbte, *aid*: solúbtha.
sòluimte, *aid* → sòlaimte, *aid*.
solus, *fir* → solas, *fir*.
Somàilia, *bain*: an tSomáil.
†**Somàilis**, *bain*: Somáilis.
†**Somàilitheach**, *aid*: Somálach.
†**Somàilitheach**, *fir*: Somálach.
somalta, *aid*: sochma.
†**somaltachd**, *bain*: toirtiúlacht, sochmaíocht.
so-mhaoin, *bain*: sócmhainn, somhaoin.
†**so-mhìneachaidh**, *aid*: somhínithe.
†**so-mhuinte**, *aid*: somhúinte.
son, *fir*: son.
son, *réamh* → airson, *réamh*.
'son, *réamh* → airson, *réamh*.
sòn, *fir*: crios.
sona, *aid*: sona.

sonadh	**speuclaireachd**

sonadh, *aid* → sona, *aid*.
sònadh, *fir*: criosú.
sonas, *fir*: sonas.
sonasach, *aid*: sonasach.
sonàta, *fir*: sonáid.
sonn, *fir*: sonn, laoch.
†**sonnach**, *aid*: sonnda.
†**sonnach**, *fir*: sonnach.
sònrachadh, *fir*: sonrú.
sònraich, *br*: sonraigh.
sònraichte, *aid*: áirithe.
sop, *fir*: sop.
sòradh, *fir*: braiteoireacht.
soraidh, *bain*: soraidh.
†**Sòrbach**, *aid*: Sorbach.
†**Sòrbach**, *fir*: Sorbach.
Sòrbais, *bain*: Sorbais.
†**sorcair**, *fir*: sorcóir.
sorcaireach, *aid*: sorcóireach.
†**sòrn**, *fir*: áith.
†**sornag**, *bain*: sornóg.
so-ruighinn, *aid*: soshroichte, insroichte.
so-ruigsinn, *aid* → so-ruighinn, *aid*.
so-ruigsinneach, *aid* → so-ruighinn, *aid*.
sos, *fir*: sos.
sòs, *fir* → sabhs, *fir*.
†**sosaids**, *bain*: ispín.
†**so-sheachanta**, *aid*: inseachanta.
†**so-thuigseach**, *aid*: sothuigthe.
Sovietach, *aid*: Sóivéadach.
spà, *fir* → spatha, *fir*.
spad, *br*: maraigh.
†**spadanta**, *aid*: spadánta.
spàgach, *aid*: spágach.
†**spàgail**, *bain*: spágáil.
spaid, *bain*: spád.
spaideal, *fir*: spadal.
spaideil, *aid*: dea-ghléasta, ardnósach, galánta.
spaidirich, *br* → spaidsirich, *br*.
spaidsearachd, *bain*: spaisteoireacht.
†**spaidsirich**, *br*: tá ag spaisteoireacht.
†**spailleadh**, *fir*: spailleadh.
spàin, *bain*: spúnóg.
spàinn, *bain* → spàin, *bain*.
Spàinn, *bain*: Spáinn.
Spàinneach, *aid*: Spáinneach.
Spàinneach, *fir*: Spáinneach.
Spàinnis, *bain*: Spáinnis.
Spàinnt, *bain* → Spàinn, *bain*.
Spàinnteach, *aid* → Spàinneach, *aid*.
Spàinnteach, *fir* → Spàinneach, *fir*.
Spàinntis, *bain* → Spàinnis, *bain*.
spàin-teatha, *bain*: taespúnóg.
†**spairiseach**, *aid*: gaigiúil, mórtasach.

spairisteach, *aid* → spairiseach, *aid*.
spàirn, *bain*: spairn.
spairt, *bain*: spairt.
spaisdear, *fir* → spaistear, *fir*.
spaisdireachd, *bain* → spaidsearachd, *bain*.
†**spaistear**, *fir*: spaisteoir.
spaistireachd, *bain* → spaidsearachd, *bain*.
spàl, *fir*: spól.
spàl-fànais, *fir*: spástointeálaí.
†**spàl-ite**, *fir*: eiteán.
spama, *fir*: turscar.
†**spanair**, *fir*: castaire.
spàraigeadh, *fir*: speáráil.
sparasach, *aid* → spairiseach, *aid*.
†**spàrdan**, *fir*: fara.
spàrr, *fir*: sparra.
spàrr, *br*: brúigh, sáigh.
sparradh, *fir*: tiomáint, sparradh.
sparrag, *bain*: béalbhach.
†**spàrran**, *fir*: sparra.
sparrasach, *aid* → spairiseach, *aid*.
†**spàrsan**, *fir*: sprochaille.
spàs, *fir*: spás.
†**spastach**, *aid*: spasmach.
†**spastach**, *fir*: spasmach.
†**spatha**, *fir*: spá.
speach, *bain*: foiche.
speal, *bain*: speal.
speal, *br*: speal.
†**spealadair**, *fir*: spealadóir.
spealadh, *fir*: spealadh.
spealg, *bain*: scealp.
spealg, *br*: scealp.
spealgadh, *fir*: scealpadh.
†**spealtan**, *fir*: scealp.
spèic, *bain*: spíce.
speil, *bain*: scata.
spèil, *bain*: scáta.
spèil, *br*: scátáil.
spèileabord, *fir*: clár scátála.
spèileadh, *fir*: scátáil.
†**spèile-deighe**, *bain*: scáta oighir.
†**spèiliche**, *fir*: scátálaí.
†**speir**, *bain*: speir.
speireag, *bain*: spioróg.
spèirlinn, *bain*: smealt Eorpach.
spèis, *bain*: meas, urraim, grá.
†**speisealachd**, *bain*: speisialtóireacht.
speisealaich, *br*: speisialaigh.
speisealaichte, *aid*: speisialaithe.
speisealta, *aid*: speisialta.
speuclair, *fir*: spéaclaí.
†**speuclaireachd**, *bain*: spéacláireacht.

152

speuclair-grèine, *fir*: spéaclaí gréine.
speur, *fir*: spéir.
speuradair, *fir*: spásaire.
speuradaireachd, *bain*: réalteolaíocht, meitéareolaíocht, spásaireacht.
†**speur-shiubhal**, *fir*: spástaisteal.
spìc, *bain*: spíce.
spideag, *bain*: filiméala.
spìocach, *aid*: ceachartha, gortach, sprionlaithe.
†**spiocaid**, *bain*: spiogóid.
spìocaire, *fir*: sprionlóir.
spìocaireachd, *bain*: sprionlaitheacht.
spiol, *br*: stoith.
spìon, *br*: spíon, pioc, stoith.
spìonadh, *fir*: spíonadh, stoitheadh.
†**spìonag**, *bain*: fiaile.
spionnadh, *fir*: spionnadh.
†**spionnar**, *aid*: bríomhar.
spiontag, *bain*: spíonán, cuirín.
spiorad, *fir*: spiorad.
spioradail, *aid*: spioradálta.
spioradalachd, *bain*: spioradáltacht.
spiorat, *fir* → spiorad, *fir*.
spìosrach, *aid*: spíosrach.
spìosradh, *fir*: spíosra.
spiosraich, *br*: spíosraigh.
spiris, *bain*: fara.
spitheag, *bain*: calóg, gealbhan.
splais, *bain*: splais.
splais, *br*: steall.
†**splang**, *bain*: splanc.
†**splang**, *br*: splanc.
†**splangadh**, *fir*: splancadh.
splaoid, *bain*: spraoi.
†**spleadh**, *fir*: spleá.
spleadhach, *aid*: finscéalach.
spleuchd, *fir*: stánadh.
spleuchd, *br*: stán.
spleuchdadh, *fir*: stánadh.
spliùchan, *fir*: spliúchán.
†**spoc**, *fir*: spóca.
spòg, *bain*: lapa, crúb.
spòirs, *bain* → spòrs, *bain*.
†**spòld**, *fir*: spóla.
spong, *fir*: spúinse, sponc.
sponsaireachd, *bain*: urraíocht.
spor, *fir*: spor, crúb.
spòr, *fir*: spór.
sporan, *fir*: sparán.
sporghail, *bain*: póirseáil, útamáil.
spòrs, *bain*: spórt.
spòrsail, *aid*: spraíúil, spórtúil.
spòrs-uisge, *bain*: spórt uisce.
spot, *fir*: spota.

spotach, *aid*: spotach.
spoth, *br*: spoch.
†**spothadair**, *fir*: spochadóir.
spothadh, *fir*: spochadh.
†**spracadh**, *fir*: spreacadh.
spreadh, *br*: pléasc.
spreadhadh, *fir*: pléascadh.
spreagadh, *fir* → spreigeadh, *fir*.
spreagail, *aid*: spreagúil.
†**spreagair**, *fir*: spreagthóir.
sprèidh, *bain*: spré, eallach.
spreig, *br*: cáin, spreag, gríosaigh.
spreigeach, *aid*: gníomhach.
spreigeadh, *fir*: spreagadh, gríosú, brostú.
spreòd, *br* → spreòt, *br*.
spreòt, *br*: gríosaigh, spreag.
†**spriong**, *br*: roc.
sprochd, *bain*: sprocht.
†**sprodh**, *fir*: salán.
†**sprogaill**, *bain*: sprochaille.
†**spronnan**, *fir*: grabhróg.
†**sprùille**, *bain*: sprúille.
sprùilleach, *fir*: sprúilleach.
†**spruiseil**, *aid*: sprúisiúil.
†**spuaic**, *bain*: spuaic.
†**spuaiceach**, *aid*: spuaiceach.
†**spucaid**, *bain*: puchóid.
spùill, *br*: creach.
spuing, *bain* → spong, *fir*.
spùinn, *br*: creach.
spùinneadair, *fir*: fuadaitheoir, creachadóir, foghlaí.
spùinneadair-mara, *fir*: foghlaí.
spuir, *fir*: spor, crúb.
†**spuirse**, *bain*: spuirse.
spùt, *fir*: cac, sciodar.
spùt, *br*: scaird.
spùtach, *aid*: scairdeach.
sràbh, *fir*: sifín, coinlín.
srac, *br*: srac.
sràc, *bain* → stràc, *fir*.
sracadh, *fir*: sracadh.
†**sràcair**, *fir*: ráflálaí.
†**sràcaireachd**, *bain*: ráfláil.
†**sracanta**, *aid*: sracúil.
sradag, *bain*: spré, splanc, drithleog.
sràid, *bain*: sráid.
Sràid, *bain*: Sráid.
srainnsear, *fir*: strainséir.
srann, *bain*: srann.
srann, *br*: srann.
srannail, *bain*: srannfach.
srannan, *fir*: dordánaí.

sraon

① **sraon**, *br*: tuisligh.
srath, *fir*: srath.
srathair, *bain*: srathair.
srathspè, *bain*: sraithspé.
sreang, *bain*: sreang, teaghrán.
sreangach, *aid*: sreangach.
sreap, *fir* → streapadh, *fir*.
sreap, *br* → streap, *br*.
sreapadair, *fir* → streapadair, *fir*.
sreapadaireachd, *bain* → streapadaireachd, *bain*.
sreap-chreagan, *fir*: ailleadóireacht.
sreap-sgitheadh, *fir*: sciáil Alpach.
sreath, *bain*: sraith.
sreath, *fir* → sreath, *bain*.
sreathach, *aid*: srathach.
sreathartaich, *bain* → sreothartaich, *bain*.
†**sreothan**, *fir*: caipín sonais.
sreothart, *fir*: sraoth.
sreothartaich, *bain*: sraothartach.
srian, *bain*: srian.
srian, *br*: srian.
srianach, *aid*: stríocach, riabhach.
srianadh, *fir*: srianadh.
srianag, *bain*: stríoc.
†**srobadh**, *fir*: brú.
sròin, *bain* → sròn, *bain*.
†**sròin-adharcach**, *fir*: srónbheannach.
sròl, *fir*: sról, bratach.
sròn, *bain*: srón.
srònach, *aid*: srónach, fiosrach.
sròn-adhairceach, *fir* → sròin-adharcach, *fir*.
sròn-adharcach, *fir* → sròin-adharcach, *fir*.
sruan, *fir*: sruán.
srùb, *fir*: sconna.
srùb, *br*: diúl, ibh, súigh.
†**srùbadh**, *fir*: diúl, sú.
srùbag, *bain*: bolgam.
†**srùbaireachd**, *bain*: diúgaireacht.
srùban, *fir*: ruacan.
srùpag, *bain* → srùbag, *bain*.
sruth, *fir*: sruth.
sruth, *br*: sruthaigh.
Sruth, *fir*: Sruth.
sruthach, *aid*: sruthach, sruthánach.
sruthadh, *fir*: sruth, sruthú.
sruthail, *br*: sruthlaigh.
sruthan, *fir*: sruthán.
sruthladh, *fir*: sruthlú.
†**sruth-shoillseach**, *aid*: sruthshoillseach.
stà, *fir*: úsáid, tairbhe, cuspóir.

stampa

stàball, *fir*: stábla.
stàbull, *fir* → stàball, *fir*.
stac, *fir*: aill.
†**staca**, *fir*: staca, cruach.
stacan, *fir*: fánán.
stad, *fir*: stad.
stad, *br*: stad.
stadach, *aid*: stadach.
stadadh, *fir*: stad.
stadh, *fir* → stagh, *fir*.
stad-phuing, *bain*: lánstad.
†**stagh**, *fir*: stagh.
staid, *bain*: staid, stádas.
†**staidealachd**, *bain*: stáidiúlacht.
staidhir, *bain* → staidhre, *bain*.
staidhre, *bain*: staighre.
staigh, *db* → a-staigh, *db*.
stail, *bain*: stil.
stailc, *bain*: stailc.
†**stailceach**, *aid*: stalcach.
stàile, *bain*: stalla.
stàilinn, *bain*: cruach.
staing, *bain*: sáinn, cruachás.
stàirn, *bain*: torann, tormáil.
stairseach, *bain* → stairsneach, *bain*.
stairsneach, *bain*: tairseach.
stais, *bain*: croiméal.
†**stàiseanaireachd**, *bain*: stáiseanóireacht.
stàit, *bain*: stát.
Stàit, *bain*: Stát.
stàiteil, *aid*: státúil, maorga.
stàitire, *fir*: státaire.
†**stàitireachd**, *bain*: státaireacht.
staitistearachd, *bain*: staitistic.
staitisteil, *aid* → staitistigeil, *aid*.
staitistig, *bain*: staitistic.
staitistigeil, *aid*: staitistiúil.
stal, *fir*: stail.
stàladh, *fir*: suiteáil.
stàlaich, *br*: suiteáil.
stalc, *fir*: stáirse.
stalc, *br* → stalcaich, *br*.
stalcadh, *fir*: stalcadh.
†**stalcaich**, *br*: stalc.
stalcaireachd, *bain*: stalcaireacht.
†**stalcanta**, *aid*: talcánta.
① **stalla**, *fir*: aill.
stamag, *bain*: goile.
stamh, *fir*: coirleach.
stamh, *br*: ceansaigh.
†**stamhadh**, *fir*: ceansú.
stamp, *br*: satail.
stampa, *bain*: stampa.

stampadh · stodach

stampadh, *fir*: satailt.
†**stànadair**, *fir*: stánadóir.
stang, *fir*: stang.
stangaran, *fir*: goineadóir.
stannd, *fir*: stalla, seastán.
staoig, *bain*: stéig.
staoin, *aid*: tanaí.
staoin, *bain*: stán.
stapag, *bain*: bleathach, ríobún.
†**stàpall**, *fir*: stápla.
†**stàplair**, *fir*: stáplóir.
staran, *fir*: cosán, sráid.
starrag, *bain*: feannóg.
†**starrair**, *fir*: staraí.
starr-fhiacail, *fir*: starrfhiacail.
†**starrs**, *fir*: stáirse.
starsach, *fir* → stairsneach, *bain*.
starsaich, *bain* → stairsneach, *bain*.
†**statainn**, *bain*: statúid.
stàth, *fir* → stà, *fir*.
statuin, *bain* → statainn, *bain*.
steach, *db* → a-steach, *db*.
'**steach**, *db* → a-steach, *db*.
†**steafag**, *bain*: steafóg.
steall, *bain*: steall.
steall, *br*: steall.
stealladh, *fir*: stealladh.
steallair, *fir*: steallaire.
steansail, *fir*: stionsal.
steapa, *bain*: steip.
steatascop, *bain* → steatasgop, *fir*.
steatascop, *fir* → steatasgop, *fir*.
steatasgop, *bain* → steatasgop, *fir*.
†**steatasgop**, *fir*: steiteascóp.
stèideam, *fir*: staid, staidiam.
stèidh, *bain*: dúshraith, bunús.
★**stèidheachadh**, *fir*: bunú.
stèidheachd, *bain*: institiúid.
stèidheichte, *aid* → stèidhichte, *aid*.
stèidheil, *aid*: cobhsaí.
★**stèidhich**, *br*: bunaigh.
★**stèidhichte**, *aid*: bunaithe, lonnaithe.
steidhte, *aid* → stèidhichte, *aid*.
stèids, *bain* → stèidse, *bain*.
stèidse, *bain*: stáitse.
steig, *br*: greamaigh.
steigeach, *aid*: greamaitheach.
steigear, *fir*: greamán.
stèisean, *fir*: stáisiún.
†**stèisean-bhòtaidh**, *fir*: stáisiún vótála.
stèisean-chumhachd, *fir* → stèisean-cumhachd, *fir*.
stèisean-cumhachd, *fir*: stáisiún cumhachta.
stèisean-fànais, *fir*: stáisiún spáis.

stèisean-fhànais, *fir* → stèisean-fànais, *fir*.
stèisean-phoilis, *fir* → stèisean-poileis, *fir*.
†**stèisean-poileis**, *fir*: stáisiún gardaí.
stèisean-poilis, *fir* → stèisean-poileis, *fir*.
stèisean-rèile, *fir*: stáisiún traenach.
steud, *bain*: stéad.
stiall, *bain*: stiall.
stiall, *br*: stiall.
stiallach, *aid*: stríocach.
stialladh, *fir*: stialladh.
stic, *fir*: greim.
stigh, *db* → a-staigh, *db*.
stiogach, *aid*: stríocach.
stiogma, *fir*: stiogma.
stiopall, *fir*: spuaic.
stiorap, *fir*: stíoróip.
†**stipean**, *fir*: stipinn.
stiùbhard, *fir*: stíobhard.
stiùbhardachd, *bain*: stíobhardacht.
stiùbhartachd, *bain* → stiùbhardachd, *bain*.
stiùideo, *fir* → stiùidio, *fir*.
stiùidio, *fir*: stiúideo.
stiùir, *bain*: stiúir.
stiùir, *br*: stiúir, bainistigh.
stiùireadair, *fir*: stiúrthóir.
stiùireadh, *fir*: stiúradh, bainistiú, bainistíocht, treoracha.
stiùireag, *bain* → stiùrag, *bain*.
stiùirich, *br* → stiùir, *br*.
stiùiriche, *fir*: stiúrthóir.
stiùiriche-cluiche, *fir*: ceannaire súgartha.
stiùradh, *fir* → stiùireadh, *fir*.
†**stiùrag**, *bain*: brachán.
stob, *fir*: stumpa, dealg.
stob, *br*: sáigh.
stobach, *aid*: deilgneach.
stobadh, *fir*: sá.
†**stobh**, *br*: stobh.
stòbh, *bain* → stòbha, *bain*.
stòbha, *bain*: sornóg.
†**stobhadh**, *fir*: stobhadh.
stoc, *fir*: stoc.
stoc, *br*: stocáil.
†**stocadair**, *fir*: stocbhróicéir.
stocadh, *fir*: stocáil.
stocainn, *bain*: stoca.
†**stocair**, *fir*: stocaire.
stocan, *fir*: stoc.
†**stoc-mhargaid**, *bain*: stocmhargadh.
†**stod**, *fir*: stodam.
†**stodach**, *bain*: stodam.

155

stoidhle, *bain*: stíl.
stoighle, *bain* → stoidhle, *bain*.
†**stoipeal**, *fir*: stoipéad.
stòir, *br*: stóráil.
stòiridh, *bain*: scéal.
stoirm, *bain*: stoirm.
stoirmeil, *aid*: stoirmeach.
stòl, *fir*: stól.
stòlda, *aid*: dáiríre, tromchúiseach, stuama.
stòp, *fir*: stópa.
stopadh, *fir*: stopadh.
stòr, *fir*: stór.
stòr, *br* → stòir, *br*.
stòradh, *fir*: stóráil.
stòras, *fir*: acmhainn.
stòr-dàta, *fir*: bunachar sonraí.
stòrlann, *bain*: stórlann.
stoth, *fir*: gal.
†**strabaid**, *bain*: strabóid.
stràc, *fir*: aiceann.
stràc gheur, *fir*: síneadh fada.
stràc throm, *fir*: graif.
strainnsear, *fir* → srainnsear, *fir*.
†**strampail**, *bain*: strampáil.
strangadh, *fir*: preabadh.
†**strangalachd**, *bain*: clampracht.
†**strapadh**, *fir*: strapa.
†**strapainn**, *bain*: strapa.
strath, *fir* → srath, *fir*.
†**strèan**, *fir*: straidhn.
streap, *fir* → streapadh, *fir*.
streap, *br*: dreap.
streapadair, *fir*: dreapadóir.
streapadaireachd, *bain*: dreapadóireacht.
streapadh, *fir*: dreapadh.
streapaireachd, *bain* → streapadaireachd, *bain*.
streath, *bain* → sreath, *bain*.
strì, *bain*: troid, coimhlint, streachailt, bruíon.
strì, *br*: streachail.
strìgh, *bain* → strì, *bain*.
†**strillean**, *fir*: strailleán.
†**strìocach**, *aid*: stríocach.
strìoch, *bain*: stríoc.
strìoch, *br*: línigh.
strìochd, *br*: géill.
strìopach, *bain*: striapach.
strìopachas, *fir*: striapachas.
strìth, *bain* → strì, *bain*.
stròc, *fir*: stróc.
stròdhail, *aid*: drabhlásach.

†**stròdhalachd**, *bain*: drabhlás.
stròic, *bain*: stróic.
stròic, *br*: stróic, stiall.
†**stroill**, *bain*: moill.
structair, *fir* → structar, *fir*.
†**structaireachd**, *bain*: struchtúrachas.
structar, *fir*: struchtúr.
structarach, *aid* → structarail, *aid*.
structarail, *aid*: struchtúrach.
†**strùidhear**, *fir*: drabhlásaí.
strumadh, *fir*: plancadh.
struth, *bain*: ostrais.
struth, *fir* → sruth, *fir*.
stuadh, *bain* → stuagh, *bain*.
stuagh, *bain*: stua, tonn.
stuaim, *bain*: stuaim.
stuama, *aid*: stuama.
stuamachd, *bain*: stuamacht.
stùc, *bain*: stuaic.
†**stùcach**, *aid*: stuacach.
stugh, *fir* → stuth, *fir*.
stuic, *bain*: púic.
†**stùiceach**, *aid*: púiceach.
†**stuidear**, *fir*: seomra staidéir.
stuidearachd, *bain*: staidéar.
stuig, *br*: gríosaigh, spreag.
stùirceach, *aid*: púiceach.
stùireadh, *fir* → stiùireadh, *fir*.
†**stupaid**, *bain*: súitín.
stùr, *fir*: deannach.
sturrach, *aid*: starrach.
stuth, *fir*: ábhar, stuif.
†**stuthaigeadh**, *fir*: stáirseáil.
†**stuth-fhiaclan**, *fir*: taos fiacla.
stuth-teagaisg, *fir*: ábhar teagaisc.
sù, *fir*: zú.
suaicheanta, *aid*: suaitheanta, suaithinseach.
suaicheantach, *aid*: araltach.
suaicheantas, *fir*: comhartha, suaitheantas, lógó.
suaimhneach, *aid*: suaimhneach.
suaimhneas, *fir*: suaimhneas.
suaimhnich, *br*: suaimhnigh.
suain, *bain*: suan.
suain, *br*: fill.
Suain, *bain*: Sualainn.
Suaineach, *aid*: Sualannach.
Suaineach, *fir*: Sualannach.
suainealachadh, *fir*: hiopnóiseachas.
†**suainealaiche**, *fir*: hiopnóisí.
†**suainealas**, *fir*: hiopnóis.
suaip, *bain*: cosúlacht, malairt.
suairce, *aid*: suairc.

suairceas   sutair

suairceas, *fir*: suairceas.
suaitheanta, *aid* → suaicheanta, *aid*.
†**suanaran**, *fir*: cóiste codlata.
†**suantach**, *aid*: suanach.
suarach, *aid*: suarach.
suarachas, *fir*: suarachas.
†**suaraichead**, *bain*: suaraíocht.
suas, *db*: suas.
†**Suasaidheach**, *aid*: Suasalannach.
†**Suasaidheach**, *fir*: Suasalannach.
suath, *br*: cuimil.
suathadh, *fir*: cuimilt.
suathair, *fir*: cuimleán.
sùbailte, *aid*: solúbtha, aclaí.
sùbailteachd, *bain*: solúbthacht.
sùbh, *fir*: sú.
subhach, *aid*: subhach.
subhachas, *fir*: subhachas.
subhailc, *bain*: suáilce.
subhailceach, *aid*: suáilceach.
sùbh-chraobh, *fir* → sùbh-craoibh, *fir*.
sùbh-chraoibh, *fir* → sùbh-craoibh, *fir*.
sùbh-craoibh, *fir*: sú craobh.
sùbh-làir, *fir*: sú talún.
subsadaidh, *fir*: fóirdheontas.
†**sucros**, *fir*: siúcrós.
sud, *db*: siúd.
sud, *for* → siud, *for*.
Sudàn, *bain*: an tSúdáin.
sùgach, *aid*: súgach.
sùgh, *fir*: sú.
sùgh, *br* → sùigh, *br*.
†**sùghach**, *aid*: súmhar, súiteach.
sùghadh, *fir*: sú.
sùghmhor, *aid*: súmhar.
sùgradh, *fir*: suirí.
suideachadh, *fir* → suidheachadh, *fir*.
suidh, *br*: suigh.
suidhe, *fir*: suí.
suidheachadh, *fir*: socrú, cás, comhtheács, suíomh.
suidheachadh-deilbh, *fir*: leagan amach.
suidheachan, *fir*: suíochán.
suidhich, *br*: socraigh, suigh.
suidhichte, *aid*: suite, socraithe.
†**suids-chlàr**, *fir*: lasc-chlár.
suidse, *bain*: lasc.
†**suigeart**, *fir*: áthas.
suigeartach, *aid*: áthasach.
sùigh, *br*: súigh.
sùighteach, *aid*: súiteach.
sùil, *bain*: súil.
suilbhir, *aid*: soilbhir.
sùileachadh, *fir*: súil.
sùilich, *br*: tá ag súil le.

†**suilleag**, *bain*: súileog.
suim, *bain*: suim, méid.
suimeadh, *fir*: suimiú.
②**suimeil**, *aid*: suimiúil, tábhachtach, measúil.
suipear, *bain*: suipéar.
Suipear, *bain*: Suipéar.
suirbhidh, *bain* → suirbhidh, *fir*.
suirbhidh, *fir*: suirbhé.
suirghe, *bain*: suirí.
suirgheach, *aid*: suiríoch.
†**suirghiche**, *fir*: suiríoch.
sùist, *bain*: súiste.
sùist, *br*: súisteáil.
sùisteadh, *fir*: súisteáil.
suiteas, *fir*: milseán.
sùith, *bain*: súiche.
†**sùitheachd**, *bain*: súicheacht.
†**sùithteach**, *aid*: súicheach.
sùlaire, *fir*: gainéad.
sulchair, *aid*: suáilceach.
†**sulfar**, *fir*: sulfar.
②**sult**, *fir*: raimhre.
Sultain, *bain*: Meán Fómhair.
Sultainn, *bain* → Sultain, *bain*.
②**sultmhor**, *aid*: beathaithe, feolmhar.
sumain, *br*: seirbheáil.
sumainn, *bain*: tonn.
†**sumair**, *fir*: súmaire.
sumanadh, *fir*: toghairm.
†**Sumatrach**, *aid*: Sumatrach.
†**Sumatrach**, *fir*: Sumatrach.
sunnd, *fir*: aoibh, áthas, giúmar.
sunndach, *aid*: meidhreach, aerach, sona.
†**Suòmach**, *aid*: Fionlannach.
†**Suòmach**, *fir*: Fionlannach.
Suòmaidh, *bain*: an Fhionlainn.
†**sùp**, *fir*: anraith, súp.
†**Suranamach**, *aid*: Suranamach.
†**Suranamach**, *fir*: Suranamach.
sùrd, *fir*: beocht, lúcháir, dícheall.
sùrdag, *bain*: foléim.
sùrdagan, *fir*: léimneoir.
sùrdail, *aid*: fuinniúil, meanmnach.
surfadh, *fir*: surfáil.
†**surfaich**, *br*: surfáil.
susbaint, *bain*: inneachar, ábhar.
susbainteach, *aid*: substaintiúil.
sùsdal, *fir* → sùstal, *fir*.
†**sùstal**, *fir*: séirseáil.
†**sutair**, *fir*: súdaire.

suth, *fir*: suth.
sutha, *bain* → sù, *fir*.
suthain, *aid* → suthainn, *aid*.
suthainn, *aid*: suthain.
†**suthainneachd**, *bain*: suthaineacht.

T

t', *sealbh* → do, *sealbh*.
tà, *cónasc* → ged-tà, *db*.
taba, *fir*: cluaisín, táb.
tàbh, *fir*: líon láimhe.
tàbhachd, *bain*: éifeacht, buntáiste.
tàbhachdach, *aid*: éifeachtach, buntáisteach.
★tabhainn, *br*: tairg.
tabhair, *br*: tabhair.
tabhairt, *bain*: tabhairt.
tabhairtear, *fir* → tabhairtiche, *fir*.
†tabhairtiche, *fir*: deontóir, tabharthóir.
★tabhann, *fir*: tafann, tairiscint.
tabhannaich, *bain*: amhastrach, tafann.
tabhannaich, *br*: amhastraigh.
tabhartach, *aid*: tabharthach.
tabhartaiche, *fir* → tabhairtiche, *fir*.
tabhartas, *fir*: deontas.
tabhartas-bìdh, *fir*: abhlann.
tabhartas-loisgte, *fir*: íobairt loiscthe, íobairt dhóite.
tablaid, *bain*: táibléad.
tac, *bain*: léas.
taca, *bain*: taca, tacóid.
tacaid, *bain*: tacóid.
tacaideach, *aid*: tairní.
tacairt, *bain* → tachairt, *bain*.
tacan, *fir*: tamall.
tacar, *fir*: tacar.
★tachair, *br*: tarlaigh.
★tachairt, *bain*: tarlú.
tachais, *br*: tochais.
tàcharan, *fir*: iarlais, tachrán.
tachart, *bain* → tachairt, *bain*.
★tachartas, *fir*: imeacht, eachtra, ócáid.

tachas, *fir*: tochas.
tachasach, *aid*: tochasach.
tachd, *br*: tacht.
tachdadh, *fir*: tachtadh.
tachrais, *br*: tochrais.
tachras, *fir*: tochras.
tacsa, *fir*: taca.
tacsaidh, *fir* → tagsaidh, *fir*.
tacsi, *fir* → tagsaidh, *fir*.
★tadhail, *br*: breathnaigh.
tadhal, *fir*: cuairt.
Tadhg, *fir*: Tadhg.
†tadhlair, *fir*: tadhlaí.
tag, *br*: clibeáil.
taga, *fir*: clib.
†tagach, *aid*: tacúil.
taga-hais, *fir*: haischlib.
tagaich, *br* → tag, *br*.
★tagair, *br*: agair, pléadáil.
tagairt, *bain*: agairt, pléadáil.
tagarair, *fir*: agróir.
tagh, *br*: togh, roghnaigh.
taghadh, *fir*: toghadh, roghnú, roghnúchán, toghchán.
†taghairm, *bain*: toghairm.
taghan, *fir*: cat crainn.
taghta, *aid*: tofa, roghnaithe.
taghte, *aid* → taghta, *aid*.
†tagrachd, *bain*: tagra.
tagradaireachd, *bain*: abhcóideacht.
tagradh, *fir*: éileamh.
tagraiche, *fir*: iarrthóir.
tagsaidh, *fir*: tacsaí.
taibhs, *bain* → taibhse, *bain*.
taibhse, *bain*: taibhse.
taibhseil, *aid*: taibhsiúil.
taic, *bain*: tacaíocht.
taic-airgid, *bain*: tacaíocht airgid.
taice, *bain* → taic, *bain*.
taiceil, *aid*: tacúil.
taidh, *bain*: carbhat.
Tàidh, *bain*: Téalainnis.
taidhear, *fir* → taidhr, *bain*.
taidhl, *fir* → taidhle, *fir*.
taidhle, *fir*: tíl.
taidhp, *br*: clóscríobh.
taidhr, *bain*: bonn.
taigeis, *bain*: hagaois.
taigh, *fir*: teach.
Taigh, *fir*: Teach.
taigh-aoigheachd, *fir*: teach aíochta.
taigh-beag, *fir*: leithreas.
taigh-bheag, *fir* → taigh-beag, *fir*.
taigh-bìdh, *fir*: bialann.

taigh-bidhe, *fir* → taigh-bìdh, *fir*.
taigh-ceàirde, *fir*: monarcha.
taigh-chluiche, *fir* → taigh-cluiche, *fir*.
†**taigh-chon**, *fir*: conchró.
taigh-cluich, *fir* → taigh-cluiche, *fir*.
taigh-cluiche, *fir*: amharclann.
taigh-cuibhle, *fir*: teach rotha.
taigh-cùinnidh, *fir*: mionta.
taigh-cùirte, *fir*: teach cúirte.
taigh-dealbh, *fir* → taigh-dhealbh, *fir*.
taigh-dhealbh, *fir*: pictiúrlann, amharclann.
taigh-dubh, *fir*: teach dubh.
taigheadas, *fir*: tithíocht.
taigh-eiridinn, *fir*: otharlann.
taigh-faire, *fir*: teach faire.
taigh-foillseachaidh, *fir*: teach foilsitheoireachta.
taigh-fuine, *fir*: bácús.
taigh-glainne, *fir*: teach gloine.
taigh-grùide, *fir*: grúdlann.
taigh-ionnlaid, *fir*: teach folctha.
taigh-osda, *fir* → taigh-òsta, *fir*.
taigh-òsta, *fir*: óstán.
taigh-seinnse, *fir*: teach tábhairne.
taigh-sgoile, *fir*: teach scoile.
taigh-sheinnse, *fir* → taigh-seinnse, *fir*.
taigh-sholais, *fir* → taigh-solais, *fir*.
taigh-solais, *fir*: teach solais.
taigh-spadaidh, *fir*: seamlas.
taigh-staile, *fir*: drioglann, teach stiléireachta.
taigh-tasgaidh, *fir*: músaem, iarsmalann.
taigh-tughaidh, *fir*: teach ceann tuí.
tàileasg, *fir*: táiplis.
tàille, *bain*: táille.
tàilleabh, *réamh* → tàillibh, *réamh*.
tàilleabhach, *fir*: printíseach.
tàilleabhachd, *bain*: printíseacht.
tàillear, *fir*: táilliúir.
†**tàillibh**, *réamh*: de bharr.
†**taillium**, *fir*: tailliam.
tàimh-neul, *fir*: támhnéal.
tàin, *bain*: táin.
taing, *bain*: buíochas.
taingealachd, *bain*: buíochas.
taingeil, *aid*: buíoch.
†**tainntean**, *fir*: tointe.
taip, *bain*: taip.
tàir, *bain*: dímheas, díspeagadh.
tairbeart, *bain*: cuing.
tairbhe, *bain*: tairbhe.
†**tairbhich**, *br*: tairbhigh.
tàire, *bain* → tàir, *bain*.

tàireil, *aid*: tarcaisneach, maslach, táir.
tairg, *br*: tairg.
tairgse, *bain*: tairiscint.
tairgsinn, *bain*: tairiscint.
tairig, *bain* → tarrag, *bain*.
†**tairleach**, *fir*: taisleach.
tàirn, *bain* → tarrag, *bain*.
tàirneanach, *fir*: toirneach.
tàirng, *bain* → tarrag, *bain*.
tairsgeir, *fir*: sleán.
tais, *aid*: tais.
taisbean, *br*: taispeáin.
taisbeanach, *aid*: táscach.
taisbeanadh, *fir*: taispeáint, taispeántas.
taisbein, *br* → taisbean, *br*.
taisdeal, *fir* → taisteal, *fir*.
taisdealaiche, *fir* → taistealach, *fir*.
taisdealair, *fir* → taistealach, *fir*.
taiseachd, *bain*: taise.
†**taiseadach**, *fir*: taiséadach.
†**taiseag**, *bain*: aiseag.
†**tàiseal**, *fir*: taise.
taisealan, *fir*: taiseagán.
taisg, *br*: taisc.
taisgealadh, *fir*: taiscéaladh.
taisgear, *fir*: taisceoir.
taisgte, *aid*: taiscthe, sábháilte, i dtaisce.
taisich, *br*: taisrigh.
taisteal, *fir*: taisteal, oilithreacht.
taistealach, *aid*: taistealach, taistil.
taistealach, *fir*: oilithreach.
taitinn, *br*: taitin.
taitneach, *aid*: taitneamhach.
taitneadh, *fir*: taitneamh.
taitneas, *fir*: taitneamh.
tàl, *fir*: tál.
tàladh, *fir*: mealladh.
tàlaidh, *br*: meall.
talamh, *bain* → talamh, *fir*.
talamh, *fir*: talamh.
Talamh, *fir*: Talamh.
talamh-àitich, *fir*: talamh curaíochta.
talamh-feòir, *fir*: féarthalamh.
tàlann, *fir*: tallann.
tàlant, *fir*: bua.
tàlantach, *aid*: éirimiúil.
talla, *fir*: halla.
tallan, *fir*: balla.
talmhaidh, *aid*: talmhaí.
†**talmhaidheachd**, *bain*: talmhaíocht.
tàmailt, *bain*: náire, tarcaisne.
tàmailteach, *aid*: díomách.
tàmailtich, *br*: tarcaisnigh, maslaigh.
†**Tamaiseach**, *aid*: Beirbeireach.
†**Tamaiseach**, *fir*: Beirbeireach.

tamall, *fir*: tamall.
tàmh, *fir*: sos, cónaí, támh, sáimhe.
tàmh, *br*: cónaigh.
tàmhach, *aid*: sámh.
tàmhachd, *bain*: táimhe, socracht, ciúnas.
tamhasg, *fir*: taibhse.
tamull, *fir* → tamall, *fir*.
tana, *aid*: tanaí.
tanachadh, *fir*: tanú.
tanaich, *br*: tanaigh.
tànaiste, *fir*: tánaiste.
tanalach, *fir*: tanaí, tanalacht.
†**tanalachd**, *bain*: tanalacht.
tanca, *bain*: umar, tanc.
tancair, *fir*: tancaer.
†**tancard**, *fir*: tancard.
tannasg, *fir*: taibhse.
Tansainia, *bain* → Tansan, *bain*.
Tansan, *bain*: Tansáin.
†**Tansanaidheach**, *aid*: Tansánach.
†**Tansanaidheach**, *fir*: Tansánach.
taobh, *fir*: taobh.
taobh, *br*: taobhaigh.
taobhach, *aid*: taobhach.
taobhadh, *fir*: taobhú.
taobh-a-muigh, *aid*: taobh amuigh.
Taobh-a-Muigh, *aid*: eachtrach.
taobhan, *fir*: rachta.
taobh-a-tuath, *fir*: tuaisceart.
taobh-duilleag, *bain* → taobh-duilleig, *fir*.
taobh-duilleig, *fir*: leathanach.
taobh-rèile, *bain*: taobhlach.
†**taobh-sheòmar**, *fir*: taobhsheomra.
taod, *fir*: téad.
taois, *bain*: taos.
taoiseach, *fir*: taoiseach.
Taoiseach, *fir*: Taoiseach.
†**taoisneachadh**, *fir*: fuineadh.
†**taoisneachd**, *bain*: fuineadh.
†**taoisnich**, *br*: fuin.
taoitear, *fir*: teagascóir.
taom, *br*: taom.
taomadh, *fir*: taomadh.
†**taoman**, *fir*: taomán.
taosgair, *fir*: taoscaire.
taosgaire, *fir* → taosgair, *fir*.
tap, *bain*: tapa.
tapachd, *bain*: crógacht, clisteacht.
tapadh, *fir*: clisteacht.
tapaidh, *aid*: cliste.
†**tapais**, *bain*: cairpéad.
tapastraidh, *bain*: taipéis.
†**taplach**, *fir*: taplach, tiachóg.
tàr, *br*: faigh.

taraif, *bain*: taraif.
†**Tarasach**, *aid*: Tarasach.
†**Tarasach**, *fir*: Tarasach.
tarbh, *fir*: tarbh.
Tarbh, *fir*: Tarbh.
tarbhach, *aid*: tairbheach, torthúil, táirgiúil.
tarbh-nathrach, *fir*: snáthaid mhór.
tarcais, *bain*: tarcaisne.
tarcaiseach, *aid*: tarcaisneach.
tar-chuir, *br*: tarchuir.
tar-chur, *fir*: tarchur, idirbheart, aistriú.
tar-churraicealam, *fir*: traschuraclam.
targaid, *bain*: sprioc.
tar-lùbadh, *fir*: forluí.
tàrmachan, *fir*: tarmachan.
tàrmaich, *br*: tosaigh, fabhraigh.
†**tàrmasach**, *aid*: éisealach.
tar-phàrtaidh, *aid*: traspháirtí.
tàrr, *fir*: ruabhreac.
tàrr, *br*: éalaigh.
tarrag, *bain*: tairne.
tarraing, *bain*: tarraingt.
tarraing, *br*: tarraing.
†**tarraing-dhealain**, *bain*: leictreamaighnéadas.
tarraingeach, *aid*: tarraingteach.
tarraingeachd, *bain*: tarraingteacht.
tarrang, *bain* → tarrag, *bain*.
tarruing, *bain* → tarraing, *bain*.
tarruingeach, *aid* → tarraingeach, *aid*.
tarruinn, *br* → tarraing, *br*.
tarsaing, *réamh* → tarsainn, *réamh*.
tarsainn, *db*: trasna.
tarsainn, *réamh*: trasna.
tàrsainn, *bain*: éalú.
tarsannan, *fir*: trasnán.
tar-sgrìobh, *br*: tras-scríobh.
tar-sgrìobhadh, *fir*: tras-scríobh, trasscríbhinn.
†**tar-shoillsean**, *fir*: tréshoilseán.
tarsuinn, *db* → tarsainn, *db*.
tarsuinn, *réamh* → tarsainn, *réamh*.
tart, *fir*: tart.
tartan, *fir*: breacán.
tartmhor, *aid*: tartmhar.
tasgadh, *fir*: taisce, taisceadh.
tasglann, *bain*: cartlann.
tasglann, *fir* → tasglann, *bain*.
†**Tasmanach**, *aid*: Tasmánach.
†**Tasmanach**, *fir*: Tasmánach.
†**tàstal**, *fir*: uabhar.
tastan, *fir*: scilling, toistiún.
tatadh, *fir*: muirniú.
tataidh, *br*: muirnigh.

tàth, *fir*: táthán.
tàth, *br*: táthaigh.
tàthadh, *fir*: táthú.
tàthag, *bain*: tarcaisne.
tathaich, *br*: taithigh.
†**tàthaich**, *br*: glean, comhtháthaigh.
tàthan, *fir*: fleiscín.
†**tàthchuid**, *bain*: táthchuid.
tatù, *fir*: tatú.
②**tè**, *bain*: bean.
tè, *for*: té.
tea, *bain* → teatha, *bain*.
teachd, *fir*: teacht.
teachdail, *aid*: fáistineach.
teachdaire, *fir*: teachtaire.
teachdaireachd, *bain*: teachtaireacht.
Teachdaireachd, *bain*: Teachtaireacht.
teachd-an-tìr, *fir*: teacht i dtír.
teachd-a-steach, *fir*: ioncam.
teacs, *fir* → teacsa, *fir*.
teacsa, *fir*: téacs.
teacsadh, *fir*: téacsáil.
teacsail, *aid*: téacsach.
teadaidh, *fir*: béirín.
†**teadalach**, *aid*: fadálach.
teadhair, *bain*: teaghrán.
teagaisg, *br*: múin, teagasc.
†**teagaisgeach**, *aid*: teagascach.
★**teagamh**, *fir*: amhras.
teagasg, *fir*: teagasc, múineadh.
teaghlach, *fir*: teaghlach.
teagmhach, *aid*: amhrasach, in amhras.
teagsa, *fir* → teacsa, *fir*.
teallach, *fir*: teallach, tinteán.
tèama, *bain*: téama.
teampall, *fir*: teampall.
Teampall, *fir*: Teampall.
teampull, *fir* → teampall, *fir*.
†**teanacas**, *fir*: slánú, teasargan.
teanamaint, *bain*: tionóntán.
†**teanantachd**, *bain*: tionóntacht.
teanas, *fir*: leadóg.
teanchair, *fir*: teanchair.
②**teanga**, *bain*: teanga.
Teanga, *bain*: Teanga.
teangach, *aid*: teangach.
teangadh, *bain* → teanga, *bain*.
†**teangair**, *fir*: teangaire, teangeolaí.
teangaireachd, *bain*: teangaireacht.
teann, *aid*: teann.
teann, *br*: bog, tosaigh.
teannachadh, *fir*: teannas, teannadh.
†**teannadan**, *fir*: teanntán.

②**teannadh**, *fir*: tosú.
teannaich, *br*: teann.
†**teannair**, *fir*: teanntóir.
†**teannaire**, *fir*: teannaire.
teanntachd, *bain*: teannas.
teans, *fir* → seansa, *fir*.
teansa, *fir* → seansa, *fir*.
teant, *bain* → teanta, *bain*.
teanta, *bain*: puball.
tèarainn, *br* → teàrn, *br*.
tèarainte, *aid*: slán, sábháilte.
tèarainteachd, *bain*: slándáil.
tearb, *br*: dealaigh.
tearbadh, *fir*: dealú.
tearc, *aid*: tearc, annamh.
tearmach, *aid*: teirmeach.
tèarmann, *fir*: tearmann.
tearmunn, *fir* → tèarmann, *fir*.
teàrn, *br*: ísligh, éalaigh, téarnaigh, tuirling.
teàrnadh, *fir*: éalú, téarnamh, ísliú, dul síos.
teàrnaich, *br* → teàrn, *br*.
teàrr, *bain*: tarra.
teàrr, *br*: tarráil.
†**teàrrach**, *fir*: tiarach.
tearuinte, *aid* → tèarainte, *aid*.
tèaruinteachd, *bain* → tèarainteachd, *bain*.
teas, *fir*: teas.
teasach, *bain*: teasach, fiabhras.
teasachadh, *fir*: téamh.
teasad, *fir* → teas, *fir*.
teasadair, *fir*: teasaire, téitheoir.
teasaich, *br*: téigh.
teasairg, *br*: teasairg, sábháil.
teasairginn, *bain*: sábháil.
†**teasbhach**, *aid*: teasaí, brothallach.
†**teasbhach**, *fir*: brothall.
†**teasg**, *br*: teasc.
†**teasgadh**, *fir*: teascadh.
teas-meadhan, *fir* → teis-meadhan, *fir*.
teas-mheidh, *bain*: teirmiméadar.
teatair, *fir* → tèatar, *fir*.
tèatar, *fir*: amharclann, téatar.
teath, *bain* → teatha, *bain*.
teatha, *bain*: tae.
tè-eigin, *for*: bean éigin.
teich, *br*: teith.
teiche, *fir* → teicheadh, *fir*.
†**teicheach**, *aid*: teifeach.
teicheadh, *fir*: teitheadh, éalú.
teicneolach, *aid*: teicniúil, teicneolaíoch.
teicneolachd, *bain*: teicneolaíocht.

teicneolaiche, *fir*: teicneoir, teicneolaí.
teicneolas, *fir*: teicneolaíocht.
teicniceach, *aid* → teicnigeach, *aid*.
teicnigeach, *aid*: teicniúil.
teignigeach, *aid* → teicnigeach, *aid*.
teile, *bain*: teile.
tèile, *for*: té eile, duine eile, ceann eile.
teileagraf, *fir*: teileagraf.
teileagram, *fir*: teileagram.
teileasgop, *bain* → telesgop, *fir*.
teilidh, *bain*: teilifíseán.
teine, *fir*: tine.
teine-aighir, *fir*: tine cnámh.
teinn, *bain*: tinneas.
teinne, *bain*: teinne.
teinnteach, *aid*: daigheartha, tintrí.
teinntean, *fir*: tinteán.
†**teinntreach**, *bain*: tintreach.
teip, *bain*: téip.
teip-chlàradair, *fir*: téipthaifeadán.
teirce, *bain*: teirce.
teireachdainn, *bain*: caitheamh, dul i ndísc, trá, teip.
teirig, *br*: éag, meath, teip.
teirinn, *br* → teàrn, *br*.
teirm, *bain*: téarma.
teis-meadhan, *fir*: ceartlár.
teis-mheadhan, *fir* → teis-meadhan, *fir*.
teist, *bain*: teist.
teisteanas, *fir*: teastas.
teisteas, *fir* → teisteanas, *fir*.
tele, *bain* → teilidh, *bain*.
telebhisean, *fir*: teilifíseán, teilifís.
telefòn, *fir*: teileafón.
†**telesgop**, *fir*: teileascóp.
†**teleteacs**, *fir*: teilitéacs.
tellaidh, *bain* → teilidh, *bain*.
tent, *bain* → teanta, *bain*.
teò-chridheach, *aid*: teochroíoch.
teoclaid, *bain* → seòclaid, *bain*.
teodhachd, *bain* → teòthachd, *bain*.
teoiric, *bain* → teòiridh, *bain*.
teòiridh, *bain*: teoiric.
teòiridheach, *aid*: teoiriciúil.
teòirim, *fir*: teoirim.
teòma, *aid*: cliste.
teòmachd, *bain*: clisteacht.
teòraidh, *bain* → teòiridh, *bain*.
teòth, *br* → teòthaich, *br*.
teothach, *bain* → teòthachd, *bain*.
teòthachd, *bain*: teocht.
teòthadh, *fir*: téamh.
†**teòthaich**, *br*: téigh.
teth, *aid*: te.
teud, *fir*: téad.

†**teudag**, *bain*: snáithín.
teud-chleasaiche, *fir*: téadchleasaí.
teusas, *fir*: tráchtas.
thairis, *réamh*: thar.
thairis air, *réamh*: thairis.
thairis oirre, *réamh*: thairsti.
thairis orra, *réamh*: tharstu.
thairte, *réamh*: thairsti.
thall, *db*: thall.
thall, *réamh*: thall.
thall-thairis, *db*: thar lear.
thar, *réamh*: thar.
tharad, *réamh*: tharat.
†**tharaibh**, *réamh*: tharaibh, tharat.
tharainn, *réamh*: tharainn.
tharais, *réamh* → thairis, *réamh*.
tharam, *réamh*: tharam.
tharsainn, *db*: trasna.
tharta, *réamh*: tharstu.
theagamh, *db*: b'fhéidir.
theatar, *fir* → teatar, *fir*.
thein, *db* → fhèin, *db*.
thig, *br*: tar.
thimcheall, *db* → timcheall, *db*.
thimchioll, *db* → timcheall, *db*.
thro, *réamh* → tro, *réamh*.
thu, *for*: tú, thú.
thuca, *réamh*: chucu.
thugad, *réamh*: chugat.
thugaibh, *réamh*: chugaibh, chugat.
thugainn, *réamh*: chugainn.
thugam, *réamh*: chugam.
thuice, *réamh*: chuici.
thuige, *réamh*: chuige.
†**thùmhrais-thàrais**, *db*: ar mhuin mhairc a chéile.
thus', *for* → thusa, *for*.
thusa, *for*: tusa.
ti, *bain* → tè, *bain*.
tì, *bain*: tae.
†**tiadhan**, *fir*: tiachóg.
tiamhaidh, *aid*: brónach, gruama.
†**tiasgadal**, *fir*: tionscadal.
†**Tibeatach**, *aid*: Tibéadach.
†**Tibeatach**, *fir*: Tibéadach.
†**tibhre**, *fir*: tibhre.
ticead, *bain*: ticéad.
ticeard, *bain* → ticead, *bain*.
tid, *bain* → tide, *bain*.
tid', *bain* → tide, *bain*.
tide, *bain*: am.
tide-mhara, *bain*: taoide.
tidsear, *fir*: múinteoir.
tigear, *fir*: tíogar.
tigh, *fir* → taigh, *fir*.

tighead / tlàths

tighead, *fir*: tiús.
tighearn, *fir* → tighearna, *fir*.
tighearn', *fir* → tighearna, *fir*.
tighearna, *fir*: tiarna.
Tighearna, *fir*: Tiarna.
tighearnas, *fir*: tiarnas.
tighinn, *bain*: teacht.
tigh'nn, *bain* → tighinn, *bain*.
tigh-òsda, *fir* → taigh-òsta, *fir*.
tilg, *br*: caith, teilg.
tilgeadair, *fir*: teilgeoir.
tilgeadh, *fir*: caitheamh.
tilgeil, *bain* → tilgeadh, *fir*.
tilgeir, *fir* → tilgeadair, *fir*.
tilgte, *aid*: teilgthe.
till, *br*: fill.
tilleadh, *fir*: filleadh.
tìm, *bain*: am, aimsir.
timcheall, *db*: timpeall.
timcheallachd, *bain*: timpeallacht.
timcheallan, *fir*: timpeallán.
timcheall-gheàrr, *br*: timpeallghearr.
timcheall-ghearradh, *fir*: timpeallghearradh.
timchioll, *db* → timcheall, *db*.
tinn, *aid*: tinn.
tinneas, *fir*: tinneas.
tinneas an t-siùcair, *fir*: diaibéiteas.
†**tinneas-busach**, *fir*: leicneach.
tinneas-cridhe, *fir*: tinneas croí.
tinneas-inntinn, *fir*: meabhairghalar.
†**tinneas-mara**, *fir*: muirghalar.
tinneas tuiteamach, *fir*: titimeas.
tinsil, *bain* → tionsail, *bain*.
tiocaid, *bain* → ticead, *bain*.
tiodhlac, *fir*: bronntanas.
tiodhlacadh, *fir*: sochraid, adhlacadh.
tiodhlaic, *br*: adhlaic.
tiog, *fir*: tic.
tiogaid, *bain* → ticead, *bain*.
†**tiom**, *bain*: tím.
tiomain, *br* → tiomnaich, *br*.
†**tiom-chainnt**, *bain*: timchaint.
tiomnadh, *fir*: tiomna, tiomnú.
Tiomnadh, *fir*: Tiomna.
tiomnaich, *br*: tiomnaigh.
tiompan, *fir*: tiompán.
tiona, *fir*: stán.
tionail, *br*: bailigh, cruinnigh, tionóil.
tional, *fir*: bailiú, cruinniú, tionól.
Tional, *fir*: Tionól.
tional-airgid, *fir*: tiomsú airgid.
tionndadh, *fir*: casadh, leagan.
tionndaidh, *br*: tiontaigh, cas, iompaigh.
tionnsgail, *br*: tionscain.

tionnsgain, *br*: tionscain.
tionnsgal, *fir*: tionscnamh.
tionnsgalach, *aid*: cruthaitheach, tionsclaíoch.
tionnsgalachd, *bain*: tionsclaíocht, fiontraíocht.
tionnsgnadh, *fir*: tionscnamh, tionscadal.
†**tionnsgradh**, *fir*: tionscra.
tionntadh, *fir*: leagan.
†**tionsail**, *bain*: tinsil.
tioraidh, *uaill*: slán agat.
tiorail, *aid*: teolaí.
tioram, *aid*: tirim.
tioramachadh, *fir* → tiormachadh, *fir*.
tiorm, *aid* → tioram, *aid*.
tiormachadh, *fir*: triomú.
tiormachd, *bain*: triomacht, triomach.
tiormadair, *fir*: triomadóir.
tiormaich, *br*: triomaigh.
†**tiors**, *uaill*: go raibh maith agat.
tiot', *fir* → tiota, *fir*.
tiota, *fir*: soicind, nóiméad.
tiotadh, *fir* → tiota, *fir*.
tiotal, *fir*: teideal.
tìr, *bain*: tír.
Tìr, *bain*: Tír.
†**tìr-eolaiche**, *fir*: tíreolaí.
tìr-eòlas, *fir*: tíreolaíocht.
tìr-ghràdh, *fir*: tírghrá.
tìr-ghràdhaiche, *fir*: tírghráthóir.
Tiridheach, *aid* → Tiristeach, *aid*.
Tiridheach, *fir* → Tiristeach, *fir*.
tìr-imrich, *bain*: coilíneacht.
Tìr Ìosal, *bain*: Ísiltír.
Tiristeach, *aid*: Tiristeach.
Tiristeach, *fir*: Tiristeach.
tìr-mhòr, *fir* → tìr-mòr, *fir*.
tìr-mòr, *fir*: mórthír.
titheach, *aid*: ceanúil.
tiùb, *fir*: tiúb.
tiùba, *fir*: tiúba.
tiùba, *fir* → tiùb, *fir*.
†**tiùbar**, *fir*: tiúbar.
†**tiuchan**, *fir*: piochán.
tiugh, *aid*: tiubh.
tiughad, *fir* → tighead, *fir*.
tiughaich, *br*: tiubhaigh.
tiùrr, *fir*: carn.
tlachd, *bain*: taitneamh, sult, pléisiúr, sásamh.
tlachdmhor, *aid*: taitneamhach, sultmhar, aoibhinn.
tlàth, *aid*: tláith, patuar.
tlàths, *fir*: tlás, cineáltas, caoineas.

†tligheachd, *bain*: masmas.
†tnùthach, *aid*: tnúthach.
†toban, *fir*: ribín hata.
tobar, *bain*: tobar.
tobar, *fir* → tobar, *bain*.
†tobhaig, *br*: tarraing.
tobhaig, *br* → todhaig, *br*.
tobhta, *bain*: fothrach.
tobhtag, *bain*: iothlainn.
tocasaid, *bain* → togsaid, *bain*.
Tòcèo, *bain*: Tóiceo.
tochail, *br*: tochail.
tochailt, *bain*: tochailt.
tochladh, *fir*: tochailt.
tochradh, *fir*: tochra.
†tocsaineachd, *bain*: tocsaineacht.
†todha, *fir*: grafán, grafóg.
†todhaig, *br*: graf.
todhar, *fir*: aoileach, leasú, tuar.
todhar-gàrraidh, *fir*: múirín.
tofaidh, *fir*: taifí.
tog, *br*: tóg.
togail, *bain*: tógáil.
togail-inntinn, *bain*: spreagadh, díocas.
togair, *br*: togair.
★togalach, *fir*: foirgneamh.
togalaiche, *fir*: tógálaí.
togarrach, *aid*: lúcháireach.
toglach, *fir* → togalach, *fir*.
†Togothach, *aid*: Tógalannach.
†Togothach, *fir*: Tógalannach.
togradh, *fir*: togradh.
togsaid, *bain*: oigiséad.
togta, *aid* → togte, *aid*.
togte, *aid*: tógtha.
toibheum, *fir*: diamhasla, toibhéim, achasán.
toic, *bain*: maoin, toice.
†tòicear, *fir*: toicí.
†toidh, *fir*: bréagán.
★toigh, *aid*: maith.
toil, *bain*: toil.
toileach, *aid*: toilteanach.
toileachadh, *fir*: sásamh, pléisiúr, sonas.
toileachas, *fir*: áthas.
★toilich, *br*: sásaigh.
toilicht', *aid* → toilichte, *aid*.
★toilichte, *aid*: sásta.
toil-inntinn, *bain*: sástacht, sásamh.
★toill, *br*: tuill.
toillichte, *aid* → toilichte, *aid*.
†toillsinn, *bain*: tuilleamh.
†toillteach, *aid*: toilteanach.

toillteanach, *aid*: tuillteanach, tuillte.
toillteanas, *fir*: tuillteanas.
tòimhseachan, *fir*: tomhas.
tòimhseachan-tarsainn, *fir*: crosfhocal.
tòin, *bain* → tòn, *bain*.
toinisg, *bain*: ciall, meabhair.
toinisgeil, *aid*: ciallmhar.
toinn, *br*: cas.
toinneamh, *fir*: casadh, sníomh.
toinnte, *aid*: casta.
tòir, *bain*: tóir.
toirds, *bain*: tóirse.
†tòirich, *br*: tóraigh.
†toirium, *fir*: tóiriam.
toirm, *bain*: toirm.
toirmeasg, *fir*: toirmeasc, cosc.
toirmisg, *br*: toirmisc, coisc.
toirmisgte, *aid*: toirmiscthe, coiscthe.
toirsgeir, *bain* → tairsgeir, *fir*.
toirt, *bain* → tabhairt, *bain*.
†toirteil, *aid*: toirtiúil.
toiseach, *fir*: tosach, tús.
tòiseachadh, *fir*: tosú.
toiseachd, *bain*: tosaíocht.
tòiseachdainn, *bain* → tòiseachadh, *fir*.
toiseach-tòiseachaidh, *fir*: urthosach, tosú.
tòisich, *br*: tosaigh.
toit, *bain*: toit.
†toiteach, *aid*: toiteach.
†toiteag, *bain*: toitín.
toitean, *fir*: dóiteán, toitín.
toll, *fir*: poll, toll.
toll, *br*: poll, toll.
†tolladair, *fir*: tolladóir.
tolladh, *fir*: tolladh, polladh.
tolladh an t-sreothain-ìochdaraich, *fir*: aimniceintéis.
tom, *fir*: tom.
tomad, *fir*: toirt, mais.
tomadach, *aid*: toirtiúil.
tomàto, *fir*: tráta.
tombaca, *fir*: tobac.
tomh, *br*: dírigh.
tomhais, *br*: tomhais.
tomhas, *fir*: tomhas.
tomhas-teas, *fir*: teocht.
tòn, *bain*: tóin.
tòna, *bain*: ton.
†tonail, *aid*: tonúil.
†tonalachd, *bain*: tonúlacht.
†Tongach, *aid*: Tongach.
†Tongach, *fir*: Tongach.
†Tongais, *bain*: Tongais.
tonn, *bain*: tonn.

tonna — trealaich

tonna, *fir* → tunna, *fir*.
tonnach, *aid*: tonnach.
tonnag, *bain*: seál.
†**tonsail**, *fir*: céislín.
topag, *bain*: fuiseog.
topan, *fir*: cuircín, curca.
topas, *fir*: tópás.
torach, *aid*: torthúil.
tòrachd, *bain*: tóir, díoltas.
toradh, *fir*: toradh.
Tòraidh, *fir*: Tóraí.
Toraidheach, *fir* → Tòraidh, *fir*.
Tòraidheach, *aid*: Tóraí.
torc, *fir*: torc.
torghan, *fir*: tormáil.
†**tormach**, *fir*: tórmach.
torman, *fir*: tormáil, dordán, tormán.
tornado, *fir*: tornádó.
★**tòrr**, *fir*: go leor, a lán, an-chuid, cuid mhór, slám.
tòrr, *br*: carn, taisc.
torrach, *aid*: torrach.
torrachas, *fir*: toircheas, torthúlacht.
tòrradh, *fir*: tórramh, sochraid.
tort, *bain* → tabhairt, *bain*.
tosd, *fir* → tost, *fir*.
tosdach, *aid* → tostach, *aid*.
tosgair, *fir*: toscaire, ambasadóir.
tosgaire, *fir* → tosgair, *fir*.
tosgaireachd, *bain*: toscaireacht, ambasáid.
tost, *fir*: tost.
†**tòst**, *fir*: tósta.
tosta, *fir* → tòst, *fir*.
tostach, *aid*: tostach.
tostachd, *bain*: tost.
tostair, *fir*: tóstaer.
†**tòstalach**, *aid*: tóstalach.
†**tòtamachd**, *bain*: tótamas.
trabhaig, *bain* → trafaig, *bain*.
trac, *fir* → traca, *fir*.
traca, *fir*: rian.
tràchd, *fir* → tràchdas, *fir*.
†**tràchdadh**, *fir*: trácht.
tràchdas, *fir*: tráchtas.
tractar, *fir*: tarracóir.
tradaisean, *fir* → traidisean, *fir*.
tradaiseanta, *aid* → traidiseanta, *aid*.
tradiseanta, *aid* → traidiseanta, *aid*.
trafaic, *bain* → trafaig, *bain*.
trafaig, *bain*: trácht.
tràghadh, *fir*: trá.
traicleis, *fir*: trachlais.
†**traidhfeal**, *fir*: traidhfil.
traidhsagal, *fir*: trírothach.

traidisean, *fir*: traidisiún.
traidiseanta, *aid*: traidisiúnta.
tràigh, *bain*: trá.
tràigh, *br*: tráigh.
†**traighideach**, *aid*: tragóideach.
tràilear, *fir* → tràlair, *fir*.
tràilidh, *bain*: tralaí.
tràill, *bain* → tràill, *fir*.
tràill, *fir*: sclábhaí, daor, tráill.
tràilleachd, *bain* → tràillealachd, *bain*.
tràillealach, *aid*: sclábhaíochta.
tràillealachd, *bain*: tráilleacht, moghsaine.
tràilleil, *aid*: sclábhánta.
†**tràillich**, *br*: daor.
trainnse, *bain*: trinse.
traisg, *br*: troisc.
tràl, *fir*: trál.
tràlair, *fir*: trálaer.
trama, *fir*: tram.
†**tramasgal**, *fir*: truflais.
★**trang**, *aid*: gnóthach.
trannsa, *bain*: halla, pasáiste.
traogh, *br* → tràigh, *br*.
traoghadh, *fir* → tràghadh, *fir*.
†**traoidhtear**, *fir*: fealltóir, tréatúir.
†**traoidhtearachd**, *bain*: tréas, tréatúireacht.
traon, *fir*: traonach.
trapesium, *fir*: traipéisiam.
trasda, *aid* → trastanach, *aid*.
trasdan, *fir* → trastan, *fir*.
trasdanach, *aid* → trastanach, *aid*.
trasd-thomhas, *fir* → trast-thomhas, *fir*.
trasg, *bain*: troscadh.
trasgadh, *fir*: troscadh.
trasgair, *br*: treascair.
trasgairt, *bain*: treascairt.
trasnadh, *fir*: trasnú.
†**trast**, *db*: trasna.
trasta, *aid* → trastanach, *aid*.
trastan, *fir*: trasnán.
trastanach, *aid*: trasnánach.
trast-thomhas, *fir*: trastomhas.
tràth, *aid*: luath.
tràth, *db*: go luath, go moch.
tràth, *fir*: tráth, aimsir.
tràthail, *aid*: tráthúil.
tràth-ìre, *bain*: bunleibhéal.
tre, *réamh*: trí.
treabh, *br*: treabh.
treabhadh, *fir*: treabhadh.
treabhaiche, *fir*: treabhdóir.
trealaich, *bain*: trealamh.

treamhlaidh   **trod**

†**treamhlaidh**, *bain*: liostachas.
trean, *bain* → trèana, *bain*.
trèan, *br* → trèanaig, *br*.
trèana, *bain*: traein.
trèanadh, *fir*: traenáil, oiliúint.
trèanaig, *br*: traenáil.
trèana-oidhche, *bain*: traein oíche.
†**treanas**, *fir*: tréanas.
treandadh, *fir*: treandáil.
trèan-lann, *bain*: stáisiún traenach.
treas, *uimhir*: treas, tríú.
†**treasadh**, *fir*: rianú.
treasaibh, *uimhir* → treas, *uimhir*.
treasamh, *uimhir* → treas, *uimhir*.
treas cuid, *bain*: treaschuid.
†**treasg**, *fir*: triosc.
treas-phàrtaidh, *bain*: tríú páirtí.
tréibh, *bain* → treubh, *bain*.
treibhdhireach, *aid*: cneasta, ionraic, macánta.
treibhdhireas, *fir*: ionracas, macántacht.
trèiceil, *fir*: triacla.
treidhe, *bain*: tráidire.
treidhe-fuarachaidh, *bain*: tráidire fuaraithe.
treidhe-fuine, *bain*: losaid.
treidhsgeir, *fir* → tairsgeir, *fir*.
trèig, *br*: tréig.
trèigsinn, *bain*: tréigean.
trèigte, *aid*: tréigthe.
trèilear, *fir*: tréiléar, leantóir.
trèine, *bain*: tréine.
treis, *bain*: tamall.
treise, *bain*: treise.
treiseag, *bain*: tamaillín.
trèith, *bain*: tréith.
treòir, *bain*: treoir, cumhacht.
treòr, *bain* → treòir, *bain*.
treòrachadh, *fir*: treorú.
treòraich, *br*: treoraigh.
treòraiche, *fir*: treoraí.
treubh, *bain*: treibh.
treubhach, *aid*: treibheach, calma, laochta.
treubhail, *aid* → treubhach, *aid*.
treubhan, *fir*: treabhann.
treud, *fir*: tréad.
treudach, *aid*: tréadach.
treun, *aid*: tréan.
treun, *fir*: laoch.
trì, *uimhir*: trí.
trì, *fir*: trí.
triall, *bain*: triall.
triall, *br*: triall.
trian, *fir*: trian.

Trian, *fir*: Trian.
trianaid, *bain*: tríonóid.
Trianaid, *bain*: Tríonóid.
triantan, *fir*: triantán.
†**triantanachd**, *bain*: triantánacht.
triath, *fir*: triath, tiarna.
trì-bhileach, *aid*: trídhuilleach.
trì-bhileach, *fir*: pónaire chorraigh.
†**tribiùnal**, *fir*: binse, cúirt.
★**tric**, *aid*: minic.
tric, *db*: minic.
tricead, *fir*: minicíocht.
trì-chànanach, *aid*: trítheangach.
trì-chasach, *fir*: tríchosach.
trichead, *fir* → trithead, *fir*.
trì-cheàrnach, *aid*: triantánach.
trì-cheàrnag, *bain*: triantán.
trìd, *réamh*: tríd.
trì-deug, *uimhir*: trí déag.
†**trì-dhualach**, *aid*: trídhualach.
trìd-shoilleir, *aid*: trédhearcach.
†**trìd-shoilleireachd**, *bain*: trédhearcacht.
†**trìd-shoillseach**, *aid*: tréshoilseach.
trie, *aid* → tric, *aid*.
trì-fillte, *aid*: trífhillte.
trìlleachan, *fir*: roilleach.
trillean, *fir*: trilliún.
trillseanach, *bain*: trilsiú.
†**triobhuail**, *br*: crith.
†**triobhualadh**, *fir*: crith.
†**trioblaich**, *br*: méadaigh faoi thrí.
trioblaid, *bain*: trioblóid, deacracht.
trioblaideach, *aid*: trioblóideach.
triop, *fir*: cuairt, uair.
triopall, *fir*: triopall.
†**trìrinn**, *bain*: tríphléadach.
†**trì-rothach**, *aid*: trírothach.
trithead, *uimhir*: tríocha.
trithead, *fir*: tríocha.
trìtheamh, *uimhir*: tríú.
triubhas, *fir*: triús.
triùir, *bain*: triúr.
triur, *bain* → triùir, *bain*.
triuthach, *bain*: triuch.
trl, *uimhir* → trì, *uimhir*.
tro, *sealbh*: trína.
tro, *réamh*: trí.
trobhad, *uaill*: téanam ort, siúil leat, gabh i leith.
tròcair, *bain*: trócaire.
tròcaireach, *aid*: trócaireach.
trod, *bain*: troid.
trod, *fir* → trod, *bain*.
trod, *sealbh*: trí do.

troich, *bain*: abhac.
troid, *br*: troid.
troigh, *bain*: troigh.
troilidh, *fir*: tralaí.
troimh, *réamh* → tro, *réamh*.
troimh-a-chèile, *db*: trína chéile.
troimh-chèile, *db* → troimh-a-chèile, *db*.
troimhe, *réamh*: tríd.
troimhe-chèile, *aid*: trína chéile.
troimhpe, *réamh*: tríthi.
trom, *aid*: trom.
trom, *fir*: trom.
trom, *sealbh*: trí mo, trína.
trom, *réamh*: tríd an.
†**tromadas**, *fir*: codlatacht, dúlagar.
tromaich, *br*: tromaigh.
†**tromalach**, *bain*: tromlach.
troman, *fir* → droman, *fir*.
tromb, *bain*: trumpa.
trombaid, *bain*: trumpa, stoc.
†**trombaidear**, *fir*: trumpadóir.
trombòn, *fir*: trombón.
trom-chùiseach, *aid*: tromchúiseach.
tromh, *réamh* → tro, *réamh*.
tromhad, *réamh*: tríot.
†**tromhaibh**, *réamh*: tríbh, tríot.
tromhainn, *réamh*: trínn.
tromham, *réamh*: tríom.
tromhpa, *réamh*: tríothu.
trom-inntinneach, *aid*: gruama.
tromlach, *fir*: tromlach.
trom-laighe, *bain*: tromluí.
trom-neul, *fir*: tromnéal, cóma.
trompaid, *bain* → trombaid, *bain*.
trompaidear, *fir* → trombaidear, *fir*.
trompha, *réamh* → tromhpa, *réamh*.
tron, *sealbh*: trína.
tron, *réamh*: tríd an.
tro'n, *sealbh* → tron, *sealbh*.
tropaig, *bain*: trópaic.
tropaigeach, *aid*: teochreasach, trópaiceach.
†**tror**, *sealbh*: trínár.
trosd, *fir* → trost, *fir*.
trosg, *fir*: trosc.
†**trosgan**, *fir*: troscán.
†**trost**, *fir*: trost.
trot, *bain* → trod, *bain*.
trotan, *fir*: sodar, bogshodar.

☙ **truacanta**, *aid*: truachroíoch.
truacantas, *fir*: trua, trócaire.
truagh, *aid*: bocht, truacánta, suarach.
truaghag, *bain*: créatúr.
truaghan, *fir*: truán, bochtán.

†**truaghanachd**, *bain*: truántacht.
truaighe, *bain*: trua.
truaill, *bain*: truaill.
truaill, *br*: truailligh.
truailleachadh, *fir*: truailliú.
truailleachd, *bain*: truaillíocht.
truailleadh, *fir*: truailliú.
truaillidh, *aid*: truaillithe.
truaillidheachd, *bain*: truaillíocht.
truaillte, *aid*: truaillithe.
truas, *fir*: trua.
truasail, *aid*: truachroíoch, trócaireach.
†**trudair**, *fir*: trudaire.
truileis, *bain*: truflais.
truimead, *fir*: troime.
†**truimpleasg**, *fir*: troimpléasc.
truinnsear, *fir*: pláta.
truis, *br* → trus, *br*.
trumpadair, *fir* → trombaidear, *fir*.
trup, *fir*: uair.
trùp, *fir*: trúpa.
†**trùpair**, *fir*: trúipéir.
†**trur**, *sealbh*: trí bhur.
trus, *br*: trusáil, tiomsaigh.
trusadh, *fir*: bailiú, tiomsú, díolaim.

☙ **trusgan**, *fir*: éide.
trusgan-armachd, *fir*: culaith chatha.
trustar, *fir*: rógaire.
tsunami, *fir*: súnámaí.
tu, *for*: tú.
tuagh, *bain*: tua.
tuaileas, *fir*: tuaileas, clúmhilleadh.
tuaileasach, *aid*: clúmhillteach.
†**tuaileasaich**, *br*: clúmhill.
†**tuaileasaiche**, *fir*: spídeoir.
tuaineal, *fir*: roithleán.
tuainealach, *aid*: meadhránach.
tuainealaich, *bain*: meadhrán, mearbhall.
tuaiream, *bain*: tuairim.
tuairisgeul, *fir*: cur síos, cuntas.
tuairisgeulach, *aid*: tuairisciúil.
tuairisgeulaiche, *fir*: tuarascálaí.
tuairmeas, *fir*: tuairimíocht.
tuairmeasach, *aid*: tuairimeach.
tuairmse, *bain*: meastachán.
†**tuairmsich**, *br*: tuairimigh.
tuairnear, *fir*: tornóir.
tuaisdear, *fir* → tuaistear, *fir*.
†**tuaistear**, *fir*: daoiste.
tuam, *fir*: tuama.
tuar, *fir*: lí, cuma.
tuarasdal, *fir* → tuarastal, *fir*.

tuarasdal-mairsinn   turas-latha

tuarasdal-mairsinn, *fir* → tuarastal-mairsinn, *fir*.
tuarastal, *fir*: tuarastal.
tuarastal-mairsinn, *fir*: pá maireachtála.
tuasaid, *bain*: coinscleo, troid.
tuath, *bain*: tuath, tuaisceart.
Tuath, *bain*: Tuath.
tuathach, *aid*: thuaidh.
tuathail, *db* → tuathal, *db*.
tuathal, *db*: tuathal.
tuathanach, *fir*: feirmeoir.
tuathanachas, *fir*: feirmeoireacht.
tuathanas, *fir*: feirm.
tuath-cheòl, *fir*: ceol tuaithe.
tuath-gaoithe, *bain*: feirm ghaoithe.
†**tuathlach**, *aid*: tuathalach.
tuba, *bain*: tobán.
tubaist, *bain*: timpiste, tubaiste.
tubaisteach, *aid*: timpisteach, tubaisteach.
tubaist-rathaid, *bain*: timpiste bhóthair.
tubhailte, *bain*: tuáille.
tubhailte-bùird, *bain*: éadach boird, scaraoid.
†**tubhailte-shoithichean**, *bain*: éadach soitheach.
tùchadh, *fir*: piachán.
†**tùchan**, *fir*: piachán, tochtán.
tùchanach, *aid*: piachánach, slóchtach.
†**tud**, *uaill*: teoit.
tuèiteadh, *fir* → tweetadh, *fir*.
tugh, *br*: díon.
tughadair, *fir*: tuíodóir.
tughadh, *fir*: tuí.
tuig, *br*: tuig.
tuigs, *bain* → tuigsinn, *bain*.
tuigs', *bain* → tuigse, *bain*.
tuigse, *bain*: tuiscint.
tuigseach, *aid*: tuisceanach.
tuigsinn, *bain*: tuiscint.
tuil, *bain*: tuile.
tuileachadh, *fir*: tuile.
tuilich, *br*: tuil.
tuiliop, *bain*: tiúilip.
†**tuilium**, *fir*: túiliam.
tuille, *db* → tuilleadh, *db*.
tuilleadan, *fir*: breiseán.
tuilleadh, *db*: tuilleadh.
tuilleadh, *fir*: tuilleadh.
tuineachadh, *fir*: lonnaíocht.
tuineachas, *fir*: coilíneacht.
tuineap, *bain* → tuirneap, *bain*.
tuinich, *br*: lonnaigh.
†**Tuinisea**, *bain*: an Túinéis.

Tuinisia, *bain* → Tuinisea, *bain*.
tuinneachadh, *fir* → tuineachadh, *fir*.
†**tuinniteas**, *fir*: toinníteas.
Tuirc, *bain*: Tuirc.
Tuirceach, *aid* → Turcach, *aid*.
Tuirceach, *fir* → Turcach, *fir*.
Tuircis, *bain* → Turcais, *bain*.
Tuircmeanastan, *bain* → Turcmanastàn, *bain*.
tuireadh, *fir*: caoineadh, tuireamh, caí.
tuireasg, *fir*: toireasc.
tuirling, *bain*: tuirlingt.
tuirling, *br*: tuirling.
tuirneap, *bain*: tornapa.
tùirse, *bain*: brón, dobrón.
tùirseach, *aid*: brónach.
tùis, *bain*: túis.
tuiseal, *fir*: tuiseal.
†**tuisealachadh**, *fir*: díochlaonadh.
tùisear, *fir*: túiseán.
tuisleadh, *fir*: tuisle, tuisliú, cliseadh, tuairteáil.
†**tuisleag**, *bain*: tuisle.
tuislich, *br*: tuisligh.
tuit, *br*: tit.
tuiteam, *fir*: titim.
tuiteamach, *aid*: titimeach.
tuiteamas, *fir*: teagmhas, timpiste.
tulach, *fir*: tulach.
†**tulan**, *fir*: próicín.
tulg, *br*: tolg, luasc.
tulgadh, *fir*: tolgadh, luascadh.
tum, *br*: tum.
tumadh, *fir*: tumadh.
†**tumair**, *fir*: tumaire, tumadóir.
tunail, *bain*: tollán.
†**tunail-ruigsinn**, *bain*: tollán rochtana.
†**tungstan**, *fir*: tungstan.
Tunisia, *bain* → Tuinisea, *bain*.
tunna, *fir*: tonna.
†**tunnadair**, *fir*: tonnadóir.
tunnag, *bain*: lacha.
tunnail, *bain* → tunail, *bain*.
tur, *aid*: iomlán.
tùr, *fir*: ciall, túr.
turadh, *fir*: turadh.
turaid, *bain*: túirín.
tùrail, *aid*: éirimiúil, eolach, stuama.
turas, *fir*: turas, uair.
Turas, *fir*: Turas.
turasachd, *bain*: turasóireacht.
turas-latha, *fir*: turas lae.

turas-sgoile, *fir*: turas scoile.
†**turbaid**, *bain*: turbard.
†**turban**, *fir*: turban.
Turcach, *aid*: Turcach.
Turcach, *fir*: Turcach.
†**turcaire**, *fir*: turcaí.
Turcais, *bain*: Tuircis.
turchairt, *bain*: amhantar.
†**Turcmanach**, *aid*: Turcamánach.
†**Turcmanach**, *fir*: Turcamánach.
Turcmanastàn, *bain*: an Tuircméanastáin.
†**turloch**, *fir*: turlach.
tursa, *fir*: gallán.
⚠ **tùrsach**, *aid*: brónach, buartha.
turtais, *bain*: toirtís.
†**turtan**, *fir*: torpán.
turtar, *bain* → turtur, *bain*.
turtur, *bain*: turtar.
turus, *fir* → turas, *fir*.
tus', *for* → tusa, *for*.
tùs, *fir*: tús, foinse.
tusa, *for*: tusa.
tùsach, *aid*: bunúsach.
tùsail, *aid*: bunúsach.
tùsaire, *fir*: ceannródaí.
tùsanach, *fir*: bundúchasach.
tuthag, *bain*: paiste.
†**tutu**, *fir*: tútú.
tweetadh, *fir*: tweetáil.
tweeteadh, *fir* → tweetadh, *fir*.

U

uabhar, *fir*: uabhar.
uabhas, *fir*: uafás.
uabhasach, *aid*: uafásach.
uacha, *réamh* → uapa, *réamh*.
uachdar, *fir*: uachtar, dromchla.
uachdarach, *aid*: uachtarach, uachtair.
☙**uachdaran**, *fir*: tiarna.
Uachdaran, *fir*: Tiarna.
uachdaranachd, *bain* → uachdranachd, *bain*.
uachdrach, *aid* → uachdarach, *aid*.
uachdranachd, *bain*: uachtaránacht.
Uachdranachd, *bain*: Uachtaránacht.
uachdranas, *fir*: dlínse, flaitheas, ceannas.
uaibh, *réamh*: uaibh, uait.
uaibhreach, *aid*: uaibhreach.
uaibhreach, *fir*: uaibhreach.
†**uaibhreas**, *fir*: uabhar.
uaigh, *bain*: uaigh.
uaigneach, *aid*: uaigneach.
uaigneas, *fir*: uaigneas.
uaignidheas, *fir* → uaigneas, *fir*.
uaill, *bain*: uaill, bród.
†**uaill-mhiann**, *fir*: uaillmhian.
uaim, *bain*: uaim.
uaimh, *bain*: uaimh.
uain', *aid* → uaine, *aid*.
uaine, *aid*: uaine.
†**uainead**, *fir*: uaine.
uainn, *réamh*: uainn.
uaipe, *réamh*: uaithi.
uair, *bain*: uair.
uaireadair, *fir*: uaireadóir.

uaireadair-grèine, *fir*: grianchlog, clog gréine.
uaireadairiche, *fir*: uaireadóirí.
uaireanan, *db* → uaireannan, *db*.
uaireannan, *db*: uaireanta.
uairegin, *db* → uaireigin, *db*.
uaireigin, *db*: uair éigin.
uaisle, *bain*: uaisle.
uaisleachd, *bain*: uaisleacht.
†**uaislich**, *br*: uaisligh.
uait, *réamh* → uat, *réamh*.
uaithe, *réamh*: uaidh.
uaithe, *réamh* → uaipe, *réamh*.
uaithne, *aid* → uaine, *aid*.
uaithne, *fir*: uaine.
uallach, *fir*: ualach.
uallachadh, *fir*: freagracht.
uallaich, *br*: ualaigh.
uàlras, *fir*: rosualt.
uam, *réamh*: uaim.
uamh, *bain* → uaimh, *bain*.
uamhach, *aid* → uabhasach, *aid*.
uamhann, *fir*: uamhan, uafás.
uamharra, *aid* → uabhasach, *aid*.
uamharraidh, *aid* → uabhasach, *aid*.
uamharrtha, *aid* → uabhasach, *aid*.
uamhas, *fir* → uabhas, *fir*.
uamhasach, *aid* → uabhasach, *aid*.
uamhraidh, *aid*: uafásach.
uamhraidh, *db*: thar a bheith.
uamhunn, *fir* → uamhann, *fir*.
uan, *fir*: uan.
uanan, *fir*: uainín.
†**uanfheòil**, *bain*: uaineoil.
uapa, *réamh*: uathu.
uàrd, *fir*: barda.
uasal, *aid*: uasal.
uasal, *fir*: uasal.
Uasal, *fir*: Uasal.
†**uas-fhlaitheachd**, *bain*: uaslathas.
uat, *réamh*: uait.
uath', *réamh* → uaithe, *réamh*.
uatha, *réamh* → uaithe, *réamh*.
ubhal, *fir*: úll.
†**ubhalghort**, *fir*: úllord.
uca, *réamh* → thuca, *réamh*.
ucas, *fir*: glasán.
uchd, *fir*: ucht.
uchdach, *bain* → uchtach, *bain*.
uchdan, *fir*: claífort.
†**uchd-leanabh**, *fir*: uchtleanbh.
†**uchd-mhac**, *fir*: uchtmhac, mac uchta.
uchd-mhacachadh, *fir*: uchtú.
uchd-mhacachd, *bain*: altram, uchtú.
uchd-mhacaich, *br*: uchtaigh.

†**uchd-nighean**, *bain*: uchtiníon.
†**uchtach**, *aid*: uchtach.
†**uchtach**, *bain*: uchtach.
Ucràin, *bain*: Úcráin.
ud, *aid*: úd.
ud, *uaill*: gread leat.
udalan, *fir*: sclóin, udalán.
ùdlaidh, *aid*: gruama.
uèir, *bain*: sreang.
uèir-bhiorach, *bain*: sreang dheilgneach.
uel, *uaill* → uill, *uaill*.
ugad, *réamh* → thugad, *réamh*.
ugaibh, *réamh* → thugaibh, *réamh*.
ugainn, *réamh* → thugainn, *réamh*.
ugam, *réamh* → thugam, *réamh*.
ugan, *fir*: muineál.
†**Ugandach**, *aid*: Ugandach.
†**Ugandach**, *fir*: Ugandach.
Ugandanach, *aid* → Ugandach, *aid*.
ugh, *fir*: ubh.
†**ughach**, *aid*: ubhach.
ughagan, *fir*: custard.
†**ughchruth**, *fir*: ubhchruth.
ùghdair, *fir* → ùghdar, *fir*.
ùghdaire, *fir* → ùghdar, *fir*.
ùghdar, *fir*: údar.
ughdaras, *fir* → ùghdarras, *fir*.
ùghdarrachadh, *fir*: údarú.
ùghdarraich, *br*: údaraigh.
ùghdarras, *fir*: údarás.
Ùghdarras, *fir*: Údarás.
ùghdarrasach, *aid* → ùghdarrasail, *aid*.
ùghdarrasail, *aid*: údarásach.
†**ughlann**, *bain*: ubhagán.
Ugràin, *bain* → Ucràin, *bain*.
uibhir, *bain* → uimhir, *bain*.
Uibhisteach, *fir*: Uibhisteach.
uice, *réamh* → thuice, *réamh*.
uidh, *bain*: céim.
★**ùidh**, *bain*: spéis, suim, aird, uídh.
uidheam, *bain*: gléas.
uidheamachadh, *fir*: ullmhú, cóiriú, feistiú.
uidheamachd, *bain*: trealamh.
uidheamaich, *br*: cóirigh, feistigh, ullmhaigh.
uidheamaichte, *aid*: feistithe.
ùidheil, *aid*: suimiúil, spéisiúil.
uidhir, *bain* → uimhir, *bain*.
uige, *bain*: uige.
uige, *réamh* → thuige, *réamh*.
uil', *aid* → uile, *aid*.
uile, *aid*: uile.
uile, *db*: uile.
uileach, *aid*: uilíoch.

uileachd, *bain*: uilíocht.
uileadh, *aid* → uile, *aid*.
uileag, *aid*: uilig.
uileann, *bain* → uilinn, *bain*.
uilebheist, *bain*: ollphéist.
uile-choitcheann, *aid*: uilechoiteann.
uile-chumhachdach, *aid*: uilechumhachtach.
uile-chumhachdach, *fir*: uilechumhachtach.
uile-gu-lèir, *db*: uile go léir.
uile-làthaireach, *aid*: uileláithreach.
uilinn, *bain*: uillinn.
uill, *uaill*: bhuel.
uilleadh, *db* → uile, *db*.
uime, *réamh*: uime.
†**uimeastar**, *fir*: timpeall.
uimhir, *bain*: uimhir.
uimpe, *réamh*: uimpi.
★**ùine**, *bain*: tamall, tréimhse.
uinneag, *bain*: fuinneog.
†**uinneag-bhàta**, *bain*: sliosfhuinneog.
uinnean, *fir*: oinniún.
uinnseann, *fir*: fuinseog.
ùir, *bain*: cré, ithir, talamh, úir.
uircean, *fir*: banbh, arcán.
uiread, *bain*: oiread.
uireas, *bain*: teachtaireacht, uireasa.
uireasach, *aid*: uireasach.
uireasbhach, *aid*: uireasach.
uireasbhaidh, *bain*: easpa, easnamh, uireasa.
uiridh, *bain*: anuraidh.
uirle-thruis, *bain*: gírle guairle.
ùirsgeul, *fir*: úrscéal, finscéal.
†**Ùirsgeul**, *fir*: Úrscéal.
ùirsgeulach, *aid*: finscéalach.
†**ùirsgeulaiche**, *fir*: úrscéalaí.
uiseag, *bain*: fuiseog.
uisg, *fir* → uisge, *fir*.
uisg', *fir* → uisge, *fir*.
uisge, *fir*: uisce.
uisgeach, *aid*: uisciúil.
uisgeachadh, *fir*: uisciú.
uisgeadan, *fir*: uisceadán.
uisge-beatha, *fir*: uisce beatha.
uisge-bheatha, *fir* → uisge-beatha, *fir*.
uisgich, *br*: uiscigh.
†**uisgrian**, *fir*: uiscerian.
ùisneachadh, *fir*: úsáid.
ùisnich, *br*: úsáid.
uiste, *fir* → uisge, *fir*.
ulag, *bain*: ulóg.
ulaidh, *bain*: taisce.
ulbhag, *bain*: bollán, carraig.

†**ulfhart**, *fir*: uallfairt.
ullachadh, *fir*: ullmhú.
ullaich, *br*: ullmhaigh.
ullamh, *aid*: ullamh, réidh.
†**ullamhachd**, *bain*: ullmhacht.
ulpag, *bain* → ulbhag, *bain*.
ultach, *fir*: ultach.
Ultach, *aid*: Ultach.
umad, *réamh*: umat.
umaibh, *réamh*: umaibh, umat.
ùmaidh, *bain*: amadán, gamal.
†**ùmaillt**, *bain*: lútáil.
umainn, *réamh*: umainn.
umam, *réamh*: umam.
umha, *fir*: umha.
umhail, *aid*: umhal.
ùmhlachadh, *fir*: umhlú, géilleadh.
ùmhlachd, *bain*: umhlaíocht.
ùmhlaich, *br*: umhlaigh, géill.
umpa, *réamh*: umpu.
uncail, *fir*: uncail.
†**unfairt**, *bain*: únfairt.
†**unfairt**, *br*: únfairt.
ung, *br*: ung.
†**ungachadh**, *fir*: ungadh.
ungadh, *fir*: ungadh.
Ungair, *bain*: Ungáir.
Ungaireach, *aid*: Ungárach.
Ungaireach, *fir*: Ungárach.
unnsa, *fir*: unsa.
unnta, *réamh* → annta, *réamh*.
†**ùpag**, *bain*: sonc.
ùpraid, *bain*: raic, clampar.
ur, *sealbh*: bhur.
'**ur**, *sealbh* → bhur, *sealbh*.
ùr, *aid*: nua.
ùrachadh, *fir*: nuashonrú, athnuachan.
ùrachd, *bain*: úire, úrnuacht.
ùraich, *br*: athnuaigh, nuashonraigh.
ùrail, *aid*: úr.
urainn, *aid* → urrainn, *aid*.
Urànas, *fir*: Úránas.
ùrar, *aid*: úr, óg, úrnua.
†**urchaid**, *bain*: urchóid.
urchair, *bain*: urchar.
urchasg, *fir*: frithnimh, urchosc.
ur-dhubhadh, *fir*: urú.
ùr-fhàs, *fir*: bachlóg.
ùr-fhàs, *br*: péac.
ùr-fhasanta, *aid*: nua-aimseartha.
†**ùr-fhosgailte**, *aid*: nua-oscailte.
ùr-ghnàthach, *aid*: nuálach.
ùr-ghnàthachadh, *fir*: nuáil, nuálaíocht.
ùr-ghnàthaich, *br*: nuáil.

ùr-ghnàthaichte, *aid* → ùr-ghnàthach, *aid*.
†**ùrla**, *fir*: urla.
ùrlar, *fir*: urlár.
ùrnaigh, *bain*: guí, urnaí.
ùr-nochdadh, *fir*: nochtadh.
ùr-nodha, *aid*: úrnua.
ùr-nòsach, *aid*: nua-aimseartha.
urnuigh, *bain* → ùrnaigh, *bain*.
urra, *bain*: duine, ceann.
urrad, *bain* → uiread, *bain*.
urrain, *aid* → urrainn, *aid*.
★**urrainn**, *aid*: féidir.
urrainn, *bain*: féidir.
†**urralachd**, *bain*: urrúsacht.
urram, *fir*: onóir, urraim.
urramach, *aid*: urramach.
urramach, *fir*: urramach.
Urramach, *fir*: Urramach.
urramaich, *br*: urramaigh.
urrantachd, *bain*: urrúsacht.
urras, *fir*: iontaobhas, urrús.
urrasachd, *bain*: iontaofacht, urraíocht.
urrasair, *fir*: iontaobhaí.
ursainn, *bain*: ursain.
ùr-sgeul, *fir* → ùirsgeul, *fir*.
Uruguaidh, *bain*: Uragua.
†**Uruguaidheach**, *aid*: Uraguach.
†**Uruguaidheach**, *fir*: Uraguach.
ùruisg, *fir*: each uisce.
us, *cónasc* → agus, *cónasc*.
'**us**, *cónasc* → agus, *cónasc*.
ùsaireachd, *bain*: úsaireacht.
†**Usbagach**, *aid*: Úisbéiceastánach.
†**Usbagach**, *fir*: Úisbéiceastánach.
†**Usbagais**, *bain*: Úisbéicis.
Usbagastàn, *fir*: an Úisbéiceastáin.
usgar, *fir*: uscar, bráisléad.
uspag, *bain*: feothan.
usuireachd, *bain* → ùsaireachd, *bain*.
ùth, *fir*: úth.
†**ùthan**, *fir*: úithín.
ùtraid, *bain*: bóthar rochtana.
†**ùtrais**, *bain*: fústráil.

V

†**vandalachd**, *bain*: loitiméireacht.
†**vasailleachd**, *bain*: vasáilleacht.
†**vector**, *fir*: veicteoir.
video, *bain* → bhidio, *bain*.
Vietnam, *fir* → Bhiet-Nam, *fir*.

X

x-ghath, *fir*: x-gha.

Y

yac, *fir* → iac, *fir*.
yoga, *fir* → iòga, *fir*.
Yugoslavia, *fir* → Iùgoslàibhia, *fir*.

Z

Zimbabwe, *bain* → Simbabue, *fir*.

www.ingramcontent.com/pod-product-compliance
Lightning Source LLC
LaVergne TN
LVHW040115080426
835507LV00039B/377